KB162270

가천대학교 아시아문화연구소
아시아학술연구총서 14
아시아대중문화시리즈 ③

한류의 경계

K-컬처의 혼종성과 확장성

가천대학교 아시아문화연구소
아시아학술연구총서 14

아시아대중문화시리즈 ③

한류의 경계

K-컬처의 혼종성과 확장성

기획

가천대학교 아시아문화연구소

지은이

진달용(陳達鏞) 김경호(金敬鎬) 김학순(金學淳) 정백수(鄭百秀)
이하나(李荷娜) 양영자(梁英子) 조규헌(曺圭憲) 김욱(金旭)
이가현(李佳呟) 이석(李碩) 김새미(金새미)

역락

대중문화란 '대중이 주체가 되어 생산하고 소비하는 문화 현상과 그 산물' 이라 할 수 있습니다. 18, 19세기부터 20세기에 걸쳐 세계 각지에서 근대 국민국가가 형성되면서 기존의 신분 사회가 해체되고 대중 사회가 출현했습 니다. 많은 지역에서 비교적 균질적이고 평균적인 교육의 보급과 신문·잡지· 라디오와 같은 미디어의 발달로 인해 문화의 대량 소비가 일어나는 것도 20세기의 일입니다. 이렇게 되자 대중문화는 종전의 소위 고급문화를 압도하 기에 이르렀습니다. 오늘날 '대중문화'는 인간의 생활 곳곳에서 중요한 심미 적 태도를 결정짓는 문화 양식의 총체를 가리키는 말이 되었습니다.

20세기 말까지 대중문화를 선도해간 지역은 주로 유럽과 미주였습니다. 그러나 최근 20, 30년을 돌아볼 때 이러한 현상은 분명히 달라졌습니다. 일본 의 애니메이션과 인도의 영화산업, 그리고 K-Pop과 같은 한류의 각 장르는 세계인의 눈과 귀를 사로잡고 있습니다. 이제 아시아는 세계 대중문화의 중심이 되고 있습니다. 특히 한류의 약진에 관한 뉴스를 접하다보면 한국인 으로서 크나큰 자긍심을 갖게 됩니다. 1990년대에는 일본의 대중음악(J-Pop) 이 아시아권에서 유행했고 당시에는 꽤 대단하다고 봤었습니다. 하지만 지금 의 K-Pop만큼 전 세계를 휩쓸지는 못했던 것 같습니다.

한류는 영화, 드라마, 음악, 문학 등 예술(예능) 장르뿐만 아니라 패션, 뷰티, 의료, 음식 등 생활 문화에 이르기까지 실로 다양한 분야에 걸쳐 전개되고 있습니다. 20세기에는 늘 세계 대중문화의 '변두리'에서 '중심'을 동경하는 입장이었던 한국의 대중문화가 21세기 한류의 대유행과 함께 이렇게까지 주목을 받으리라고 누구도 상상하지 못했을 것입니다. 거기에는 여러 이유가 있겠지만 무언가 분명히 세계인의 마음을 사로잡는 매력이 있다는 것이겠지요. 그러나 한편으로 지금까지 한류에 관한 많은 논의가 경제적 타산이나 자국중심주의적 사고에 머무르는 일이 없었는지 이제는 반성해볼 필요가 있습니다.

가천대학교 아시아문화연구소는 이와 같은 방향에서 2019년도부터 '아시아 대중문화와 한류의 상호 이해에 기반한 인문학 교육'을 주제로 한국연구재단 인문사회연구소지원사업을 수행하고 있습니다. <아시아대중문화 시리즈>는 한류와 아시아 대중문화를 주요 논의의 대상으로 하여 의미 있는 학술적 성과를 담아내어 학계와 사회 일반에 널리 공유할 목적으로 기획된 것입니다. 나아가 대중문화에 대한 인문학적 관점에서의 논구와 사유를 통해 자문화와 타문화의 조화로운 공존을 꾀하고, 보다 풍요로운 인류의 문화적 자산을 가꾸어가는 데에 보탬이 되고자 합니다.

끝으로 본 시리즈를 간행하게 되기까지 도움을 주신 모든 분들께 감사를 드립니다. 우선 집필을 맡아 귀한 원고를 보내주신 필자 한 분 한 분께 깊은 감사의 말씀을 전합니다. 특히 필자의 한 사람으로서 원고의 수합 및 정리와 편집 등 번거로운 일을 맡아주신 연구교수 이가현(李佳昡) 선생님의 노고에도 경의를 표합니다. 그리고 어려운 중에도 항상 본 연구소의 중요한 연구 성과를 책으로 만들어주시는 도서출판 역락의 이대현 사장님을 비롯한 임직원과 편집부 여러분들의 깊은 배려에 고개 숙여 감사드립니다. 한류와 대중문화, 그리고 아시아의 문화 등 인문학에 관심을 가진 독자 여러분의 질정과 성원을 바라마지 않습니다.

가천대학교 아시아문화연구소장 박진수

차례

1부

—

K-컬처의 혼종성과 인문학적 관점

한류에서 'K-'의 사회문화적 담론
—초국가적 근접성으로의 전환

진달용

Ⅰ. 머리말

　한국대중문화의 전세계적 인기가 날로 확대되고 있다. 지난 1990년대 초. 중반부터 시작된 한국문화산업의 급속한 발전과 이로 인한 대중문화의 해외 진출은 30여 년이 지나면서 한류라는 문화 브랜드로 자리잡고 있다. 드라마 와 영화 등으로 시작된 한류현상은 한국 대중 음악인 K-Pop과 디지털 게임, 그리고 웹툰 등으로 확대되면서 대중문화 전반과 디지털 기술과 문화가 전세 계에서 동시에 소비되는 특징을 보이고 있다. 비서구 국가중 대중문화 전 영역과 디지털 게임과 웹툰, 카카오톡 등 디지털 문화가 글로벌 팬과 수용자 들에게 인기를 끌고 있는 나라는 사실상 한국이 유일하다. 한류가 국제 문화 영역에서 차지하는 비중도 날로 커지고 있다. 한류 콘텐츠의 전세계적인 확산은 과거 미국 등 극소수 서구국가들의 문화가 전세계 문화시장을 지배하 던 현상과는 전혀 다른 것으로, 비서구 국가들이 국제문화시장에서 주도적인 역할을 할 수 있을지 등에까지 관심이 이어지고 있다.

한류는 특히 최근 들어 넷플릭스와 디즈니 플러스 등 글로벌 OTT(over-the-top) 서비스 플랫폼을 통해 전세계에 동시 다발적으로 유통·소비되고 있다. <오징어 게임>(2021), <더 글로리>(2022~2023), <무빙>(2023), 그리고 <경성 크리처>(2023~2024) 등이 넷플릭스와 디즈니 플러스 오리지널 콘텐츠로 생산됨과 동시에 전세계 수십 개 국가에서 글로벌 수용자들을 찾아가고 있다. 한류 오리지널 콘텐츠들이 전세계 90개가 넘는 국가에서 동시에 방영되고 있어, 한류 초기 문화상품이 낱개로 아시아 지역에 주로 수출되었던 것과 달리 전세계 수용자들이 동시에 한류 콘텐츠를 소비하는 시대를 맞이한 것이다. 2020년대 한류는 글로벌 플랫폼이 주도하는 대중문화의 생산, 유통, 소비 시대에 가장 최적화된 문화산업으로 변화되고 있다.

실제로, 한국 문화산업의 발전과 대중문화의 해외 진출, 그리고 이로 인한 한국 문화 콘텐츠의 영향력은 전세계적으로 확대되고 있다. 한국방송통신위원회(2023)의 최근 한 조사에 따르면 영국, 일본, 멕시코, 그리고 브라질 등 여러 국가에서 OTT 플랫폼을 통한 대중문화 시청에 있어, 한국 콘텐츠가 해당 국가들에서 3위를 차지했다. 해당 국가들에서 모두 자국 콘텐츠가 가장 많은 사랑을 받은 가운데 2위는 모두 미국 콘텐츠가 차지했다. 한국 콘텐츠가 이들 국가들의 자국 콘텐츠와 미국 콘텐츠에 이어 해당 국가의 수용자들 사이에서 가장 많은 인기를 끌었는데, 이는 과거 한국보다 대중문화 영역에서 앞서가던 일본, 스페인, 그리고 프랑스 콘텐츠보다 높은 순위였다. 아시아, 유럽, 남미 등 전세계적인 현상이라는 것을 입증하고 있다. 한류 콘텐츠의 인기가 지속되고 있다는 점과 OTT 플랫폼의 중요성을 보여준 결과라고 할 수 있다.

한류 콘텐츠가 전세계적으로 인기를 확대해 가는 가운데, 한국 문화산업계는 글로벌 OTT플랫폼과 함께 <오징어 게임> 시즌2나 <무빙> 시즌2와 같은 오리지널 콘텐츠 제작에 심혈을 기울이고 있다. 넷플릭스에서 크게 성공한

오리지널 프로그램들을 시즌제로 전환, 지속적인 성공 방정식을 그려내겠다는 것이다. 한편에서는 그러나 <오징어 게임>, <더 글로리>, 그리고 <경성 크리처> 등이 한국 근현대사의 어두운 측면을 강조하고 있어 한국 드라마나 영화에서 주축을 차지하던 로멘틱 코미디(로코)나 가족중심 드라마의 틀에서 벗어난다는 특징을 보여주고 있기도 있다. <더 글로리>가 한국 중고등학교에서 만연한 학원폭력(학폭)을 주제로 설정했으며, <경성 크리처>는 일제 점령기의 인간대상 실험 등이 여과없이 투영되었기 때문이다.

한편에서는 한국인이 없는 K-Pop 아이돌 그룹이 탄생했다. K-Pop에서 외국인들이 그룹이 멤버로 들어온 경우는 Blackpink나 Twice 등 여러 아이돌 그룹에서 볼 수 있으나, 2020년에 데뷔한 블랙스완처럼 구성원 전원이 외국인인 그룹도 등장했다(구유나, 2023). JYP 엔터테인먼트의 박진영 대표는 이미 2019년에 K-Pop 발전과 관련, "1단계의 K-Pop이 한국 콘텐츠를 해외로 수출하는 것이었고 2단계가 해외 인재를 발굴해 한국 아티스트들과 혼합하는 것이었다면, 3단계는 해외에서 직접 인재를 육성 및 프로듀싱하는 것"이라고 밝히기도 했다(이호연, 2019). K-콘텐츠가 나아갈 방향으로 'K'를 떼고 글로벌 콘텐츠가 되는 전략이 대두되고 있는 중이다(김슬기, 2024).

중요한 것은, 새로운 형태의 한류 콘텐츠가 등장하면서 한류에서의 K는 무엇인지에 관한 논쟁이 잇따르고 있다는 점이다. 한국사회의 어두운 단면과 새롭게 인기를 끌고 있는 문화 콘텐츠들이 과연 한국적인 것(K)을 담보하고 있는지에 대한 논의들이다. 잘 알려진 대로 K는 한국적인 것, 또는 한국적임으로 해석되면서 한국적인 특성을 의미하는 Koreanness를 직간접적으로 암시한다(진달용, 2022, 67). K는 그러나 한국을 의미할 수도 있으나 단순히 국가를 의미하는 것이 아니라 세계를 향하고 있다라는 의미로 사용되기도 한다. 한류가 상징하는 것이 한국 문화 콘텐츠가 해외로 퍼져 나가는 현상인 만큼 K는 세계 무대에 대한 지향을 상징한다는 것이다(진달용, 2022, 68).

따라서 한국에서 생산되는 물건이나 서비스 중에서 세계적으로 인지되어 있는 것에 K 접두어를 붙여 사용하는 것이 일상화가 되었다. 많은 미디어 관계자들과 학자들은 날로 변화하고 있는 한류 콘텐츠에서 한국적인 것이 무엇인지, 한국적인 것이 있기는 한지, 그리고 과연 K는 한류 콘텐츠의 핵심 요소인지 등에 관심을 높여가고 있다.

본 챕터는 최근 한류 콘텐츠의 전세계적인 성장 속에서 나타나고 있는 K-논의와 관련, 문화 콘텐츠에서 표현하고자 하는 K가 무엇인지, 그리고 한류 콘텐츠에서 K가 어떻게 변화해 왔는지를 분석하고자 한다. 한국적인 것이 정체된 것이 아니고 역동적으로 변화하고 있다는 점에 주목, 한류 초창기인 1990년대와 2020년대 초반 한류 콘텐츠의 장르와 주제를 비교 논의함으로써 한류에서의 K 논의가 어떻게 진전되어야 하는지에 대한 담론을 전개한다. 한류 콘텐츠는 주로 드라마와 영화, 그리고 K-Pop이 한류를 대표하는 콘텐츠라는 점에서 해당 문화형태로 국한해 논의한다. 특히 본 챕터는 한류 콘텐츠의 전세계적인 소비가 과거 한류가 동아시아에 주로 수출되면서 강조되었던 문화적 근접성 이론 대신, 한류의 전세계적인 소비를 설명하는 초국가적 근접성 이론을 핵심이론, 그리고 생산과 소비 등 문화생산－대중문화의 생산, 배분, 소비－에 있어 핵심적적 근거로 삼아 K의 특징과 변화상을 논의한다.

II. 한류(Korean Wave)에서 K의 의미

한류 콘텐츠가 전세계에서 지속적인 인기를 이어가면서 국내외의 한류 팬들과 수용자들은 한국의 대중문화가 한국적인 특성을 반영하고 있는지에 큰 관심을 쏟고 있다. 한류 콘텐츠가 한국적임, 즉 K를 반영하고 있는지 여부는 여러 학자들과 미디어의 지속적인 관심을 받아왔다(Lie, 2012; Ahn, 2023; Kim, 2023; 박소정, 2022; 이성민, 2022). 학자들의 개인적인 견해가 다르지만 이들은 한류에서 한국적인 것, 한국적임, 한국성이라는 개념으로 해석하며 K는 무엇인가라는 논의를 통해 한국의 문화적 동질성과 특이성은 무엇인지를 이해하려고 노력했다. 특히 한류 콘텐츠가 문화적 동질성을 유지 발전시켜 나가는지, 더 나아가 이를 상실하고 있는지를 살펴보고자 했다. 즉 K가 한국(인)의 역사와 문화, 그리고 일상생활 속에서 공통적으로 느끼는 문화적 동질성을 대표하는가, 그렇지 않으면 현대 사회에서의 K가 문화적 혼종화(hybridity)를 통해 다양한 외국적 요소를 포함하고 있어, K를 상실했는지가 큰 관심사였다.

무엇보다 중요한 것은 한류를 둘러싼 문화 생태계가 급격하게 변화면서 K 역시 변화하고 있다는 사실이다. 한류 초창기에는 외국에서 한류 콘텐츠를 보기 위해서 비디오테이프나 CD를 개인적으로 구입하거나 아니면 한국 영화를 상영하는 소수의 극장을 찾아가야 했다. 드라마의 경우 한인 방송 등에서 방영하는 것을 기다려 보는 것이 일상이었다. 2010년대 이후는 그러나 넷플릭스와 유튜브 등 OTT 플랫폼을 통해 실시간으로 시청하고 있다. 각 국가별로 한류 콘텐츠를 수출하는 형태가 아니라 전세계가 문화 일일 생활권으로 들어오면서 한류 콘텐츠 역시 이에 맞추어 생산하는 형식으로 바뀌어 가고 있다. 이 과정에서 한류 콘텐츠의 장르나 주제 역시 크게 변하고 있는 것이 특징이기도 하다. 예들 들어 한국 드라마나 영화에서 존재하지 않았던 좀비물이 크게 급증했다. <킹덤>(2019), <부산행>, 그리고 <지금 우리 학교는>는 같은 드라마나 영화들은 한국 대중문화산업계에서 존재하지 않았던 장르물이다. <승리호>(2021)와 같은 어드벤처물도 제작비와 기술 등 때문에 이전에는 선호되지 않았던 장르나 최근 들어 서서히 인기를 끌고 있는 장르이기도 하다.

한류 콘텐츠가 기존의 드라마나 로코 위주에서 좀비, 어드벤처 등으로까지 확대되면서 콘텐츠가 다루는 주제 역시 크게 달라지고 있다. 가족주의를 강조하거나 젊은 세대들의 감각적인 러브 스토리, 또는 남북 분단과 관련된 역사물과 시대현황을 강조하던 주제들 대신 좀비 장르에서 나타나는 것처럼 전세계인들이 선호하는 주제로 변화하고 있는 것이다. 지나치게 한국적인 주제에서 좀 더 보편적인 주제로의 전환이 일어나고 있다.

한류 콘텐츠에서 K는 K-Pop, K-드라마, K-영화, K-웹툰, 그리고 K-문화 등에서 사용되면서 한국(Korea(n))을 상징하고 있다. K-문화는 한국역사에 내재되어 있는 것으로, 전체 한국사회의 문화적 동질성을 표현하고 있기도 하다. 즉 K는 한국인들이 느끼고, 공유하고, 동일시하는 감정으로서의 국가적 특징이다. 한국정부는 2013년부터 K-culture 용어를 사용하기 시작했는데, 여기에는 전통문화, 예술, 문화 콘텐츠를 포함하고 있다. 기존의 한류와는 달리 전통문화의 중요성까지 포함하는 개념이며, K-culture는 음식, 의료, 한복, 한류 등 연계분야를 포함하고 있다. 한국정부가 K-culture 용어의 제도화를 시도하고 있는 것이다. COVID-19(코로나바이러스감염증-19)시대를 맞아 한국이 진단 키트와 방역 마스트를 외국에 수출하면서 K-방역이라는 말이 생기기도 했다. 물론 한류 콘텐츠와 연관 분야에 K접두어를 붙여 사용하는 것과 K-방역 등 대중문화와 관계없는 분야에까지 K를 붙이는 것은 전혀 다른 차원의 문제이다. 특히 후자의 경우 정부주도로 한국의 국가적 상징화의 단적인 사례로 여겨지는 만큼, 지나친 K의 사용이 자칫 문화적 민족주의나 국수주의, 즉 국뽕 논쟁으로까지 이어질 수 있다는 점에서 주의를 요하고 있다.

국내외 문화 콘텐츠 수용자들은 이와 같이 현대 한국사회와 대중문화에서 진정한 K를 구성하는 것은 무엇인가에 관심을 가지고 있다. K가 한국 또는 한국인을 대표하고 있다는 전제하에 한국의 동질성을 표출하기 위한 세 가지

필수요소를 들고 있다. 한국혈통, 한국언어의 이해및 사용, 한국문화와 전통의 이해(H.I. Kim, 2020)이다. 이러한 해당 구성요소는 민족주의자(ethnic nationalists)들의 주장과도 일치하는 것이다. "국가는 공유된 전통에 의해 결정되며, 주로 공동의 인종적 혈통, 공동의 언어, 그리고 공동의 종교나 믿음에 의해 결정된다는 주장"이다(Muller, 2008). 인종, 피부색, 그리고 신체적 특징이 다른 한국적 동일성 요소들과 결합할 때 형성(H. I. Kim, 2020)되며, Koreanness는 상대적으로 약하게 형성된 용어로 간주되기도 한다(J. W. Lee, 2017).

최근 들어 한류인기가 확산되면서 모든 분야에 걸쳐 K 접두어를 붙여 사용하고 있어 과연 K가 무엇인지에 대한 논란 역시 확대되고 있다. 앞에서 설명한 대중문화인 K-문화를 필두로 K-한식, K-뷰티, K-한글 등 K의 지나친 사용으로 인해 한류 자체는 물론 국가적 브랜드 신뢰도의 감소를 초래하고 있다. 특히 K-접두어를 사용함에 있는 해당 상품이나 영역의 질적 담보없이 무분별하게 K를 가져다 붙임으로써, 자칫 한류 전체에 부정적인 요소로 작용하고 있거나 그럴 소지를 남겨놓고 있다. 또한 정부 주도로 지나칠 정도로 K가 사용됨으로써, 한류 등에 한국 문화민족주의가 섞여 있다는 감정 이입과 이로 인한 글로벌 수용자들의 반발도 초래하고 있다. 현존하는 K가 의미하는 한국 대중문화의 프리미엄 이미지의 상실을 초래하는 역작용이 현실화하고 있다고 볼 수 있다. 물론, CNN(Yeung, 2023)이 보도했듯이 2010년대 이후 전세계에 한류 콘텐츠가 확산되면서 한글을 배우려는 외국인들이 급증했다. 미국에서만 2002년 고등교육기관에서 한글을 배우는 등록자수가 5,211명이었으나 2016년에는 14,000으로 급증했다. 2012년 사이의 강남스타일, 2019년 기생충, 2021년 오징어 게임, 그리고 BTS의 활약에 힘입어 그 숫자는 더욱 늘어나고 있으며, K-한글이라는 말이 나오는 것이 이상하지 않다.

국내에서 일어나고 있는 K 논쟁과 관련, 박소정(2022)은 접두어 K를 사용하는 네 가지 주요 부류를 1) 국뽕을 담은 K, 2) 국가 프로젝트로서의 K,

3) 시장중심주의적 K, 그리고 4) 한국성을 강화하는 K를 들었다. 국뽕을 담은 K는 "문화 콘텐츠의 자발적 수용보다는 그 경제적 효과나 소프트파워의 차원에 치우쳐 조명될 때마다 한류는 한국의 경제적·문화적 패권을 확인하고 민족적 자긍심을 고취하는 도구로 활용된다"고 강조했다. 국가프로젝트로서의 K는 K-방역, K-국방과 같이 국제사회에서 한국이 선전하고 있다는 강조하기 위한 것이다. 시장중심주의적 K는 K-뷰티와 K-푸드에서 보여지는 것처럼 한류의 효과가 여러 산업과 시장에 영향을 미친다는 것을 의미한다. 마지막으로 한국성을 강화하는 K는 K-김치와 K-홍과 같이 K를 달지 않고도 한국성(Koreanness)이 분명하게 드러나는 문화적 요소들에 K를 덧붙이고 있는 경우로, "이를 통해 해당 대상에는 한국성이 더 깊이 각인됨과 동시에 해외에서의 인기가 분명하게 드러나는 효과가 발생한다"고 강조했다.

한편 이성민(2022)은 이와 관련, "최근 주목할 만한 영상콘텐츠 산업의 흐름 중 하나는 문화 코드로서 K의 매력 수준이 높아질수록, K-콘텐츠 생산의 경계가 허물어지고 있다"고 강조했다. "이미 지금 다수의 사람들에게 K-콘텐츠의 일부로 인식되는 작품 중에, 한국의 자본과 제작진의 참여와는 거리가 있는 결과물들이 존재한다. 대표적인 작품이 애플TV+를 통해 공개된 <파친코(Pachinko)>다. <파친코>는 한국 국적의 배우가 참여한, 한국의 역사를 다루고 있는 작품으로 한국 문화적 정체성의 많은 요소가 반영되어 있지만, 제작의 과정과 유통의 관점에서 한국 드라마 산업과의 연계성은 높지 않다. 특히 소위 말하는 K-콘텐츠의 '품질' 측면의 성취를 설명하는 작품으로는 부적합한 위치에 있는 결과물이다. 한국 국적의 배우가 참여한, 한국의 역사를 다루고 있는 작품으로 한국 문화적 정체성의 많은 요소가 반영되어 있지만, 제작의 과정과 유통의 관점에서 한국 드라마 산업과의 연계성은 높지 않다. 글로벌 기업에서 한국의 문화적 코드를 활용하는 일은 점차 확산하는 추세다"라고 강조했다.

K-콘텐츠가 '플랫폼'이 돼 한국인만이 아닌 글로벌 인재를 끌어들이는 세계화 전략도 그 일환이다. K-Pop의 경우에도, 2024년 1월 26일 첫 싱글앨범 'Girls of the Year'로 데뷔한 JYP 엔터테인먼트의 걸그룹 'VCHA(비춰)' 멤버 6인 중에 한국 국적자는 없다. 박진영 프로듀서가 야심차게 선보인 'A2K (아메리카 투 코리아)' 프로젝트를 통해 미국 대형 음악 레이블인 리퍼블릭레코드와 합작 자본으로 탄생했다. 이미 수년 전부터 해외 작곡·안무가 등과 협업해온 K-Pop이 마지막 퍼즐로 해외 멤버와 자본까지 확충한 것이다(김슬기, 2024). 물론 이 과정에서 K-콘텐츠의 핵심이 확대될 수도 있다. 인력과 자본이 수입되더라도 K-Pop의 핵심 요소는 아티스트와 레퍼토리, 즉 스토리텔링이기 때문이다. K-Pop은 무엇보다 댄스의 중요성 때문에 '퍼포먼스 팝'으로도 분류된다(김슬기, 2024).

한류 콘텐츠에서 K는 결국 한국성, 또는 한국적임을 표현하고 있는지 아닌지, 표현하고 있다면 어떤 형태로 묘사하고 있는지에 대해 논의가 다각도로 진행되고 있다는 것을 알 수 있다. 본 챕터는 한류에서의 K가 무엇인지에 대해 다양한 논의가 분출하고 있다는 것을 인지하면서, 한류의 확대된 범위에 속하는 음식, 한글, 뷰티 등 보다는 문화 콘텐츠에 국한해 K 논의에 관한 담론을 전개한다. 즉 드라마, 영화, 음악, 애니메이션, 그리고 웹툰과 같은 콘텐츠에서 나타나는 K의 특징과 의미에 대해서 분석하고자 한다.

Ⅲ. 한류의 성장

한류는 국내 문화산업의 급속한 발전과 고품질의 대중문화 생산과 해외 수출 활성화, 그리고 이에 따른 한국 대중문화의 세계적 영향력 확대를 의미하며, 21세기초 한류의 세계 진출 가속화가 이어지고 있다. 한류는 1990년대 초반부터 시작, 후반 들어 본격화됐다. 드라마, 영화, K-Pop, 애니메이션의 해외 진출이 이어졌고 한국 온라인 게임이 한류에서 가장 큰 역할을 담당하게 됐다. 한류 현상 초창기에 <사랑이 뭐길래>(1991), <질투>(1993), <대장금>(2003~2004), 그리고 <겨울연가>(2002) 등의 드라마가 동남아를 중심으로 인기를 끌었고, H.O.T.와 BoA 등과 같은 K-Pop 스타들도 해외 시장을 본격적으로 두드리기 시작했다. 영화분야에서도 송강호와 한석규가 주연한 <쉬리>(1999) 등이 인기를 끌기 시작했다. 한류는 어디서부터 시작인가에 대한 논의가 진행 중이나, 한류는 여러 측면에서 볼 때 1990년대 후반 <사랑이 뭐길래>가 중국에서 인기를 끌기 시작한 것을 기원으로 하는 경우가 많다. 진경지(2019)가 주장했듯, 한류라는 용어자체도 1997년 대만 신문에서 처음으로 등장한 것도 1997년 출발설을 뒷받침하는 근거이다.

한류는 그러나 K-Pop에서 아이돌 그룹의 시초로 불리우는 서태지와 아이돌(1992~1996)이 이미 활동을 시작, 아이돌 형성과 음악과 큰 영향을 끼쳤으며, <질투> 등 일부 프로그램들이 이미 대만 등에 수출되어 인기를 끌었다는 점을 간과해서는 안된다. 한류라는 용어가 1997년에 만들어져 신문에서 사용되었다는 점 역시, 한국 대중문화의 해외진출이 이미 존재한다는 현실적인 상황이 반영되었다고 보아야 하기 때문에 한류현상은 용어와 관계없이 이미 시작되었다. 즉 특정용어가 만들어졌다는 것은 관련된 현상은 이미 시작되고 있었고, 확대일로에 있을 경우에 만들어지기 때문이다.

한류는 최근 들어 그 성장세가 더욱 두드러지고 있다. 2020년에 의심할 여지없이 한국의 대중문화가 황금기를 구가하고 있다는 주장이 나올 정도다(S.Y. Yun, 2022). 전세계인들이 "한국에서 비롯되는 모든 것과 사랑에 빠지고 있다"는 해석도 이어졌다(Adams, 2022). 영국 일간지 가디언(The Guardian)은 2022년에 "K의 모든 것: 한국 문화의 성장(K-everything: the rise and rise of Korean culture)"(The Guardian, 2022)이라는 제목의 기사를 통해 한류의 확대를 다르기도 했다. 한류의 전성시대, 또는 한류의 정점이라는 이야기도 나올 정도로 한류의 세계적 인식은 분명한 현상이 되었다. 한류에 대해 대체로 무관심하거나 폄하하던 북미인들도 최근 들어서는 한류 콘텐츠에 대해 많은 관심을 보이고 있는 중이다.

한류 콘텐츠 수출은 특히 신한류시대로 지칭되는 2000년대 후반부터 급성장하기 시작했다. K-Pop을 필두로 드라마와 영화, 그리고 웹툰이 아시아 시장을 넘어 전세계 문화시장을 두드리기 시작했다. 아시아 시장위주의 수출에서 전세계 시장으로의 수출로 확대된 결과이다. 한류 콘텐츠 수출은 2008년 신한류(New Korean Wave)가 시작될 때(Jin, 2016) 비교해서 2022년에 7배 가까이 급증했다. 전세계 비서구 국가들 중 이처럼 급격하게 대중문화 콘텐츠를 전세계에 수출한 나라는 일찍이 없었다(문화체육관광부, 2016; 2017; 2022; 한국 콘텐츠 진흥원, 2023)([도표 1]).

특히 2010년대 후반에는 한류의 주력 산업에 많은 변화가 이어졌다. 한류 콘텐츠의 수출에서 가장 큰 비중을 차지하는 디지털 게임 분야에서는 전통적인 온라인게임대신 모바일 게임 수출이 확대되고 있다. 전세계 젊은 세대들이 스마트 폰을 통해 일상생활을 이어가고 있는 가운데, 게임 역시 모바일로 전환되는 추세에 맞춘 결과이다. 대중문화에서는 영화 수출이 정체를 보이는 가운데 K-Pop의 성장이 두드러졌다. 2011년과 2012년 초 사이의 <강남 스타일>이 선풍적인 인기를 끌면서 K-Pop의 해외 진출이 본격화됐다. 이전에는 북미 시장 등을 두드린 원더걸스와 소녀시대 등이 있었으나 <강남 스타일>처럼 전세계적인 인기몰이를 한 노래는 일찍이 없었다. 이와 함께 만화산업에서는 웹툰의 수출이 크게 증가하는 추세를 보이고 있다. 웹툰은 한국에서 발전하기 시작한 문화로 스마트 폰으로 웹툰을 소비한다는 측면에서 디지털 문화로 분류되기도 한다. 한국 문화 콘텐츠는 대중문화와 디지털 문화가 같이 전세계적으로 인기를 끌고 있다는 점과, 여러 분야의 콘텐츠가 동시에 수출되고 있기 때문에 한 두개 문화장르가 정체를 보여도 다른 분야의 콘텐츠가 확대되는 모습을 보이고 있다. 한류가 많은 위기에도 불구하고 전체적으로는 지속적인 성장을 보이는 구조를 만들어냈다는 것을 알 수 있다.

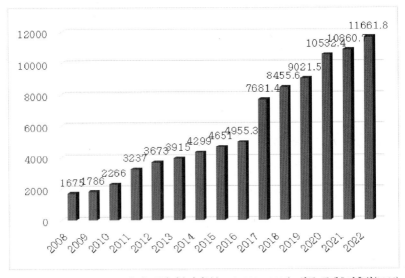

출처: 문화체육관광부(2016, 2017, 2022); 한국 콘텐츠진흥원(2023)

[도표 1] 한류수출 현황 2008~2022(단위: million US dollars)

한류 콘텐츠의 수출은 2019년부터 시작된 COVID-19의 여파 속에서도 지속되었다는 특징을 가지고 있다. 미국을 비롯한 서구 국가들을 포함, 많은 나라에서 COVID-19여파로 문화 콘텐츠 제작을 제때 마치지 못할 때 한국 문화산업계는 지속적으로 대중문화를 제작하고 수출했기 때문에 이런 결과가 나온 것이다. 한국 영화산업이 2021년 <승리호>(Space Sweepers)를 제작, 넷플릭스를 통해 전세계에 상영한 것이 이에 해당한다. 전세계적으로 사회적 거리두기 여파로 할리우드 등에서 문화상품 제작이 크게 위축되었을 때 한국은 성공적으로 여러 개의 영화와 드라마를 제작했다. 또 2023년 할리우드 제작자 파업으로 인해 제작 일정이 순연되었을 때도 한국 대중문화 산업계는 지속적으로 콘텐츠의 발굴과 제작, 그리고 전세계 시장에 공급하기도 했다. 현지 공연과 이벤트는 줄어들었으나 다른 형태의 콘텐츠 배급과 소비를 주도하기도 했다.

K-Pop의 경우 해외 공연이 중단되면서 큰 타격을 받을 것으로 예상되었으나 CD판매와 온라인 공연을 통해 지속적으로 글로벌 팬들에게 다가가기도 했다. 예들 들어 BTS는 <방방콘>이라는 온라인 콘서트를 단행했으며 Blackpink 역시 <The Show>라는 온라인 공연을 실현, 전세계 많은 팬들이 지속적으로 해당 그룹과의 소통을 유지할 수 있도록 했다. BTS의 첫 번째 방방콘은 COVID-19로 사회적 거리두기가 한창이던 2020년 6월에 열렸으며 온라인 실시간 라이브 공연을 통해 전 세계 75만6600여 명의 팬들을 불러모았다. <방방콘>은 BTS의 방으로 팬들을 초대하는 콘셉트로 진행되었는데 총 5개의 방과 2개의 스테이지로 구성됐다. 유료공연으로 최소 250억 원 이상의 티켓 수익을 냈을 것으로 추정되었다(김수영, 2020). Blackpink 역시 2021년 열린 <The Show> 공연을 통해 소셜미디어 상에서 팔로우수가 급증했으며, 이를 통해 펜데믹 상황하에서도 팬들과 소통할 수 있었다. 물론 BTS와 Blackpink 등이 온라인 콘서트를 통해 벌어들인 돈인 현지공연보다는 적을 수 있어도 지속적인 수입원을 창출할 수 있는 비즈니스 모델을 개발했다는데 의의가 크다.

무엇보다 한류 콘텐츠는 넷플릭스와 디즈니 플러스 등 글로벌 OTT 플랫폼이 전세계 콘텐츠 배분뿐만 아니라 오리지널 콘텐츠 생산까지 그 영역을 확대하고 있는 가운데에서 지속적인 성장을 해 왔다. 글로벌 플랫폼의 영향 때문에 국내 방송계와 영화계가 위축되고 있는 상황 속에서 이같은 실적을 만들어 냈다는 점에서, 디지털 플랫폼시대에 최적화된 문화 콘텐츠로 거듭나고 있다고 볼 수 있다. 예를 들어 <더 글로리> 파트2가 공개된지 하루만인 2023년 3월 11일 글로벌 온라인동영상서비스 순위 사이트 플릭스패트롤을 보면, 더 글로리는 넷플릭스 TV쇼 부문 글로벌 3위에 올랐다. 한국, 일본, 베트남, 인도네시아 등 아시아 지역뿐 아니라 멕시코, 칠레, 카타르 등 남미와 중동 지역까지 26개국에서 1위를 차지했다(김은형, 2023).

국내 방송계와 영화계는 넷플릭스 여파로 제작환경이 크게 위축되고 있는 것이 사실이다. 넷플릭스가 천문학적인 제작비를 제공할 뿐 더러, 오징어 게임에서 경함한 것처럼 제작에 제한을 두지 않기 때문에 상대적으로 자금력과 창의적인 제작 환경이 부족한 한국 문화산업계가 많이 타격을 받고 있다. 특히 국내 OTT 플랫폼의 경우 국제 배급망이 부족, 한류 콘텐츠를 세계화하는데 한계를 지니고 있기도 하다.

한류 콘텐츠의 세계화는 그러나, 글로벌 OTT플랫폼과의 지속적인 협력 강화를 통해 플랫폼에 적합한 콘텐츠를 만들면서 오히려 한층 강화되고 있기도 하다. 다만 한류 콘텐츠가 글로벌 플랫폼에 지나치게 의존하게 될 경우, 한국 특유의 대중문화가 아닌 많은 사람들이 선호할 장르 콘텐츠들만 생산될 가능성도 있다는 점에서 우려가 나오고 있다. 많은 문화생산자들이 글로벌 플랫폼과 함께 문화 콘텐츠를 만드는 것을 선호하는 등 이미 변화가 시작됐다.

결국 한류의 가까운 미래는 양질의 콘텐츠를 제작함과 아울러 세계적인 배급망을 갖춘 국내 OTT 플랫폼을 만들어내는 것이 가장 중요하다고 할 수 있다. 단기적으로 국내 OTT 플랫폼의 한계를 감안, 글로벌 OTT와 협력 상생관계를 만들어 가는 것이 절실하다. 글로벌 OTT 플랫폼의 자본력과 배급력에 휘둘려 지적재산권 등을 확보하지 못한 채 하청기지로 전락하지 않도록 해야 한다.

Ⅳ. 한류에 K는 있는가

한류 콘텐츠의 수출이 증가하고 있고 플랫폼을 통해 전세계적으로 동시 소비가 가능해지고 있는 가운데 국내외 미디어와 학자들은 한류에 한국적인 것(Koreanness 또는 K)이 없거나 사라져 가고 있다고 우려를 표시하고 있다. 특히 한국의 대중문화가 외국 문화와 국내 문화의 융합을 상징하는 혼종화 (hybridization) 현상을 보이면서 한류 콘텐츠에 K가 없어지고 있다고 강조하고 있다. 한류에서 K 논쟁은 K-Pop에서 가장 많이 등장하고 있다. 드라마나 영화에 K 접두어를 붙여 K-드라마와 K-영화라고 부르기 이전에 한국의 대중음악(Korean popular music)을 K-Pop이라고 부르기 시작했기 때문이다. K-Pop이라는 용어는 많은 한국인들이 일본 가요계에서 활동하면서 일본에서 인기를 끌자, 당시 일본 대중음악을 표현하기 위해 사용되었던 J-Pop과 차별화를 위해 사용되었다. 이후 한국 대중 음악계 역시 한국 현대 대중음악을 지칭하는 용어로 K-Pop을 사용하기 시작했다(이규탁, 2020). K 논쟁과 관련, K-Pop은 드라마와 영화 등과 달리 미국 힙합(hip-hop) 음악, 일본의 아이돌 시스템, 그리고 한국의 역동성이 결합된 혼종화된 음악장르로 시작되었기 때문에 한국적인 특징이 많지 않다고 주장하고 있다.

특히 앞서 논의했듯이, 최근 들어 음악 엔터테인먼트사들은 다인종. 다민족 탤런트 선발대회를 통해 외국인들이 참여하는 아이돌 그룹을 결성하는 움직임을 보이고 있자. K-Pop에서 K가 있는지에 대한 논쟁을 이어가고 있다 (Toronto Star, May 16, 2023). K-Pop은 국가의 영역을 뛰어넘는 혼종화(hybridity)를 실현하기는 했으나 이 과정에서 한국적 동질성을 보여주는 중요한 요소들을 상실했다고 주장하는 것이다. 일부에서는 K-Pop에는 전혀 한국적인 것이 없다는 지적을 하고 있기도 하다. 존 리(John Lie, 2012)는 K-Pop은 혼종화된 상품으로 한국적인 것을 제거함으로써 국가의 영역을 넘어 흐르는 한류로

변질했다고 강조했다. "K-Pop에서 K는 단지 브랜드일 뿐이며, 한류는 상업
주의에 불과하다"고 지적했다(Lie, 2012). 다만 이같은 주장은 전체 한류가
상업적으로 혼종화된 문화를 생산한다는 잘못된 신화를 확산시키는 것이어
서 그 해석에 주의해야 한다(진달용, 2022).

실제로 한류에서의 혼종화는 물론 1990년대 이후 개념적으로, 실천적으로
중요한 요소로 등장했다. 혼종화는 글로벌 요소와 지역적 요소가 결합됨으로
파생되는 새로운 형태의 문화로 기존에 주어진 문화적 동질성에 대한 도전을
단행하고 있다(Bhabha, 1994; Garcia-Canclini, 1995). 1970년대 80년대 미국
중심의 국제 문화 질서와 지배를 강조하는 문화제국주의이론에 대한 대안으
로, 비서구국가들이 미국의 문화지배에 일방적으로 복종하는 것이 아니라
혼종화를 통해 자국의 문화를 발전시키고 수출한다는 것을 설명하는 이론이
다. 문화제국주의 이론은 서구, 특히 미국이 전세계의 방송 프로그램과 영화
시장에서 지배적인 행위자로 역할하며, 이로 인해 서구와 비서구 국가들간에
존재하는 경제적 격차를 더욱 확대하는 역작용을 일으킨다는 주장이다(Schiller,
1976). 문화제국주의 이론은 1990년대 초반까지도 매우 설득력 있는 이론으
로 간주되었다. 당시까지만 해도 미국 등 서구 몇 개 국가를 제외하고는
자본력, 기술력, 그리고 인력 부족 등으로 인해 자국의 영토를 넘어 타국까지
진출할 수 있는 양질의 대중문화를 생산하기가 매우 어려웠다.

다만 1990년대 들어 글로벌라이제이션이 새로운 화두로 등장하면서 문화
제국주의 이론에 대한 비판이 커지게 되었다. 혼종화는 서구중심의 문화지배
세력에 대한 도전 능력을 지닌 것으로 평가 가능한 것으로 혼종화가 한류
콘텐츠에 있어 한국적인 특성을 변화시키는지, 유지·발전시키는지에 대한
논의가 핵심이다. 비서구 국가들이 미국중심의 대중문화의 일방적인 영향력
에 있지 않으며, 미국의 영향을 받더라도 자국 특성을 가미한 혼종화를 단행
하고 있다고 강조한다.

혼종화가 K 논쟁에서 쟁점이 되는 부분은 혼종화 자체가 한국적인 현상을 약화시킬 수 있다는 일방적인 논의이다. 혼종화를 통해 한국적인 것을 더 발전시킬 수도 있는데, 이를 서구중심의 문화현상이며, 한국적인 것을 포함시키는데 등한시함으로써 K를 상실했다고 주장하기 때문이다. 혼종화 이론 중 한류 콘텐츠의 K 논쟁에 연계해 중요한 점은 한류 콘텐츠의 생산자들이 단지 기계적으로 서구와 한국 것을 적절히 섞은 정도의 혼종화를 도모했는지, 아니면 호미 바바(Homi Bhabha, 1994)가 논의하는 제3의 공간(Third Space)을 창조했는가 여부이다. 이는 서구와 비서구간의 문화적 섞임도 중요하지만 그 과정에서 비서구 국가의 문화생산자들의 주도적인 역할을 단행, 서구와의 혼종화 과정에서도 지역적인 특성을 발전시켰는가에 핵심이다.

예들 들어 K-Pop의 경우 한글과 영어를 섞어 사용하고 있기 때문에 언어적으로 혼종화를 실행하는 대표적인 문화 영역으로 손꼽히고 있다. 언어적 혼종화 과정에서 한글이 상실되고 있으며, 한국적 특성을 대표하지 못하고 있다는 볼 수도 있으나 K-Pop이 추구하는 K는 "글로벌한 감각과 최신 트렌드를 적극적으로 반영한 음악"이다(이규탁, 2022).

"그것을 조합하고 해석하는 방식에서, 즉 소위 '후크(hook)'라고 불리는 중독성 있는 후렴구가 끊임없이 반복되며 전자음악과 힙합, 알앤비, 록, 심지어 트로트와 같은 다양한 장르가 독특한 방식으로 결합한다. 거기에 얹힌, 한글을 중심으로 영어는 물론 스페인어, 일어, 중국어까지 자유롭게 뒤섞인 가사는 음악 구성의 케이팝에 한국성을 부여하는 또 다른 요소다. 이는 다른 음악 장르에 비해 매우 개방적이며 동시에 다양한 문화 요소들을 뒤섞는 하이브리드 (hybrid), 즉 혼종(混種)에 거리낌이 없는 케이팝만의 특징으로, 글로벌 보편성이 아닌 'K', 즉 대표적인 한국성으로 여겨진다…. 더불어 기획사의 연습생 제도와 트레이닝 시스템을 통해 '아이돌'이라고 하는 독특한 정체성의 가수를 육성하는 과정, 데뷔 이후 합숙 생활 및 기획사의 관리(때로는 통제), 기획사와 아이돌, 팬 사이의 기묘한 삼각관계로 대표되는 케이팝 특유의 비즈니스 모델은 이미 국내외에서 한국적이라고 자주 거론되는 요소로, 해외에서 이것을 배우기 위해 한국으로 '산업 연수'를 올 정도로 전 세계적으로 한국성을 대표하는 특성으로 확고히 자리 잡았다."(이규탁, 2022)

대표 아이돌 그룹으로 평가되는 BTS 역시 혼종화를 통해 서구에까지 인기를 끌고 있다는 것을 부인할 수 없다. BTS는 그러나 노래가사와 춤, 그리고 뮤직 비디오의 배경 등으로 한국적인 것을 사용하면서 K의 존재가치를 유지하고 있다. BTS의 노래 Idol은 한글과 영어를 동시에 사용하는 언어적 혼종화를 발전시켰다. 즉 노래 가사를 You can call me artist/You can call me idol이라고 시작하지만, 얼쑤 좋다. 덩기덕 쿵더러러/얼쑤와 같은 우리말, 특히 탈출이나 민요에서 나오는 얼쑤 같은 추임새가 사용되고 있다는 점에서 한국적인 특성을 충분히 보여주고 있다고 볼 수 있다. 또한 해당 노래의 뮤직 비디오상에서도 기존의 비디오와는 달리 한국의 정각모습과 사자놀이 같은 전통적인 모습을 담고 있다는 점에서 혼종화속에서도 K를 감각적으로 살려냈다는 평가를 받고 있다.

무엇보다 중요한 것은 한류 콘텐츠에서 투영되는 K의 의미는 시대변화, 미디어 생태계의 변화에 따라 진화했다는 점이다. K는 다양한 의미를 지니고 있는데, 한류 초기인 1990년대와 2020년대간에 큰 차이를 보여주고 있다. 한국내에서 과거의 한국적인 특성은 가족주의와 같은 한국 전통에서 기원하는 것으로 간주되었다. 어른 공경하기, 정, 한과 같은 특성과 연계된 경우가 많았다는 것이다. 1990년대까지 '한'이 한국의 정서적 특징-한국역사에 근원하고 있는 슬픔과 후회, 고민, 분노, 복수 등을 표현했으며, '한'은 드라마, 음악, 영화 등 대중문화에서 대표적으로 등장했다. 또 한복과 여성의 미를 평가하기 계란 모양의 얼굴이 동양적인 미의 전형으로 여겨지고 있다. 따라서 개량 한복을 입거나 현대 의상을 걸치면 한국적인 것이 아니고, 갸름한 얼굴이 아니면 한국적인 것이 아니라는 주장들도 있다.

21세기 들어 '한'은 그러나 경제발전, 민주화 속에서 역동성, 즐거움을 표현하는 '흥'으로 대체되고 있다고 볼 수 있다(Chang, 2011). 한국적 특징으로 간주되던 '한'이 소멸된 것은 아니며 아직도 많은 드라마와 영화에서 투영되고 있다. 다만, 현대 사회에서는 '흥'이 한국사회를 대표하는 주요 요소로 등장했음을 의미한다. 역동성을 의미하기도 하는 흥은 K-Pop 댄스에서 표현되는 Koreanness를 표현하기도 한다. 이규탁(2022)이 강조하듯, "K-Pop에서 음악적 특성만큼이나 중요한, 때로는 음악보다도 더욱 중요하다고 여겨지는 것은 바로 퍼포먼스(performance)다. 보통 퍼포먼스라고 하면 소위 '군무'라고 불리는, 그룹 멤버 여러 명이 무대 위에서 보여주는 강렬하고 난이도 높은 춤을 이야기한다. 그러나 K-Pop의 퍼포먼스는 춤뿐만 아니라 화려하고 통일감 있는 의상, 독특한 화장법과 머리 모양, 독자적인 색감과 서사의 개성적인 뮤직비디오, 소셜미디어나 인터넷 생방송 등을 통해 보여주는 다채로운 일상이나 자체 제작 버라이어티 등 무대를 떠나서 보여주는 모습까지도 모두 포함한다." <난타> 공연에서 보여주는 흥과 역동성이 현시대의 K를 상징하고 있다는 주장이다. 즉 K의 개념은 한류 역사 30년 동안 지속적으로 변화되었으며, 현재의 K를 과거지향적으로 보면 안 된다고 할 수 있다. 앞에서도 설명했듯이 K는 세계를 지향하고 있다. 세계지향적이라는 것은 곧 미래지향적이라는 것을 의미한다. 따라서 과거에 얽매어서 과거의 한국적 특징이 아니면 K가 아니라는 근시안적인 접근을 피해야 한다. 과거의 전통과 한국적인 미를 존중하되, K의 범주는 좀 더 시대적인 반영을 고려할 수밖에 없다고 생각된다.

V. 한류에서 K의 의미 – 초국가적 근접성을 중심으로

한류 콘텐츠에서 K는 21세기 초반 들어 많은 변화를 가지고 왔으나, 무엇보다 초국가적 근접성에 기인한다는 점을 강조할 수 있다. 글로벌 수용자들이 한류 콘텐츠를 즐기는 여러 이유가 있으나, 초국가적 근접성(transnational proximity)이 한국적 특성 K를 반영하고 있기 때문이다. 초국가적 근접성은 언어·문화적 근접성에 기인해 인접국가의 문화를 즐긴다는 문화적 근접성(cultural proximity)(Straubhaar, 1991; Suh, Cho, & Kwon, 2006)이 아니라 글로벌 수용자들이 느끼는 보편적인 특성에 기인한다는 뜻이다. 초국가적 근접성은 21세기 자본주의 사회에서 나타나는 불공정, 불평등, 그리고 지나친 부의 편재로 인해 발생하는 기회박탈 등이 전세계인들, 특히 MZ세대들간 크게 나타나는 보편적인 현상이다(Jin, 2023). 한류 콘텐츠가 초국가적 근접성을 투영하고 있는 것으로 다양한 국가의 수용자들이 한국 대중문화를 선호하는 원인으로 제시되고 있다.

잘 알려진대로 1990년대 중후반과 2000년대 초반, <사랑이 뭐길래>, <대장금>, 그리고 <겨울연가> 등의 드라마가 동아시아에서 인기를 끌 때 여러 국내외 미디어와 학자들은 중국 대만 일본 등 국가에서 한류 콘텐츠를 받아들이는 이유가 언어적, 지리적, 문화적 공통점, 또는 유사성에 근거하는 문화적 근접성 때문이라고 지적했다. 한류 드라마와 영화에는 자신들 국가에서도 쉽게 느끼고 공유할 수 있는 언어적, 문화적, 지리적 유사성이 많아 좋아하게 된다는 것이다(이경숙, 2005). 물론 한류 초창기에도 동아시아에 퍼져있는 한국 교포들이 아니만 한국어를 제대로 이해할 수 없는데다, 문화적으로 많은 차이가 있었던 것이 사실이다. 일본 드라마가 주로 트랜디 드라마 형식, 즉 도시공간을 배경으로 이루어지는 젊은 남녀간의 사랑이 주요 주제였던 반면, 한국은 아직도 가족주의를 바탕으로 하는 드라마 위주의 제작이 주를 이었기 때문이다. 일본과 한국의 문화가 이러한 차이를 보이면서 일본 문화가 영향력이 컸던 대만과 인도네시아 등에서 한국 문화 콘텐츠를 좋아한 이유가 다를 수밖에 없기 때문이다. 동아시아라는 지역적 요소를 감안한다는 점에서 다른 지역으로부터의 대중문화보다는 더욱 가깝게 느낄 수 있더라도 문화적 근접성이 제대로 역할했다고 보기에는 다소 설득력이 떨어진다.

문화적 근접성은 그러나 한류 콘텐츠가 미국 영국 프랑스 같은 서구 국가들은 물론 남미 중동 그리고 아프리카 국가들에까지 확산되면서 사실상 해당 지역의 수용자들이 한류를 좋아하는 이유로 설명할 수 없게 됐다. 해당 국가의 팬들과 수용자들은 언어와 지역, 그리고 문화적 배경이 전혀 다른데도 불구하고 한국 드라마와 영화, 그리고 K-Pop을 즐기고 있기 때문이다. 물론 일부에서는 아직도 문화적 근접성이 한류의 세계화에도 큰 기여를 했다고 주장하고 있다. "인터넷 등 통신망이 발달하면서 멀리 떨어진 나라의 문화상품에도 쉽게 접근할 수 있게 되고, 문화상품을 많이 접한 나라에 대해서는 문화적 근접성이 높아지기도 한다. 특정 국가의 영화나 드라마, 노래, 가수들을 자주 보면 그 나라를 친숙하게 여기는 경향이 커진다는 뜻이다"(김윤지, 2021). 이 같은 주장은 그러나 문화상품을 많이 보게 되어서 해당국가의 대중문화가 친근해 질 수 있다는 점을 강조한 것이지, 해당 국가의 초기에 왜 이들을 접하기 시작했는지에 대한 해석을 이끌어 낼 수 없다. 즉 한류 콘텐츠가 지역과 언어, 그리고 문화적 차이를 넘어 이들 먼 국가들에게까지 퍼져나간 초창기 및 이후 동인으로 적절하지 않다.

따라서 한류의 글로벌화에 따라 문화적 근접성 대신 21세기 초에 글로벌 수용자들이 느끼는 보편적인 특성에 바탕을 둔 초국가적 근접성 때문에 많은 글로벌 수용자들이 한국문화를 좋아하는 이유라는 주장이 설득력을 얻고 있다. 현대 자본주의의 특징인 사회적 반 공정성과 서민들의 일상생활에서 투쟁을 적절하게 설명하고, 사회 경제적 불확실성 등을 표현해가는 것이 전세계 수용자들로 하여금 공감할만한 메시지를 전달하기 때문이다. 글로벌 수용자들은 이러한 초국가적 보편성을 볼거리와 밀도 높은 스토리텔링을 통해 표현하는 한국 문화 콘텐츠를 선호한다는 말이다. 한국 콘텐츠의 구성, 배우, 내러티브 등에서 나타나는 스토리텔링내 보편적 요소들을 좋아하고 있다.

초국가적 근접성은 한류 콘텐츠 전체에서 목격되고 있다. K-Pop의 경우 빌보드에서 1위를 차지했던 BTS의 <Life Goes On>은 영어가사가 거의 없는 한국어로 만들어진 노래임에도 불구하고 전세계 MZ세대들의 폭발적인 인기를 얻은바 있다. <Life Goes On>은 현실세대의 어려움을 표현하고 탈출구가 없어 보이지만 미래를 위해 함께 손을 잡고 가자는 내용을 담고있다. MZ세대들이 처한 현실, 즉 심각한 대학 입시, 취업난, 그리고 주택난 등 때문에 고초를 겪고 있는 먹구름과 같이 현실상을 표현, 젊은이들의 공감을 얻고 있기 때문이다.

특히 <Life Goes On>의 마지막 가사 "여기 내 손을 잡아, 저 미래로 달아나자"고 강조하는 것은 한류 콘텐츠가 단지 현실을 비난하거나 현실에 절망하는 대신, 미래를 위해, 더 좋은 세상을 함께 만들어 나가자는 희망적인 메시지를 보여주고 있다는 특징이 있다. BTS를 좋아하는 많은 팬들은 바로 BTS가 던지는 희망 섞인 메시지 때문에 힘을 얻고 삶을 이어갈 수 있기 때문이라고 답하기도 한다(McLaren and Jin, 2020).

드라마 분야에서는 2021년 전세계적으로 선풍적인 인기를 끌었던 <오징어 게임>에서 초국가적 근접성이 잘 나타나고 있다. 한국인들이 어린시절에 즐겨 놀던 게임을 바탕으로 하면서도 현대 사회에서 만연하고 있는 불공정과 불평등한 사회 현상을 탄탄한 스토리텔링에 바탕을 두고 제작한 것이다. <오징어 게임>은 데스게임(death game)이라는 형태를 통해 양극화와 불평등이 고착화된 자본주의 사회의 병폐를 고발하고 있는데 이러한 보편적인 스토리가 MZ세대의 감성을 자극했다. 드라마에서 게임 설계자는 공정한 상황하에서 돈을 벌수 있는 기회를 제공한다는 구실로 참여자를 모아 게임을 즐기는 형태를 보이고 있다. "모든 참가자들에게 동등한 기회를 제공하고 공정하게 대우한다는 점에서 최고의 장소"라고 강조하고 있다.

예들 들어 에피소드중 하나인 구슬치기 게임에서 오징어 게임 운영자들이 부정한 방법으로 돈을 벌던 것이 들어나 사형을 당한 것이 이에 해당한다. 에피소드 6에 나타나는 것으로 깐부라는 제목의 에피소드에서 게임 참가자들이 게임장으로 가기 위해 나가던 도중에 사형당한 사람들의 시신을 천장에 걸어 놓은 것을 목격하게 된다. 게임 운영자는 이러한 장면에 대해 공정성을 해친 결과에 대한 징벌임을 강조하고 있다.

게임운영자의 해당 사과는 언뜻, 오징어 게임이 공정한 룰과 윤리적인 틀 속에서 치러지고 있다고 보게 만들게 한다. 오징어 게임은 그러나 현대 자본주의 사회에서는 어떠한 경우에도 불평등한 현실을 벗어날 수 없으며, 죽음으로서만이 현실 도피가 가능하다는 것을 보여주고 있다. 게임자체가 자신들의 죽음을 감상하려는 부자들의 유희에 불과하다는 것이 이후 VIP라는 제목의 에피소드에서 여실히 드러난다. 주로 백인 백만장자들로 구성된 VIP들은 게임장 최상단에 별도의 감상실을 만들어 놓고 게임 참여자들이 서로를 죽이는 과정을 보면서 최고급 와인과 위스키 등을 마시고 있었다. <오징어 게임>같은 드라마에서 한국적임을 지나치게 강조하거나 또는 한국적인 것을 만들어야 한다는 식의 단순한 사고보다는 한국대중문화의 본질이 다양화되고 있고, 현대 대중문화가 이러한 다양성과 보편성을 대표하고 있다고 보는 것이 타당하다. 한국적인 특성이 바로 이런 것에서 나온다고 볼 수 있다.

이보다 앞서 2019년 제작되어 2020년 오스카에서 작품상과 감독상 등을 수상한 <기생충> 역시 희망이 보이지 않은 가족들이 부잣집에서 새로운 기회를 잡고자 한 것이다. 가족 모두가 직업이 없어 반지하방에서 피자 박스 등을 접으면서 생계를 유지하고 와이파이(wi-fi)가 없어 스마트폰을 들고 집 안 곳곳을 돌아다녀야 할 정도로 가난한 가족들이 아들의 가짜 대학증명서를 만들어 부잣집에 입주 가정교사로 들어가면서 이야기는 전개된다. 아들의 가정교사입주를 시작으로 딸은 미술 전문가로, 아버지는 운전사로, 그리고 어머니는 가정부로 각각 취직하는 등 전 가족이 한 부잣집에 취업하면서 살아가는 모습에서 현대 자본주의의 병폐인 불평등한 사회구조를 역설적으로 비판하는 모습을 담았기 때문이다.

2022년과 2023년에 걸쳐 넷플릭스에서 상영되었던 <더 글로리>(The Glory) 역시 현대 자본주의 사회의 병폐인 학원폭력과 이로 인한 갈등과 복수를 밀도있게 그려낸 프로그램이다. 가난하기 때문에 학교에서 부자 집안의 학생들 그룹의 폭력대상자로 살 수 밖에 없었던 여학생이 사회에 나가 초등학교 선생님이 되어 자신을 폭행했던 그룹 일원들을 한 명씩 한 명씩 무너뜨리는 것이 줄거리이다. 학폭의 여러 가지 형태 중에서 부자와 가난한 자들간의 대결구도로 전개된 점, 그리고 가난해서 대학도 못가고 이들에게 폭력을 당한 또 다른 피해자의 도움을 받으며 이들의 죄를 단죄해 나가는 과정에서 많은 사람들은 희열을 느꼈다. 자신도 비슷한 피해를 당했던 학폭 피해자들과 가족들은 <더 글로리> 방송 내내 눈물을 쏟아냈다는 보도가 나오기도 했다.

<더 글로리>가 제기한 학폭과 '유전무죄'에 대한 단죄의 문제는 우리나라 뿐 아니라 국외에서도 파장을 일으켰다. 지난 1월 <더 글로리> 파트1이 넷플릭스 티브이 드라마 1위에 오른 타이에서는 소셜미디어에 학폭을 당한 경험을 털어놓고 가해자의 반성을 촉구하는 글들이 릴레이로 이어졌다. 글들에는 '#타이 더 글로리'라는 해시태그가 달렸고, 학폭 가해 의혹이 제기된 유명 배우가 사과를 하기도 했다. <더 글로리> 파트2가 전세계 동시 공개된 10일

미국 시사주간지 <타임>은 <더 글로리>의 세계적 인기에 대한 기사를 실으면서 "학교폭력 이야기 자체는 특정한 학교나 동네를 배경으로 벌어지지만 한국뿐 아니라 미국의 10대와 성인들도 공감할 수 있는, 좀 더 본질적인 사회적 불평등에 대한 내러티브적 장치로 기능한다"고 분석했다(김은형, 2023).

학원폭력이 한국에서 유독 심하더라도 전세계 모든 지역에서 존재하는 심각한 사회문제이다. 전세계 수용자들은 글로리를 보면서 한국사회의 독특한 스토리를 경험하는 한편, 현대 자본주의가 만들어내는 폐해에 대해 공감을 표시했다. 한국의 특수성과 글로벌 보편성이 잘 어울어 지면서, 탄탄한 스토리와 연기자들의 호연이 두드러진 더 글로리가 전세계적인 관심을 끌 수 있었다.

<오징어 게임>, <기생충>, 그리고 <더 글로리>에서 표현하는 대로 한국사회는 갖은 고생과 노력에도 루저들이 이를 벗어나기는 매우 어려운 것이 현실이다. <오징어 게임>의 경우 사회적 불평등 속에서 나락으로 떨어진 사람들에게 평등과 정의라는 틀로 새로운 기회를 제공한다는 측면에서 게임을 통해 456억이라는 돈을 찾아가는 과정을 그렸으나 사실은 모두에게 죽음만이 찾아올 뿐이다. <기생충>에서도 부잣집의 입주 가정교사를 시작으로 새로운 기회를 찾을 것처럼 보였으나, 결국은 한 가족의 아버지가 살인자로 귀결되며, 자신들이 처한 상황에서 단 한발도 나아가지 못했다. 한류 콘텐츠들이 현 시대를 살아가는 사람들의 보편적 어려움과 사회적 문제점을 표현하는 측면과, 또 다른 한편에서는 희망과 위로와 사회 정의의 필요성을 잘 담아내고 있기 때문인 것으로 풀이된다. 많은 사람들이 처한 유사한 어려움을 공유하는 한 측면과 더 좋은 사회를 만들어 가는데 필요한 희망을 보여주고자 애 쓰고 있다. 즉 전 세계적으로 인기를 얻고 있는 현대 한류 콘텐츠는 한편으로는 자본주의 폐해를, 다른 한편에서는 희망을 찾아가는 모습을 보여

주되, 할리우드 영화 등에서 나타나는 대로 지나친 마약과 범죄 모습을 통하지 않고도 이러한 보편적인 현상을 탄탄한 스토리텔링으로 묘사한다는 점에서 공감을 얻고 있다.

특히 21세기 초반 한국 사회의 어려움과 난관, 그리고 이에 따른 부정의와 불평등을 표현하는 문화 콘텐츠들은 사실 한국이 과거 몇 십 년 동안 가장 잘 표현해 왔던 주제라는 측면에서 한국적인 측면, 즉 K의 심벌로 작용할 수 있다고도 볼 수 있다. 1990년대까지 한국의 드라마가 인기를 끈 가장 큰 요인은 서민층의 아픔과 고난을 잘 표현했기 때문인데, 이러한 주제들이 현대 자본주의사회에서 투영되고 있기 때문이다. 한국의 문화생산자들은 한국 드라마와 영화에서 나타나는 이러한 장르와 주제들에 매우 영향을 받았을 수밖에 없고, 이러한 한국적 특징과 스토리텔링을 디지털 기술을 접목시켜 표현하고 있다. Nancy Abelmann(2003)이 강조했듯이, 할리우드 영화가 강조하는 상업적 주제들을 강조하는 반면, 한국 영화는 한국인들의 삶과 분부를 표현하는 전통을 가지고 있다. 일본지배로 인한 국가상실, 분단국가로서의 남북한 갈등, 군부독재에 맞서 싸우면서 키워온 정치적 갈등, 그리고 수천년 전통속에 키워진 역사와 문화를 표현하는 주제와 장르들이 주류를 이어왔다. 최근에 인기를 끌고 있는 문화 콘텐츠들은 할리우드의 촬영기법과 상업적 요소를 반영하고 있으면서도 한국 특유의 드라마적 요소를 현대적으로 해석해내고 있는데 이러한 요소들이 전세계 많은 수용자들의 감정을 대변하는 보편적인 정서로 간주된다는 것이다.

VI. 맺음말

한류 콘텐츠가 전세계적인 인기를 지속하면서 한류에 한국적인 특성(K)이 존재하는지, 그렇다면 어떠한 형태로 표현되는가에 관해 많은 논의가 이어지고 있다. 본 챕터는 한류와 관련된 한국적인 것(Koreanness)에 관한 논의를 전개했다. 드라마, 영화, K-Pop 등 한류 콘텐츠가 K를 발전시키는지 또는 상실해 가는지, 그렇다면 관련 이유는 무엇인가에 초점을 두고 논의했다. 한국 대중문화에서 K는 존재하지 않는다고 주장하는 논의의 핵심은 대중문화가 지나치게 상업화와 혼종화하면서 한국적 특성인 K를 상실했다고 주장한다. 또한 K-everything에서 K는 한국의 지역성과 문화를 상징하는 지역문화적 특성으로서 사용된다고 정의했다.

무엇보다 중요한 것은, 한류 콘텐츠가 글로벌 문화시장에서 인기를 끌고 있는 이유는 독특한 한국적 특성을 대표하고 있기도 하고 혼종화 요소를 포함하기도 해서이다. 먼저 한류 콘텐츠가 혼종화를 실행하면서 K를 상실했다는 주장은 해당 논의의 핵심을 잘 파악하지 못한 데에서 기인한다. 혼종화를 지나치게 두 가지 이상의 문화가 섞이면서 원래의 문화 특성을 잃어버린다는 측면만 강조하기 때문이다. 혼종화는 그러나 피할 수 없는 형태이면서도, 어떻게 운영하는가에 따라 한국적 특성을 두드러지게 표현할 수 있다. 일부 외국적인 특성을 가미하는 것은 어쩔 수 없지만 그 속에서 한국적 특징을 유지하고 발전시킬 수 있기 때문이다. 한류에서 혼종성은 콘텐츠의 새로운 가치로 등장한지 오래이며, 제작 과정 등에서 한국 문화생산자가 주축이 되어 한국적인 특성을 살리려는 노력이 중요한때라고 할 수 있다.

무엇보다 한류 콘텐츠는 21세기 초 자본주의 사회의 어두운 측면을 상징하는 불평등과 부정의라는 보편적인 정서를 표현하면서 전세계적인 인기를 끌고 있다. 과거 한류 콘텐츠가 '정'과 '한'같은 한국 역사 속에 기인하는 정서를 표현했다면, 현대 한류 콘텐츠는 초국가적 근접성을 표현하는 문화로 거듭나고 있다. 따라서 한류 콘텐츠가 한국적인 특성을 상실했다는 것은 지나친 주장이다.

한류 콘텐츠에서 한국적인 특성은 전통적 가치를 표현해서 나타나는 것뿐만이 아니라 변화하는 트렌드를 잘 반영하는 것이다. Koreanness 개념 자체가 유동적이며 K관련 논의는 변화하는 미디어 환경과 한국사회의 움직임에 따라 이해되어야 하는 만큼, 한국적인 것을 지나치게 과거 지향적, 정태적인 것으로 해석해서는 안 된다(Berbiguier, 2023). 보다 탄력적인 관점에서 한국적인 특성의 변화를 살펴보고 이를 발전시켜야 한류 콘텐츠 역시 지속적인 성장을 담보할 수 있다.

참고문헌

구유나, 「K팝 아이돌이 된다는건, 1000% 노력이 필요하다는 것」, 『BBC 코리아』, 2023.7.26.

김수영, 「방탄소년단 방방콘 90분간 250억 벌었다…세계 최대 온라인 유료 공연」, 『한국경제신문』, 2020.6.15.

김슬기, 「美영화 만들고, 외국인 아이돌 … K콘텐츠서 'K' 뗀다」, 『매일경제신문』, 2024.2.2.

김윤지, 「거리·이민 이어 문화 근접성 큰 영향」, 『Economy & Insight』, 2021.1.1.

김은형, 「연진아, 이제 무슨 낙으로 살지?…'더 글로리'가 남긴 것」, 『한겨레신문』, 2023.3.14.

문화체육관광부, 『2015 콘텐츠 산업 백서』, 2016.

문화체육관광부, 『2018 콘텐츠 산업 백서』, 2019.

문화체육관광부, 『2021 콘텐츠 산업 백서』, 2022.

이경숙, 「한류와 동아시아의 문화적 근접성」, 한국방송학회 세미나 및 보고서, 2005, pp.111–121.

이규탁, 『갈등하는 케이, 팝』, 스리체어스, 2020.

이호연, 「외국인 in K-Pop, 정체성 확장의 오늘과 내일」, 『한국일보』, 2019.6.7.

진경지, 「'한류' 용어의 어원 및 대만 한류 발전에 대한 고찰」, 『동아시아문화연구』 77, 한양대학교 동아시아문화연구소, 2019, pp.221–237.

진달용, 『한류 신화에 관한 10가지 논쟁』, 한울아카데미, 2022.

한국방송통신위원회, 『해외 OTT 이용행태조사 보고서』, 2023.

한국콘텐츠진흥원, 『2022 콘텐츠산업백서연차보고서』, 2023.

KOFICE, 『한류나우』 51, 2022.

Abelmann, Nancy, 「The Melodrama of Mobility: women, talk, and class in contemporary South Korea」, 『Honolulu: University of Hawaii Press』, 2003.

Adams, T., 「K-everything: the rise and rise of Korean culture」, 2022. https://www.theguardian.com/world/2022/sep/04/korea-culture-k-pop-music-film-tv-hallyu-v-and-a

Ahn, J.H., 「K-Pop Without Koreans: Racial Imagination and Boundary Making in

K-Pop」, 『International Journal of Communication』 17, 2023, pp.92-111.

Berbiguier, M., 「When they say they are a K-drama fan, but their first drama is Squid Game: What is an authentic K-drama?」, 『Journal of Fandom Studies』 11(2/3), 2023, pp.117-132.

Bhabha, H., 「The Location of Culture. New York」, 『NY: Routledge』, 1994.

Chang, A.Y., 「Finding anew what 'Koreanness' is」, 『The Korea Times』, 2011. http://www.koreatimes.co.kr/www/news/culture/2013/06/142_94873.html

Garcia-Ganclini, N., 「Translated by George Yudice. Consumers and Citizens: globalization and multicultural conflicts. Minneapolis」, 『MN: University of Minnesota Press』, 1995.

Jin, Dal Yong, 「New Korean Wave: transnational cultural power in the age of social media」, 『Urbana, IL: University of Illinois Press』, 2016.

Jin, Dal Yong, 「Transnational Proximity of the Korean Wave in the Global Cultural Sphere」, 『International Journal of Communication』 17, 2023, pp.9-28.

Kim, H.I., 「Understanding "Koreanness": Racial Stratification and Colorism in Korea and Implications for Korean Multicultural Education」, 『International Journal of Multicultural Education』 22(1), 2020, pp.76-96.

Kim, T.Y., 「K-Culture Without "K-"? The Paradoxical Nature of Producing Korean Television Toward a Sustainable Korean Wave」, 『International Journal of Communication』 17, 2023, pp.147-170.

Lee, J.W., 「Semioscapes, Unbanality, and the Reinvention of Nationness: Global Korea as Nation-Space」, 『Verge: Studies in Global Asias』 3(1), 2017, pp.107-136.

Lie, J., 「What is the K in K-pop? South Korean popular music, the culture industry, and national identity」, 『Korea Observer』 43(3), 2012, pp.339-363.

McLaren, Courtney·Dal Yong Jin, 「'You Can't Help but Love Them": BTS, Transcultural Fandom, and Affective Identities」, 『Korea Journal』 60(1), 2020, pp. 100-127. doi: 10.25024/kj.2020.60.1.100

Muller, J., Us and them, 「The enduring power of ethnic nationalism」, 『Foreign Affairs』 87(2), 2008, pp.18-35.

Toronto Star, 「K-pop brought foreigners to South Korea. Now they've joined the 'Korean wave' of culture」, 『Toronto Star』, May 16, 2023.

Schiller, H., 「Communication and Cultural Domination. White Plains」, 『N.Y.: International Arts and Sciences Press』, 1976.

Straubhaar, J., 「Beyond media imperialism: Asymmetrical interdependence and cultural proximity」, 『Critical Studies in Mass Communication』 8(1), 1991, pp.39–59. doi:10.1080/15295039109366779

Suh, C. S.·Cho, Y. D.·Kwon, S. H., 「An analysis of the Korean wave and cultural proximity in Southeast Asia」, 『Kensington, Australia: University of New South Wales』, 2006.

Yeung, Jessie., 「South Korea brought K-pop and K-dramas to the world. The Korean language could be next」, 『CNN』, January 17, 2023. https://www.cnn.com/2023/01/17/asia/korean-language-learning-rise-hallyu-intl-hnk-dst/index.html

Yun, S.Y., 「K-style: understanding the rise of Korea's creative golden age」, 『Wallpaper』 1, September, 2022. https://www.wallpaper.com/art/make-break-remix-korean-culture-book

일본 내 한류(K-컬처) 현상과
인문학적 관점

Ⅰ. 머리말

한반도와 일본열도는 예로부터 일의대수(一衣帶水, 한줄기 물을 사이에 둔 가까운 사이)라 일컬어질 정도로 지리적으로 가까운 관계다. 지리적으로 가까운 만큼 오랫동안 인적 물적, 많은 교류가 이루어지고, 긍정적인 영향을 주고 받았음은 부정할 수 없는 사실이다. 이와는 반대로 지배자들의 야심 또는 정세에 따라 반휴머니즘적 침탈과 강제적 지배 등의 부정적 역사의 상처를 남긴 것 또한 사실이다.

이와 같은 배경으로 한국과 일본의 관계는 '가깝고도 먼 나라'라고 표현되기도 하는데, 가깝다는 것은 지리적인 의미요, 멀다는 것은 심리적인 의미다.

20세기 초 일제 강점기를 거쳐 1965년 국교가 정상화 된 후에도, 20세기 말까지 한일 양국의 정권은 서로 상대 문화의 영향을 꺼려해 영화, 음악, 애니메이션 등의 대중문화의 유입을 금지시켜 왔다. 이러한 배경으로 양국의 문화 교류는 공식적으로 단절이 지속됐다. 그런데 1998년 '한일대중문화개방조치'에 따라 점차적 문화 개방이 허락됐다. 이어서 새로운 세기인 21세기 뉴밀레니엄 시대에 접어들면서, 2002년 한일월드컵 공동 개최를 계기로 한국의 드라마인 <겨울연가>가 일본 국영방송인 NHK에서 방영되고, 이른바 '욘사마 붐'이 일어났다. 이해를 돕기 위해 이에 관한 연구 분석을 인용한다.

2004년 NHK에서 예상외의 인기로 3번째의 재방영이 결정된 드라마 '겨울연가'로 인해 일본의 한류 붐은 시작되었다. 드라마의 주인공인 '배용준'과 관련한 사회 현상은 수많은 기사거리를 만들어 냈고, 그 외에도 다수의 드라마와 영화 등 주로 영상물이 일본에서 좋은 반응을 얻으면서, 이에 출연한 한국 연예인들도 일본의 신문과 잡지 기사, 방송 프로그램, CM, 팬 미팅 등에 출연하며 왕성한 활동을 구가하게 되었다. 일본의 한류는 막대한 경제적 수익과 함께 전례 없는 인기로 인한 각종 화제를 만들어 내며, 한국사회로 하여금 문화강국으로 성장하였다는 자신감을 가지게 하였다. 한류 현상 이전의 한국 대중문화산업은, 1998년 일본대중문화의 단계적 공식 개방조치가 단행되기 전까지 일본문화를 금지한 이유 중 하나가 국내 문화산업을 보호한다는 명목이었다는 점에서 알 수 있듯이, 일본의 문화산업보다 경쟁력이 떨어진다는 의식이 강하게 존재하고 있었다. 하지만 일본 내 한류의 성공으로 인해 국내 문화상품이 드디어 국제사회에서 경쟁력을 갖추게 되었음을 인식하게 되었다.[1]

이후, 일본에서는 1차 한류(드라마), 2차 한류(K-Pop), 3차 한류(패션, 음식), 4차 한류(넷플릭스 드라마)로 분류할 정도로 한국 문화 전반에 걸친 요소가 붐을 일으키고 있다. 이와 같은 현상은 이제 '일본의 K-컬처 현상'이라는

1 　한영균, 「일본 내 한류의 현황과 한일관계」, 『국제학논총』 32, 계명대학교국제학연구소, 2020.

용어로도 칭해지고 있다

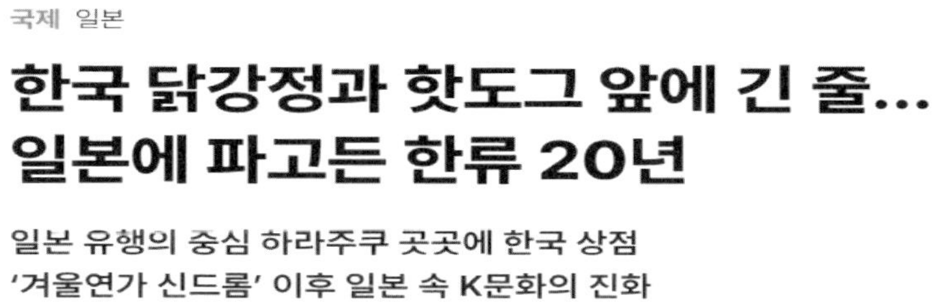

국제 일본

한국 닭강정과 핫도그 앞에 긴 줄...
일본에 파고든 한류 20년

일본 유행의 중심 하라주쿠 곳곳에 한국 상점
'겨울연가 신드롬' 이후 일본 속 K문화의 진화

[사진 1]

상기 기사는 한겨레신문(2023년 3월 31일)기사인데, 일본 젊은이들의 유행의 중심지인 도쿄 하라주쿠에 한국 상점이 확대되고 있으며, 일본어가 아닌 한글 표기의 간판과 한국 음식을 구입하려고 줄을 서고 있다는 기사가 이어지고 있다.

> 하라주쿠의 이런 놀라운 변화는 한류의 힘이다. 한국을 좋아하는 일본의 엠제트(MZ) 세대가 늘면서 이들을 하라주쿠로 끌어모으기 위해 발 빠르게 움직인 것이다.[2]

즉 2000년 이후, 일본 내에서 한국 문화가 확대돼, 젊은이들 사이에서는 K-컬처가 하나의 주류 문화로 자리 잡고 있음을 알려주고 있다.

전술했듯이 한반도와 일본열도는 오래전부터 서로 교류를 하며 영향을 주고 받아왔다. 특히 19세기 이전에는 서역이나 중국의 문화 등이 한반도를

---

2   한겨레 신문 인터넷 판(2023.3.31.), https://www.hani.co.kr/arti/international/japan/1083450.
    html. (검색일: 2024.3.9.)

거쳐 일본 열도에 전달되는 경향이 뚜렷했고, 19세기 이후에는 서양 문화 등이 일본을 거쳐 한반도에 유입되는 경향이 강했다.

그런데, 최근에는 매스컴 등에서 '일본의 K-컬처 현상'이라 칭할 정도로 한국보다 일본 내에서 한국 문화가 확산되는 경향을 보이고 있다. 여기에서 의문은 사회, 경제, 문화적으로 일본이 한국보다 결코 후진국이라 할 수 없는 데, 왜 'K-컬처 현상'이 확대되고 있으며, 그것도 20년 이상을 지속하고 있는 걸까?

본고에서는 이와 같은 일본에서 'K-컬처 현상'이 일어나게 된 배경과 근원을 인문학적 관점에서 분석하고, 살펴보고자 한다.

II. 인문학의 개념과 관점

먼저 인문학의 개념을 정리한 후, 인문학의 관점은 무엇인가에 관해 기술하도록 하자.

'인문학'이란 단어를 어구성으로 간략하게 풀이하면, '인문'을 대상으로 하는 학문이라 할 수 있다.

일본의 고베 대학 대학원 인문학 연구과에서는 '대학원 인문학연구과 안내'에서 '인문학'에 대해 다음과 같이 개념을 정의해 놓았다.

'인문학은 인류가 걸어 온 역사 속에서 고전으로서 축적된 지적체계 또는 행동양식을 해명함과 동시에 이상적인 인간상을 실현하기 위한 윤리와 사회규 범의 상태를 추구하는 학문분야의 총체.'[3]

---

3   고베 대학 대학원 인문학 연구과, '대학원 인문학연구과 안내' http://www.lit.kobe-u.ac.jp/

즉, 오랜 역사를 통해 인류가 축적해온 사고양식과 행동양식을 학문적으로 해명하고, 그러한 인문학적 연구 결과가 올바른 인간상과 이상적 윤리 기준을 제시함과 동시에, 올바른 사회 규범을 형성해, 인류가 궁극적으로 추구하는 이상 사회가 실현 가능하도록 하는 학문 분야라 할 수 있다.

다시 말하면 인문학이란 인간과 관련된 인간의 근원 문제 그리고 인간의 사고와 행농 양식 능을 대상으로 인간을 이해하기 위한 학문 분야인 것이다. 간략하게 말하면 인간의 사상과 문화에 관해 탐구하는 학문 분야다.

'인문학'의 개념을 좀 더 명확히 하기 위해 인문학의 대상인 '인문'의 개념을 사전을 중심으로 살펴보도록 한다.

1. 인문(人文)이란?

인문(人文)이란 개념을 이해하기 위해 한국의 사전과 일본, 그리고 옥스퍼드 사전을 통해 각각의 설명을 살펴보면 다음과 같다.

> (1) 인문(人文): 인류의 문화. 인물(사람)과 문물을 아울러 이르는 말. 인륜의 질서.
>
> <표준국어대사전>[4]

> (2) じん-ぶん【人文】〖名〗
> ① 人間の築いた文明。人類の文化。じんもん。
> ② 人に関する事柄。人間の社会。人事。また、人倫の秩序。じんもん。

---

korean/graduate/about.html (검색일: 2024.3.10.)

4   국립국어원 표준국어대사전 인터넷 판 https://stdict.korean.go.kr/search/searchView.do? word_no=272034&searchKeywordTo=3 (검색일: 2024.3.10.)

③ 人の書いたもの。文章。書物。

<일본 국어대사전> [5]

(3) humanity(복수형: humanities)

humanity *n*	(human beings)	인류, 인간 명
humanity *n*	(compassion)	인간애, 자비 명
humanities, the humanities *npl*	(non-science subjects)	인문학 명(복)

<옥스퍼드 영한 사전> [6]

(4) 人文, 人类 文化。* 人物和文物。* 人伦 秩序

<에듀월드 표준한한중사전> [7]

'인문(人文-humanity)'이란 단어의 개념을 좀 더 명확히 하기 위해 각국의 사전의 설명을 정리하면, 한국에서는 <인류의 문화, 인물(사람)과 문물, 인륜의 질서>로 보고 있으며, 일본어에서는 <인간이 만들어낸 문물, 문명, 인류의 문화>로, 영어에서는 <인류, 인간, 인간애, 자비, 인문학>으로, 중국어에서는 <인류 문화, 인물과 문물, 인륜 질서> 등으로 정리하고 있다. 그러므로 각국의 사전 정의 중 공통되는 부분을 그림으로 정리하면 다음과 같다.

---

5 精選版日本国語大辞典 https://kotobank.jp/word/%E4%BA%BA%E6%96%87-538902 (검색일: 2024.3.10.)

6 https://www.wordreference.com/enko/humanity (검색일: 2024.3.10.)

7 에듀월드 표준한한중사전 https://zh.dict.naver.com/#/search?query=%EC%9D%B8%EB%AC%B8 (검색일: 2024.3.10.)

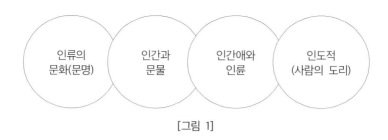

[그림 1]

결국, 인문이란 인류의 문화 또는 문물, 인간애, 인륜 등 인간에 본질과 관계된 것이다. 또한 사전을 통한 '인문'이란 단어의 구성을 분석하면, 사람, 인(人)과 글월 문(文)의 결합이란 걸 알 수 있다. 그런데 사람 인(人)을 이해하는 것은 문제가 없는데, 인문의 문(文)이 과연 글, 또는 문장의 의미인가? 그렇게 해석하면 인문은 단순하게, '사람의 글(문장)'의 뜻을 갖게 돼 각국의 사전들의 의미와 일치하지 않게 된다. 그래서 같은 어구성을 지닌 천문(天文)과 비교하며, 문(文)의 의미를 명확히 하고자 한다. 우선 천문(天文)의 의미를 살펴보면 다음과 같다.

* 천문(天文)
1. 우주와 천체의 온갖 현상과 그에 내재된 법칙성.
2. 천문 우주의 구조, 천체의 생성과 진화, 천체의 역학적 운동, 거리·광도· 표면 온도·질량·나이 등 천체의 기본 물리량 따위를 전문적으로 연구하는 학문.

<표준국어대사전>[8]

---

8   국립국어원 표준국어대사전 인터넷 판 https://stdict.korean.go.kr/search/searchView.do? word_no=491127&searchKeywordTo=3 (검색일: 2024.3.10.)

천문에 대한 사전적 풀이를 보면, 천(天) 즉 하늘 또는 우주의 모든 현상과 내재된 법칙성으로 해석이 되고 있다. 즉 천문은 천리(하늘의 도리)를 의미한다. 그러니, 천문의 문(文)은 곧 도리, 규칙, 법칙 등을 의미한다. 이것을 인문에 적용하면 인문의 문(文)은 곧 도리, 규칙, 법칙의 의미를 갖게 되며, 천문은 천리(하늘의 도리, 규칙), 인문은 인리(사람의 도리, 규칙)으로 귀결된다. 그러므로 인문이란 곧 인간(존재)에 관한 온갖 현상과 그에 내재된 법칙(본질)이란 의미를 갖게 된다. 즉 인문이란 인간(존재) 본성에 내재된 모든 도리(인도, 인륜)을 말한다.

한편, 서양에서는 인문에 해당하는 단어가 '후마니타스(Humanitas)'다. 이는 중세의 신 중심에서 인간 중심주의로 변화하는 르네상스 시대의 휴머니즘의 기초가 되기도 한다. <표준국어대사전>에서는 휴머니즘의 의미를 다음과 같이 풀이하고 있다.

> * 휴머니즘(humanism)
>
> 「명사」
>
> 「1」 인간의 존엄성을 최고의 가치로 여기고 인종, 민족, 국가, 종교 따위의 차이를 초월하여 인류의 안녕과 복지를 꾀하는 것을 이상으로 하는 사상이나 태도. =인도주의.
>
> 「2」 『사회 일반』 서양의 문예 부흥기에 이탈리아에서 발생하여 유럽에 널리 퍼진 정신 운동. 가톨릭교회의 권위와 신 중심의 세계관으로부터 인간을 해방시키고, 그리스·로마의 고전 문화에 대한 연구를 통하여 인간의 존엄성 회복과 문화적 교양의 발전에 노력하였다.[9]

9　국립국어원 표준국어대사전 인터넷 판 https://stdict.kor https://stdict.korean.go.kr/search/searchView.do (검색일: 2024.3.10.)

그러므로 서양에서 인문 또는 인문학으로 번역되는 '휴머니즘'은 인간의 존엄성에 기반한 인류의 행복을 추구하는 사상이나 사고로서, 즉 인간 중심의 인도적이란 말로 대체할 수 있다. 동양적 개념으로 정리하면, 유교의 근본 개념인 '오상(五常-인의예지신)'과 동학의 인내천(人乃天-사람이 곧 하늘) 사상과 연결된다.

앞에서 기술했듯이 인문을 대상으로 하는 학문을 인문학이라 하는데, 각 관점에 따라 인문학의 개념을 정리하면 다음과 같다.

a. 인문학의 학문적 분류: 인간의 언어, 문학, 예술, 철학, 역사 등을 연구하는 학문 분야. 자연과학(경험적, 실험적)에 대비되는 개념.

b. 인문학의 내용적 분류: 인간과 관련된 근원적인 문제나 사상, 문화, 인간의 가치, 인간의 본질, 인간의 올바른 도리 등을 중심적으로 탐구하여, 그 결과로 인류에게 이상적 윤리 기준을 제시하고, 옳고 그름을 통한 올바른 사회 규범을 형성해, 인류가 궁극적으로 추구하는 이상 사회를 통해 각자의 행복을 추구하는 것.

c. 인문학의 학문적 방법: 경험적, 실험적인 방법과는 달리 분석적이고, 비판적이며 사변적인 방법으로 인간과 관련된 모든 사고와 행위를 폭넓게 사고.

상기와 같은 개념을 바탕으로 인문학에 대한 정의를 정리하면, 인문학은 인문을 탐구하는 학문으로서 인간(존재)에 관련된 온갖 현상과 존재에 내재된 올바른 도리와 그 본질을 탐구하고 규명하는 학문 분야라 정의할 수 있다. 그리고 인문학의 목적은 인간(존재)의 본질을 대상으로 사변하고, 결과로서 인간의 올바른 도리와 존재의 이상(행복)을 추구하는 학문적 내용을 가져야 한다. 그 이유는 인문학은 인간다움과 인간의 본질(올바른 도리)을 분석하고 연구하는 학문으로, 다시 말하면 인간과 깊게 연결된 인간학이라 말할 수 있기 때문이다. 그러므로 인문학 탐구로 도출된 내용은 그 결과가 사람이 사람답게 살아가는 길을 밝히며, 인간의 궁극적 행복(정신적, 내면적 행복)으로 이어져야 한다. 서양 근대 철학자로 잘 알려진 임마누엘 칸트 역시 인간학이란 관점으로 인문학을 설명하고 있다.

> 기존의 인간학적 논의와 차별화되어 새로운 학문으로 정립될 인간학은 칸트에 따르면 경험과 관찰에 기초한 학문이지만 인간과, 관련하여 이론적이고 사변적인 인식을 제공하는 학문이 아니라 모든 실천적인 것에 대한 원천과 지혜를 제공하는 학문이다. 여기서 실천적인 것은 윤리나 도덕에 한정되지 않고 숙련 교제 교육 등 세상을 살아가는 데 유용한 모든 인간 행위를 말한다.[10]

인용에서 알 수 있듯이 칸트가 말한 인간학은 경험 심리학적 관점에서 거론되는 인간에 관한 논의였기에 인문학이 인간다움과 인간의 본질을 분석하고, 연구하는 학문이란 점에서 인간학은 인문학과 그 의미가 같다고 볼 수 있다.

그런 의미에서 인문학의 대상이 되는 범위가 인간과 관련된 모든 것이란 의미로 해석할 수 있는데, 일본 문부성에서는 인문학에 대한 개념을 명확히 하기 위해 다음과 같은 해석을 내려놓았다.

> 人文学は、「精神的価値」、「歴史的時間」、「言語表現」といった「知識」に加え、自然科学や社会科学が研究対象とする諸「知識」に関する「知識」、論理や方法といったいわゆる「メタ知識」を研究対象としている。

---

10   홍우람, 「인식론적 관점에서 본 칸트의 인간학」, 『人文科學』 121, 2021, p.186.

このような観点から、人文学は、個別の研究領域や研究主題を超えて、社会科学、自然科学に至るまで、個別諸学を基礎付け、もしくは連携させるための重要な位置を占めていると考えなければならない。[11]

(필자 번역: 인문학은 '정신적 가치, 역사적 시간, 언어표현' 등의 '지식'에 더해, 자연과학과 사회과학이 연구대상으로 하는 모든 '지식'에 관한 '지식', 논리나 방법 등의 달리 말하면 '메타 지식'을 연구 대상으로 한다. 이러한 관점에서, 인문학은 개별 연구 영역이나, 연구 주제를 넘어, 사회과학, 자연과학에 이르기까지 개별적 모든 학문의 기초, 또는 연계하기 위한 중요한 위치를 차지하고 있다고 여겨야 한다.)

즉, 일본 문부성에서 말하는 '인문학은 지식에 대한 메타 지식'이라는 해석은 인문학이 모든 학문의 기본이 되는 학문이라는 의미를 강조하는 표현이다.

2. 인문학적 관점이 중요한 이유

앞에서 살펴보았듯이 인문학은 인간과 관련된 문제를 중심으로 인간의 본질, 인간은 왜 태어나 존재하는가? 자연을 포함한 모든 주변과 어떤 관계를 맺으며 이상적 삶을 살아야 하는가? 등의 과제를 분석하고 도출된 결과가 개개 인간의 합인 인류 모두에게 인간으로서 궁극적 행복을 느낄 수 있도록 하는 학문이다.

---

11   일본 문부과학성 '제2장, 인문학의 특성' https://www.mext.go.jp/b_menu/shingi/gijyutu/gijyutu4/siryo/attach/1337672.htm#:~:text=%EF%BC%882%EF%BC%89%E3%80%8C%E3%83%A1%E3%82%BF%E7%9F%A5%E8%AD%98%E3%80%8D,%E3%82%92%E7%A0%94%E7%A9%B6%E5%AF%BE%E8%B1%A1%E3%81%A8%E3%81%97%E3%81%A6%E3%81%84%E3%82%8B%E3%80%82 (검색일: 2024.3.10.)

그러므로 인문학적 관점은 인간의 모든 사고와 가치, 행동 양식에 영향을 주고, 그 결과 인류 전체가 궁극적 행복을 실현할 수 있다는 긍정적 시점이라 할 수 있다.

최근 인공지능의 개발과 기술 발전이 과연 인간에게 행복을 줄 것인가? 아니면 인간의 삶을 위협할 것인가에 대해 많은 논쟁이 이루어지고 있다. 이러한 논쟁에서 항상 기본적으로 요구돼야 할 사고와 관점이 인문학적 관점이다. 인문학과 기술 발전에 대한 인식에 대해, 애플의 창시자 스티브 잡스(Steve Jobs)의 견해에 대해 다음과 같은 기사가 있다.

"When the iPad 2 was released in March, Jobs summed up his plan as follows: "It is in Apple's DNA that technology alone is not enough—it's technology married with liberal arts, married with the humanities, that yields us the results that make our heart sing." What put all Jobs' companies aside, from Pixar to NeXT to Apple, was, in truth, the commitment that computer scientists would collaborate alongside artists and designers—that the best innovations come from the combination of technology and humanities."[12]

(필자 번역: 3월에 아이패드 2가 출시되었을 때 잡스는 자신의 계획을 다음과 같이 요약했다. "기술만으로는 충분하지 않다는 것은 애플의 DNA에 있다. 교양과 인문학과 결합한 기술은 우리를 즐겁게 노래하게 만드는 그런 결과를 만들어 낸다." 픽사에서 넥스트, 애플에 이르기까지 잡스의 모든 회사들을 앞선, 사실 최고의 혁신은 기술과 인문학의 결합에서 비롯된다는 컴퓨터 과학자들이 예술가, 디자이너들과 함께 협력하겠다는 약속이었다.)

---

12   Medium. https://medium.com/group-a/steve-jobs-technology-alone-is-not-enough-f9adc17
     e4008 (검색일: 2024.3.10.)

즉 'it's technology married with liberal arts, married with the humanities'를 번역하면 '교양과 인문학과 결혼한 기술'이란 표현은, 교양과 인문학적 관점이 배제된 기술은 사람을 위한 기술이 아니므로, 무의미함을 강조한 의미로 해석할 수 있다.

또한 인문학적 관점에 기초하여 인문학적 성찰을 통해 인류의 삶에서 실현된 긍정적 예를 들자면, '자유, 평등, 박애'를 주장한 프랑스 대혁명과 그 이후 실현된 시민 민주주의가 있다. 그리고 최근의 화두가 되고 있는 '남녀 평등 사상(페미니즘)실천', '레이시즘(인종, 민족 차별)의 극복', '디스크리미네이션(차별주의)의 극복', 'LGBTQ(성적소수자)차별 반대', '장애인 차별 금지', '고용차별 금지', '동물 보호' 등도 마찬가지다.

실제적으로 시민들의 삶과 행동에 준거가 되는 각국의 헌법에도 인문학적 관점이 반영되는데, 대한민국의 헌법에 반영된 그 예를 들면 다음과 같다.

<대한민국 헌법>
10조: 모든 국민은 인간으로서의 존엄과 가치를 가지며, 행복을 추구할 권리를 가진다. 국가는 개인이 가지는 불가침의 기본적 인권을 확인하고 이를 보장할 의무를 진다.
11조: ①모든 국민은 법 앞에 평등하다. 누구든지 성별·종교 또는 사회적 신분에 의하여 정치적·경제적·사회적·문화적 생활의 모든 영역에 있어서 차별을 받지 아니한다.

지금까지 살펴보았듯 인문학적 관점은 민주주의 헌법(국가 법률의 체계적 기초)과도 직결된다. 즉 인간의 존엄과 가치, 행복 추구는 너무도 중요한 기본적 가치이기 때문에, 법 앞에 평등을 보장한다는 다짐이다.

이와 같이 인문학적 관점과 사고는 인간이 인간의 도리를 깨닫고 실천하도록 할 수 있는 근본적 인식이라 할 수 있다. 그러므로 인문학적 관점은 모든 분야에서 요구되는 기본적 사고의 틀이라 할 수 있다. 그렇다면 인문학적 지식과 사고, 그리고 관점은 결국 개인주의를 뛰어 넘어, 인류가 서로 공감하고 배려하며, 차별이나 배척을 지양해, 궁극적으로 추구하는 이상적 사회로 연결되는 중요한 인식의 통로인 것이다.

3. 인문학적 행위와 반인문학적 행위

학문으로서의 인문학에 요구되는 역할과 인문학적 관점이 추구하는 것이 무엇인가를 재정리하면, 인문학은 인간 존재와 본질(사람의 도리)을 탐구하고, 그 결과가 인간 개인 그리고 인류 공동체의 행복에 기여할 수 있도록 모든 개인이 휴머니즘(인본주의)적 가치관을 지닐 수 있도록 하여야 하다. 이는 곧 모든 인류와 개인의 행복으로 연결된다.

기술의 발달과 인터넷 혁명 이후 급속도로 발전 변화하고 있는 과학과 기술, 시스템의 발달은 인간의 편리함을 증가시키는 긍정적인 측면이 없진 않다. 반면 이러한 기술의 발달과 기계, 시스템 중심의 사회는 과학 중심, 기술 중심, 경제 중심 등 결국 인간 중심이 아닌 인간이 배제된 반휴머니즘적 사고를 만연시켜, 인간 중심의 궁극적 이상 사회를 실현시켜야 할 인류에게 인문학적 관점의 중요성과 인간성을 상실하는 계기를 제공하고 있는 것도 사실이다.

그러므로 인문학적 가치에 근거한 인문학적 관점을 지니고 과학과 기술의 발달 속에서 인류가 상실하기 쉬운 인간 중심의 가치를 추구할 수 있도록 해야 한다. 왜냐면, 인문학적 관점은 인간 존재의 이상(행복)을 바로 잡는 방향성을 제시하기 때문이다.

모든 인류의 행복을 추구하는 인문학적 사고나 관점과 달리 과학과 기술을 지나치게 숭배하여 인류가 오히려 그러한 도구의 지배를 받게 하는 사고나 행태야 말로 인문학적 가치에 상치되는 반인문학적 사고이며 행위가 된다. 또한 인문학적 사고에 근거하여 탄생된 민주주의에 반하는 독재적 사고, 즉, 각 구성원의 합의를 이루지 않은 비민주적 조치 역시 반인문학적 행위에 해당한다. 또한 경제력, 무력 등으로 강자가 약자를 지배하거나, 천부인권적 권리인 인간의 평등사상에 위배한, 차별과 폭력, 혐오 등, 타인을 조롱하거나 괴롭히는 행위 등, 성별이나 신분, 국적을 떠나 인간 서로가 상호에게 지녀야 할 가치, 즉 공감과 배려가 결여된 모든 비인간적 행위는 반인문적 행위이며, 이를테면 야만에 해당한다.

인류는 역사를 통해 과거 오랫동안 야만의 시대를 겪어왔음은 주지의 사실이다. 동물과 달리 인간이 만물의 영장으로 스스로를 평하며, 이성과 문화적 가치를 중시하며 지역 공동체를 넘어 인류공동체의 이상적 가치를 만들어내고, 평화를 통해 차별 없는 사회를 추구하는 근저에는 끊임없이 이성적 사고를 통해 강한 자가 약한 자를 희생시켜 존재하는 적자생존적 방식이 강한 자든 약한 자든 인류 모두에게 불행한 결말을 가져다준다는 인지적 사고의 결과다. 폭력과 차별에 근거한 전쟁 등의 불행한 역사를 경험한 인류가 이를 반성하고, 서로의 행복을 위해 끊임없이 탐구하고, 사고한 결과에 근거해 추출된 것이 인문학적 관점이다. 과학과 기술이 발전하면 할수록 인문학적 관점이 더욱 중요해지는 이유라 할 수 있다.

Ⅲ. 일본 내 한류(K-컬처) 현상

1998년 김대중 대통령과 일본의 오부치 게이조 총리는 미래지향적인 한일 관계 형성에 합의하고, 한일 파트너십 구축 공동선언을 발표한다. 그리고 그에 대한 조치로 한일 양국은 영화, 음악 등 상대국의 대중문화를 점차적으로 개방하기로 합의한다.

개방 당시 많은 전문가들은 J팝(J-Pop)이나 일본 영화 등이 한국에 대량으로 유입되면, 이미 동남아시아에서 경험을 쌓은 일본 대중문화가 월등한 비중으로 한국의 대중문화를 억누르고, 한국의 대중문화는 일본의 대중문화에 잠식당할 것으로 예견[13]해, 반대[14] 여론이 높았다.

그런데 이런 우려와는 달리, 2000년 초 이후, 드라마를 중심으로 한 1차 한류, K-Pop을 중심으로 한 2차 한류, 패션, 화장품, 음식문화를 통한 3차 한류, COVID-19 펜데믹으로 인한 글로벌 온라인 동영상 서비스(OTT) 및 넷플릭스를 중심으로 한 드라마 붐인 4차 한류로 분류될 정도로 한국 문화 전반에 걸친 요소가 일본에서 붐을 일으키고 있다. 매스컴에서는 이를 통틀어 <일본의 K-컬처 현상>[15]이라고도 지칭한다.

오랫동안 일본에서 한국 관련 문화는 문화재 이외에는 마이너리티 문화로 취급돼 온 것이 사실이다. 그러던 것이 2000년대 이후 드라마와 영화, K-Pop에 이어, 패션, 화장품, 음식, 소설 분야까지 확대돼, 한국문화가 하나의 주류

---

13 <연합시론> 일본 대중문화 완전 개방한다는데, <일본대중문화의 완전개방에 앞서 정부와 문화계는 전쟁 치를 각오와 준비부터 해야 할 것이다. 수입이 금지된 상황에서도 우리 청소년들 사이에서 열광의 대상이 되어온 일본만화나 애니메이션, 전세계 게임시장의 90%를 석권하고 있다는 일본 대중문화상품에 대한 철저한 연구분석과 함께 이를 따라 잡을 전략을 세워야 한다.> https://www.yna.co.kr/view/AKR20030916000200022 (검색일: 2024.3.10.)

14 출처: 원광대학교 신문방송사, <한국 사회는 한국이 문화를 개방할 경우, 일본의 대중문화가 한국을 잠식할 것을 크게 걱정했습니다. 가령 『경향신문』의 1995년 8월 15일자 기사는 우리 사회가 방송 프로그램, 광고, 가요, 만화 등 문화적인 거의 전 영역에서 일본 문화를 베끼고 있다고 지적하며, 한국이 일본의 문화 식민지가 되는 것이 아니냐고 우려를 표명했습니다.> https://www.wknews.net/news/articleView.html?idxno=40975 (검색일: 2024.3.10.)

15 격월간 한류동향 심층분석보고서 <한류NOW> https://kofice.or.kr/hallyunow/vol53/sub/s21.html (검색일: 2024.3.10.)

문화로 인정되고 있다 할 수 있다. 그러므로 본 장에서는 'K-컬처'의 개념을 정리하고, 그 배경 등을 함께 분석한다.

1. K-컬처의 개념

<K-컬처>란 용어를 어구성으로 분석하면, K(Korea)와 컬처(culture)의 합성어임을 알 수 있다. 그리고 이에 대한 의미로 다음과 같은 해석이 있다.

> K-컬처: 대한민국 문화 예술을 일컫는 신조어로, 해외에서 한류가 각광 받으면서 널리 쓰이는 말이다[16].

즉 한류라는 용어로 사용되던 것이 분야를 확대하면서 최근에는 K(Korea) 와 문화를 나타내는 영어 컬처(culture)가 합성된 용어로 사용되고 있다. 먼저 K-컬처를 정확히 이해하기 위해 컬처(Culture)의 번역어인 문화에 대해 살펴보고 그 개념을 명확하게 정의하도록 하자.

한자어 '문화(文化)'는 '컬처(Culture)'의 번역어이다. 그런데 '컬처(Culture)'의 어원은 원래 '경작하다'[17]라는 의미를 갖는다. 즉 '경작하다'라는 의미를 갖는 단어 '컬처(Culture)'에서 '문화(文化)'라는 단어로 번역된 것이다. 이 개념 전환 과정을 살펴보면 다음과 같은 분석이 가능하다.

가공되지 않은 자연을 무(無)라고 본다면, 문(文)은 곧 자연을 가공한 생산이라고 본 것이다. 즉 무에서 유를 창조하는 것이 문화인데, 무(無)와 유(有)로 본 대칭의 개념이다. 다시 말하면 자연(無)에서 경작을 통한 생산, 즉 창조를

16　네이버 사전 https://ko.dict.naver.com/#/search?query=k%EC%BB%AC%EC%B2%98&range=word (검색일: 2024.3.10.)

17　한국민족문화대백과사전 https://encykorea.aks.ac.kr/Article/E0019771 (검색일: 2024.3.28.)

문(文)으로 본 것이다.

그러므로 창조를 문(文)으로 해석하면, 문(文)으로 변화라는 의미의 문화(文化)란, 곧 창조화를 의미한다. 컬처(Culture)라는 서양어가 문화로 번역되는 과정에는 이와 같은 개념 전환이 배경으로 자리한다.

즉 문화란 무(無)에서 유(有) 즉, 문(文)을 창조하는 과정과 결과, 또는 그 결과물을 지칭하게 되므로, 인간(人)의 이성적 활동을 통해 창조(文) 된 것이 문화다. 즉 인간의 인문적 활동의 결과물임을 알 수 있다. 앞의 장에서 '인문'의 개념을 살펴볼 때, <표준국어대사전>에 다음과 같은 설명이 있었다.

> * 인문(人文): 인류의 문화. 인물(사람)과 문물을 아울러 이르는 말. 인류의 질서.

그런 의미에서 본다면, 인문과 문화는 서로 교집합적인 요소를 갖는 용어라 할 수 있다. 즉, 문화란 사람과 관련된 모든 창조물을 포함해 인간의 생활양식과 사고양식, 즉 인간의 물질적, 정신적 산물의 총체로서, 달리 말하면, 자연을 대상으로 만들어낸 인간의 생활양식과 사고양식을 통해 축적된 행동의 결과물이라 할 수 있다.

또한 문화에 대한 개념에 대해 <한국민족문화대백과사전>은 다음과 같이 설명하고 있다.

> 문화는 한 사회의 개인이나 인간 집단이 자연을 변화시켜온 물질적·정신적 과정의 산물[18]

---

18 한국민족문화대백과사전 https://encykorea.aks.ac.kr/Article/E0019771 (검색일: 2024.3.10.)

이 같은 이해를 바탕으로 'K-컬처'를 재정의하면, '한국이란 지역 및 사회를 배경으로 형성된 생활양식과 사고양식을 통해 창조된, 즉 한국 문화가 반영돼 생성된 결과물'이라 할 수 있다. 즉 한국 문화가 반영돼, 생성된 모든 문화 콘텐츠와 사고 양식, 행동 양식 등의 결과물을 지칭하는 개념으로 '음악, 미술, 영화, 드라마, 음식문화, 패션, 미의식(화장품)' 등 한국문화를 바탕으로 생성된 모든 결과물이다. 그러므로, 최근에는 <K-Pop(음악), K-무비(영화), K-푸드(식문화), K-뷰티(화장품)…> 같은 합성어도 함께 사용되고 있는 상황이 충분히 이해 가능하다.

2. 역사적으로 본 일본 내 K-컬처

한반도와 일본열도는 지리적으로 가깝다. 지리적으로 근접한 만큼 오랫동안 많은 교류가 이루어지고, 문화적으로도 많은 영향을 주고받았다. 역사적으로 살펴보면 고대에는 주로 한반도에서 일본열도로 문화가 전달되는데, 이를 간략하게 정리해 본다.

(1) 1차 한류(왕인 박사)

왕인 박사[19]는 논어와 천자문을 일본에 전달하였으며, 도공, 와공 등과 함께 도일한 것으로 알려져 있다. 왕인 박사에 관해 우리나라와 일본 문헌에 실린 내용을 살펴보면 다음과 같다.

고대에도 한류(韓流)가 있었다. 1600여 년 전인 397년 한자를 일본에 전한

---

19 왕인(王仁)은 일본의 고대 역사서인 『일본 서기(日本書紀)』에 와니[王仁], 『고사기(古事記)』에는 와니기시(わにきし)라고 표기되어 있다. [출처] 한국학중앙연구원-향토문화전자대전 http://www.grandculture.net/yeongam/toc/GC04400909 (검색일: 2024.3.10.)

백제의 왕인(王仁) 박사가 한류 원조다. 일본문화의 원류인 아스카(飛鳥)문화의 시조다.[20]

<향토문화전자대전>에서는 왕인을 일본문화의 원류인 아스카 문화의 시조라고 기술하고 있다. 한편, 일본 측 문헌에 기술된 기록을 살펴보면 다음과 같은 내용이 보인다.

生没年不詳。古代の渡来人。和邇吉師(わににきし)ともいう。『古事記』『日本書紀』には、応神(おうじん)天皇のとき百済(くだら)王が王仁に『論語』10巻、『千字文』一巻をつけて貢進したとある。[21]

일본 측 문헌에는 생몰년 불상의 고대의 도래인으로, 와니길사라고도 한다. 일본의 역사서인 [고사기]와 [일본서기]에는 오우진 천황 시절, 백제왕이 왕인에게 [논어] 10권과 [천자문] 1권을 전해줬다고 기록되어 있다.
일본에 건너간 왕인 박사는 그 후, 일본 태자의 스승이 돼, 한자와 학문 등을 가르쳤고, 함께 동행한 도공과 와공 등을 통해 기술과 문화를 전달해, 고대 일본 문화의 원조[22]로도 평가 받고 있다.
한반도에서 일본으로 전달된 문화전달의 역사적 관점에서 보면 이를 1차 한류라 할 수 있다.

---

20   광주일보 [<10> 한류 원조 왕인박사, 고대 일본에 선진 백제문화를 전하다.] 2019년 5월 21일 http://www.kwangju.co.kr/article.php?aid=1558364400662914294 (검색일: 2024.3.10.)
21   일본대백과전서(쇼각칸) https://kotobank.jp/word/%E7%8E%8B%E4%BB%81 (검색일: 2024. 3.10.)
22   영암군 왕인박사 유적지 소개 https://www.yeongam.go.kr/home/historicalsite/wangin/wangin_04/yeongam.go (검색일: 2024.3.20.)

(2) 2차 한류(조선통신사)

조선 왕조가 들어서고 외교 사절로 일본에 통신사[23]를 파견한 것은 임진왜란을 기준으로 전기와 후기로 나누어지는데, 조선 태종 13년(1413)을 기점으로 전기에 8차례, 그리고 임진왜란이 끝난 후, 도쿠가와 이에야스에 요청에 의해 재개된 후기 통신사 파견은 선조 40년(1607)을 기점으로 하여, 순조 11년(1811)까지 12차례에 걸쳐 이루어진다.

외교 사절로서의 통신사는 조선과 일본의 우호 교린의 상징이었으며, 학술, 사상, 문화, 기술 등의 문화 교류의 통로로 평가되고 있다.

통신사 규모는 파견 상황에 따라 다르긴 하지만, 대체로 사행 규모는 300명에서 500명 정도이며, 5개월에서 거의 1년여에 걸쳐 이루어졌다. 이러한 통신사에 대한 현지인의 반응은 상류층에서 일반 서민에 이르기까지 커다란 붐을 일으켜 온 것으로 알려져 있다.

조선통신사의 대규모 인원은 당시 대마도의 인구에 비해서도 상당한 인원에 달하였고, 그들이 지나는 길은 통신사들이 원하든 원하지 않든, 조선의 문화를 갈구하는 수많은 일본인들의 문화교류 현장으로 활용되었다. 그들이 가는 곳마다 행한 각종 공식 의례(儀禮)는 조선과 일본의 문화 차이를 조정하고, 양국의 왕실문화를 공식적으로 나눌 수 있는 현장이 되었다. 조선 왕실의 제사 양식이 일본으로 전해지고, 일본의 궁중 음악인들이 조선의 통신사들 앞에서 공연한 각종 악무(樂舞), 조선의 문인이 일본에 남겨 놓은 여러 시문(詩文), 조선의 전문인들이 일본에서 공연한 마상재(馬上才) 묘기, 조선의 화가가 일본에서 그린 각종 그림들, 일본의 화가가 조선통신사를 보고 그린 그림들을 통해 조선과

---

23 통신사는 각 파견 상황에 따라 용어가 다르다. 이에 대한 용어와 역할에 대해서는 <한국민족문화대백과사전>을 참조하기 바란다. https://encykorea.aks.ac.kr/Article/E0059354

일본의 다양한 문화교류 현장을 읽을 수 있다.[24]

통신사들의 경로는 일본의 대마도를 거쳐, 잇키 섬, 시모노세키, 오사카, 교토, 에도(후기 파견부터)까지 이어지는데 각 지역을 거칠 때마다 현지인들의 관심이 상당하였음을 많은 기록을 통해 확인할 수 있다.

> 通信使外交は日朝両国の対等かつ平和友好的な関係を表すものとして国家的規模で展開した。また、通信使やその随行団の訪問は日本人にとって文化交流の絶好の機会でもあった。[25]
>
> (필자 번역: 통신사 외교는 일본과 조선 양국의 대등하고, 평화우호적인 관계를 나타내는 것으로, 국가적 규모로 이루어졌다. 또한 통신사와 그 수행단의 방문은 일본인으로서 문화교류의 절호의 기회이기도 했다.)

이와 같이 조선통신사의 일본 방문은 일본 측으로서는 조선통신사와의 접촉을 통해 조선의 문화를 접하고, 자신들의 문화를 알릴 수 있는 문화교류의 장이 되었음을 알 수 있다.

역사적 문화 교류적인 관점에서 본다면 2차 한류로 정의할 수 있다.

(3) 3차 한류(2002년 이후)

한국 정부는 일본과의 국교정상화(1965) 이후에도 일본 대중문화의 유입을

---

24 송지원, 「조선통신사를 통해 본 조·일 문화교류의 면면」, 『일본비평』 5, 서울대학교 일본연구소, 2011.

25 山口祐香, 「朝鮮通信使関連文化事業における越境する市民公共圏－「世界の記憶」登録推進事業をめぐる対立と協働－」, 『グローバル・ガバナンス』 5, 2019.(The study of global governance)

허용하지 않아 70년대와 80년대 그리고 90년대 후반까지 영화, J-Pop, 애니메이션 등은 정식 수입이 불가했다. 그러나 전술하였듯이 1998년 10월 김대중 대통령과 일본의 오부치 게이조 총리의 서명에 의해 한일 양국은 영화, 음악 등 상대국의 대중문화를 개방하기로 합의했다. 그러나 일본 대중문화에 잠식당할 것을 걱정한 나머지, 개방을 단계별[26]로 나누었다. 이어서, 2차와 3차 개방을 거쳐 2004년에 4차 개방을 통해 영화, 음반, 게임 부문을 전면 개방[27]하기에 이르렀다.

개방 당시에 한국에서 일어났던 일본 문화의 잠식 우려와는 반대로, 오히려 '일본의 K-컬처 현상'이라 칭할 정도로 과거와는 다른 일본 내 한국 문화에 대한 붐이 일어났다. 이와 같은 현상은 일본인의 한국에 관한 의식에도 많은 영향과 변화를 주고 있다.

일본 내각부에서 조사한 '외교에 관한 여론조사'를 살펴보면 다음과 같은 평가가 이루어지고 있다.

---

26 개방 분야는 '즉시 개방'과 '즉시 개방 이후' 부문으로 나뉘었고 1차적으로 영화·비디오만이 개방됐다. 한일합작영화, 일본 배우가 출연한 한국영화, 4대 국제영화제 수상작 등에 한해 개방이 허용 되었고 이 작품들의 비디오 출시도 허용되었다. https://theme.archives.go.kr/next/koreaOfRecord/cultureofJapan.do<행정안전부 국가기록원> (검색일: 2024.3.10.)

27 2004년 1월에는 영화, 음반, 게임 부문은 전면 개방하되, 쇼·오락 등 일부 방송 프로그램과 방송·극장용 성인애니메이션은 업계 등과 논의를 거쳐 허용 폭을 확정하기로 했다. 당시 또 한 번 일본 대중문화에 우리 대중문화가 존립하기 힘들 거라는 예상과 우려가 이어졌으나, 이 시기에 일본에서 한류 붐(한국 대중문화 열풍)이 일어나기 시작한다. https://theme.archives.go.kr/next/koreaOfRecord/cultureofJapan.do <행정안전부 국가기록원> (검색일: 2024.3.10.)

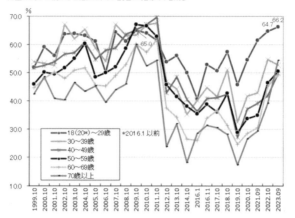

韓国に対して親しみを感じる人の割合の推移（年齢別）

(注) 韓国に対して「親しみを感じる」と「どちらかというと親しみを感じる」の計である。2022年以降は
　　郵送法、それ以前は調査員個別面接聴取法による。
(資料) 内閣府「外交に関する世論調査」

[표 1] 의식 조사로 본 일본인의 한국에 관한 인식

상기 표에 대한 분석 결과에 의하면 '전체적으로 한국에 대해 친근감을
느낀다는 응답이 크게 상승했다'[28]라는 설명과 함께, 2002년 한일월드컵 공
동 개최를 계기로 한국에 친근감을 느끼는 젊은층이 크게 증가했다고 평가하
고 있다. 즉 일본의 젊은이들 중 'K-컬처'를 즐기며 이를 통해 공감과 위안을
느끼는 사람이 상당히 증가하고 있음을 알 수 있다.

추가 이해를 위해 일본의 K-컬처 붐에 관한 일부 예를 살펴보면 다음과
같다.

---

28 社会実状データ図録 https://honkawa2.sakura.ne.jp/8855.html (검색일: 2024.3.10.)

ニューズウィーク日本版

Newsweek.

ログイン | 最新記事 | コラム一覧 | ニュース速報

ワールド　　ビジネス　　テクノロジー　　カルチャー

注目のキーワード　　ウクライナ　　中東　　米大統領選　　プーチン　　中国　　日本社会　　韓国　　投資　　育児　　S

HOME ＞ 最新記事 ＞ カルチャー ＞ K-カルチャー、2022年は「逆走」がトレンド　K…

最新記事　　K-POP

1　2　3　›Next

K-カルチャー、2022年は「逆走」がトレンド　K-POPからドラマ、ウェブ小説まで

[사진 2]

상기 기사는 『뉴스 위크 일본어 판(2022.12.31(土))』[29]의 내용이다. 상단의 K-Pop이란 최신 기사에, 'K-컬처, 2022년은 [역주행]이 트렌드, K-Pop에서 드라마, 웹소설까지'라는 표제어로 설명을 하고 있다. 이어서, 본문에서 상세하게 그 경위를 설명하고 있다.

　女性歌手ユンナの『Event Horizon(사건의 지평선)』になっている。

　ユンナは日本でもアニメ『BLEACH』のエンディングテーマになった『ほうき星』などをリリースして活動していた女性歌手。現在韓国で大ヒットしている『Event　Horizon』は3月に発売されたアルバムに収録された曲で、リリースされた当初はまったく話題にならなかったものの、大学祭などのライブイベント、YouTubeなどのオンラインメディアでの露出によってジワジワと注目を集め始め、発売から半年経った秋口からオンランチャートを「逆走」して15年ぶりに1位を獲得する大ヒットにつながった。

29　https://www.newsweekjapan.jp/stories/culture/2022/12/k—1.php (검색일: 2024.3.9.)

(필자 요약: 여성 가수 윤하의 노래 '사건의 지평선'이 발표한지, 15년이 지나 온라인 순위에서 1위를 차지했다.)

이와 같이 K-Pop에 대한 한국의 상황이 일본의 뉴스위크 판에서 화제가 된다는 것은 그만큼 관심을 갖고 있는 사람이 많다는 증거로 볼 수 있다. 이 같은 현상은 K-Pop에서 뿐만 아니라, 한국의 음식 문화나, 드라마, 웹소설 등에까지 확대되고 있다. 특히 최근에는 이러한 현상이 한국문학에까지 퍼져, 많은 일본의 독자들이 한국 소설의 일본어 번역본이나 웹소설이 읽혀지고 있는 것으로 보고되고 있다.

<소설 '82년생 김지영', 일본서 21만부 넘게 팔리며 베스트셀러 올라>
20일 산케이신문에 따르면 2018년 일본에서 처음 번역 출판된 '82년생 김지영'은 지금까지 21만부가 넘게 팔리며 번역 소설로서는 이례적으로 베스트셀러에 등극했다. 일본에서는 소설의 경우 20만부가 베스트셀러의 기준이다. 번역본을 출판한 치쿠마쇼보(筑摩書房) 측은 "독자의 80%는 여성이며, 20~60대까지 폭 넓은 연령층으로부터 사랑을 받고 있다"고 설명했다.[30]

한국에서도 100만부 이상이 팔린 『82년생 김지영』이 일본에서도 20만부 이상의 매출을 올려, 베스트셀러에 올랐다는 기사인데, 출판사의 인터뷰를 통해 여성 중심으로 연령층은 20대에서 60대에 이르러, 폭이 넓다는 설명을 덧붙이고 있다.
또한 일본의 메이저 신문 중의 하나인 [일본경제신문]의 기사에는 다음과

---

30   뉴스 핌(2020.10.2.) https://www.newspim.com/news/view/20201021000261 (검색일: 2024. 3.9.)

같이 한국 문학과 이를 읽은 독자의 소감을 전하고 있다.

「Kカルチャー」への視線 対立よそに深まる共感

「生きづらい世の中。救われた思いです」「ありのままでいいと、背中を押してくれました」。読者カードに、手書きの文字がびっしり並ぶ。

韓国発のエッセー「あやうく一生懸命生きるところだった」(ハ・ワン著、岡崎暢子訳)への共感の声だ。[31]

(번역: 'K컬처'에 대한 시선 대립을 넘어 깊어지는 공감. '살기 힘든 세상에서 구원을 만난 것 같습니다.' '있는 그대로 괜찮아라며 응원해 주었습니다.' 독자 카드에 손으로 쓴 문자가 빼곡하게 이어져있다.

한국발 에세이 '하마터면 열심히 살 뻔했다'(하완 저, 오카자키 노부코 역)에 대한 공감의 목소리다.)

위의 기사는 한국 에세이를 읽은 일본인 독자가 느낀 소감을 그대로 전하고 있는데, 작품을 통해 위안을 받고 있음을 솔직하게 전해주는 기사다. 이는 작품에 나타나는 저자의 독특한 관점과 묘사가 그 원인이 될 수 있지만, 각국의 문학과 에세이 등은 그 작품이 속한 사회를 배경으로 탄생되는 것이므로, 기본적으로 한국 문화를 배경으로 하고 있다 할 수 있다. 즉 한국 문화에 대한 보편성에 대한 일본인 독자들의 공감이라고 해석할 수 있으며, 한국 문학에 내재돼 있는 보편성에 대한 일본인 독자들의 공감과 일본 내에서 확대되고 있는 현상으로 이해할 수 있다.

---

31 일본경제신문(2022.1.23.) https://www.nikkei.com/article/DGXZQODK186VC0Y2A110C2
000000/ (검색일: 2024.3.9.)

(4) 인문학적 관점으로 본 한반도와 일본의 상호 관계

한반도와 일본 열도는 지정학적 관계로 인해 오랫동안 상호간의 인적 물적 교류를 활발하게 실시해 왔다. 특히 한반도에서는 대륙의 문화를 일본에 전달했으며, 일본 열도는 해상 문화와 19세기 이후 서양의 문화를 전달했다. 이러한 문화와 문명 교류를 인문학적인 관점에서 정리해 보도록 한다.

① 한반도에서 일본으로 전달된 문화의 속성

앞장에서 살펴보았듯이 한반도에서 일본 열도에 전달한 것은 주로 고대의 왕인 박사, 중세의 조선통신사, 현대의 한류 등, 이른바 문화적 요소가 강하다. 즉, 한반도에서는 오랜 기간 근린 지역인 일본 열도에 인간다움에 요소인 컬처(문화)를 전달하여, 문화를 공유하였다. 다시 말해 문화가 인간다운 삶을 향유하는 하나의 요소라면, 인간 삶의 질적 향상에 도움이 되는 인문학 또는 인간학적 요소인 문화를 전달해 온 것이다. 그리고 그러한 인문학적 요체인 문화의 전달 과정이 강요나 강제가 아닌, 필요와 요구에 따라 평화스러운 교류의 일환으로 이루어졌다는 것이다. 이는 인문학적 관점에서는 매우 중요한 부분이다. 인류 역사를 살펴보면 강자 중심의 제국주의적 논리에 의해 많은 지역과 국가에서 종교 또는 문화가 폭력을 통해 점령이 이루어지고, 그에 동반되는 강제성에 의해 문화 전달이 이루어지는 경우가 비일비재하다. 그런데, 한반도에서 일본 열도로 전달된 문화는 교류라는 형식을 통해 비강제적이며 비폭력적으로 이루어졌다는 점에서 인문학적으로 높이 평가할 수 있다.

② 일본 열도에서 한반도로 전달된 문화의 속성

한반도에서 일본 열도로 전달된 문화가 교류라는 형태를 통해 평화적으로 이루어졌다면, 그와는 달리 일본 열도에서는 한반도로부터 전쟁(임진왜란 등)

을 통한 약탈, 일제 강점(식민지)이라는 무력을 통한 통치와 지배 그로 인한 강제적 문화 전달과 약탈이 횡행하고 있었음을 알 수 있다. 이른바 전쟁을 통한 문화재의 약탈, 도공들의 납치 무력을 통한 약탈이나 강압적 지배는 모두 폭력적인 요소로서, 이른바 인류 사회에서 철저하게 배척돼야 할 반인 문적, 반문명적, 반휴머니즘적 요소이며, 야만적인 행위다. 그러므로 일본 열도가 한반도에 끼친 영향은 인문학적 요소보다는 무력과 폭력이라는 반인 문학적 요소가 강하다. 지금도 끊이지 않고 있는 한국과 일본의 역사 문제, 위안부 문제, 영토 문제 등의 갈등, 반목은 인문학적 관점과 반인문학적 관점의 대립항에 의한 것으로 볼 수 있다.

결과적으로 일본 열도에서 한반도에 유입된 문화 전달은 강제적, 폭력적으로 이루어졌기 때문에, 반인문학적이라 할 수 있다. 즉 폭력과 무력을 통한 문화 이식이기 때문에 강제성에 대한 저항 의식이 확대되고, 이를 거부하는 것이다. 즉 문화 전달은 필요와 요구에 따라 순리적으로 이루어져야 함에도, 이와는 반대로 강제성을 동반했기 때문에, 지금도 한국에서는 일본 문화의 잔재와 그 영향을 지우려는 움직임이 끊이지 않고 있는 이유다.

앞에서 살펴보았듯이 인문학이란 '인간과 관련된 근원적인 문제나 사상, 문화, 인간의 가치, 인간의 본질, 인간의 올바른 도리 등을 중심적으로 탐구하여, 그 결과로 인류에게 이상적 윤리 기준을 제시하고, 옳고 그름을 통한 올바른 사회 규범을 형성해, 인류가 궁극적으로 추구하는 이상 사회를 통해 인간의 행복을 추구하는 것'이라는 것을 알 수 있다. 그러므로, 무력과 폭력에 의한 강제성은 반인문학적 요소이며, 이를 배제하는 것이 인류가 추구해야 하는 인문학적 관점과 행위라 할 수 있다. 그러므로 인문학적 관점으로 창조된 모든 문화(컬처)에는 공감과 위안이 내포되어 있다.

반면, 무력과 폭력, 독선, 편견, 차별 등은 반인문학적 관점에서 생겨난 반문명적 요소로 오히려 인류의 미래를 불행하게 만드는 요소임을 철저히

되새기고 배제해야 한다.

IV. K-컬처 현상에 대한 인문학적 분석

작금의 'K-컬처'가 세계적으로 각광을 받는 원인과 그 배경에는 문화적, 경제적 등 다양한 요인이 뒤섞여 있음을 알 수 있다. 이른바 하나의 요소가 아닌 다양한 요소의 결합으로 이루어진 것이기에, 어떤 관점으로 보느냐에 따라 다양한 해석이 가능하다. 그러므로 여기서는 인문학적 관점으로 'K-컬처'가 내포하고 있는 가치를 분석하고자 한다.

그럼 왜? 세계의 많은 사람들이 'K-컬처'에 열광하는 가인가에 대한 답이다. 우선, 내용적인 관점에서 'K-컬처'를 본다면 다음과 같은 요인을 들 수 있다.

① 인간과 삶에 대한 고민과 내면적 본질이 반영된 공감성.
② 드라마, 영화에 사랑, 가족, 친구를 주제로 한 내용이 많아 위안을 줌.

즉 사랑이나, 가족 우애, 친구의 우정 등은 인류 보편적인 요소로서, 다시 말하면 인문학적 요소가 다분하기 때문이다.

영화 <기생충>은 국가적 알레고리와 국가적 정체성을 서브텍스트로 이면에 깔면서 민족적 알레고리가 어떤 방식으로 글로벌 문화와 접점을 향유할 수 있는가를 실험하는 흥미로운 문화 경험을 제공해준다. 학벌 중시 사회의 고액과외, 인맥을 중시하는 한국적 정서, 독도를 둘러싼 한일관계, 그리고 북한의 핵 공격에 대한 무의식적 정치적 공포라는 한국적 정체성뿐 아니라 박 사장 대저택의 정원과 글로벌한 상품이라는 글로벌리즘의 일상화를 환기해 볼 수 있다. 다국적 자본주의 사회에서 국가(민족)적 알레고리로서 로컬리즘과 공적 영역으로서의 집단적 정체성은 세계화적 의미에서 새로운 대안적 미학으로서의 강렬한 전복적 힘을 가진다.[32]

영화 <기생충>에 대한 수많은 연구와 비평은 이 영화가 동시대 한국인의 삶에 파고든 계급성의 문제를 노골적으로 파헤치고 있다고 언급한다. 신자유주의 자본주의시대 부의 격차는 더욱 커지고 있다. 계급화의 경계는 더욱 선명해지고 있다. 영화 <기생충>이 우리나라 뿐 아니라 세계적인 공감대를 얻은 성공적인 성취는 이런 체제에 대한 고민과 갈등이 세계적으로 보편화되어 있다는 반증이기도 하다.[33]

즉 K-컬처의 한 축인 한국영화에는 인문학에서 추구하는 인간 중심의 본질적, 궁극적 이상을 위해 행복이 무엇인가를 끊임없이 추구하며 공감할 수 있는 인류 보편적 소재가 내재돼 있다. 즉, 문화적 창조의 결실로, 인문학이 추구하는 이상과 일치한다 할 수 있다.

한편 일본 내 'K-컬처 붐'을 외적 요소적 관점에서 보면 다음과 같은 속성을 거론할 수 있다.

첫째는 K-컬처가 내포하고 있는 글로벌적 요소다. 내용적으로는 인류 보편성과 공감성을 추구하며, 국내적 관점에서 벗어나 글로벌적 관점으로 외국인의 등장 등, 외부적 요소를 도입하고 가미해, 거부감 없이 보편적으로 수용할 수 있는 'K-컬처'라는 영역을 만들어 내고 확대해 나가고 있다는 점이다.

---

32 김용희, 『K-한국영화 스토리텔링』, 소명출판, 2023, p.19.
33 이현건 기자, 「영화는 인간 내면의 양식화이자 그 양식의 형식이다.」, 『대학지성In&Out』, 2023.12.23. https://www.unipress.co.kr/news/articleView.html?idxno=9653 (검색일: 2024. 3.29.)

둘째로는, K-Pop의 인기 비결은 뛰어난 가창력, 능숙한 무대 매너, 현란한 댄스가 어우러진 화려한 공연으로 팬들을 확보해 나가고 있다. 게다가, 대한민국이 인터넷 강국으로 온라인, SNS, 유튜브를 통한 확장성이 강하다는 속성도 부인할 수 없다.

셋째, 대한민국의 경제 발전과 함께 문화 수준과 가치관이 글로벌 스탠다드로 성장, COVID-19 펜다믹의 시기를 통해 선진 방역 체계가 세계적으로 인정받았고, 이를 계기로 한국의 음식문화, 패션, 미용 등, 각 부분에서 세계를 리드하는 문화 강국이 돼가고 있다는 점을 부인할 수 없다.

V. 맺음말

지금까지 살펴본 바와 같이 인문학의 개념을 정확히 이해하고, 분석하면 인문학 연구의 결과와 목적은 인간중심(휴머니즘), 공평, 평등과 함께 인류 공동체의 행복 실현을 위한 올바른 방향성 제시에 있음을 알 수 있다.

그러므로 인문학은 모든 학문의 메타 학문으로서 과학, 기술, 경제 등의 모든 분야에 기본적인 가치가 되어야 한다. 나아가, 인문학은 인간 삶의 관련된 모든 부분을 사변하여, 인류의 궁극적 행복을 탐구, 모색하는 학문이므로, 도시화, 기계화와 산업화가 만연해, 인간을 경시하기 쉬운 인간성 상실의 시대에는 인간 중심의 인간학으로 표현되는 인문학적 관점이 특히 중요시 된다.

현대 사회에 만연하고 있는 차별과 폭력, 혐오와 분쟁 등 공감과 배려가 결여된 모든 비인간적 행위는 반인문적 행위로 규정하고, 이른바 인류에게 비극만을 초래하는 야만적 행위에 해당한다 할 수 있으므로 인류 공동체의 행복 실현을 위해서라도 철저히 배제돼야 한다.

인문학 연구와 결과의 궁극적 목적은 인류 전체와 개개인의 행복 실현을 위한 새로운 가치 창조이며, 올바른 방향성의 제시임을 잊지 말아야한다. 전쟁이나 폭력적 무기 개발은 결과적으로 인류를 멸망시키고 고통을 주는 결과를 가져오는 비인문학적 행위임을 명심해야 한다.

상기와 같은 이해를 바탕으로 K-컬처를 이해하고, 정리한다면, K-컬처와 같은 문화적 창조 행위는 우리 인류의 삶의 가치를 높이고, 삶을 풍부하게 한다. K-컬처는 인류 보편성을 바탕으로 인류와 개개인에게 공감을 통해 행복을 느끼게 하며 결과적으로 삶의 가치를 높여주는 역할을 담당하는 문화적 창조성을 내포하고 있다 할 수 있다.

결론적으로 일본에서 K-컬처가 확대되고 높이 평가받는 배경에는 K-컬처가 내포한 인문학 정신을 바탕으로 하고 있기 때문인 것으로 분석할 수 있다.

이러한 분석을 바탕으로 앞으로 K-컬처가 나아가야 할 방향을 조언한다면, 지나친 경제성 중심이 아닌, 인문학 정신의 진수로서 K-컬처를 이해하고, 이를 중심으로 한 인류 보편적인 문화적 창조 행위에 중심을 두어야 할 것이다.

참고문헌

김용희, 『K-한국영화 스토리텔링』, 소명출판, 2023.

송지원, 「조선통신사를 통해 본 조·일 문화교류의 면면」, 『일본비평』 5, 서울대학교 일본연구소, 2011.

조규헌, 「3, 4차 일본 한류 현상의 특수성 고찰」, 『일본문화연구』 77, 2021.

홍우람, 「인식론적 관점에서 본 칸트의 인간학」, 『人文科學』 121, 2021.

山口祐香, 「朝鮮通信使関連文化事業における越境する市民公共圏－「世界の記憶」登録推進事業をめぐる対立と協働－」, 『グローバル·ガバナンス』 5, 2019.

격월간한류동향심층분석보고서 <한류NOW>.

광주일보[<10> 한류원조왕인박사, 고대일본에 선진백제문화를 전하다].

네이버사전 인터넷판.

뉴스위크일본어판.

뉴스핌인터넷판.

대학지성In&Out, 인터넷판.

에듀월드 표준한한중사전 인터넷판.

연합뉴스<연합시론>.

영암군왕인박사유적지소개 인터넷판.

옥스퍼드영한사전 인터넷판.

원광대학교신문방송사.

일본경제신문 인터넷판.

일본대백과전서(쇼각칸) 인터넷판.

일본문부과학성 '제2장, 인문학의특성'.

일본社会実状データ図録 인터넷판.

표준국어대사전 인터넷판.

한겨례신문 인터넷판.

한국민족문화대백과사전 인터넷판.

한국학중앙연구원-향토문화전자대전 인터넷판.

행정안전부국가기록원 인터넷판.

精選版日本国語大辞典 인터넷판.

전근대 한일 대중문화와
K-인문학 고전

김학순

I. 한류 콘텐츠로서의 K-고전

현재 한류의 가장 큰 특징은 온라인과 SNS를 통해 실시간으로 정보를 공유하며 다양한 한류 관련 콘텐츠를 소비하고 있다는 점이다. 이전 한류의 중심은 K-Pop과 K-드라마로 음악과 영상에 한정된 것이 많았다. 하지만 최근 일본에서 한류는 패션 및 화장과 같은 뷰티, 먹방과 같은 음식 콘텐츠, K-분가쿠로 불리는 문학 등, 그 장르가 다양해졌다. 한국 사회와 문화의 다양한 측면에 관심을 보이며 한류 양상은 진보해 가고 있다. K-분가쿠의 경우, 한국에서 히트 친 소설이 일본어로 번역되는 사례가 꾸준히 증가하는 추세이다. 일부 연구자나 마니아들에게만 관심이 있었던 한국 고전에 관한 대중 서적의 발간과 연구도 이전보다 활발해지기 시작했다. 이 글에서는 K-고전의 일본 수용과 콘텐츠화를 통한 관심 지속과 확장 가능성에 관해 살펴보고자 한다. 먼저 전근대 시기 한국과 일본의 사회적, 문화적인 배경과 출판 및 의약 문화에 관한 비교를 통해 양국이 고전 기반의 대중문화를 어떠한 방식으로 소비해 왔는지를 고찰하고자 한다. 전근대 한국과 일본이 생산하고 소비해 온 고전적인 대중문화의 비교고찰은 향후 일본으로의 K-고전의 진출, 수용 및 방향성 제시에 도움을 줄 것이다.

많은 일본 젊은이들은 한복 체험을 한국 여행에서 가장 경험하고 싶은 것으로 뽑는다. 여행 목적지로는 광장시장, 홍대거리, 성수, 이태원 등을 선호한다. 한편 한국 전통 거리와 한옥을 보기 위해 서촌이나 북촌, 경복궁과 창경궁 등을 방문한다. 결국 다양화된 K-컬처는 옛 한국의 문화와 예술, 정신세계까지 관심의 폭이 확장되었다. 물론 여전히 음악과 드라마, 영화와 같은 서브 컬처의 한류도 중요하다. 한편 K-분가쿠는 현대 문학을 중심으로 일본에서 인기를 누리기 시작했고 일본어 번역본의 출간도 빨라졌다. 아울러 한국의 전근대 시기 역사와 고전문학에 관한 관심을 보이기 시작했다. 한국 고전에 관한 관심의 증가는 한층 한국에 대한 이해를 높이고 일본 고전에 대한 흥미를 자극할 것이다. 드라마와 영화, 음악, 여행, 음식 등에 한정되었던 한류의 다양성을 확보하고 고전을 통해 한국을 새롭게 인식하게 될 것으로 기대해 본다.

한국 고전이 일본으로 전해진 계기로는 임진왜란과 정유재란, 조선 통신사라는 문화사절단의 방문을 들 수 있다. 일본에 전해진 대표적인 소설은 한문체 소설인 『금오신화(金鰲新話)』로 일본판 번역본(和刻本)이 1653년, 개정판이 1660년 간행되었다. 전근대 시기인 에도(江戸)시대 초기 일본인들은 『금오신화』작품을 읽을 수 있었다. 한편 부산 왜관의 대마도(対馬) 통역관이 1799년에 필사한 『임경업전(林慶業傳)』이 발견되기도 했다.[1] 이를 토대로 전근대 일본인들이 접한 고전소설은 당시 조선에서도 인기가 있었던 작품들로 K-고전의 수용이 에도시대부터 시작되었음을 알 수 있다. 물론 전쟁이라는 비극적

---

1   染谷智幸·鄭炳説, 『韓国の古典小説』, ぺりかん社, 2008, p.298.

사건과 사절단을 통한 한정적인 교류이긴 했지만, 한국 고전은 일본과 지속적인 관계를 맺어 왔다.

이처럼 에도시대 일본인들은 두 개의 루트로 한국의 서적을 접했다. 첫 번째는 임진왜란, 정유재란 시기 한국으로부터 다수의 서적을 강탈하여 본국으로 가져가는 방법이었다. 하지만 당시 한국의 고전소설은 대중화되어 있지 않았기에 유입된 서적은 문학서(文学書)로 한정된다. 두 번째로는 전쟁 이후 조선 통신사와의 교류와 대마도의 통역관이 부산 왜관에서 입수한 루트이다. 이후 한국 고전문학에 관한 관심은 3.1운동을 계기로 크게 변화한다. 이전까지 명맥만을 유지해오던 것이 3.1운동 이후 한국인을 파악하고 회유하기 위해 그들이 애독하는 서적들을 구해 읽기 시작했다. 그 시기에 많은 고전 작품들이 번역되어 소개되었다. 한편 경성제국대학이 설립되고 일본인 연구자들에 의한 고전문학 연구가 시작되었다. 1930년 후반기에는 장혁주에 의한 희곡 『춘향전(春香傳)』이 출판되었다. 이것을 대본으로 한 연극이 한국을 포함한 일본 각지에서 상연되어 인기를 누렸다.[2]

식민지 시기에 소개되었던 『춘향전』은 임권택 감독이 제작한 영화 <춘향전>(2000)의 일본 개봉으로 대중들에게 새롭게 알려졌다. 그 이전 작품인 <서편제>(1994)를 통해 한국의 전통 고전 예능인 판소리를 영화라는 장르로 일반인들도 접할 수 있었으나, 본격적으로 고전 작품이 알려지기 시작한 것은 21세기에 들어서이다. 일본 대중들은 한국의 고전 작품과 예능을 활자화된 책보다는 영화나 드라마 장르와 같은 영상을 통해 쉽게 접할 수 있었다. 한국 고전 영화시리즈로 <장화홍련전(薔花紅蓮傳)>, <효녀 심청(孝女沈淸)>, <궁녀(宮女)>, <아씨(アッシ)>, <무정(無情)> 등이 DVD화 되었다. 2010년에는 『춘향전』을 에로틱하게 각색한 영화 <방자전(春香秘伝)>이 개봉되었다.

---

2   『韓国の古典小説』, pp.298-299.

일본 영화명은 <춘향 비전>이라 하여 춘향전의 아류작임을 암시해 주었다. 내용은 이몽룡과 그의 몸종인 방자, 기생의 딸 춘향의 삼각관계를 주축으로 사회적 성공과 출세, 사랑과 신분 상승의 욕구 등, 기존 내용과는 다른 인간의 욕망에 초점을 맞추었다.

II. <대장금>의 인기와 K-고전의 출발

영화로만 소개되던 고전 작품과 그 세계가 MBC에서 방영된 <대장금(宮廷女官チャングムの誓い)>(2003~2004)을 통해 일반인들에게 알려지기 시작했다. 고전에 기반한 시대극이 일본에서 처음으로 인기를 끌게 되었다. <대장금>은 주인공 서장금(徐長今, 이영애)이 윤씨 폐위 사건으로 부모를 잃지만 수라간 궁녀로 성공하며 고된 삶을 극복해 나가는 한 여성의 성장 이야기이다. 궁궐에서의 온갖 역경을 극복하고 최초의 어의녀가 되는 과정과 사랑, 그리고 궁중 안에서의 권력 다툼이 주 내용이다. 구체적인 내용을 살펴보면 다음과 같다. 주인공 장금은 조선왕조 제10대 국왕을 호위하던 군관 서천수와 궁녀인 박명이 사이에서 태어났다. 서천수와 박명이는 신분을 감추고 천한 신분으로 살아가지만, 결국 서천수의 정체가 탄로되어 조정으로 끌려간다. 박명이는 최씨 일가가 고용한 자객에게 활을 맞고 사망하게 된다. 죽기 전에 "수라간 최고상궁이 되어서 이 어미의 억울한 사연을 꼭 최고상궁의 서첩에 남겨달라"는 유언을 남긴다. 이후 장금이는 산속을 헤매다 발견되어 나주댁의 양딸이 되고 진성대군의 청으로 궁으로 들어간다. 어머니의 뜻을 이루기 위해 궁녀가 되지만 모함을 받고 관비 신세로 전락한다. 이후 의녀가 되어 궁정으로 다시 돌아오게 되고 어머님의 꿈이었던 최고상궁 자리에 오르게 된다. 마침내 중종의 주치의가 되어 대장금의 칭호를 받게 된다. 중종에게

마취법을 시술하려다가 궁에
서 쫓겨나 명나라로 도망가
야 하는 신세가 된다. 하지만
명나라로 가지 않고 조선에
머물면서 백성들을 보살피며
의술을 펼친다. 민정호와 결
혼하여 소헌이라는 딸을 출

[그림 1] 일본판 <대장금>

산한다. 이후 문정왕후의 명으로 신분을 회복하고 궁에서 의녀들 교육에
힘써 줄 것을 부탁받는다. 그러나 장금이는 그 부탁을 거절하고 백성들을
보살피겠다는 의지를 표명하며 궁을 나오게 된다. 마지막 장면에서는 위독한
임산부를 금기시했던 제왕절개 수술을 하여 아이와 산모를 살리며 기뻐한다.
다음과 같은 내레이션으로 막을 내린다. "앞으로 이 여인은 시대와 불화할
듯하다. 허나 이 여인이 시대에게 물을 것이다. 사람을 살리는 일인데, 왜
안되냐고."

대장금의 실제 모델은 『조선왕조실록』에 등장하는 수라간 나인에서 의녀
로 성공한 인물이다. 하지만 장금의 본명, 출신 등, 자세한 기록은 남아있지
않으며 대부분은 작가의 창작에 의한 것이라고 한다. 특히 맛에 뛰어난 능력
을 지는 인물로 총명하며 호기심도 많다. 이러한 영특함과 호기심으로 최고
상궁은 물론 의녀의 자리에까지 이른다. 장금은 정의로운 마음과 불의와
타협하지 않는 심성으로 여러 역경을 헤쳐나간다. 한편 장금의 연인이자
내금위 종사관, 사헌부 감찰, 동부 승지의 관직을 맡은 민정호(지진희), 장금의
라이벌로 민정호를 사랑하는 최금영(홍리나), 장금의 멘토이자 후원자인 한백
영(양미경) 최고상궁, 지나친 출세욕과 권력욕으로 불행한 최후를 맞이하는
최성금(견미리) 최고상궁, 조선시대 공처가인 강덕구(임현식)와 현실적이며
눈치가 빠른 나주댁(금보라)과 같은 코믹 캐릭터 등, 다양한 조연들의 열연도

높은 시청률에 기여했다.

어머니의 유언을 끝까지 지킨 효녀로서의 이미지와 온갖 계략에도 굴하지 않고 극복하는 강인한 여성의 이미지도 인기를 끈 요인이다. 한편 조선 궁중의 일면과 의상, 음식, 당시 의술 등, 일본에 알려지지 않았던 조선의 다양한 모습들도 흥미를 끄는 요소였다. 조선 역사와 관련된 파벌과 가문의 권력 싸움은 전통적인 <오이에소동(お家騷動)>을 연상시켜 일본 시청자들은 익숙한 패턴의 스토리로 느꼈을 것이다. 에도시대에는 다이묘(大名) 가문에서 번주(藩主)나 그 일족이 영주가 될 수 있었기에 파벌을 만들어 내분을 일으킨 사건이 많았다. 그러한 사건들이 각색되어 가부키(歌舞伎)와 같은 연극에서 소재로 사용되거나 고단(講談)을 통해 대중들에게 알려지게 되었다. 무사 집안의 내분이나 소동이 알려지는 것을 무사 집단에서는 반갑게 여기지 않았다. 한편 소동과 싸움 원인으로는 가신들의 대립이 가장 많았다. 그 외에도 번주 교체에 의한 세력 간의 알력 싸움, 수구파와 개혁파의 대립, 정치의 방향성을 둘러싼 파벌 싸움 등이 소동의 동기가 되었다.

<대장금>이 일본에서 재방송을 거듭하며 인기를 얻은 다른 이유로는 인기 장수 프로인 <미토코몬(水戸黃門)>의 스토리와 그 구조를 통해 알 수 있다. 이 작품의 가장 큰 특징은 악인이나 그 집단의 계략과 음모를 극복하고 선이 승리한다는 점이다. 사극 <미토코몬>은 미토 미쓰쿠니(水戸光圀)와 부하인 사사키 스케사부로(佐々木助三郎)와 아쓰미 가쿠노신(渥美格之進)이 주인공이다. 이들이 일본 각지를 돌며 겪는 모험을 그린 작품으로 "이 문장(紋所)이 눈에 들어오지 않는가"라는 대사가 유명하다. 클라이맥스에 이 대사를 하며 악인들이 저지른 수많은 악행을 만천하에 드러내며 그들을 압도해버린다. 이 작품은 1969년 처음으로 방영되어 2003년 12월에 방송 1000회를 돌파했다. 2011년 12월에 최종회 스페셜을 마지막으로 종영했다. 이러한 선과 악의 명확한 대결 구도와 선이 승리하는 스토리는 문예 장르에서 자주 볼 수 있는

패턴이다. 대중들은 선의 인물을 동경하고 악의 인물을 증오하며 감정을 공유한다. <미토코몬>이 긴 세월 동안 일본 대중들에게 인기를 끌어온 점도 알기 쉬운 스토리의 정형성과 선이 우선하는 따뜻한 인간애에 기반했기 때문이다. <대장금>의 경우도 수많은 역경을 겪고 음모를 당해도 결국은 그 과정을 헤쳐나가며 선이 승리함을 보여준다. 이러한 스토리 구조에 다양한 애피소드를 창작하여 조선시대 권력 구조 다툼 안에서 이야기를 끌어가는 점이 흥미롭다. 54화의 긴 장편임에도 질리지 않는 것 역시 탄탄한 스토리와 연기자들의 노련한 연기, 그리고 인류가 지닌 보편적인 가치와 윤리에 기인하고 있기 때문이다. 물론 그 안에는 장금과 정호의 사랑, 민중에 대한 봉사, 생명에 대한 가치 등, 인류애적인 요소가 풍부하다.

　<대장금>의 인기 요인을 일본 고전문학 장르와 비교해 살펴보면 다음과 같다. 먼저 선악의 관점에서는 에도시대 <후기 요미혼(読本)>의 성격을 지닌다. <후기 요미혼>은 18세기 말부터 에도 중심으로 시작된 웅대한 구상과 복잡한 스토리를 지닌 작품을 의미한다. 특히 유교의 「권선징악(勸善懲惡)」과 불교의 「인과응보(因果応報)」 사상을 주제로 한다. 권선징악은 유교 주자학의 사상으로 선을 권장하고 악을 징벌하는 것이 문학이 해야 할 역할이라는 사상이다. 인과응보는 불교의 사상으로 좋은 인(因)을 생각하면 부귀와 행복의 좋은 결과(果)를 가져오나, 나쁜 인을 생각하면 빈곤, 괴로움과 같은 나쁜 결과를 받는다는 사상이다. 이러한 권선징악과 인과응보의 사상이 <대장금>에 명확히 드러나며 주인공을 포함한 다양한 캐릭터들의 행동과 삶에 영향을 끼쳤다. 이 장르의 효시작으로는 산토 교덴(山東京伝)의 『주신스이코덴(忠臣水滸伝)』을 들 수 있다. 이후 등장한 교쿠테이 바킨(曲亭馬琴)이 집필한 『진세쯔유미하리즈키(椿説弓張月)』와 『난소사토미핫켄덴(南総里見八犬伝)』이 유명하다.

　남녀의 사랑과 연민, 삼각관계의 측면에서 살펴보면 <닌조본(人情本)>과 비교해볼 수 있다. 에도시대 후기 <샤레본(洒落本)> 장르가 쇠퇴하고 <닌조

본>이라는 장르 작품이 등장하여 인기를 누렸다. <샤레본>은 소재를 주로 유곽에서 취하고 유녀와 유객을 중심으로 한 스토리의 전개를 회화체 문장으로 엮어 가는 독특한 양식의 소설이다. <닌조본>은 1810년대에 나타나 1830, 40년대에 크게 융성했고 <후기 요미혼>의 구성 방법을 취했다. <샤레본>으로부터 실사적인 풍속묘사와 회화적 표현을 가미하여 성립된 연애 소설이며 한 남성과 여러 여성의 연애 관계를 그린 내용이 많다. 회화체 문장 등 기법은 <샤레본>의 형식을 답습했고 무대를 유곽에서 일상생활로 옮겨 놓았다. 에도 조닌(町人) 사회의 인정(人情)과 그들의 연애나 치정의 세계를 표현했다. 1819년 짓펜샤 잇쿠(十返舍一九)『세이단미네노하쓰하나(淸談峯初花)』와 다메나가 슌스이(爲永春水)와 류테이 리조(柳亭鯉丈)의 합작『아케가라스노치노마사유메(明烏後正夢)』를 그 효시작으로 본다. 닌조본 장르는 여성들에게 큰 인기를 끌었으며 근세 후기 새로운 독자층인 여성을 개척하는데 크게 공헌했다. 다메나가 슌스이는 닌조본의 대표적인 작가로『슌쇼쿠우메고요미(春色梅兒譽美)』와 속편 격인『슌쇼쿠타쓰미노소노(春色辰巳園)』가 잘 알려진 작품이다.『슌쇼쿠우메고요미』는 미남 주인공인 단지로(丹次郎)를 둘러싼 여성들의 사랑과 갈등을 그리며 여성 독자들에게 선풍적인 인기를 얻었다. 덴포(天保) 개혁으로 풍속을 어지럽힌다는 이유로 절판을 명령받고 슌스이도 처벌을 받게 된다. 이후 <닌조본>은 쇠퇴하지만 메이지(明治)시대에 이르러 문학 집단인「겐유샤(硯友社)」결성과 근대 작가들의 작품에 큰 영향을 주었다.

　한편 일본에 잘 알려지지 않았던 궁중요리를 선보여 한국 음식에 관한 호감도를 고조시켰다. 현재는 한국의 거의 모든 음식을 신오쿠보(新大久保)와 같은 지역에서 쉽게 접할 수 있다. 한국 음식을 경험했다 해도 조선의 궁중요리는 참신하게 느껴졌을 것이다. 이처럼 <대장금>에 매료된 일본 시청자들이 이 드라마에 열광했던 이유는 다양하다. 그중에서 시청자들의 의견을 들어보면, <대장금>의 주인공인 장금이에 대한 연민과 공감을 들 수 있다.

특히 주인공이 넓은 마음으로 수많은 고난과 불행을 이겨내고 극복해 나가는 모습, 스스로 어려움을 개척하여 고귀한 목표에 다가가는 모습에 공감하며 자신의 일부인 양 생각했다. 물론 영화나 드라마의 작가와 감독에 의한 캐릭터 만들기에서 생기는 주인공과의 동일시라는 효과이다. 일본 드라마가 마지막 촬영 회차까지 완성된 스토리를 제공한다면, 한국 드라마는 시청자들의 반응을 살피며 스토리를 직전까지 수정한다. 한국 드라마는 캐릭터에 대한 시청자의 반응을 실시간으로 파악하여 캐릭터의 성격 변화 및 스토리 변용이 가능하다. 이러한 점들이 주인공과의 일치감을 보여주며 좀더 다이나믹하게 시청자들의 반응을 살필 수 있었다.

한편 극 중에 나오는 선인과 악인의 대립이 일종의 대비를 낳아 단순함과 통쾌함을 선호하는 시청자들에게 스토리를 보다 알기 쉽게 전달했다. 선악의 대비는 사랑과 미움, 싸움과 저항, 분노와 온화함, 강직함과 편안함, 충실과 배신이라는 다른 대비와 함께 스토리를 이끄는 주요 구도이다. 복잡한 심성을 단순한 대비로 그려내며 시청자들이 쉽게 스토리 안으로 들어 올 수 있게 했다. 스토리와 등장인물과의 관계 설정도 이러한 대비적인 요소에 기인하고 있다. 게다가 조선시대 역사문제, 궁중요리와 그 재료, 전근대 의료기술과 같은 서브 소재들도 시청자들에게 고증을 통해 새로운 재미를 선사했다. 이러한 점은 한국 드라마에 대한 일본 시청자들의 시야를 넓혀주는 계기가 되었다. 일본 NHK 대하드라마를 즐겨 보던 중년의 남성 시청자들이 <대장금>이 그려내는 한국의 고전 세계에 매료되기 시작한 것이다.

Ⅲ. 조선과 에도의 대중문화와 고전소설

일본은 예부터 시와 소설의 문학 작품을 대중들이 즐겨 왔다. 특히 에도시대에 이르러 문학은 당시 대중들이 찾던 상품이자 오락거리였다. 고착화한 계급사회와 쇄국으로 일반인들은 신분 상승의 욕구보다 현세에 만족하며 인생의 재미를 찾고자 했다. 이러한 연유로 에도시대는 상업 출판이 번성하며 가시혼(貸本)과 같은 서민 대상의 빌려 보는 방식의 서적이 유행했다. 가시혼의 독자는 현재의 시청자와 같은 존재로 그들이 즐겨 보던 책의 내용을 통해 당시 사회상과 대중들의 의식까지 살펴볼 수 있다. 특히 인기 있던 소설들의 경우, 회(回)나 척(齣)과 같은 방식으로 스토리를 구분하여 집필하는 방식을 사용했다. 한국 드라마가 결정적인 순간에 끝을 내며 다음 이야기를 궁금하게 하거나, 시청자들의 반응을 보며 스토리를 변화시킨 점과도 상통한다.

한국 드라마에서는 고귀한 신분이 죽음을 맞이할 때, 임금이 내린 사약을 먹는 장면이 자주 등장한다. 특히 <장희빈>에서 사약을 먹는 장면은 드라마의 클라이맥스로 잘 알려져 있다. 사약은 한자로는 '사약(死藥)'을 주로 사용하지만, 본래는 '사약(賜藥)'이다. 즉 '죽이는 약'이 아니라 '임금이 내린 약'이라는 의미이다. 이러한 장면이 대장금의 첫 회에 등장한다. 그것은 연산군의 생모인 폐비 윤씨의 사약장면으로 <대장금> 서사는 이 장면으로부터 시작한다. 윤씨는 "이 애미의 지원극통함을 풀어주시오"라는 말을 남기고 사약을 마신다. 역사적 사실로 보면, 폐비 윤씨는 조선의 제9대 국왕 성종의 계비로서 공혜왕후 한씨에 이어 왕비가 되었다. 여색에 탐닉한 성종 때문에 고심하

[그림 2] 「폐비 윤씨」의 사약 장면

다 투기가 빌미가 되어 폐출된 후 임금의 명으로 죽음을 맞이했다. 아들 연산군이 즉위한 후 제헌왕후라는 시호를 주었으나, 이후에 그 호칭도 박탈되었다. 치열한 권력 다툼에서 죽음을 맞이한 장희빈은 여러 드라마를 통해 잘 알려져 있다. 하지만 폐비 윤씨

의 경우, 연산군의 어머니 정도로만 알려진 인물이다. 하지만 그녀의 불행한 죽음을 통해 여성으로서 궁정에서의 삶이 얼마나 고단하고 힘든지를 첫 회부터 보여주고 있다. 첫 회의 조선시대 왕족 여성의 삶은 지금까지 종종 드라마에 등장하던 모습이다. 이 드라마의 주인공 장금이가 그녀와는 대비되는 인물이라는 점을 암묵적으로 보여주려는 의도가 있지 않았을까. 고전적이지만 프론티어적인 여성 캐릭터 탄생에 앞서 이전 캐릭터의 일반적인 성격을 먼저 제시한 것처럼 보인다.

일본의 근세 시대 작품 중, 현재도 영화와 드라마로 자주 방영되고 있는 『가나데혼 주신구라(仮名手本忠臣蔵)』를 통해 일본인들이 좋아하는 작품의 스토리와 캐릭터를 알 수 있다. 그것은 바로 주군을 위해 목숨을 바쳐 충(忠)을 실현하는 모습이다. 이러한 모습은 <대장금>의 장금이와 민정호의 캐릭터에서도 발견할 수 있다. 『주신구라』에서 가장 잘 알려진 오이시 구라노스케(大石內蔵助)는 할복이라는 행위를 통해 충을 다하는 대표적인 인물로 그려져왔다. 물론 대장금에서는 할복과 같은 장면이 등장하지는 않는다. 한국과 일본에서 주군의 명령으로 죽음에 이르는 방식은 역사적으로 상이했다. 하지만 전근대 사회를 그린 작품에서 충을 중요한 가치로 생각하는 점은 동일하다.

전근대를 그린 드라마와 영화에서 죽음의 장면을 살펴보면 한국은 사약이라는 약을 먹으며 자신의 억울함을 토해내며 주군에게 절절히 감정을 표현하는 것들이 많다. 이러한 리얼리즘적인 장면이 한국 시청자들에게 어필해왔다. 반면 일본에서는 젊은 남성 무사가 자신의 배를 가르며 억제된 감정을 표현하는 장면에서 희열을 느낀다. 할복을 통해 죽음을 맞이한 젊은 무사들을 기리며 높이 평가해왔다. 한국은 궁중에 사는 여성이 사약을 먹고 죽음에 이르는 장면을, 일본은 남성 무사가 할복하는 장면에 열광해왔다. 하지만 장금이를 통해 일본 시청자들은 고전적인 여성 캐릭터의 강인함을 느끼며 무사도로만 귀결되던 전근대 충과 정의에 관한 인식을 새로이 발견했을 것이다. 여성인 대장금의 강직함과 불의에 맞서는 모습에서 일본인들은 무사들과도 견줄만한 의인으로 보았을 것이다. 그렇다면 일본 무사도와 그에 대한 대중들의 인식은 어떠했는지를 살펴보고자 한다.

무사의 도리를 논할 때 빼어 놓을 수 없는 작품이 바로 앞서 언급한 『가나데혼 주신구라』이다. 실제 있었던 아코사건(赤穗事件)을 모티브로 한 에도시대를 대표하는 작품 중 하나이다. 에도시대에는 동시대의 사건을 그리지 못하도록 엄격하게 출판물을 규제했다. 그래서 당시 작품들의 시대 배경은 가마쿠라(鎌倉) 혹은 무로마치(室町) 막부를 배경으로 한 것이 대부분이다. 대중들은 무사들을 지지하고 추모하는 작품들을 선호하지만 막부는 점차 위기 의식을 느끼기 시작했다. 결국 개인적 도덕인 주군에 대한 신의와 심각한 사회 혼란을 일으킨 것에 대한 공적인 처벌 사이의 갈등을 할복으로 극복시켰다. 명예는 존중되고 막부는 자신들의 공의(公儀)를 유지할 수 있었다. 당시 대중들은 47명의 무사들을 의사(義士)로 평가하며 주군에 대한 충성을 높이 샀다. 그 이후 수많은 가부키와 조루리(浄瑠璃)와 같은 연극으로 상연되며 대중 예능의 대표적인 소재가 되었다.

에도시대는 신분에 따라 형벌이 달랐다. 무사에게만 과해진 형벌로는 할복, 가이에키(改易), 헤이몬(閉門), 지쓰쿄(蟄居), 오시코메(押込) 등을 들 수 있다. 무사 이외의 신분을 처벌했던 형벌에는 다타키(敲), 가료(過料)가 대표적이다. 다타키는 부교쇼(奉行所)의 문 앞에서 죄인을 채찍으로 때리는 형벌이며 가료는 벌금형이다. 사농공상이라는 신분제의 정점에 위치하여 체면을 중시하는 무사에게는 어울리지 않아 부과하지 않았다. 시자이(死罪)라는 처형 방법에는 할복 외에 참수, 고쿠몬(獄門), 하리쓰케(磔)도 있다. 무사가 할복 이외의 처형으로 처벌받기도 했지만 원칙적으로는 할복이었다. 원칙도 같은 무사라는 신분을 배려한 것이다. 무사의 경우, 개인에 대한 처벌이 가문의 처벌로 영향을 주는 경우도 많았다. 그러한 상징적인 형벌이 가이에키, 즉 오이에(お家)

단절이었다.[3] 이처럼 목을 참수하는 형벌이 일반적이었던 계급 사회에서 지배계층이었던 무사들은 자신들만의 처벌 방법이 필요해졌다. 그것이 전쟁 시에 주로 행해졌던 할복을 전시가 아닌 평화로운 시기에 도입하여 실행하게 되었다. 무엇보다 자신의 의지가 개입된 명예로운 죽음과 책임감을 지는 처벌이라는 점에서 평민들의 형벌과 차별을 두고자 했다. 결국 사형이라는 처벌 방식을 지배계층이 이원화시키며 무사 계층에 대한 존엄성을 유지시키고자 했던 의도가 컸다고 볼 수 있다.

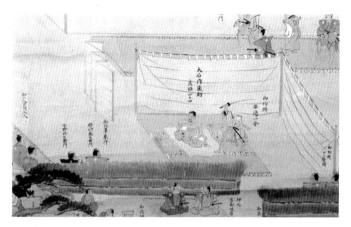

[그림 3] 「오이시 구라노스케」의 할복 장면

한국과 일본에서 대중문화가 발달하여 서민들이 문학 및 연극과 같은 예능을 즐긴 시기로 조선시대와 에도시대를 들 수 있다. 이 두 시대는 전근대 시기인 근세에 해당하는 시기로 유럽의 일반적인 역사 구분법에는 해당하지 않는다. 유럽의 경우는 르네상스 시기에 정착된 시대구분으로 고대, 중세, 근대의 세 시기가 일반적이다. 현세적인 인간성과 이성의 재생을 기원했던

---

3   秋山忠彌, 『歷史REAL 大江戸侍入門』, 洋泉社, 2013, p.92.

시대의 사람들이 그 모델을 과거의 그리스, 로마의 고대시대로 정했다. 그것이 긴 기간 동안 소멸해 가며 크리스트교에 의한 종교지배를 받은 시대를 암흑의 중세로 보았다. 그 이후 재생과 광명의 시대를 근대로 보며 시민계급의 형성과 궤적을 함께 한 역사 인식으로 시대를 구분했다.[4] 유럽의 역사적인 시대구분은 당시 민중들의 의식과 사회와의 관계성에 중점을 두었고 종교, 정치, 사상적인 면에서도 명백히 구분할 수 있었다.

반면 한국과 일본의 경우는 다르다. 조선의 경우, 사대부에 의해 개국한 문인 중심의 관료 사회였다. 고려 시대의 국가 지배 원리였던 불교 대신 주자학을 중심으로 하는 사회질서가 확립되었다. 그러한 연유로 성리학을 신봉하는 사대부와 그 정점에 왕을 두는 지배 방식으로 정권을 유지해 나갔다. 한편 정권 초기에는 『경국대전』을 통치의 기본법전으로 하여 조선의 정치, 경제, 사회, 문화 등, 여러 분야에 유교적 원리와 가치를 반영한 법률과 제도를 만들었다. 중앙에는 의정부와 6조를, 지방은 8도로 통치하며 중앙집권체제를 수립했다. 이후 주자학적인 세계관이 반영된 사대부 중심의 문화가 발전했다. 왕과 귀족 중심의 신분제도는 체계화되고 강화되었으나, 과거시험을 통해 문반과 무반이라 불리는 양반으로 진입할 수 있었다. 특히 과거제도가 시행되었던 조선과 그렇지 않았던 일본은 같은 근세 시기라 해도 사회적으로 구분된 계층과 역할 및 그들을 통제하는 사회적인 시스템이 다르게 정착되어 갔다. 일본 근세 시대의 특징은 다음과 같다. 먼저 정치 제도가 실제 사회에서 제도화되었고 학문과 기술과도 융합하며 민중의 복리를 생각했다. 학문이 민중에게 보급되어 각 분야에서 실학 부흥과 각자의 판단력을 신봉하는 자유로운 학풍이 발생했다. 여러 산업의 발달과 농업 생산력 증대로 물질적인 생활의 진보, 정치, 경제, 문화의 도시 집중과 상공계급의 지위

---

4   朝尾直弘編, 『日本の近世』第一巻, 中央公論社, 1991, p.10.

상승, 무도 수련과 무사 기풍은 소멸하지만, 사회적으로 일정한 지위가 유지된 점을 역사적인 관점에서 에도시대의 특징으로 보고 있다.[5]

<대장금>처럼 궁정을 무대로 역경을 헤쳐나가는 전근대 여성을 향한 관심은 조선시대에 관한 궁금증을 자아냈다. 조선시대 당파 싸움이라는 역사적 배경에 주인공과 연적의 사랑, 요리를 둘러싼 대결, 다양한 신분의 인물들과 유니크한 캐릭터가 인기 비결이었다. 전근대 시기 한국과 일본은 사농공상의 신분 질서와 주자학에 기반한 정치 제도 등, 비슷한 일면을 지니고 있다. 한편 <대장금>의 장금이를 둘러싼 갈등 구조가 <닌조본> 장르의 사랑 이야기와 같은 현세적인 스토리를 지향하며 독자들에게 어필한 점은 주목할 만하다. 하지만 지배계급의 고착화, 신분 이동의 제한, 상인을 포함한 중인 계급에 대한 인식 등, 세밀한 부분에서는 엄연한 차이가 존재한다.

한편 『금오신화』와 『구운몽』과 같은 작품이 에도시대부터 일본에 알려져 일부 지식인들은 소설 내용을 공유하며 활용하기도 했다. 바다를 건너 율도국으로 건너간 『홍길동전』의 주인공인 홍길동과 오버랩되는 일본의 영웅이 있다. 일본에서는 바다를 건너간 영웅으로 미나모토노 다메토모(源為朝)와 미나모토노 요시쓰네(源義経)가 유명하다. 홍길동은 한국 사람이라면 누구라도 알 수 있는 영웅적인 인물로 최초의 한글 소설인 『홍길동전』(17세기 초)의 주인공이다. 이 작품은 성립 시기가 불확실하고 실제 작가도 정확하지 않다. 근래에 발견된 『설공찬전』을 가장 오래된 한글 소설로 보기도 한다. 일반적으로 『홍길동전』의 작가로 여겨지는 허균은 적자차별 폐지, 주자학 비판 등, 양반 중심의 조선 사회를 개혁하고자 했던 문인이다. 그는 개혁 방법론으로 인재 등용의 차별을 없애자는 '유재론(遺才論)', 민중을 사회의 중심으로 하자는 '호민론(豪民論)'을 제시했으나 반란 주모자로 몰려 처형당했다.

---

5   『日本の近世』第一巻, p.49.

[그림 4] 「미나모토노 다메토모」

『홍길동전』과 같이 주인공 집안이 몰락하고 유배된 섬을 이상향의 국가로 건설하는 스토리를 지닌 일본 소설로는 교쿠테이 바킨이 집필한 『진세쓰유미하리즈키』를 들 수 있다. 두 작품 모두 중국 백화소설의 영향을 받았다는 공통점은 있으나 상호 간 직접적인 영향 관계는 없다. 하지만 직접적인 관계가 없음에도 두 작품에는 스토리의 유사점이 많다. 그 유사점은 주인공의 유배, 요괴 퇴치와 그 결과로서의 혼인, 섬으로의 이동과 개척지의 관리, 이상향의 국가 건설, 주인공의 사후 승천 등이다. 이러한 두 작품의 공통점 중에서 가장 주목되는 점은 주인공이 섬들을 개척하고 이상향의 국가를 건설한다는 점이다. 시대적인 차이는 존재하나 동아시아 영웅소설의 대표적인 유형으로 볼 수 있다. 『진세쓰유미하리즈키』는 류큐(琉球, 오키나와)를 포함한 섬들의 이야기를 상세하게 서술했다. 『홍길동전』에도 율도국이 그려지고 있으나 그 내용은 짧다. 두 작품 모두 남쪽의 섬들인 율도국과 류큐라는 새로운 지역으로의 도항과 이상적인 사회 건설을 목표로 한다. 두 작품은 섬 저편의 관심과 불안을 작품으로 구현하고 있다. 『홍길동전』은 서자 출신의 홍길동을 섬의 왕으로 삼으며 서자차별이라는 조선 사회를 비판했다. 죽은 부모에게 관직을 수여하는 효에 기반한 윤리관도 보인다. 『진세쓰유미하리즈키』에서는 주인공 다메토모가 주군 묘 앞에서 자해하며 충에 기반한 군신 관계를 강조했다.

IV. 전근대 한일의 상업 출판문화

서적을 유통되던 하나의 상품으로 보면, 일반 상품과 같은 경제적인 이윤 추구를 목적으로 한다. 경제적인 이익을 증가시키기 위해서는 서적에 대한 독자들의 인기를 끌어야 해서 선전이나 광고가 중요해진다. 현재 수많은 미디어의 광고와 달리 전근대 광고는 제한적일 수밖에 없었다. 그렇지만 현재 대중 잡지가 수행하는 광고의 일단이 에도시대 가시혼 방식의 서적에서 보이기 시작한다. 가시혼은 대여 서적으로 대중들이 일정 기간 빌려 보던 지금의 무협지나 만화와 유사하다. 가시혼의 상품성이 강조되자 당시 한모토 (版元)라는 출판업자들은 이익 창출을 위한 서적의 디자인과 삽화에 힘을 쏟았다. 한편 자신들이 출판한 신간 혹은 시리즈에 대한 선전을 통해 수익을 얻고자 했다. 그 외에도 당시 약과 화장품 같은 상품을 선전하며 현재의 PPL 광고처럼 독자들에게 선전했다. 가시혼의 미디어 기능과 선전에 주목하여 서적이 지닌 상품성과 광고 연구는 전근대 일본 대중문화와 문학의 경제적인 성격을 잘 알려준다. 한일의 비교연구 관점에서 보면 조선시대 세책과의 비교연구, 대여 서적과 한일 여성 독자층 연구, 전근대 한일서적 비교연구 등, 다양한 분야의 학제 간 혹은 융합 연구가 가능해진다. 서적의 광고라는 관점에서는 신간, 속간, 약, 화장품 연구로 확장 시킬 수 있다. 당시 인기리에 연재되던 작품과 광고의 관계, 약과 화장품의 유통과 소비에 대해서도 그 구체적 양상을 파악할 수 있다.

에도시대 중후기 상품중개업자인 가시모노야(貸物屋)가 물류와 유통을 지배하게 되면서 일본의 서적 출판과 유통에도 변화가 생겼다. 가시모노야가 다루던 가시혼은 독자층의 확대로 한모토 중심이었던 출판과 유통 단계의 일부분을 가시혼야(貸本屋)가 담당하게 되었다. 가시혼야는 독자들을 직접 방문하여 서적을 빌려주는 방식을 취했기에 그들의 서적에 대한 요구를 실시간으로 파악할 수 있었다. 에도시대 출판문화는 가시혼야라는 서적중개상을 중심으로 발전하게 된다. 서적의 기획과 출판을 주로 했던 한모토가 가시혼야를 겸하여 독자들의 니즈를 파악하기도 했다. 한편 가시혼야가 출판 산업의 중심으로 자리하면서 독자들의 요구에 부흥한 작품의 생산도 가능해졌다. 에도시대 후기에 이르러 가시혼야가 서적의 출판, 유통, 소비의 전 과정을 담당하며 성공할 수 있었던 것은 이러한 이유에서였다.

[그림 5] 「이치무라 무대(市村座)」 가시혼

조선시대 후기 보부상이나 개성, 경강의 상인 중심 그룹이 활동하며 전국적으로 상품이 유통되기 시작했다. 그들이 취급한 물건에는 세책이라는 대여 서적이 포함되어 있었다. 특히 한글판 세책은 여성 독자를 포함한 중인계급에게 인기가 많았다. 가시혼 중심의 일본처럼 한국도 방각본 소설이 유행하며 독자를 의식한 출판문화가 형성되었다. 한국과 일본의 상업 출판과 서적 상품의 발전은 독자층 확대와 유통경제 발전에 이바지한다. 한편 전근대 일본의 상업적인 출판 산업과 상품유통 발전으로 작가들은 작품을 장편으로 집필 시, 독자의 관심을 끌기 위한 창작법을 고안해 내기 시작했다. 이러한 창작 방법으로 에도시대에는 다양한 소설 장르가 등장하기 시작한다.

에도시대 문학의 특징을 서민 문학 혹은 조닌 문학이라 부르는 것도 상업 자본주의 발전에 따른 조닌 계층의 경제적인 성장에 따른 것이기 때문이다. 서민 교육 기관인 데라코야(寺子屋)의 보급으로 식자층이 증가하고 목판인쇄를 통한 대량 출판이 가능해졌다. 고전을 포함한 문학 작품을 읽는 독자층은 광범위해지며 조닌 중심의 문학이 발전하게 되었다. 초기에는 지식인들이 재미로 창작했던 <기뵤시(黃表紙)>, <샤레본>을 시작으로, 권선징악을 중심 내용으로 한 <요미혼>, 해학적인 이야기인 <곳케이본(滑稽本)>, 삼각관계의 사랑 이야기인 <닌조본> 등의 장르가 등장한다. 문학의 서민화, 대중화로 상업적인 출판문화가 발전하고 서적은 대중들에게 큰 유흥이자 오락거리가 되었다. 이러한 연유로 책을 출판하고 유통하던 한모토와 가시혼야는 인기 상품으로서의 서적을 제작하기 위해 인기 작가를 발굴하여 고정된 독자들을 확보해간다. 그 고정된 독자들은 남성 독자는 물론 여성 독자들도 해당한다.

가시혼은 도시경제 성장, 독자층 증가, 상업적인 성격의 작가 등장으로 대여상품의 인기 품목으로 정착되었다. 유곽에서 유통되던 가시혼은 주 고객이 유녀였다. 가시혼을 소비하던 독자층이 유녀를 포함한 여성으로 확대되어 서적도 여성들의 오락거리가 되었다. 유녀들이 읽던 서적 중에는 야한 소설도 포함되어 있었으며 화장품과 같은 생활용품과 함께 유통되었다고 한다.

가시혼야는 요시와라(吉原)와 같은 유곽을 직접 돌며 유녀들에게 가시혼을 유통시켰다. 가시혼과 함께 유녀들이 필요로 했던 화장품, 화장도구를 함께 취급했다. 일본에서 유통된 가시혼은 여성 독자층 확대에 기여했고 조선의 세책도 도시에 사는 여성 독자층 증가와 관련이 깊다. 가시혼이 상품으로 인기를 얻으며 일반 대중 독자들이 늘어나고 서민 중심의 대중 문학이 발전하게 되었다. 한편 여성 독자들이 즐겨 읽던 가시혼과 화장품 광고로 가시혼과 여성 독자층과의 관계성을 더욱 구체적으로 파악할 수 있다. 이처럼 서적을 광고와 미디어 기능을 지닌 상업적인 상품으로 보면, 단순한 작품 분석을 초월한 전근대 일본 사회의 생산, 유통, 소비라는 경제적 시스템과 문학의 관계성을 새롭게 정립할 수 있다.

[그림 6] 유녀와 가시혼

V. 전근대 한일의 의약 문화

일본의 약에 관한 제조와 소비는 정부가 엄격히 관리한 조선과 달리 민간

차원에서 활발히 진행되고 유통되었다. 당시 유통되어 소비되던 약과 의약서, 소비 계층의 분석을 통해 전근대 시기 한국과 일본의 의약 문화에 대한 융합연구가 가능하다. 가시혼야는 행상인이 지고 다니는 대여 서적과 함께 약품 또한 주요 상품으로 취급했다. 책 대여점인 가시혼야가 출판 산업의 중심축을 이루며 독자들의 요구에 직접적으로 부응하게 되었다. 그것은 인기 상품을 직접 판매하는 방식으로 대여 서적을 통해 약품을 선전하며 판매에도 관여하기 시작한다. 그 일례로 당대 유명 작가 시키테이 산바(式亭三馬), 산토 교덴, 교쿠테이 바킨 등은 자신들이 제조한 약품 광고를 작품 속에 실었다. 서민들에게 유통되고 소비된 약품으로는 안약, 두통약, 감기약, 부인병약부터 자양강장제에 이르기까지 현대에도 자주 음용하는 약들이었다. 금세환(金勢丸), 천녀환(天女丸), 독서환(読書丸), 신녀탕(神女湯), 기응환(奇応丸)이라는 이름의 약이다. 한편 기쿠노쓰유(菊の露), 미인수(美人水), 에도의 물(江戸の水)과 같은 화장품 광고도 약 광고와 함께 실려 있다.

[그림 7] <금세환>과 <천녀환> 광고

전근대 한일의 의약 문화는 조선 왕실과 일본 막부 등, 지배 계층의 관심 속에 의약의 생산과 관련 지식의 축적에서 시작되었다는 공통점이 있다.

조선왕조의 경우, 『동의보감(東醫寶鑑)』을 비롯한 선진적인 의약서를 간행하고, 서민을 위한 국가의료기관을 제정하는 등 국가 주도적인 의약 문화를 이른 시기부터 의식하고 발전시키고자 했다. 일본의 경우, 도쿠가와 요시무네(德川吉宗)의 집권기를 제외하고는 국가 단위의 의약 문화 인식이 생성된 것은 상당히 늦은 시기이다. 의약 문화의 경제적 가치에 눈 뜬 번을 포함한 민간인들은 약품과 의약서의 유통과 상업화에 매진해갔다. 『양생훈(養生訓)』과 같은 의약서가 베스트셀러로 에도시대 대중들에게 널리 유통되었다. 이는 서민층에게까지 의약문화의 정보를 쉽게 전달할 수 있는 활성화된 출판문화와 서민들 또한 의약품을 손쉽게 구입할 수 있는 유통구조가 있었기에 가능했다. 결과적으로 전근대 일본에서는 공중 의료 보건의 한 축인 사회적 지지, 즉 의약 문화의 대중화가 조선과 비교하여 상대적으로 이른 시기에 이루어졌다고 볼 수 있다.

전근대 시기 의약관 관련된 문화가 한국과 일본은 상당히 다른 양상으로 진행되었다. <대장금> 후반부의 의녀 장금이와 <허준> 드라마를 통해 조선시대의 의술이 중심인 의약 문화를 엿볼 수 있다. 일본과는 다른 의술과 처방된 한약재는 일본 시청자들에게 큰 호기심을 안겨 주었을 것이다. 그렇다면 전근대 시기 양국의 의약 문화는 어떠한 차이가 있었을까. 18세기에 조선왕조는 왕과 귀족이 정치, 경제, 문화를 좌우하는 중앙집권적인 시기였고, 의약 역시 중앙 중심으로 관리, 운영하고 소비하는 상황이었다. 조선왕실에서는 과거제도의 잡과에 응시한 사람 중에 의관을 뽑아 교육하고 실력에 따라 의료기관에 배치했다. 나아가 양반과 상민의 중간계층으로서 기술직을 세습적으로 영위하는 사람이 많았던 중인, 첩의 자식인 서얼, 노비에 이르기까지, 중하층 계층에서도 학습 능력이 탁월한 자를 뽑아 교육하여 왕가 일족을 위해 의관으로서 봉사한 경우도 있었다. 조선왕조의 의약은 근본적으로 왕을 필두로 한 지배층을 위한 것이었다.

일본은 도쿠가와 막부(德川幕府)가 중앙에서 군림하지만, 전국의 번(藩)이 실질적인 정치, 경제의 관리자인 일종의 지방 자치체제가 실행되어 도시문화가 발달하고 지역 간의 문화적 격차가 생성된 시기였다. 그러므로 의약 역시 실질적으로는 번이 관리, 운영했다. 다만 일본에서는 19세기 중반이 되자, 국민의 질병이 곧 국체를 위협하는 요소임을 인지한 위정자들이 의식을 달리하기 시작한다. 번이 아닌 중앙정부인 막부가 공중보건에 관심을 갖기 시작한 것이다. 이처럼 조선 사회는 중앙에서 왕실이, 일본 사회는 중앙에서는 막부, 지방에서는 각 번이 기득권을 쥐고 있다는 점에서 지배체제는 상이하다. 하지만 지배층이 의약을 통해 사회질서를 확립하고 자신들의 기득권을 유지하기 위해 공중보건과 의약의 대중화에 관심을 갖기 시작했다는 공통점이 있다.

고려 시대 의약의 전통을 계승한 조선왕조는 첫 임금인 이성계가 즉위한 이듬해인 1393년부터 서울은 물론 지방에도 의료시설, 의생 교육제도, 약초원 등을 만들고 약재 채취를 위해 약부(藥夫)를 배치하여 의약 관련 기반시설 및 제도를 확립했다. 중국 의학의 영향을 받으면서도 독자적인 한방을 발전시켰고, 왕실의 명에 의해 1613년에 완성된 허준의 『동의보감』을 정점으로 한 조선의 기초의학은 17세기 이전에 완성되었다고 할 수 있다. 하지만 글을 읽지 못했던 서민들은 서적에 의한 의약 문화의 해택은 받을 수 없었다. 나아가 전근대 의사는 국가의 과거제도에 합격한 의사로서 주로 왕실과 그 주변의 지배층을 위해 일했고 일반 서민이 의사에게 진찰을 받기는 쉽지 않았다.

한편 에도시대 이전의 일본은 전쟁이 빈번하여 실제 치유 능력이 탁월한 민간 의사가 영주들에게 고용되기 시작했다. 상비약의 제조 비법은 유력 가문 및 사원에서 대대로 전해져 내려왔다. 에도시대 이전의 일본의 의약 문화는 조선과 달리 중앙보다는 민간이 주도해왔음을 알 수 있다. 이후 1603

년 에도 막부를 연 도쿠가와 이에야스(德川家康)는 의약에 조예가 깊어 중국의 의약처방서 『와사이쿄쿠호(和劑局方)』(1107~1110)를 옆에 두고 스스로 제약할 정도였다고 한다. 또한 미토번(水戸藩)의 번주 도쿠가와 미쓰쿠니(德川光圀)도 서민의 건강을 위해 의사 호즈미 호안(穗積甫庵)에게 『규민묘야쿠(救民妙藥)』 (1695)라고 하는 간단한 치료법을 수록한 책을 작성하도록 지시했다. 에도시대 의약은 지배계층의 관심사였음에도 불구하고 조선왕조와 같이 의약 제도나 관련 기관을 국가가 주도하여 제조하기까지 상당한 시간이 걸렸다. 에도시대에는 대체로 유명한 의사 밑에 들어가서 도제식으로 학습하는 사숙(私塾)을 통해 의사가 양성되었다. 나아가 의학적 지식과 기술이 있으면 누구나 의사가 될 수 있었기에 무사는 물론 도시 상공인인 조닌, 농민, 천민 등 다양한 신분의 의사들이 존재할 수 있었다. 역설적으로 의사는 봉건제인 에도시대에 신분을 초월하여 출세할 수 있는 직업 중 하나였다.[6]

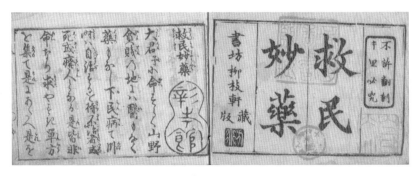

[그림 8] 『규민묘야쿠』 서문

조선왕조의 의약 지식이 유포되고 확대되는 계기는 전국적인 약재 조사 및 채집 과정에서 시작되었다고 볼 수 있다. 약종 및 약재의 조사과정을

---

6   酒井シヅ, 『まるわかり江戸の医学』, KKベストセラーズ, 2011, p.91.

통해 관련 지식인층은 물론, 직접 조사에 참여하는 약채부 및 그들을 돕는 이들이 관련 의약 지식을 쌓아갔기 때문이다. 한편 『동의보감』에는 약을 채취하는 법, 말리는 법, 가공법, 제약법, 복약법 및 약의 성질을 구체적으로 기술했다. 한자명에는 한글명을 덧붙여 17세기 이후 약재 보급과 수요 증대에 크게 이바지했다고 할 수 있다. 서민들의 치료를 위해 만들어진 혜민서와 같은 의료시설의 존재 등, 조선에서 서민을 위한 의서나 의약 기관이 일본보다 빠른 시기에 존재했던 것은 사실이다. 그러나 이를 두고 바로 의약 문화의 대중화에 성공했다고 보기는 어렵다. 조선시대의 의약 문화는 국가 주도하에 지배층인 유학자의 큰 관심을 얻었으나, 일본과 같이 의약 문화가 전반적으로 상품화되는 뚜렷한 양상은 18세기 후반까지는 보이지 않고 있다.

한편 의약 문화에서 후발주자였던 에도막부는 조선왕조의 의약 문화를 수용하려고 했다. 그 증거로 일본은 조선왕조와의 무역을 담당하고 있었던 쓰시마번(対馬藩)을 통해 조선왕조의 선진적인 의서뿐만 아니라 약종 및 약재를 양국 간의 외교적 답례품으로 부탁하기도 했다. 특별히 조선 인삼에 대한 일본 내의 수요가 날로 높아져서 가격이 급등하여 은 유출이 극심하고 막부 재정이 압박을 받게 되자, 8대 쇼군 도쿠가와 요시무네(德川吉宗)는 조선 인삼의 일본 내 재배를 성공시킨다. 그는 재정안정을 위해 한반도의 조선 인삼을 비롯한 다양한 약종 및 약재의 자국화를 시도하는 과정에서 전국의 물산을 조사해 관리했다. 나가사키(長崎)를 통해 들어오는 서양의학서도 수입을 허가했다. 이로써 다양한 의약 관련 지식이 일본 전국에 축적, 유포될 수 있었고 의약 문화에 관한 관심이 증대하게 되었다. 그러나 요시무네의 식산흥업 정책은 어디까지나 산업 부흥 정책의 일환으로서 유럽이나 조선과 같은 국가 주도의 의약 문화의 관리와 운영이 주목적은 아니었다. 또한 전국적으로 의약 지식이 축적되고 의약 문화가 정립되어 가는 과정은 한일 양국에서 약재 및 약종 조사를 통해서라는 공통점이 있지만, 이를 전국적으로 상품화하려 했는가에 대한 인식에서는 커다란 차이를 보인다. 나아가 의약 문화에 대한 지배계층의 관심과 노력은 유사하지만, 이를 전국적으로 생산, 소비하고 유통하는 매커니즘과 주체는 상이했다.

일본에서는 의사를 양성함에도 사숙을 통한 모임에 의한 경우가 많았듯이, 약재에 관한 관심과 상품화도 민간 연구회를 통해 급속히 발전했다. 나아가 의약 관련 모임이나 그 모임을 기록한 서적과는 달리, 대중적 출판문화가 발달했던 일본에서는 의약 문화 관련 대중서가 빠르게 유포되었다. 17세기 초반에 출판된 소설 『치쿠사이(竹斎)』는 돌팔이 의사의 의술 묘사와 더불어 명소안내가 진행되는 내용인데, 이미 의약 문화가 대중적 관심의 대상이 되고 있음을 보여주는 작품이다. 가난한 의사가 세속적 의사들을 해학적으로 비판하는 문학 작품 『의자담의(医者談義)』(1759) 역시 의약 문화가 문학 소재로서 소비되고 있음을 보여주는 사례다.[7]

유사한 시기에 조선의 지식인들 또한 의약에 관한 다양한 문헌을 남기고 있다. 16세기 『묵재일기』, 17세기 『계암일록』, 18세기 『흠영』 등 문인들은 다수의 일기를 통해 가족이나 지인들의 질환과 치료과정을 기록했다. 하지만 기록자들은 모두 지배계층이었다고 할 수 있어서 그들의 일기를 통해 서민층의 의약 문화를 엿보기는 쉽지 않다. 박지원은 약물의 성분과 효능을 노래한 약성가(藥性歌)나 간단한 처방법을 남겨 의약의 대중화를 시도했음을 알 수 있다. 정약용은 서양의학을 수용하고 유행성 질병에 관해 폭넓게 논의하고자 했다. 이렇듯 한국에서는 의약에 관한 학문적, 실천적 기록과 논의는 이루어지지만, 일본과 같이 문학 작품을 통해 의약 문화가 소비되는 사례는 거의 없다. 이에 비해 18세기를 기점으로 일본의 의약 문화는 사적인 모임과 출판문화를 통해 서민층에게까지 널리 소비되고 유통되는 인기 상품 중 하나로서

---

7   福田安典, 『医学書のなかの「文学」』, 笠間書院, 2016, p.17.

철저히 상업화되어 갔다. 한편 에도막부는 의사의 양성 및 관리에는 크게 관심을 두지 않았던 반면, 약재상에 관해서는 1722년에 면허제를 도입하여 철저하게 관리했다. 17세기 중후반에 사회가 이미 상품 경제 및 유통의 발달로 상업화되자, 막부는 물품 가격의 안정을 위해 약재상들을 관리하기 시작했다.[8]

이들 면허를 받은 일본의 약재상은 조선왕조의 약계와 유사하지만, 사조직이었던 약계와는 달리 공권력으로부터 일정 정도의 비호를 받고 합법적으로 약재를 유통시킬 수 있었기에 약품의 전국적인 상품화에 성공할 수 있었다. 상대적으로 일본에서 약품 수요가 증가하여 상품화에 성공한 배경에는 에도시대 중기까지 서민이 의사에게 진찰을 받는다는 개념이 희박했기 때문이기도 하다. 이에 서민은 약을 통해 병환을 치료하고자 했다. 이에 주목한 각 번들은 경쟁적으로 약품의 상품화 및 전국적 유통을 시도한다. 나아가 일본의 약품 유통은 에도시대 중기 이후 발달한 상품 유통 발달에 더욱 힘입는다. 이처럼 18세기 후반에서 19세기 초반에 이르러 일본에서 의약은 하나의 상품으로서 서민들에게 유포되고 에도시대 의약 문화의 대중화에도 일조하게 된다.

VI. 일본의 K-고전 수용과 방향성

앞에서는 지식(知)을 둘러싼 한일의 차이를 통해 K-고전이 한류 콘텐츠로 인정받을 수 있는 방향성을 설정하기 위해 문화적인 관점에서 한일의 대중문화를 살펴보았다. 이러한 지적 세계관의 차이는 한국과 일본의 전근대 대중

---

8   水巻中正, 『くすりの文明誌』, かんきん出版, 1991, pp.27-30.

문화의 공통점과 차이점을 통해 명확히 알 수 있었다. 한국은 과거제 실시와 사회질서로서의 유교 논리가 강하여 지적인 인식에 관한 자세가 상당히 진지하다. 한국은 지적인 것, 이념적인 것을 존중하는 경향이 강하다. 그 영향으로 대학 입시 경쟁이 일본보다 훨씬 심하고 학력, 학벌이 지닌 의미도 상당히 무겁다. 이러한 배경에는 예부터 국가 주도의 과거제도를 사회 중심에 둔 유교의 이념적 사상 숭배에 기반한다. 한편 일본은 지적인 것보다 에도시대에는 상업, 공예, 무예와 같은 기술적인 것들에 관심이 높았다. 이러한 차이는 문학, 특히 이야기와 소설, 드라마와 영화 속 주인공의 형태를 보면 더욱 명확하다. 가령 한류 드라마 <겨울연가(冬のソナター)>의 주인공인 강준상은 명문고인 서울과학고등학교 출신의 수재이다. 강준상과 연인을 두고 다투는 김상혁은 아버지가 대학교수이며 학급위원으로 수재형이다. 여자 주인공 정유진도 성적이 우수하고 사회에 나와서는 폴라리스라는 설계사무소를 운영하는 캐리어 우먼이라는 설정이다. 그렇지만 일본 드라마에서는 이러한 인물이 주인공으로 등장하지 않는다. 전후 영화의 대표적인 스타인 이시하라 유지로(石原裕次郎)와 기무라 다쿠야(木村拓哉)가 연기한 뮤지션, 검사, 레이서, 스포츠 선수 등을 보면 그들이 발신하는 것은 '정', '기술', '신체'이지 결코 '지'는 아니다.[9] 이처럼 한국과 일본이 창출해온 주인공 모습의 상이함을 통해 한국과 일본이 추구해 온 세계관과 가치관의 차이가 존재함을 알 수 있다.

일본은 전근대 한국의 지식에 관심을 보이며 고전소설을 이른 시기부터 수용하고 번역해 왔다. 일본에 수용되거나 번역되기 시작한 초기 한국 고전소설을 살펴보면 다음과 같다.[10] 에도시대에는 『금오신화』, 『징비록』, 『난설

9   『韓国の古典小説』, pp.86-87.
10   山田恭子, 「明治期以降の朝鮮古典文学作品の和訳状況」, 『近畿大学法学』 61(2), 近畿大学法学会, 2013, pp.218-220.

헌집』과 같은 작품들이 일본식 훈독의 방법으로 대중들에게 읽혀왔다. 하지만 본격적인 한국 고전소설 수용과 번역은 메이지시대 이후로 볼 수 있다. 1876년 한자와 가타카나로 표기된 한문훈독체로『조선류씨징비록대화(朝鮮柳氏懲毖録対話)』가 간행되었다. 1882년 『조선임경업전(朝鮮林慶業伝)』이 부산상공법회의소가 발행한 『조선신보(朝鮮新報)』에 실렸다. 같은 해『계림정화 춘향전(鶏林情話 春香伝)』이 오사카아사히신문(大阪朝日新聞)에 완역으로 게재되었다. 한국 고전소설 번역은 조선으로의 일본인 이주민 증가와 식민지 지배 등, 정치적인 이슈에서 시작된 것이 많다. 메이지시대 초기 번역본인『계림정화 춘향전』이 에도시대 소설 장르인 닌조본 방식을 사용했다는 선행연구는 흥미롭다. 조선의 사랑 이야기를 시대적인 유사성에 기반하여 전근대 유행했던 고전 작품 장르 방식으로 의역한 것이다. 이러한 방법으로 당시 독자들에게는 생소한 조선시대 고전소설의 이해와 관심을 높이고자 했을 것이다. 1910년 이후에는 조선의 식민지화에 대한 정당성을 고취하고자 하는 정치적인 목적으로 고전 번역이 이루어지기도 했다.

한국 고전소설을 대상으로 한 최근 일본 연구 현황은 다음과 같다. 먼저 한국 고전소설 해설서로는 『조선소설사(朝鮮小説史)』(平凡社, 1970)를 첫 시작으로 『조선문학사(朝鮮文学史)』(金沢文庫, 1973), 『조선문학사(朝鮮文学史)』(日本放送出版協会, 1974), 『한국고전문학입문(韓国古典文学入門)』(国書刊行会, 1982), 『조선문학사(朝鮮文学史)』(青木書店, 1985), 『조선의 이야기(朝鮮の物語)』(大修館書店, 1998) 등이 참고할 만하다. 다음으로 일본어로 번역된 고전소설은 『한국고전문학선집(韓国古典文学選集)』(高麗書林, 1975) 시리즈에서 확인할 수 있다. 『심청전』, 『홍부전』, 『구운몽』, 『춘향전』, 『추풍감별곡』, 『홍길동전』 작품의 일본어 번역본이 수록되었다. 『판소리(パンソリ)』(平凡社, 1982)에는 판소리 대표 작품인 『춘향가』, 『심청가』, 『수궁가』, 『홍부가』를, 『한국고전문학선(韓国古典文学選)』(第三文明社, 1990)에는 『금오신화』 전문의 일본어 번역과 『임진록』,

『구운몽』, 『배비장전』, 『남윤전』 초약본을 수록했다. 『남윤전』의 주인공 남윤은 결혼식을 올린 첫날 임진왜란을 겪게 되면서 일본으로 끌려간다. 그곳에서 일본 공주와 결혼하여 공주의 도움으로 조선으로 돌아오게 된다는 이야기이다. 임진왜란 시기에 포로가 되어 일본으로 끌려간 역사적 사실과 일본 공주와의 혼인이라는 내용이 일본인들에게 참신했을 것이다. 『한의 이야기(恨みのものがたり)』(総和社, 2001)에는 궁중문학 3부작인 『계축일기』, 『인현왕후전』, 『한중록』이 일본어로 번역되었다. 개별 작품의 일본어 번역본으로는 『춘향전』(朝鮮新報社, 1999), 『신편춘향전』(高文研, 2002), 『열녀성춘향이야기』(リフレ出版), 『열하일기1, 2』(平凡社, 1978), 『청구어담』(平凡社, 2000), 『어우야담』(作品社, 2006) 등이 있다. 그 외에도 일본 경험을 기록한 견문록인 『해유록』(平凡社, 1974)과 유성룡이 임진왜란을 기록한 『징비록』(平凡社, 1975) 등의 역사서도 번역되었다. 『징비록』의 경우는 일본 군담과 소설에도 큰 영향을 주었다.[11]

1970년대부터는 한국 고전소설에 대한 개설서 및 연구서가 간행되기 시작했다. 그와 더불어 개별 작품의 일본어 번역본도 출간되어 고전소설의 스토리를 파악할 수 있게 되었다. 최근에는 K-문학 장르가 주목을 받으며 한국 현대소설이 일본어로 번역되어 인기를 얻고 있다. 한국 드라마와 영화, K-Pop 인기가 K-문학으로 이어지며 베스트셀러 작품도 출현했다. 2020년에 출간된 『82년생 김지영』(조남주, 筑摩書房)이 23만부, 2020년 서점대상(本屋大賞) 번역소설부문에서 1위를 차지한 『아몬드』(손원평, 祥伝社)는 12만부가 팔렸다. 소설뿐만 아니라 에세이집 『나는 나로 살기로 했다(私は私のままで生きることにした)』(김수현, ワニブックス)는 50만부 이상의 판매를 기록했다. 박경리의 대하소설 『토지』(CUON)는 20권 완역으로 2024년에 출간될 예정이

---

11   『韓国の古典小説』, pp.316-322.

다. 이처럼 현재에는 다양한 분야의 한국 소설이 번역되며 서점에 K-문학 코너를 설치할 정도까지 인기가 높아졌다. 일본 독자들은 한국 현대 작가의 소설을 통해 현재 한국의 모습, 젊은이들의 감수성과 사고를 알고 싶어 한다. 물론 세계적으로 유명한 한국 연예인의 SNS를 통한 소개, 한국 정부의 번역에 대한 지원 등, 다양한 이유에서 붐이 일고 있다.

[그림 9] 완역본 『토지』

K-분가쿠의 인기는 계속될 것으로 기대한다. 그와 함께 일부 연구자들에 의한 K-고전에 관한 관심과 연구도 확대될 것으로 생각한다. 하지만 여기서 그치는 것이 아니라 일본 대중들도 전근대 한국의 문학과 역사, 당시 시대를 이끌어 갔던 대중들의 삶과 가치관에 관심을 보였으면 하는 바람이다. <대장금>만큼 인기를 끈 K-고전이 없는 것도 이유겠지만 한국에서 K-고전과 관련된 콘텐츠 개발이 부족한 것도 사실이다. <대장금> 성공 이후 한국 사극 드라마가 일본에서 방영되었지만 그다지 주목받지 못했다. 그렇지만 최근 한국 문학에 관한 인기는 한국 고전소설에 관한 관심으로 확장 시킬 기회이기도 하다. K-고전은 고전소설을 포함한 야담이나 설화까지 그 관심 대상을 넓힐 수 있다. 근래에 이르러 일본 학계에서 연구 성과도 나오며 주목받기 시작했다. 일본에서의 K-고전 수용과 보급에 앞서 양국의 전근대 시기인 조선시대와 에도시대의 고전문학과 의약 문화를 중심으로 한 대중문화의 양상을 살펴보았다. 양국의 전근대 대중문화의 상이함은 정치적인 구조, 역사적 배경, 경제와 문화적인 차이, 등 여러 요인에 기인한다. 이러한 차이점을 이해하고 향후 K-고전의 일본 진출이 성공한다면 양국의 문화 이해와 교류에도 기여

할 것으로 생각한다.

앞서 살펴보았듯이 일본은 전근대 시기부터 대중적인 출판문화가 발달하고 상품으로서의 의약품이 발달했다. 일본 서점에 진열된 분야별 책과 잡지들을 보면 여전히 상업 출판이 발달했음을 알 수 있다. 현재 일본 사회와 문화는 에도시대에서부터 시작된 대중문화가 큰 축을 이루고 있다. K-고전의 일본 진출과 수용은 반대로 한국에서도 일본 고전에 관한 호기심을 자극시켜 줄 것이다. 최근 일본 여행 붐은 일본에 대한 인식이 새롭게 정립되고 있는 것을 보여준다. 물론 COVID-19 팬데믹으로 인해 해외여행에 대한 갈망과 엔저가 일본 여행 붐을 일으키고 있다. 일본 여행 시, 꼭 방문하는 드러그 스토어(drugstore)에서는 다양한 종류의 의약품과 화장품을 구매할 수 있다. 한국에서는 철저하게 약과 화장품은 구별되어 판매된다. 이러한 차이점이 발생한 이유는 조선과 에도의 의약 문화에서 찾아볼 수 있다.

이처럼 전근대부터 이어진 문화가 일본 사회와 산업에는 여전히 남아있다. 결국 한국과 일본의 고전 문화에 관한 이해와 관심은 현재 사회와 문화의 출발점을 알 수 있게 해준다. K-분가쿠의 성공으로 한국 문학의 가능성을 확인할 수 있는 지금, K-고전의 일본어 번역은 중요한 과제로 떠오른다. 일본 서점에서 일본어로 된 한국 고전소설 코너를 볼 수 있는 날을 기대해본다. 또한 일본 방송에서는 K-고전 문화에 관한 다양한 영상물을 볼 수 있기를 바라며 글을 마친다.

참고문헌

秋山忠彌, 『歷史REAL 大江戸侍入門』, 洋泉社, 2013, p.92.

朝尾直弘編, 『日本の近世』第一巻, 中央公論社, 1991, p.10, p.49.

酒井シヅ, 『まるわかり江戸の医学』, KKベストセラーズ, 2011, p.91.

染谷智幸·鄭炳說, 『韓国の古典小説』, ぺりかん社, 2008, pp.86-87, pp.298-299, pp.316-322.

福田安典, 『医学書のなかの「文学」』, 笠間書院, 2016, p.17.

水巻中正, 『くすりの文明誌』, かんきん出版, 1991, pp.27-30.

山田恭子, 「明治期以降の朝鮮古典文学作品の和訳状況」, 『近畿大学法学』61(2), 近畿大学法学会, 2013, pp.218-220.

한국문학의 인문학적 물음과 일본어 번역

― 이청준의 「소리」를 찾아서

정백수

　요즘 소위 K-○○라는 문화 콘텐츠가 해외의 한국문화 애호가들 사이에서 유행처럼 소비되고 있다. 이러한 한국문화의 글로벌시대에 편승하여 한국의 여러 대학에서는 「글로벌시대의 한국 인문학」 혹은 「K-인문학」을 표방하는 연구 프로젝트들이 다양하게 수행되고 있는 것 같다. 그렇다면 해외의 독자들이 읽을 만한 한국문화의 인문학적인 사유나 물음으로 과연 어떠한 것들이 있겠는가. 여기서는 이청준의 연작소설 『남도 사람』과 『언어사회학서설』이 제시하고 있는 주제를 두고, 그것을 한국문학이 발신하는 인문학적 물음의 하나로 다루어 보고자 한다.

　이청준이 「십년에 가까운 나의 문학에의 꿈과 노력의 많은 부분을 바쳐」[1] 진행했다고 하는 두 연작소설의 주제란, 한마디로 말해, 삶의 의미를 있는 그대로 드러내는 「진정한 소리」에 대한 탐구라 하겠다.

　인간 존재의 근원 혹은 사람의 삶의 본질과 결코 분리되지 않은 소리,

1　이청준, 『잃어버린 말을 찾아서』, 문학과 지성사, 1981, p.6.

우리는 그것을 시원의 말, 노래라고 제 나름으로 한 번쯤은 상상해 본 적이 있을 것이다. 자연의 소리든 인간의 소리든 그것이 언제 어떻게 말과 노래로 된 것일까. 분명한 것은 소리로부터 말과 노래라는 문화의 한 양식으로 형성, 분화되면서 인류는 동물로부터 사람으로 진화했다는 사실이다. 말과 노래를 고안하여 그것을 통해 타인들과 상호 교감함으로써 비로소 인류가 인간이 되었다고 한다면, 그 처음의 말·노래와 인간과의 관계는 도대체 어떤 것이었을까. 인간의 존재와 근원적으로 연결되고, 또한 인간의 삶의 성립에 필요한 의미와 가치에 충만해 있는 형식으로서의,「진정한 소리」즉 최초의 말과 노래를 추구한다는 것은 단지 환상에 지나지 않을지도 모른다. 말 한마디나 노래 한소절을 처음으로 만들어 냈을 때의 감각을 어린 아이가 기억 못하는 것처럼, 삶의 경험을 있는 그대로 드러내면서 발생한 시원의 소리에 대한 인식을 누구도 가질 수는 없다. 그러나 오히려 그것을 완전히 잊고 있기 때문에, 인문학적으로, 문화론적으로 우리는 마음대로 그 의미를 상상할 수 있는 것이다. 고또다마라고 하는 일본어의 명사는 아주 희미하게나마 시원의 말에 대한 감각, 즉 소리에 인간의 육체와 정신이 옮아 있는 듯한 감각을 표현하기도 한다.

현실적으로는 있을 수도 없는, 삶과 분리되지 않은 시원의 소리를 찾아가는 이청준 연작소설의 탐구가 물론 일종의 로맨티시즘에서 벗어나는 것은 아니다. 따라서『남도 사람』과『언어사회학서설』에서 경험적 대상으로서의 말과 소리에 대한 체계적인 사유를 기대하기는 어렵다. 그러나 시원의 소리를「지금, 여기, 우리」의 삶 속에서 발견해, 그 소리로부터 얻는 감각을 한 번 체험해 보려는 시도가, 인간의 삶에 대한 근본적이고 보편적인 물음을 제시하고 있는 것은 틀림이 없다. 왜냐하면 시원의 소리에 대한 신념, 상상, 혹은 환상없이는 실제로 존재하는 모든 말과 노래의 성립 그 자체 또한 불가능하기 때문이다.

작가에 의하면,『언어사회학서설』의 첫 편「떠도는 말들」은 1973년 2월,『남도 사람』의 서작인「서편제」는 1976년 4월에 발표. 이후 두 연작물의 결편으로「다시 태어나는 말」이 쓰여진 1981년 봄까지 약 십년간의 창작과정을 통해, 작가는『언어사회학서설』에서「사람과 사람들 사이의 삶의 관계를 형성하고 여러 법칙을 만들어 온 말들의 모습이나 우리와 그것의 조화스런 질서를 찾는 일」은, 결국『남도 사람』에서「우리의 삶의 한 숨은 양식이나 존재의 근원을 찾는 일」과 다르지 않음을 확인하게 되었다고 한다. 요컨대 각각 다른 문맥에서 진행된 두 개의 주제, 즉『언어사회학서설』에서의 말의 본래의 모습에 대한 탐구와『남도 사람』의 사람 존재의 근원에 대한 탐구가, 결편「다시 태어나는 말」에서 하나로 결합하게 되는 셈이다.

「서편제」로부터 시작되는『남도 사람』은「소리의 빛」,「선학동(仙鶴洞) 나그네」,「새와 나무」, 그리고「다시 태어나는 말」, 전부 다섯 편으로 구성되어 있다.「서편제」와「소리의 빛」이 영화화된「서편제」(1993)가「風の丘を越えて」라는 타이틀로 일본에서도 인기를 얻게 된 것을 계기로, 연작『남도 사람』은『風の丘を越えて－西便制－』(根本理惠訳, 1994)라는 제목으로 일본어로 번역되었다. 제3편「선학동 나그네」까지는 같은 인물이 등장해, 같은 사건이 반복적으로 전개된다. 독립된 작품 4편, 5편도 하나의 전체 속의 부분으로 읽어야 하는 것은, 말할 필요도 없이,『남도 사람』이 전편을 통해「우리의 삶의 한 숨은 양식이나 존재의 근원」을 탐구하는 단일 주제의 작품이기 때문이다.

연작『언어사회학서설』의 구성 또한 거의 같다.「떠도는 말들」,「자서전들 쓰십시다」,「지배와 해방」,「몽염발성(夢魘發聲)」, 그리고「다시 태어나는 말」까지, 각각 독립된 단편이 전체로서는 하나의 장편처럼 읽힌다. 각 편에 같은 주인공이 등장할 뿐만 아니라, 전편의 스토리 역시 연결되는 사건으로 전개된다. 작품 전체의 주제를「우리의 삶과 조화로운 진실된 말」에 대한 탐구라는 한마디로 요약할 수 있다. 덧붙이면 『언어사회학서설』의 연작은 일본어로 번역되어 있지 않다.

두 연작을 동시에 마무리하고 있는 「다시 태어나는 말」은, 전반부에서 우선 『언어사회학서설』의 결편으로서의 이야기가 전개되다가 후반부에 와서 등장인물의 대화 속에 『남도 사람』의 주인공이 등장함으로써, 두 계열의 작품이 구성상 겹쳐지게 된다. 이러한 두 연작의 결합은, 관점에 따라 물론 평가는 나뉘겠지만, 두 이야기의 내용이 자연스럽게 합류하는 것 같이 보이지는 않는다. 『언어사회학서설』의 주조가 현대사회를 살아가는 사람들과 말의 관계에 대한 지성적인 비판이라고 한다면, 『남도 사람』 계열에서는 남도 사람들의 토착 문화와 삶에 대한 감성적인 애착이 그려져 있다. 두 작품 세계가 자연스럽게 녹아 하나를 이룰 수 있을 정도의 분위기는 찾아보기 어렵다. 두 연작의 결합은, 작가가 처음부터 의도하고 있었던지, 창작 도중에 새롭게 구상했는지는 물론 알 수 없지만, 『남도 사람』의 「삶의 한숨은 양식이나 존재의 근원」에 대한 탐구와 『언어사회학서설』의 「삶과 조화로운 진실된 말」에 대한 탐구가 다르지 않다는 인식, 우리의 논의의 문맥에서 말하자면, 그 두 탐구를 동일한 인문학적 물음이라고 보는 작가의 인식에 따른 것인 만큼은 분명하다.

I. 「소리」를 찾아서

우선 『남도 사람』에서 「삶의 숨은 양식이나 존재의 근원」을 찾는 일이 어떻게 그려지는지 알아보자. 앞의 세 편까지의 이야기는 어린 시절에 헤어진, 씨다른 남매 사이의 여동생 소식을 찾아 남도각지를 돌아다니는 중년 사내의 여행을 따라 전개된다. 맹인 소리꾼이 된 여동생의 흔적을 따라가는 일은 그 자체가 남도 소리의 추구이기도 하다. 실은 이 소리야말로 「삶이나 존재의 근원」이 감각적으로 드러나는 「양식」인 셈이다.

물론 여기서의 「소리」는, 실제로 남도 소리나 판소리를 지시하는데, 때로는 말, 노래, 그리고 이야기 모두를 의미하기도 하고, 때로는 어느 하나를 의미하기도 한다. 소리에 대응하는 일본어 단어를 찾기가 어렵기 때문이기도 하겠지만, 『風の丘を越えて－西便制－』의 역자는, 예를 들면 제명인 「소리의 빛」을 「唄の光」로 옮겨놓는 식으로 「소리」에 「唄(패)」라는 단어를 거의 기계적으로 대입하고 있다. 보통 한국어로부터의 번역일 경우 대체로 풍부한 표현을 구비하고 있는 일본어가 소리의 번역에 있어서 만큼은 선택의 폭이 그렇게 넓지 않았던 것이다. 문학이기도 하고 음악이기도 하며 동시에 문학이나 음악이라고 할 수도 없는 판소리를 음악 혹은 노래의 한 갈래로 고정시키고 있다. 판소리가 한국의 고유한 전통음악의 한 형태라는 의미를 독자에게 안전하게 전달하는 정도가 일본어 번역자의 의도였다고 할 수 있다. 거기에는 노래와 말 혹은 이야기 같은 것이 분리되기 이전의 소리가 갖는 혼돈, 다시 말해 소리가 내포한 번역될 수 없는 타자성에 대한 배려가 적다고 하겠다.

제1편 「서편제」의 도입부에서, 주인공 사내는 소리와의 첫 만남을 회상한다.

그리고 마침내 산봉우리 산기슭을 엎어 내려오기 시작하자, 진종일 녹음속에만 숨어 있던 노랫소리가 비로소 뱀처럼 은밀스럽게 산 어스름을 타고 내려와선, 그 뱀이 먹이를 덮치듯이 아직도 가물가물 밭고랑 사이를 떠돌던 소년의 어미를 후닥닥 엎쳐 버린 것이었다.……

잠을 자거나 잠을 깨거나 소년의 귓가에선 노랫소리가 떠돌고 있었고 소년의 머리 위에는 언제나 그 이글이글 불타오르는 뜨거운 햇덩이가 걸려 있었다.

소리는 얼굴이 없었으되, 소년의 기억 속엔 그 머리 위에 이글거리던 햇덩이

보다도 분명한 소리의 얼굴이 있을 수 없었다. 그리고 그 언제나 뜨겁게만 불타고 있던 햇덩이야말로 그날의 소년이 숙명처럼 아직 그것을 찾아 헤매다니고 있는 그 자신의 운명의 얼굴이었다. …… 그는 그의 햇덩이를 만나기 위해 끊임없이 소리를 찾아 다니지 않으면 안 되었다. 그런 식으로 이날 이때까지 반생을 지내온 숙명의 태양이었다.

(『서편제』, 열림원, 1993, pp.16-18)

「소년의 어미를 후닥닥 엎쳐 버린」 소리는 「뜨거운 햇덩이」의 얼굴을 하고 있고, 그 「햇덩이」는 자신의 「운명의 얼굴」이며, 「햇덩이를 만나기 위해 끊임없이 소리를 찾아 다니지 않으면 안 되」는 것이 자신의 「숙명의 태양이요 소리의 얼굴」이라고 한다. 이러한 주정적 표현이 만들어 내는 연속적인 이미지는 그 자체 상상이기도 하고 실감이기도 하다. 이러한 몽환적 이미지가 『남도 사람』이 그려낸 「존재의 근원」, 「삶의 한 숨은 양식」의 모습인 것은 틀림이 없다. 존재의 근원이 왜 삶의 한 「숨은」 양식에 해당하는가는 그것이 자신의 것이면서도 자신의 힘을 훨씬 넘어서는 이해할 수 없지만 동시에 거부할 수도 없는 그 무엇이기 때문일 것이다. 작가가 그것을 더 이상 구체적이고 논리적으로 말할 수는 없었을 것이다.

여기서 사내의 삶과 소리와의 관계를 규정하고 있는 두 단어, 숙명과 운명에 주목해 보자. 작가가 달리 내세우고 있진 않지만, 한국어 원문에서 그 두 단어를 의도적으로 구분하고 있음은 하나의 문장에서 숙명과 운명을 동시에 쓰는 것으로 봐도 알 수 있다. 다음은 인용의 네 번째 문장이다.

그리고 그 언제나 뜨겁게만 불타고 있던 햇덩이야말로 그날의 소년이 숙명처럼 아직 그것을 찾아 헤매다니고 있는 그 자신의 운명의 얼굴이었다.

そしてつねに熱く燃えていた太陽こそが、その日の少年が背負いこ

み、いまだに探しあぐねている、運命の顔なのである。(『風の丘を越え
て』角川書房, p.28)

　같기도 하고 다르기도 한 두 용어를, 문맥에 따라 「숲속의 소리」, 「뜨거운
햇덩이」, 「태양」 등은 숙명, 「그것을 찾아 헤매다니고 있는」 행동은 사내의
운명으로 각각 갈라볼 수 있다. 엄밀히 따지면 「존재의 근원」이나 「삶의
한 숨은 양식」은 숙명에, 그것의 드러남으로서의 존재나 삶은 운명의 영역에
해당하는 것이다. 따라서 주인공 사내의 운명, 즉 생명을 운반하는 사내의
삶은 숙명에 대한 거부로부터 시작하여 다시 숙명으로 회귀하는 과정이 되는
셈이다. 숙명과 운명을 거의 구분하지 않는 일본어역에서는 그 둘이 동시에
쓰여지는 문장의 경우 하나를 생략해 버리지 않을 수 없었다고 보인다.
　「숙명처럼 아직 그것을 찾아 헤매다니고 있는 그 자신의 운명」, 그 첫
계기는 숙명에 대한 살의와 자신의 삶을 지탱할 수 없는 무력함이다. 『남도
사람』은 사내의 「이날 이때까지 반생」의 시작을 이렇게 그려 놓고 있다.

　　사내의 소리는 또 한 가지 이상스런 마력을 가지고 있었다. 녀석에게 살의를
　　잔뜩 동해올려 놓고는 그에게서 다시 계략을 좇을 육신의 힘을 몽땅 다 뽑아가
　　버리는 것이었다. ……
　　녀석은 더 이상 자신을 견디고 서 있을 수가 없었다. 그는 마침내 끌어 안은
　　돌멩이를 버리고 나서 용변이라도 보러 가듯 스적스적 산길가 숲 속으로
　　들어가선 그 길로 영영 두 사람 앞에 모습을 감춰버리고 만 것이었다. 숲 속을
　　멀리 빠져나와 두 사람의 모습을 찾아볼 수가 없을 만큼 되었을 때, 그를 부르며
　　찾아 헤매는 듯한 사내의 소리가 골짜기를 아득히 메아리쳐 오고 있었지만,
　　녀석은 점점 소리가 멀어지는 반대쪽으로만 발길을 재촉해 버리고 만 것이었다.
　　　　　　　　　　　　　　　　　　　　　　　　(『서편제』, 열림원, 1993, pp.24-27)

여기서도 먼저 번역어 선택의 문제점 하나를 들어 보도록 하자.

> 父の唄はもう一つ不思議な魔力を持っていた。……
>
> 林を通り抜け、二人の姿が見えなくなったとき、少年を呼んでいるよ
> うな父親の声が谷間のはるか向こうにこだましていたが、少年はそれと
> は反対の、声からどんどん遠ざかる方向に踵を返した。(「西便制」『風の丘
> を越えて』, pp.36-39)

인용의 첫 문장에서처럼 소리를 거의 기계적으로 「패(唄)」로 옮기고 있는
일본어 번역이 어떤 의도로 인용의 마지막 문장에서는 「성(声)」으로 옮겨놓고
있는 것일까. 그것은 「사내의 소리」를 「소년을 부르는 듯한 아버지의 소리」
라는 의미를 한정적으로 드러내고자 했기 때문일 것이다. 그러나 여기서의
「소리」란 어디까지나 숲속의 노랫소리이고 그로부터 도망치지 않을 수 없고
또한 찾아 헤매지 않을 수 없는 숙명 그 자체이다. 다시 말해 인용의 장면이
숙명으로부터 도망치는 소년의 운명적인 삶의 시작을 그리고 있다고 할 때,
소년이 죽이고 싶은 욕망의 대상인 동시에 자신을 죽이려 드는 공포의 대상
은 「노랫소리」이지 않으면 안되는 것이다. 일본어 번역어 「성(声)」으로부터
「존재의 근원」으로서의 「소리」가 갖는 의미를 찾기는 어렵다.

따라서 사내(소년)의 「이날 이때까지 반생」의 삶이란 아비의 노랫소리를
찾아 헤매는, 달리 말해 숙명으로의 회귀에 다름아니다. 숙명으로 회귀하는
운명적 삶을 『남도 사람』은 중년을 넘은 사내가 실명한 누이의 소리를 찾아
남도 각지를 돌아다니는 것으로 그려낸다. 한편 소리하는 사내와 그 소리에
홀린 어미 사이에서 어미를 죽이면서 태어난 누이는 눈을 잃으면서까지 아비
의 노랫소리를 잇고 있는 것. 그렇게 보면 누이는 아비의 노랫소리 즉 타고난
숙명을 한치도 거스르지 않는 운명을 산 셈이다.

소리를 위해 한을 심어 주려고 눈을 멀게 했다는 사람들 예기를 부정하며, 사내가 혼자말로 중얼거린 다음의 대사는, 씨 다른 두 오누이의 「이날 이때까지 반생」에 대한 주인공 사내의 가장 깊은 이해인 것처럼 들린다.

사람의 한이라는 것이 그렇게 심어 주려 해서 심어 줄 수 있는 것은 아닌 걸세. 사람의 한이라는 건 그런 식으로 누구한테 받아 지닐 수 있는 것이 아니라, 인생살이 한평생을 살아가면서 긴긴 세월 동안 먼지처럼 쌓여 생기는 것이라네. 어떤 사람들한테 외려 사는 것이 바로 한을 쌓는 일이고 한을 쌓는 것이 바로 사는 것이 되듯이 말이네……

(『서편제』, 열림원, 1993, p.28)

『남도 사람』의 간판 대사이기도 한 인용의 문장들을 대하는 일본의 독자의 관심이 한국적인 고유한 정서를 읽어내려는 강한 호기심 쪽에 완전히 기울고 있다는 점을 우선 지적하고 싶다. 그것은 사는 것이 바로 한을 쌓는 일이고 한을 쌓는 것이 바로 사는 것이라는 명제로부터 한이란 무엇인가를 묻고 그 대답을 구하고 있는 태도에서도 잘 드러난다. 물론 한국문화론자들이 생산해 온 많은 「한」담론[2]이 일본 독자들의 이러한 기대를 더욱 자극하고

---

2 지금까지의 한국문화론에서 다루어진 다양한 한의 개념은 대개 다음의 세 가지 공통된 내용을 포함하고 있다. 즉 첫째, 직접적으로 극복하거나 해소할 수 없는 좌절과 패배의 고통이며, 둘째, 그 억압된 고통이 마음속에 묻혀 보다 깊은 비애로 숙성되어, 셋째, 좌절이나 패배를 안긴 타자(적대자)를 용서하고, 고통을 인내하면서 살아가는 감정이라 하는 정도이다. 「미화된 비애」라는 한마디로도 요약해 볼 수 있겠다.
나는 「한담론에 있어서의 자민족 중심주의」(『문학과 사회』 74, 문학과 지성사, 2006년 여름. 『コロニアリズムの超克』草風館, 2007)에서 해방 이후의 「국민문화」 논자들의 한론을 분석함으로써, 한이 미화되고 민족문학·문화의 중심개념으로 사후적으로 구축되는 과정에 대해 논의한 바 있다. 일본의 독자들에게 한을 한국인의 고유한 정서로 소개한 논의로는 이어령, 최길성의 한론이 대표적이다.

있다는 사실 또한 충분히 짐작이 간다. 그러나 여기서 한의 개념적 의미에 대한 물음은 사실 하나마나한 것이다. 왜냐하면 위의 대사는 한이란 살면서 쌓이는 것이라고 분명히 하고 있기 때문이다. 내가 보기에 보다 본질적인 것은, 사람이 살아가는 것이 왜 한을 쌓는 일인가라는 물음, 즉 「삶의 숨은 양식」에 관한 탐구일 것이다.

구체적이지는 않지만, 씨 다른 오누이의 삶과 한의 관계를 여기서는 다음과 같이 소박하게 이해해 본다. 아비의 소리를 거부하고 다시 소리를 찾아 헤매는 사내의 삶이나, 아비의 소리를 숙명처럼 따르는 누이의 삶은 다 같이 한을 「긴긴 세월 동안 먼지처럼 쌓」아온 반생이 아니었겠는가. 사람이 숙명을 거스르기도, 그것에 얽매어 살기도 힘들거니와, 숙명을 어겼다가 다시 돌아오기 또한 마찬가지로 힘들게 한을 쌓아가는 일이라면 살아가기와 한 쌓기는 전적으로 등가가 될 수밖에 없기 때문이다.

판소리를 한을 표출하는 전형적인 장르로 누가 처음 규정했는지는 모르지만 한과 판소리를 관련지어 논의한 많은 판소리 논자들이 그것을 당연시한다. 『남도 사람』 또한 군데군데서 판소리를 「소리하는 사람의 말못할 한을 풀어내는 가락」이라 하고 있다. 신재효 판소리의 일본어 번역서 해설도 마찬가지이다.[3] 그러면 판소리는 어떤 식으로 한을 소리로 풀어내게 되는가. 문외한의 감각으로도 몇 소절만 들어보면 판소리가 아름답고 잘 정돈된 목소리를 통해 감동을 전하는 일반적인 의미에서의 노래나 말의 구연와는 거리가 먼 청각 예술이라는 것을 알 수 있다. 민족문화백과사전 등을 참조하면 소리꾼의 발성 중에서 가장 높이 평가하는 목소리를 수리성이라고 한다. 천부적으로 아름답고 힘이 있으면서도 애절함이 가미된 소리를 청구성이라 하는데, 이 소리를 가진 소리꾼이 오랜 수련으로 쉰 듯한 목소리인 수리성의 경지에

---

3   『パンソリ』申在孝, 姜漢永·田中明訳注, 東洋文庫(平凡社)(1982)解説(p.319)参照。

다다르는 것을 득음이라 한다. 양성은 너무 해맑고 깨끗하며, 너무 뻑뻑하고 탁한 목소리는 떡목이라고 한다. 그러나 양성이나 떡목을 타고났다 하더라도 성대가 망가져 피를 토할 정도의 발성 연습을 통해 수리성을 얻을 수는 있다. 따라서 판소리에서는 천부적으로 타고나는 좋은 소리보다는, 살아가면서 삭고, 익고, 상처입은 소리가 필수적이다. 한이 깃들고 그늘을 드리운 수리성만이 삶의 희노애락을 깊이 있게 표현할 수 있기 때문이다.[4]

이렇게 보면, 남도의 판소리를 찾아 헤매는 주인공 사내의 여행이 자신이 살면서 쌓아온 한을 풀어내는, 다시 말해 숙명과 화해하는 과정이라는 것을 알 수 있다. 그것은 작가가 말하는 「생의 숨겨진 양식이나 존재의 근원」에 대한 탐구의 소설적 형상에 다름아니었던 것이다.

II. 「진정한 말」을 찾아서

이청준 연작의 인문학적 물음은 사실 『남도 사람』의 「인간 존재의 근원」에 대한 탐구와 『언어사회학서설』 계열 작품의 「말의 본래의 모습」에 대한 탐구가 두 연작의 결편 「다시 태어나는 말」에서 결합됨으로써 보다 분명하게 드러난다.

『언어사회학서설』에서는 말의 탐구자로 적합해 보이는 작가가 주인공으로 등장한다. 「떠도는 말들」에서 「다시 태어나는 말」에 이르는 다섯 단편을 통해 작가 윤지욱이 「진정한 말」을 찾아 나간다고 하는 단일한 주제를 다루

4　한 세대전의 일본의 한국문학 독자들이 판소리의 수리성을 대하는 태도는 어떤 것이었을까. 적어도 그들이 타자의 타자성에 대한 무지에서 비롯하는 호기심 이상의 감수성을 가졌었다고는 보이지 않는다. 그러면 요즈음 소위 K-○○를 즐기고 있는 일본의 한국문화 애호가들의 관심은 과연 청구성과 수리성 어느 쪽에 있을까.

고 있다.

제1편 「떠도는 말들」에서 윤지욱은, 실수로 걸려온 전화 속에서의 여자와 대화하면서, 혼선된 통화에서 잡히는 젊은 남녀의 대화를 들어면서, 생명을 잃은 망령들의 말, 음란한 말들의 유령 혹은 실체로부터 멀어져 유령처럼 방황하는 말이 이 시대, 이 사회에 충만해 있는 것을 확인한다.

> 그렇지, 역시 유령이었어. 정처 없고 허망한 말들의 유령. 바야흐로 복수를
> 꿈꾸기 시작한 말들의 유령. 하지만 아아 살아 있는 말들은 이제 다시 어디서도
> 만날 수 없단 말인가. 이제는 더 이상 기다려 볼 수도 없단 말인가.
> (이청준, 『잃어버린 말을 찾아서』, 문학과 지성사, 1981, p.42.)

주인공의 진정한 말에 대한 탐구는 이렇듯 절망적인 상황에서 시작된다. 그가 기다리는 「살아 있는 말」이란 도대체 어떤 말일까. 물론 모든 말은 사람들에 의해 후천적으로 고안된 것. 그러나 그 말에 의해 인류가 사람이 되었다고 할 때, 「살아 있는 말」이란 처음으로 사람에게 삶을 불어넣은 그 순간의 말, 바꾸어 말하면 인간의 삶 자체가 그대로 옮겨져 있던 말과 다르지 않다고 우리는 상상해 보는 것이다. 『언어사회학서설』의 화자는 그것을 「태어난 고향에 대한 감사와 의리를 잃어버리지 않은 말」이라고도 하고 있다.

제2편의 「자서전들 쓰십시다」에서 윤지욱은, 말의 망령화가 진정한 삶을 버린 사람들의 일상, 예를 들면 돈과 명예에 대한 탐욕 등에서 비롯한 것임을 발견한다. 여기서 독자는, 주인공의 직업이 말을 전문적으로 만들어 파는 작가라는 점, 특히 그가 하는 주된 일이 타인의 자서전이나 회고록의 대필 작업이었다는 점에 다시 주목하면서 말과 삶와의 괴리를 생각하게 된다.

자서전이란 기본적으로 자신의 지금까지의 인생에 대해 본인이 기억하여 직접 쓰는 글이다. 그것을 대필하고 있는 것이 주인공의 직업이라는 사실을

통해서, 이 작품은 인간 존재의 실체와 말과의 괴리를 선명하게 문제삼고 있다. 타인의 자전을 대신 쓴다는 것은, 우선 타인의 삶의 경험을 상상하면서, 타인의 인생에 대해 그 사람임을 가장하면서 독자에게 고백한다는 것이다. 거기에는 고백하는 사람과 사용되는 말, 그 말과 고백되는 인생의 내용 사이에는, 몇 겹의 회복될 수 없는 분리가 개입하게 된다. 그 점에 있어 주인공이 자서전 대필이라고 하는 우선 특이하게 보이는 일을 하고 있다는 설정은, 말과 인간 존재의 분리를 드러내는 데 효과적이었음을 알 수 있다.

그러나 타인의 인생에 대해 쓰는 것과 자신의 인생을 스스로 쓰는 것이 과연 다른 일일 수 있을까. 말의 실체로부터의 이탈이라고 하는 면에서 그 두 글쓰기는 결국 같은 것이 아닐까. 그 점에 대해 『언어사회학서설』은 자서전의 대필을 의뢰한 자의 입을 빌어 명확하게 언급하고 있다. 윤지욱으로부터 대필을 그만두겠다는 말을 들었을 때, 코미디언 피문오는 이렇게 반론한다.

> 자서전이라는 거 그거 모두 다 자기 손으로만 쓰야 한다면 당신 말대로 대체 어느 놈이 제 손으로 제 얘기를 쓰는 데 거짓말 안 꾸며대고 배길 놈이 있느냐 말야. 저 혼자 가만 둬도 자꾸 부황한 소리들만 늘어 놓고 싶어 하는 판에 장차 남한테 읽으라고 내보낸 책 속에다 지저분한 제 밑구멍 다 내보일 멍텅구리가 세상에 어디 있느냐 말이야. 공정성이고 절제력이고 따져 볼 여지가 없는 거지. 거기 비하면 그런 얘기들을 자기 손으로 쓰지 않고 당신한테 당신 마음대로 대신 지어 쓰게 하는 것이 얼마나 공정하고 양심적인 처사인 게야.
>
> (이청준, 『잃어버린 말을 찾아서』, 문학과 지성사, 1981, p.96.)

자신이 자신을 고백함으로써 성립하는, 가장 진정한 표현의 형식이라고 생각되기 쉬운, 자서전의 말조차 삶과의 분리라는 조건에서 조금도 자유로울 수 없다는 것이다. 제3편과 4편에서는, 자서전 대필을 중단한 작가 윤지욱이 쓰는 것, 말하는 것 자체에 대해 회의를 더욱 심화해 가는 과정이 그려진다.

우선 「지배와 해방」에서 말과의 대결이라고나 할까, 윤지욱은 떠도는 말들을 포획해서 재구성하는 작업에 몰두한다. 녹음된 다양한 강연 중의 하나, 어느 젊은 작가의 「작가는 왜 쓰는가」로부터, 그는 쓰는 것의 의의를 발견한 것처럼 느낀다. 그러나 이어지는 「몽염발성(夢魘發聲)」[5]에서, 타인의 강연의 내용이 자신의 작가로서의 삶의 지표로 삼을 수 없음에 또 절망한다. 서랍 안에 확실히 감금되어 자신이 관리하고 있었다고 생각한 수많은 말들이 다시 소문이 되어 방황하기 시작한 것이다. 무리를 지어 달아난 말의 유령들은 신문으로, 텔레비전으로 떠돌며 삶 위에 군림한다. 사람들이 버린 말들이 사람을 배신하여 다시 사람에게 가혹하게 복수하는 상황에서 윤지욱이 「진실의 말」이 가능한지를 찾아나서는 이야기가 제5편 「다시 태어나는 말」이다. 다시 태어나는 「진실의 말」에 대해 화자는 이렇게 들려준다.

복수를 택하지 않고 스스로의 신뢰를 지키기 위하여 한마디의 말이 감내해 온 변신의 과정은 그것의 참모습을 알아보기 어려울만큼 다양스럽고 은밀해지고 있었다. 하지만 그 말들은 그런 형식의 변신을 통하여 비로소 그 깊은 믿음을 지닐 수 있었고, 그 인고에 찬 화해를 통하여 마지막 자유에 이를 수 있었다. 삶이 말이 되고, 말이 바로 삶이 되며, 그 삶으로 대신되어진 말, 거기서보다도 더 자유로와질 수 있는 말의 마당이 있을 수 있는가……. 그것은 지욱이 거기서

---

5   김병익은 작품의 제목의 제작에 관해 다음처럼 회상하고 있다.
    「이청준은 '언어사회학서설'이란 무거운 부제를 달고 있는 이 '떠도는 말'의 연작 <자서전들 쓰십시다> <지배와 해방>으로 말을 자리잡아두기 위한 고통스러운 작업 끝에 <가위눌린 말>을 쓰게 된다. 마침 잡지에서 그 편집을 맡은 나는 '가위눌림'이란 노골적인 지탄으로 책이 판금될 수도 있겠다고 걱정하면서도 작가의 그 절박한 뜻은 꼭 살리고 싶었다. 고심 끝에 한문학 교수에게 의뢰해 어려운 한자어를 받아 바꾼 제목이 읽기조차 힘든 '몽염발성'(夢魘發聲)이었다.」 (한겨레 「김병익 칼럼」 2021.4.22. 웹등록)

만난 마지막 말의 진실이었다.

(이청준, 『잃어버린 말을 찾아서』, 문학과 지성사, 1981, pp.277-278.)

　방황하는 「유령의 말」이 「진실된 말」로 다시 태어나는 과정을, 화자는 「한마디의 말이」 「형식의 변신을 통하여 비로소 그 깊은 믿음을 지닐 수 있었고, 그 인고에 찬 화해를 통하여 마지막 자유」에 이른다고 설명한다. 말이 믿음과 자유를 획득한 단계에서는 「삶이 말이 되고, 말이 바로 삶이」 된다고도 한다. 이러한 설명으로부터 독자들이 말의 새로운 탄생에 대한 논리적이고 체계적인 사유를 기대하는 것은 물론 아니다. 「형식의 변신」이나 「인고에 찬 화해」라는 거의 직관적이고 비이성적인 도약에 의하지 않고 말의 새로운 탄생이 가능하리라고는 누구도 생각하지 않기 때문이다. 다만 독자들은 여기에서 『언어사회학서설』의 윤지욱이 추구하는 「진실된 말」이, 「삶의 소리(말·노래)」에 다름 아니라는 점에서, 『남도 사람』의 주인공 사내가 찾아 헤매는 남도 소리와 완전히 겹쳐지고 있음을 읽어낼 수가 있다.

　『남도 사람』과 『언어사회학서설』의 공통의 결편이 되는 「다시 태어나는 말」은, 윤지욱이 『초의선집(草衣選集)』의 편역자 김석호씨를 찾아가 함께 조선시대의 고승 초의대사의 발자취를 따라가는 이야기이다. 후반부에서 김석호씨는 남도 소리를 찾아 헤매온 사내의 차 마시는 모습에 초의대사의 다도의 마음 즉 「용서」와 「화해」가 겹쳐졌다는 일화를 윤지욱에게 들려준다. 이 지점에서 각각 달리 전개되어 온 윤지욱의 「진정한 말」 찾기와 사내의 「노랫소리」 찾기가 하나로 합류한다. 이로써 지성적인 문체로 추상적이고 관념적인 세계를 그린 『언어사회학서설』과 극히 서정적인 문체로 전통적이고 토속적인 세계를 그린 『남도 사람』이라는 두 계열의 연작을 통합하는 이청준의 약 십년간의 작업이 완결을 본 것이다.

　그렇다면 「삶의 의미를 있는 그대로 드러내는 소리(말과 노래)」를 다 같이

탐구하고 있는 두 연작 가운데『남도 사람』은『風の丘を越えて－西便制－』로 전역된 반면,『언어사회학서설』의 계열의 작품은 번역이 안 된 것은 왜일까. 그 나름의 여러 이유가 있겠지만, 여기서는 한국문화에 대한 일본어 독자들의 일반적 관심이라는 면에서 한 번 추측해 보고 싶다.

『언어사회학서설』은, 배경이 1970년대의 한국으로 되어 있고, 또한 제목이 사회학서설로 되어 있지만, 연작의 주제인 말에 대한 탐구가 구체적인 한국사회의 그것이라고 할 수는 없다. 왜냐하면 일관해서 문제가 되는 말의 타락이라는 현상 자체가, 어떤 역사적 문맥, 현실적 상황 속에서 빚어진 것은 아니기 때문이다. 어디까지나 개인으로서의 인간 존재와 말의 관계를 보편적인 관점에서 다루고 있다. 따라서 일본의 한국문화 애호가들이『언어사회학서설』에 그다지 큰 흥미를 가지지 않았던 것은 당연하다고도 하겠다.

요컨데「존재의 근원」이나「말의 본래 모습」의 탐구 등 이청준 문학의 인문학적 물음이 일본의 독자들의 관심을 끄는 것이 아니라, 영화『風の丘を越えて』의 원작으로서의 개별 작품이 그려내는 전통적이고 토속적인 분위기가 그들의 호기심을 자극했던 것이다. 일종의 엑조티시즘이라 볼 수 있는 이러한 일본 독자들의 관심은 앞서 살핀 바와 같이『風の丘を越えて－西便制－』의 번역어 선택에도 깊이 관여하고 있다.

타자의 문화에 대한 호기심이 타자와의 만남의 첫 계기임에는 틀림이 없다. 그러나 호기심이란 극단적으로 말하자면 사유 없는 관심에 불과한 것, 그것에서 비롯하는 타자의 문화에의 접근이란 마치 관광객의 취미와 흡사하여, 따라서 가장 초보적이고 자기중심적인 이해에 그칠 수밖에 없다는 점을 분명히 해두고 싶다. 일본어 독자들이 인문학적 사유에 대한 이해의 수준이 낮거나 한 것은 물론 아니다. 오히려 일본 독자들의 일반적 교양 수준은 대단히 높다고 알려져 있다. 단지 그들은「글로벌시대의 한국문화」를 통해서 인문학적인 고민과 접하기를 처음부터 기대하지 않는 것은 아닐까. 해외 독자들에게 한국문학의 인문학적 물음을 발신하고자 하는 입장에서 보자면, 이청준 연작 소설에서 취하고 싶은 것만을 골라서 유행처럼 즐기고자 했던 일본어 번역, 독자의 태도를 안타깝게 여기지 않을 수 없는 것이다.

2부

K-컬처의 수용과 변용

K-Pop의 대만 진출 과정과 대만 청년세대의 한류(韓流) 인식

이하나

I. 신(新)한류 시대, 대만에서의 K-Pop 열풍

2023년 3월, 한국의 아이돌 그룹 블랙핑크(BLACKPINK)가 대만(가오슝, 高雄)에서 콘서트를 개최했다. 블랙핑크는 2023년 3월 18일 하루만 공연을 진행할 예정이었으나 티켓을 구매하지 못한 대만 팬들의 적극적인 요청으로 18일과 19일 이틀 간 공연을 진행하는 것으로 계획을 변경했다. 그러나 이러한 계획 변경에도 불구하고 입장권을 구매할 수 없었던 대만의 블랙핑크 팬들은 불법적인 경로를 통해 콘서트 티켓을 구매하기 시작했다.[1]

당시 블랙핑크 콘서트의 최고가 티켓 가격은 NTD 8,800이었다. 그런데 콘서트 티켓이 매진된 후, 불법적인 경로를 통해 다시 시장으로 나온 입장권의 가격은 NTD 400,000까지 치솟았다.[2] 이런 현상은 최근 대만에서 한국의

---

1 陳奐宇·許政俊 記者, 「BLACKPINK高雄演唱會 黃牛票價拉高2至4倍遭辦」, 『公視新聞網』, 2023.3.15., 社會面.

2 NTD는 New Taiwan Dollar의 약자로 중국어로는 新台幣라고 한다. 1949년부터 현재까지

가수 및 아이돌 그룹의 콘서트 계획이 발표될 때마다 빈번하게 발생한다. 이 사건을 계기로 대만 입법원은 콘서트 입장권의 불법적 매매를 규제하기 위해 '문화창의산업발전법(文化創意産業發展法)' 개정안을 발의했고, 대만 의회는 이 법안을 통과시켰다.[3]

현재 타이베이[台北]는 한류의 열풍 속에 있다. 한국의 가수 및 아이돌 그룹의 콘서트가 기획되고, 한국 연예인들의 팬미팅이 연일 개최되며, 마트와 식당 그리고 거리에서 언제나 한국 가수의 노래를 들을 수 있다. 편의점에서는 다양한 종류의 한국 상품을 판매하고, 많은 여성이 한국 화장품을 구입하며, 패션에서도 한국의 유행을 지체 없이 받아들이고 있다. 최근에는 피부과와 치과 등의 병원에서까지 의사의 한국 의료 수련 경험을 홍보 수단으로 내세우고 있는데, 이러한 상황으로 보았을 때 현재의 한류(韓流)는 '전 세계적으로 한국 문화 전반의 내용이 대중문화와 그 연관 산업으로까지 확대되어 유행하는 것'이라고 정의할 수 있다.

한류(韓流)가 인기를 얻기 이전, 대만에서는 이미 다양한 국가와의 문화교류가 진행되고 있었다. 1980년대에는 홍콩 영화의 유행기인 '항류(港流)'가 있었고, 1990년대에는 일본의 드라마, 애니메이션, 게임 등의 유행기인 '일류(日流)'가 있었다.[4] 항류와 일류를 거쳐 1990년대 후반부터는 한국의 대중문화와 더불어 다양한 한국 상품의 인기가 시작되었는데 대만에서는 이를 '한류(韓流)'라고 칭했다. 이처럼 한국의 문화를 좋아하는 현상을 '합한(哈韓)',

---

대만의 공식화폐로 사용되고 있으며, 2023년 12월 26일 대한민국의 화폐(KRW)와의 환율은 NTD 1이 KRW 41.82원으로 확인된다. 그러므로 NTD 8,800은 KRW로 약 368,016원, NT 400,000달러는 KRW로 약 16,728,000원에 해당한다.

3 최혜승 기자, 「블핑 암표 1700만 원에… 대만 "걸리면 50배 벌금" 법 만들었다」, 『조선일보』, 2023.5.16., 해외토픽면.

4 장규수, 「한류의 어원과 사용에 관한 연구」, 『한국콘텐츠학회논문지』 11(9), 한국콘텐츠학회, 2011, p.168.

합한하는 사람들을 '합한족(哈韓族)'이라고 부른다.[5]

대만에서의 한류 열풍은 전 세대에 걸쳐 나타나고 있지만 실제로 이를 주도하고 있는 사람들은 20~30대의 청년세대이다. 이들은 한류의 발전과 함께 성장했는데, 다양한 한류의 분야 중에서도 'K-Pop'에 크게 열광한다.[6] 한류가 유입되기 시작하던 시점 전후로 태어난 현재의 20~30대 청년들은 유년기부터 자연스럽게 K-Pop을 접했고, 지금도 일상적으로 K-Pop을 즐기고 있다. 즉 지금의 청년세대가 바로 현재 대만의 한류 열풍을 주도하는 연령층이라고 할 수 있으며, 이들의 K-Pop 사랑이 대만을 비롯한 동아시아 K-Pop 열풍의 토대가 되었음은 간과할 수 없는 사실이다.

K-Pop은 대만을 비롯하여 일본, 중국 등의 동아시아 전역과 북·남미, 유럽을 넘어 이제 전 세계적으로 인기를 얻게 되었고, K-Culture를 이끄는 주요 콘텐츠가 되었다.[7] 특히 대만은 한류의 모든 단계에서 K-Pop의 발전을 주도

---

5   '합한(哈韓)'의 중국어 발음은 '하한'이고, '합한족(哈韓族)'의 중국어 발음은 '하한주'이다. 진경지에 의하면 '하한주'라는 말은 1990년대 후반 대만에서 생긴 신조어로 '희망하다, 갈망하다'라는 의미의 대만어 'ha'자와 한국을 의미하는 한(韓), 무리를 의미하는 족(族)의 세 글자가 합쳐져 생긴 말로 "한국의 대중문화를 열광적으로 좋아하는 사람"을 뜻하는 것으로 밝혔다. '합한족(哈韓族)'이라는 신조어는 1998년 12월 3일 대만의 「중국시보(中國時報)」에 '합한족(哈韓族)의 탄생'이라는 제목의 기사가 올라오면서 공식적으로 처음 사용되었다(진경지, 「한류' 용어의 어원 및 대만 한류 발전에 대한 고찰」, 『동아시아문화연구』 77, 한양대학교 동아시아문화연구소, 2019, p.234 참조).

6   「2023 해외한류실태조사」의 '대만 편' 조사에서 한국 연상이미지에 대해 질문했을 때, K-Pop을 높은 비율로 언급한 연령층은 20~30대였다. 20대(28.9%), 30대(21.3%)로 합산하면 50.2%를 차지했다. 대만의 20~30대는 한국연상이미지에 대해서 1위 한국음식(69.4%), 2위 K-Pop(50.2%), 3위 드라마(45.8%)의 순으로 높은 비율로 답변했다. 또 한국연상이미지를 K-Pop으로 답변한 40대는 10.5%, 50대는 6.5%로 연령대가 높아질수록 K-Pop에 대한 답변이 급격하게 하락하는 것을 확인할 수 있었다(김아영·김장우, 「2023 해외한류실태조사」, 한국국제교류진흥원, 2023, p.111).

7   한국 국제문화교류진흥원에서는 전 세계의 한류 현상을 파악하기 위해서 해마다 「해외한류실태조사(OVERSEAS HALLYU SURVEY)」를 진행하고 있다. 그 결과에 따르면 해외 26개국 현지인을 대상으로 진행한 '한국 연상 이미지' 조사에서 'K-Pop'이 2014년부터

해왔다. 그러므로 대만은 K-Pop의 해외 진출 역사에서 논외로 할 수 없는 지역임에도, '대만에서의 한류'와 관련한 연구 중 'K-Pop'을 중심으로 다룬 연구와 'K-Pop 열풍을 주도하는 청년세대'에 초점을 맞춘 연구는 아직 진행된 역사가 없다. 무엇보다도 '대만에서의 한류 현상'에 대한 연구는 그 결과물 자체가 소략한 상황이므로, 한류의 중심에 있는 대만의 한류 현상과 관련해서는 다방면에서 연구가 필요하다.

본고에서는 노해랑, 곽추문, 진경지, 황선미의 연구를 참고하였다. 노해랑(2015)의 연구는 K-Pop과 영화의 발전 과정을 논하며 실제 한류의 문제점에 대해 구체적인 현상을 파악했다는 점에서 의의가 있다.[8] 곽추문(2018)의 연구는 대만 한류의 수용 과정을 대두, 발전, 성행 및 확산으로 나누고 설문조사와 대면조사 등을 통해 대만인의 한류 인식을 고찰했는데, 이는 대만 사람들의 한류 인식에 대해 직접적으로 확인할 수 있는 연구라는 점에서 의의가 있다.[9] 진경지(2019)의 연구는 '한류' 용어의 어원을 추적하고, 대만의 한류 발전에 대해 고찰한 연구이다. 그는 오랜 시간 동안 연구자와 대중에게 많은 혼란을 초래했던 '한류'라는 용어의 어원을 규명했다는 점에서 중요한 결과를 도출했다고 할 수 있다.[10] 황선미(2022)의 연구는 1940년대부터 1980년대까지 지속된 대만과 한국의 영화 교류에 관한 것으로, 그의 연구는 한류가 본격적으로 시작되기 이전의 한류에 대해 고찰했다는 점에서 의의를 가진다.[11] 이러

2023년까지(2016년 12.1%로 2위) 10년 동안 9번의 1위를 차지했다(최경희·김장우, 「2022 해외한류실태조사」, 한국국제교류진흥원, 2022, p.17; 김아영·김장우, 「2023 해외한류실태조사」, 한국국제교류진흥원, 2023, p.16).

8 盧開朗, 「「韓流後」與「後韓流」之間」, 『新聞學研究』 122, 國立政治大學傳播學院新聞學系, 2015, pp.219-231.

9 곽추문, 「한류의 대만 진출 역사 및 대만인의 한류 인식」, 『디아스포라연구』 12(1), 글로벌 디아스포라연구소, 2018, pp.83-111.

10 진경지, 「'한류' 용어의 어원 및 대만 한류 발전에 대한 고찰」, 『동아시아문화연구』 77, 한양대학교 동아시아문화연구소, 2019, pp.221-237.

한 선행연구는 대만에서의 한류 현상을 조명하기 위한 시도였다는 점에서 각각 의의가 있으나 전반적으로 다음과 같은 몇 가지 문제를 내포하고 있다.

첫째, 선행연구에서는 대체로 K-Pop, 드라마, 영화 등의 문화콘텐츠를 종합적으로 논의했다. 다양한 콘텐츠에 대한 논의 자체가 문제가 될 것은 없으나 각각의 콘텐츠가 유입되고 발전하는 상황은 구체적으로 모두 다른 양상을 보인다. 그러므로 다양한 문화콘텐츠의 유입과 발전에 대해 살피기 위해서는 각각의 문화콘텐츠에 대한 개별적인 논의가 이루어져야 할 필요가 있다.

둘째, 선행연구에서는 대만에서의 K-Pop과 관련하여 구체적인 연구가 진행된 적이 없다. 한류의 발전에 대한 연구에서 K-Pop의 흥행을 제외하고는 논의가 불가능한 것이 사실이다. 그러므로 대부분의 선행연구는 K-Pop에 대한 내용을 포함하고 있지만 실제로 그 내용이 간략한 현상 언급정도에 그쳤다.

셋째, 한류는 종료된 현상이 아니라 계속 진행되고 있는 현상이기 때문에 그에 대한 연구가 지속적으로 이루어져야 한다. 그러나 대만의 한류와 관련한 기존의 연구들은 대부분 지금으로부터 약 10년 전의 현상 혹은 그 이전 시기에 대한 연구에 머물러 있다. 그러므로 대만 한류 현상에 대한 후속 연구가 이루어져야 할 필요가 있다.

넷째, 중국 시장에 진출하고자 하는 기업들은 대만을 중화문화권 진출 이전의 테스트 지역으로 여긴다는 점에서 K-Pop 산업 분야도 대만을 중화문화권의 진출을 위한 실험 지역으로 여겼다.[12] 그러므로 대만이 한류 현상을 주도하는 데 중추적인 역할을 할 수 있었고, 그중에서도 K-Pop 열풍을 주도한 대만 청년세대를 조명한 연구가 반드시 이루어져야 할 것이다.

---

11 황선미, 「대만 한류 전개 과정과 특징」, 『글로벌문화콘텐츠』 53, 글로벌문화콘텐츠학회, 2022, pp.1-16.

12 진경지, 앞의 논문, p.234.

이와 같은 논의의 필요성에 입각하여 본고에서는 'K-Pop의 대만 진출 과정을 살피고, 대만에서 K-Pop의 흥행을 주도하는 20~30대 청년세대의 한류 인식을 고찰'하고자 한다. 이를 위해 본 연구에서는 본론을 크게 두 축으로 나누어 논의를 진행할 것이다.

하나는 K-Pop의 대만 진출 과정에 대한 부분이다. 이 부분의 내용에 대해서는 선행연구와 신문기사, 연구보고서 등에 근거하여 현상의 흐름을 논할 것이다. 다른 하나는 K-Pop의 흥행을 주도하는 20~30대 대만 청년세대의 한류 인식에 대한 부분으로 대만 청년세대의 한국 인식, 대만 청년세대의 한류(韓流) 인식, 대만 청년세대의 한국 문화콘텐츠에 관한 인식, 대만 청년세대의 K-Pop에 관한 인식, 대만 청년세대의 반한(反韓)과 반한류(反韓流) 인식 등에 대해 확인하고자 한다. 이러한 내용에 대해 보다 실질적인 내용 파악을 위해 대만의 20~30대 청년세대를 대상으로 설문조사를 진행하고, 선행연구 결과와 한국국제교류진흥원(KOFICE)의 보고서, 신문기사 등을 활용하여 설문의 결과를 인문학적으로 분석할 것이다.

본고는 '대만에서의 한류 현상'을 조명한 연구 중에서도 'K-Pop의 유입과 발전', 그리고 'K-Pop 열풍을 주도한 20~30대 청년세대의 인식'에 초점을 맞춘 연구이며, 이러한 내용을 조명한 첫 번째 연구라는 점에서 의의를 가진다. 이로써 신(新)한류 시대로 접어든 현 시점, 대만에서 한류가 지속적으로 발전하기 위해 한국과 대만은 문화적으로 서로를 더욱 깊이 이해할 수 있는 토대를 마련하게 될 것이다. 더하여 이 연구가 활발한 문화 교류를 지속하는 데 미약하게나마 기여할 수 있게 되기를 바란다.

Ⅱ. '한류(韓流)' 용어의 기원과 K-Pop의 대만 진출 과정

1. '한류(韓流)'라는 용어가 시작된 곳, 대만(臺灣)

'한류(韓流)'라는 용어는 그 기원이 명확하게 규명되지 않은 채 약 20년이 넘는 시간 동안 인터넷 백과사전, 연구 논문들, 또는 실무자의 보고서 등에서 마구잡이로 사용되며 많은 후속연구자들과 대중의 혼란을 초래했다. '한류(韓流)'라는 용어의 기원에 대해서 많은 논의가 진행되었는데, 이러한 논의는 대체로 '한류(韓流)'라는 용어가 사용되기 시작한 시점을 규명하고 그 사용의 역사를 확인하는 작업이었다.

이러한 내용을 종합해보았을 때, 그동안 진행된 '한류' 용어의 기원 논의는 ① 한국기원설,[13] ② 중국기원설,[14] ③ 대만기원설[15]로 정리할 수 있다. 한국기원설은 1999년 한국 문화부가 기획한 음반인 <한류(韓流) II-Song from Korea>를 근거로, 중국기원설은 1999년 11월 19일 「북경청년보(北京靑年報)」의 기사를 근거로, 대만기원설은 1997년 12월 17일 「연합만보(聯合晩報)」의 기사를 근거로 '한류'라는 용어의 기원을 주장해왔다.

---

13 한류(韓流) 용어의 '한국기원설'에 대해서는 장규수, 최은미 등이 주장했다(장규수, 「한류의 어원과 사용에 관한 연구」, 『한국콘텐츠학회논문지』 11(9), 한국콘텐츠학회, 2011, pp.166-173; 최은미, 「한일관계 회복을 위한 한국정부의 한류 정책 연구」, 『아시아연구』 15(2), 한국아시아학회, 2012, pp.215-237).

14 한류(韓流) 용어의 '중국기원설'에 대해서는 이은숙, 박기수 등이 주장했다(이은숙, 「중국에서의 '한류' 열풍 고찰」, 『문학과 영상』 3(2), 문학과영상학회, 2002, pp.2-60; 박기수, 「한류의 지속 방안을 위한 인문학적 성찰」, 『인문콘텐츠』 6, 인문콘텐츠학회, pp.93-109).

15 한류(韓流) 용어의 '대만기원설'에 대해서는 매일경제 한류본색 프로젝트팀, 홍유선·임대근, 진경지 등이 주장했다(매일경제 한류본색 프로젝트팀, 『한류본색』, 매일경제신문사, 2012, pp.4-273; 홍유선·임대근, 「용어 한류의 기원」, 『인문사회21』 9(5), 인문사회 21, 2018, pp.559-574; 진경지, 「'한류' 용어의 어원 및 대만 한류 발전에 대한 고찰」, 『동아시아문화연구』 77, 한양대학교 동아시아문화연구소, 2019, pp.221-238).

이에 2018년에는 홍유선·임대근이, 2019년에는 진경지가 '한류'라는 용어가 '대만에서 기원'한 것임을 규명하기에 이른다. 이들은 공통적으로 '한류'라는 용어의 첫 사용을 1997년 12월 12일 대만 「중국시보(中國時報)」에 실린 경제 현상에 대한 기사로 보고 있다.[16] 특히 진경지는 이 기사를 통해 '한류(韓流)'라는 용어의 어원이 한파의 의미를 가진 '한류(寒流)'에서 온 것임을 밝혔다. 이후 '한류(韓流)'라는 용어가 대중문화 분야에서 사용되기 시작한 것은 1998년 12월 17일 「연합만보(聯合晚報)」에서부터임을 확인했는데, 이때부터 스포츠, 경제, 연예, 생활문화, 사회, 정치 등 모든 분야에서 현재 사용하고 있는 '한류(韓流)'라는 용어가 자주 사용되기 시작했음을 논증했다.[17]

2. 대만에서의 K-Pop 발전 과정

한국에서는 정책적으로 2020년부터 '신(新)한류 단계[K-Culture]'에 들어선 것으로 규정하고 있다.[18] [표 1]에서처럼 한류는 1997년을 시작으로 2000년대 중반까지를 '한류 1.0단계', 2000년대 중반부터 2010년 초반까지를 '한류 2.0단계', 그리고 2010년대 초반부터 2019년까지를 '한류 3.0단계', 2020년부터 현재까지를 '신(新)한류 단계[K-Culture]'로 구분하고 있다.

이와 같이 한류의 각 단계는 시기별로 그 특징과 핵심 분야가 다르고, 한류의 열풍이 일어나는 대상 국가도 달라졌으며, 한류의 소비자도 단계마다 서로 다른 것으로 확인된다. 여기서 주목해야 할 사항은 현재 진행되고 있는 '신한류 단계'에서 한류 현상을 주도하는 핵심 분야가 한국문화와 그 연관 산업으로까지 확장되었다는 점이다.

---

16   홍유선·임대근, 위의 논문, p.572; 진경지, 위의 논문, pp.228-229.
17   홍유선·임대근, 위의 논문, p.571.
18   연구자에 따라서 '신(新)한류[K-Culture]'를 '한류 4.0 단계'로 언급하는 사람도 있다.

[표 1] 한류(韓流)의 단계 변화[19]

구분	한류 1.0	한류 2.0	한류 3.0	신한류 K-Culture
시기	1997년~ 2000년대 중반	2000년대 중반~ 2010년대 초반	2010년대 초반~ 2019년	2020년~현재
특징	한류의 태동 영상콘텐츠 중심	한류의 확산 아이돌 스타 중심	한류의 세계화 세계적 스타·상품 등장	한류의 다양화 +세계화 (온라인 소통)
핵심 분야	드라마	대중음악	대중문화	한국문화+ 연관 산업
대상 국가	아시아	아시아, 중남미, 중동, 구미주 일부 등	전 세계	전 세계 (전략적 확산)
소비자	소수 마니아	10~20대	세계시민	세계시민 (맞춤형 접근)

(1) 1980년대~1990년대 후반: 한류 이전의 한류, 한국 대중음악의 대만 진출

대만에서 한국 대중음악의 유행은 1980년에 이미 시작되었다. 한류가 시작되기도 전인 이 시점에 대만에 진출한 한국 가수는 장호철과 김완선이었다.

대만에서 유학을 했던 화교 장호철은 처음 뮤지컬 배우로 데뷔했으나, 1987년 <나 정말 고의가 아니야(我眞的不是故意的)>를 발표하며 본격적으로 대만 대중음악계에서 가수 활동을 시작했다. 그는 <북풍(北風)>을 발표하며 50만 장의 음반을 판매했고, 이후 10장의 음반을 출시하며 가수 활동을 지속함으로써 대만에서 활동하는 대표적인 한국 가수로 자리매김하게 되었다.[20] 1990년대 초반에는 김완선이 대만에서의 활동을 시작했다. 김완선은 당시 인기 주말 프로그램에 고정 게스트로 출연하며 인지도를 높였고, <The First Touch>, <극도매력(極度魅力)>, <미미호호(迷迷糊糊)> 등의 곡을 발표하며 가

---

19   대한민국관계부처 합동, 「신한류 진흥정책 추진 계획」, 문화체육관광부, 2020, p.2.
20   강찬호 기자, 「대만 정상급 가수 활동 장호철 씨」, 『중앙일보』, 1998.8.11., 정치일반면.

수로서 활동을 진행했다.

장호철과 김완선 등의 한국 가수 이외에도 당시 대만에서는 홍콩 가수들이 활발하게 활동하고 있었다. 그들은 클론의 <쿵따리 샤바라>, 박진영의 <허니> 등 한국의 대중가요를 리메이크해서 발표했는데, 이러한 리메이크 곡들이 대만에서 크게 유행했다.[21]

그러므로 장호철, 김완선과 같은 한국 가수의 대만 활동과 홍콩 가수들의 한국 대중가요 리메이크 등은 '한류 이전의 한류'라 명명할 수 있다. 이는 대만에 본격적인 한류가 시작되기도 전에 미래에 도래할 K-Pop 열풍의 신호탄을 쏘아 올린 한국 가수들의 활동이라 할 수 있을 것이다.

(2) 1990년대 후반~2000년대 중반: 드라마의 인기에 힘입은 K-Pop 열풍의 초읽기

진경지에 의하면 1998년은 대만에서 본격적인 한류 열풍이 불기 시작한 해이다.[22] 당시 클론이 대만에서 <빙빙빙>을 발표하며 큰 인기를 얻었는데, 클론의 뒤를 따라 이정현, H.O.T., S.E.S., 박지윤 등도 대만에 진출했다.

그러나 이들은 활발한 활동에 비해 큰 성공을 거두지는 못한 것으로 평가된다. 당시 대만에서는 이미 한류의 바람이 불고 있었는데 사람들의 관심은 'K-Pop'보다 '드라마' 쪽에 집중되어 있었다. 그러므로 당시 대만에 진출한 한국 가수들은 배우들과 비교했을 때 인지도를 얻는 것이 어려웠다.

2004년 가수 비(RAIN)는 KBS드라마 <풀하우스>에 출연했고, 2005년 대만에서도 이 드라마가 방영되었다. 당시 비는 <풀하우스>의 대만 방영을 발판으로 삼아 인지도를 높인 후, 대만에서 첫 단독 콘서트를 개최할 수

---

21   오이훤, 「대만 내 한류 수용 및 토착화 과정에 관한 연구」, 한국외국어대학교 석사학위논문, 2015, p.29.
22   진경지, 앞의 논문, 2019, p.234.

있었다.[23] 이러한 비의 행보는 당시 대만에서 드라마에 집중되어 있던 한류 팬들의 관심을 서서히 K-Pop 쪽으로 전환하게 하는 계기로 작용했다.

2006년에는 SM엔터테인먼트의 많은 아이돌 가수가 드라마에 주연 및 조연으로 출연하기 시작했다. 이로써 대만에서의 한류는 본격적인 변화를 맞이한다. 앞서 언급한 비의 사례처럼 당시 아이돌 가수들은 자신들이 출연한 드라마를 토대로 OST를 비롯한 자신들의 신규앨범을 홍보할 수 있었다.

이 시점은 드라마에 집중되었던 대만 한류 팬들의 관심이 K-Pop으로 옮겨가기 시작한 때이다. 그러나 이 시기에 K-Pop은 아직 대만 음반차트에 진입하지 못하는 상황이었고, 대만 한류 팬들의 관심은 여전히 드라마에 쏠려있는 상황이었다. 실제로 이 당시 대만에서는 <겨울연가>, <대장금> 등의 드라마가 큰 인기를 얻으며 한류 열풍을 주도하고 있었다.[24]

(3) 2000년대 중반~2010년대 초반: 대만에서의 K-Pop 열풍 시작

2008년은 대만에서 현재까지 상당한 인기를 누리고 있는 슈퍼주니어(Super Junior)가 두각을 보이기 시작한 시점이다. 슈퍼주니어는 2008년 1월 개최된 대만-한국 우호콘서트(台韓友好演唱會)에 출연하며 대만 팬들로부터 주목받기 시작했다. 슈퍼주니어는 2009년 3월 <Sorry Sorry>를 발매했는데, 이 곡은 출시 일주일 만에 대만 음반차트 1위를 기록하며 큰 인기를 얻었다.[25]

---

23 이정혁 기자, 「비 대만콘서트 중 단전…1만 4000여 팬들 동요 부르며 응원」, 『조선일보』, 2005.12.30., 연예면.

24 한국에서 <겨울연가>는 2002년에, <대장금>은 2003년부터 2004년까지 방영되었다. 대만에서는 2002년에는 <겨울연가>가, 2004년에는 <대장금>이 방영되었다. <겨울연가>는 대만 전역에서 시청률 1위를 기록했고, <대장금> 역시 무려 6.22%라는 시청률을 기록하며 한류 열풍을 주도했다. <대장금>의 방영과 인기는 1992년 단교로 폐지되었던 한국-대만 간 직항이 다시 운행될 정도로 큰 영향을 끼쳤다(황선미, 「대만 한류의 양면성, 열광과 외면」, 『중국학연구』 83, 중국학연구회, 2018, pp.86-87 참고).

25 강승훈 기자, 「슈퍼주니어, 3집 '쏘리쏘리' 대만도 석권」, 『아시아경제』, 2009.4.28., 연예·

<Sorry Sorry>는 대만과 태국 등 아시아 전역에서 1위를 석권했고, '슈퍼주니어를 한류 스타로 만들어 준 곡'이라는 평가를 받았다. 이때를 기점으로 음반차트에서 한국 가수들이 대만 현지 가수들의 순위를 추월하기 시작한다.

2011년에는 샤이니(SHINee), 애프터스쿨(After School)이 대만의 연말특집 TV 프로그램인 <슈퍼스타(超級巨星紅白藝能大賞)>에 출연했고, K-Pop 가수들은 가수로서의 활동뿐만 아니라 예능 프로그램의 출연에서도 크게 두각을 나타내며 다양한 활동을 이어갔다. 특히 슈퍼주니어의 인기에 힘입어 슈퍼주니어의 유닛 그룹인 슈퍼주니어-엠(Super Junior-M)도 활동을 시작했다. 이들은 6월 타이베이 국제회의 중심에서 팬미팅을 개최했고, 12월에는 대만 GTV 드라마 <화려한 도전>에 출연하는 등의 다양한 활동을 이어갔다.

2012년에는 원더걸스(Wonder Girls), 제국의 아이들(Ze:A), 미쓰에이(miss A)가 대만의 연말특집TV 프로그램인 <初級巨星紅白藝能大賞>에 출연했다. 슈퍼주니어의 <Sexy, Free & Single>, 빅뱅의 <ALIVE>가 한일 앨범 차트 10위 안에 랭크되었고, 대만 가수들의 순위를 추월하는 한국 가수가 많아지기 시작했다. 당시 슈퍼주니어의 <Sorry Sorry>는 아시아 최대 음원 사이트인 'KKbox' 대만 지역 한국 음악차트에서 2010년 6월 1주부터 2012년 9월 3주까지 총 121주간 연속 1위라는 기록을 세웠는데, 이 기록은 대만 K-Pop의 역사와 더불어 K-Pop 전체의 역사에서 크게 주목할 만한 일로 거론되고 있다.[26]

이때는 대만에서 본격적으로 K-Pop 열풍이 시작된 시점이라 할 수 있는데, 무엇보다도 그동안 대만 대중음악의 유행을 선도했던 일본 가수들이 대규모로 랭크되어 있던 음반차트에 한국 가수의 대규모 진입이 시작되었기

스포츠면.

[26] 이하나 기자, 「슈퍼주니어, 대만 '슈퍼쇼7' 대성황…3분 만에 2만 2천 좌석 매진」, 『서울경제』, 2018.4.2., 스타면.

때문이다. 이는 K-Pop이 대만 대중음악계에 큰 변화와 영향을 준 상황으로 해석할 수 있다.

이 시점을 기준으로 대만 한일 음반차트 상위 20위권에 K-Pop의 진입이 급격하게 늘어나기 시작한 것은 물론, 현재까지 약 20년 동안 K-Pop이 J-Pop을 누르고 대만 한일 음반차트를 주도하는 양상을 보이고 있다. 그러므로 이 기간은 K-Pop의 대만 진출 과정에서 가시적인 성과를 이룩하기 시작한 시점이자 진정한 K-Pop 열풍의 시발점이라는 의미를 갖는다.

(4) 2010년대 초반~2019년: K-Pop 열풍의 지속과 한류(韓流)의 확장

2013년에는 에프엑스(F(x))와 포커즈(F.Cuz)가 대만의 연말특집 TV프로그램인 <超級巨星紅白藝能大賞>에 출연했고, 한국의 음악프로그램인 <M! Countdown>이 대만을 무대로 녹화를 진행했다. 또 샤이니, 포미닛, 인피니트, 티아라, 이하이, 비원에이포(B1A4) 등 한국의 인기 아이돌 그룹과 함께 주니엘, 빅스(VIXX) 등의 신인 가수들도 한일 음반차트 20위 전반에 포진했다.

당시 대만의 K-Pop 팬들은 이미 앨범차트의 상위권에 자리하고 있는 한국 가수들에 크게 호응하면서도, 이제 막 대만에 진출하기 시작한 한국의 신인 가수 및 아이돌 그룹에도 관심을 가졌다. 또 2013년 한 해 동안 대만에서 공연한 한국 가수는 110팀 이상으로 집계되었는데, 이러한 사실은 대만에서뿐만 아니라 한국에서도 대만을 K-Pop의 주요 무대로 여기고 있음을 방증하는 근거라 할 수 있다.

2014년 10월 대만에서는 'YG 패밀리 콘서트'가 개최되었다. 이 콘서트는 한국, 일본, 싱가포르, 중국, 대만에서 공연을 10회 진행하는 동안 총 40만 명의 관객이 참석한 대규모의 투어 콘서트였다. 이 콘서트 투어의 마지막 공연은 'YG 패밀리 2014갤럭시투어: 파워 인 타이완(YG FAMILY 2014 GALAXY TOUR: POWER IN TAIWAN)'이라는 제목으로 대만에서 진행되었다. 당시

투애니원(2NE1), 빅뱅, 싸이, 강승윤, 에픽하이 등이 출연했으며 무려 2만 3천여 명의 대만 K-Pop 팬들이 이 콘서트에 참석하는 것으로 대만에 K-Pop 열풍이 불고 있음을 증명했다.[27]

2015년에는 인피니트(INFINITE)와 크로스 진(CROSS GENE)이 대만의 연말특집TV 프로그램인 <超級巨星紅白藝能大賞>에 출연했다. 이후 SM은 '에스엠타운라이브 월드 투어 포 인 타이완(SMTOWN LIVE WORLD TOUR Ⅳ in TAIWAN)'을 개최했는데, 이 콘서트에는 SM엔터테인먼트 소속 가수인 강타, 보아(BoA), 동방신기, 슈퍼주니어, 소녀시대, 샤이니, 에프엑스, 엑소(EXO), 레드벨벳, 슈퍼주니어-엠의 헨리, 장리인, 테이스티 등 K-Pop 가수와 아이돌 그룹이 출연했다.[28]

이 콘서트를 관람하는 대만의 K-Pop 팬들은 야광봉을 준비하고, 좋아하는 멤버들의 이름이 적힌 플랜카드를 지참하는 것은 물론, 한국어로 노래를 따라 불렀다. 이러한 모습은 대만에서의 K-Pop 단순한 유행을 넘어, 한국의 콘서트 향유 문화, 즉 한국 대중문화 향유의 방식과 더불어 한국어까지도 문화적으로 수용하고 있음을 확인하는 근거가 된다.

9월에는 빅뱅(BIG BANG)이 타이베이 아레나에서 월드투어 '2015 World Tour [MADE] in Taipei'를 개최했다. 4일 동안 진행된 이 콘서트는 티켓 4만 4천 장이 매진되었고, 이로써 빅뱅은 NTD 2.4억(한화 약 90억 원)의 매출을 올린 것으로 확인된다. 이 당시 빅뱅의 콘서트 매출액은 2015년 대만에서 가장 높은 공연 관련 매출액으로 기록되었는데, 이로써 한류 열풍으로 인한 크나큰 경제적 가치 창출의 효과를 방증했다.[29]

---

27 김사라 기자, 「YG 패밀리 대만 콘서트, 2만 관객 대성황」, 『YTN』, 2014.10.26., 음악면.
28 선미경 기자, 「SM타운, 대만도 홀렸다…4시간 30분-60곡 퍼레이드 '대성황'」, 『조선일보』, 2015.3.22., 연예면.
29 류정엽 기자, 「빅뱅, 타이베이 아레나를 폭발 시키다」, 『대만은 지금』, 2015.9.25., 특집면.

2016년에는 방탄소년단[BTS]이 대만의 연말특집 TV프로그램인 <超級巨星紅白藝能大賞>에 출연했고, 8월까지 방탄소년단을 비롯하여 슈퍼주니어, 소녀시대 등의 한국 가수 및 아이돌 스타가 대만 내에서 무려 38편의 연예 활동에 참가한 것이 확인된다. 이와 같은 한국 가수 및 아이돌의 활발한 연예 활동 참여는 더 이상 특별한 현상이 아니었다.

2018년이 되면서 '트와이스(Twice)'는 대만 K-Pop 분야에서 인기순위 1위를 차지했다. '트와이스'의 음반차트 진출은 대만 K-Pop 역사를 살폈을 때 기념할 만한 사건 중 하나로 꼽힌다. 트와이스는 글로벌 멤버의 영입으로 한국을 비롯한 일본·대만 등에서도 큰 관심의 대상이 되었다. 특히 트와이스 멤버 중 한 명인 '쯔위[子瑜]'가 대만 국적이었기에 대만 K-Pop 팬들은 트와이스에 특별히 더 많은 관심을 기울였다.

이로써 2018년 대만의 음반차트에서 트와이스, 인피니티, 엑소 등이 상위권에 랭크되었고, 방탄소년단과 슈퍼주니어는 이 당시 음반차트에서 10위권 이하로 떨어진 일이 없을 정도로 대만에서 K-Pop의 인기는 고조되었다.

이러한 상황에서 SBS는 K-Pop 글로벌 콘서트 'SBS 슈퍼콘서트 인 타이베이'를 개최했다. 이 행사는 한국의 방송사인 SBS와 대만의 KKLIVE, 그리고 저스트라이브(JUSTLIVE)가 공동 주최한 콘서트이다. 방탄소년단, 레드벨벳, 마마무, 아이콘, 빅스, 세븐틴 등 당대 큰 인기를 얻고 있었던 K-Pop 가수와 아이돌 그룹이 참여했고, 콘서트 티켓 1만 8천 장이 매진되며 대만 당일 1회 공연 사상 가장 많은 관객이 참석한 콘서트로 기록되었다.[30] 이처럼 대만에서의 K-Pop 콘서트는 계속해서 관객수와 매출액 등의 기록을 경신했다.

2019년에는 트와이스, 방탄소년단, 그리고 위너(Winner)가 한일 음반차트

---

30   이미나 기자, 「SBS '슈퍼콘서트 in TAIPEI' 방탄소년단·레드벨벳 등 최정상 K-Pop스타 총출동」, 『한국경제신문』, 2018.8.9., 연예면.

상위권에 랭크되며 K-Pop 열풍이 계속됐다. 이 당시 대만에서는 방탄소년단과 빅뱅이 인기의 양강구도를 형성하고 있었는데, 빅뱅의 멤버 승리가 버닝썬 사건의 핵심 인물로 거론되면서 대만의 K-Pop 팬들에게도 큰 충격을 주었고, 이로써 대만 음반 차트에서 빅뱅의 음악이 제외되었다.[31] 당시 버닝썬 사건에는 승리를 비롯하여 여러 명의 한국 가수 및 아이돌 멤버가 연루되며, 해외 K-Pop 열풍에도 악영향을 끼쳤다. 이미 전 세계적으로 K-Pop이 유행하고 있는 상황이었기에 당시의 사건은 전 세계에 대대적으로 보도되었고, 이로써 K-Pop의 핵심이라고 할 수 있는 한국 가수 및 아이돌의 인성 및 태도, 양성 시스템의 문제에 대한 신랄한 비판의 목소리가 가해졌다. 이로써 K-Pop 가수 및 아이돌뿐만 아니라 한류의 시스템에 대한 부정적인 시선이 양산되기도 했다.

그러나 이러한 상황 속에서도 슈퍼주니어는 대만 음반 차트 10위권에 세 곡을 랭크 시키며 대만 장수 아이돌로서의 활동을 지속했다. 슈퍼주니어는 동아시아 전역에서 많은 해외 팬들의 사랑을 받은 아이돌이지만 대만에서는 특히 더 많은 인기를 누린 것으로 확인된다.

7월에는 (여자)아이들의 'Uh-Oh!'가 대만 K-Pop 음반 차트 1위에 랭크되었다. 이 곡은 태국, 필리핀, 홍콩, 마카오, 대만 등에서 음반차트 상위 2, 3위를 기록하며 상당히 큰 인기를 얻었는데, '중독성 있는 후렴구와 따라 부르기 쉬운 가사'가 인기의 이유로 논의된다. 이를 통해 외국인이 생소하게 느낄 수 있는 한국어의 발음과 어려운 한국어 가사의 의미라는 난제를 극복하기 위한 K-Pop 음악 구성이 K-Pop 열풍을 지속하는 데에 중요한 조건이 되고 있음을 확인할 수 있다.

31 　羅凌筠 記者, 「勝利演藝活動全面喊卡 YG爆連夜銷毀大量文件」, 『自由時報』, 2019.3.1., 娛樂面.

이 당시 방탄소년단은 대만에서 오랜 시간 큰 인기를 거머쥐었던 슈퍼주니어와 빅뱅을 넘어서는 것으로 평가되고 있었다. 물론 이 시점에 방탄소년단은 대만뿐만이 아니라 전 세계적으로 매우 큰 사랑을 받았고, 그 팬클럽인 아미(A.R.M.Y) 역시 전 세계적인 조직을 구성해서 활동했다. 이처럼 방탄소년단은 세계 대중음악계에서 비틀즈(The Beatles)와 비견할 정도의 인지도를 얻은 것은 물론, 그들의 메시지를 담은 음악 역시 큰 사랑을 받으며 K-Pop 열풍에 지대한 영향을 끼쳤다.

9월에는 아이유(IU)가 출연한 드라마 <호텔 델루나>가 대만에서 방영되며 <호텔 델루나>의 OST가 대만 K-Pop 차트 상위에 랭크되었다. 이 시점은 K-Pop의 역사를 포함한 한류의 역사에서 큰 의미가 있는 때이다. 이 당시 K-Pop은 대만의 한일음반 차트를 완전히 장악했는데, 대중음악 시장에서 K-Pop 이외의 음악은 찾아보기 어려울 정도의 큰 열풍을 일으켰기 때문이다. 또 이 때는 음악을 포함하여 한국 드라마, 한국 영화, 한국 음식, 한국어 학습 등 K-Pop 이외의 다른 영역으로까지 한국 문화가 다양하게 확장되며 대만 사람들의 생활에 직접적인 영향을 끼치는 실제적 토대가 마련된 때라 할 수 있다.

(5) 2020년~현재: 포스트 코로나 시대, K-Pop 열풍의 재건

2020년 2월 COVID-19가 확산되기 시작했고, 3월이 되자 전 세계의 거의 모든 국가와 모든 대륙으로 확산되면서 수많은 확진자와 사망자가 발생했다. 세계보건기구(WHO)는 2020년 1월 31일 국제적 공중보건 비상사태를 선포했고, 2월 28일에는 COVID-19의 전 세계 위험도를 '매우 높음'으로 격상했으며, 3월 11일에는 COVID-19 팬데믹(Pandemic)을 선언했다. 이런 상황에 이르자 대만 정부는 방역을 위해 2020년 3월 19일, 국경을 봉쇄하기에 이른다. 대만에서는 2022년 10월 13일 국경을 재개하기까지 약 2년 6개월이라는 기간 동안, K-Pop 가수와 아이돌 그룹을 포함한 어떠한 외국인의 공연도 이루어질 수 없었다. COVID-19의 확산으로 자국민 보호를 위해 서둘러 국경을 봉쇄한 대만에서는 세계적인 팬데믹 기간에도 비교적 오랜 시간 국내 피해가 크지 않았고, 나름대로는 팬데믹 이전과 같은 일상을 유지해 나갈 수 있었다.

그러나 이 기간은 다르게 말하면 대만에 COVID-19가 도래하기 이전 활발하게 개최되던 K-Pop 콘서트와 팬미팅 등이 모두 취소되고, K-Pop 콘서트와 관련 행사가 전무한 시간이었다. 이때 대만의 K-Pop 팬들은 온라인 콘서트에 참여하기 시작한다. 이는 팬데믹으로 인한 국경 봉쇄라는 극한의 상황에서 K-Pop에 대한 대만 팬들의 열정을 확인하게 된 기회였다고 할 수 있다. 대만의 팬들은 공연을 관람하지 못하게 되면서 스스로 K-Pop 관련 활동에 참여하기 위해 조용하고도 지속적인 노력을 기울였다.

2021년 맥도날드는 세계 50개 국가에서 BTS 세트를 출시했고, 대만도 출시국 중 하나였다. 당시 엄격한 방역 규정으로 인해 매장 내 취식이 불가능한 상황임에서도, 대만의 K-Pop 팬들은 BTS세트를 구매하기 위해 길게 줄을 늘어섰는데, 이러한 현상은 신문과 뉴스에 대서특필될 정도로 기이한 장면을 연출한다.[32]

또 12월에는 대만의 장수 아이돌인 슈퍼주니어의 은혁이 연출한 뮤지컬 <알타보이즈(Altar Boyz)>의 한국 공연 실황을 영화관에서 생중계했다. 뮤지컬 <알타보이즈>의 티켓 가격은 NTD 1,400(한화 약 59,724원)으로 일반적인 영화 티켓과 비교했을 때 저렴하지 않은 가격이었음에도, 은혁의 공연 티켓은 매진되었다. 이는 슈퍼주니어가 이미 대만에서 대규모 팬덤을 형성하고

---

32   윤다정 기자, 「50개국 사로잡은 맥도날드 'BTS 세트'…日·中 미출시 "아쉬워요"」, 『NEWS1』, 2021.5.30., 산업면.

있는 아이돌 그룹이라는 점에서 그 이유를 찾을 수 있는데, 이러한 현상을 통해 오랜 K-Pop 팬들의 충성도를 확인할 수 있었다.[33]

2022년에는 타이베이에서 방탄소년단[BTS]의 'BTS PERMISSION TO DANCE ON STAGE－SEOUL'을 기념한 방탄소년단 굿즈(goods)의 판매가 이루어졌다. 방탄소년단을 캐릭터화한 타이니탄 초콜릿과 대만의 음료 회사인 Comebuy에서 방탄소년단의 캐릭터를 차용한 텀블러를 제작하여 판매했다. 방탄소년단의 <PERMISSION TO DANCE ON STAGE－SEOUL>은 영화관에서 실황을 중계하는 '라이브 뷰잉'과 '온라인 스트리밍'으로 전 세계에 생중계됐다.[34]

대만의 멀티플렉스 영화관인 VIEWSHOW에서도 이 콘서트를 생중계했고, BTS 팬들은 영화관에서 BTS 콘서트 참석의 기회를 가질 수 있었다. 대만은 COVID-19 팬데믹으로 국경을 봉쇄함으로써 거의 3년이라는 시간 동안 외국인이 입국할 수 없었다. 이런 상황으로 팬데믹 이전에 K-Pop 콘서트와 팬미팅 등의 한류를 활발하게 향유하던 대만에서는 팬들이 각자의 방법으로 K-Pop에 대한 관심을 지속해 나가는 시간을 보냈다.

2022년 10월 전 세계적으로 COVID-19의 상황이 완화되면서 대만에서도 국경 봉쇄와 입국 후 격리가 해제되었다. 이와 동시에 한국의 가수와 배우들도 대만에서의 콘서트와 팬미팅 등의 활동 재개를 위해 발 빠르게 움직이기 시작했다.

2023년 2월 대만에서는 팬데믹 이후 처음으로 있지(ITZY)가 콘서트를 개최했다.[35] 타오위안 린코우 아레나[NTSU Arena]에서 진행된 이 콘서트에는

---

33 강연우 기자, 「K팝 뮤지컬 '알타보이즈' 24개국 아시아 팬들의 극찬 속 성료」, 『매일일보』, 2021.12.27., 문화·체육면.

34 박세연 기자, 「방탄소년단, 서울 콘서트 3일 만에 1000억 매출 올렸다」, 『스타투데이』, 2022.3.14.

8천 명 이상의 K-Pop 팬들이 참석했다. 3월에는 블랙핑크(BLACKPINK)가 가오슝에서 콘서트를 개최했는데, 블랙핑크의 콘서트에 참석하기 위해 대만의 K-Pop 팬들은 불법적인 경로로 고가의 콘서트 티켓을 구매했다. 6월에는 아이브(IVE)가 콘서트를 개최했는데, 아이브의 콘서트 티켓 4,200장은 예매가 시작된 지 채 3분이 지나지 않아 매진되었다.[36]

K-Pop 콘서트와 공연이 팬데믹 이전보다 더욱 활발해지면서 대만 사회에서는 K-Pop 콘서트 티켓의 불법적인 매매가 큰 문제로 대두되며 공연 관련 법안의 개정으로까지 이어졌다. K-Pop 열풍은 대만의 법안을 개정할 정도의 영향력을 행사했다는 점에서 많은 시사점을 남겼다.

현재 대만에서 K-Pop의 열풍은 COVID-19 팬데믹 이전과 같은 활기를 되찾았다. 그러므로 전보다 더욱 활기를 띄고 있는 대만의 K-Pop 열풍의 주도자인 20~30대 청년세대가 가진 한류에 대한 인식과 K-Pop 수용의 양상을 더욱 구체적으로 확인해 보고자 한다. 이로써 신(新)한류 시대, 대만을 넘어 전 세계를 향하는 K-Pop과 한류가 나아갈 방향을 모색할 수 있을 것이다.

Ⅲ. 대만 청년세대의 한류(韓流) 인식과 K-Pop 수용의 양상

1. 연구방법

본 연구를 진행하기 위해서 우선적으로 '대만의 한류 현상'과 '대만의 한류

---

35 溫雅雯 記者, 「ITZY隔3年台灣開唱嗨翻地板比性感 獻唱中文版<MIDZY>歌迷超驚喜」, 『Yahoo! 新聞』, 2023.2.27., 焦點面.

36 陳雅蘭, 「IVE台灣演唱會「4200張3分鐘」完售! 主辦宣布加場 4月29日開賣」, 『今日新聞』, 2023. 3.26., 娛樂面.

현상 중 K-Pop 관련 현상'에 대한 기존의 문헌 자료를 분석하였다. '대만의 한류 현상과 관련한 선행연구'와 한국국제문화교류진흥원(KOFICE)의 「해외 한류실태조사」, 「글로벌한류트렌드」, 「한류파급효과」, 「한류백서」, 「한류 NOW」 등의 보고서 내용을 토대로 대만의 한류 현상에 대해 논의가 필요한 내용을 추렸다.[37]

이러한 작업을 진행한 이유는 선행 연구의 결과와 관련 기관의 조사 보고 서를 통해 확보한 논의 사항의 종합적 결과인 '대만에서의 한류 현상'과 본 연구가 주목하고 있는 '대만의 20~30대 청년세대가 인식하는 한류 현상 및 K-Pop 수용 양상'에 대한 결과를 비교 고찰하기 위해서이다.

이렇게 추려낸 이 장에서의 논의 사항은 다음과 같다. 첫째, 대만 청년세대 의 한국(韓國) 인식, 둘째, 대만 청년세대의 한류(韓流) 인식, 셋째, 대만 청년세 대의 한국 문화콘텐츠에 대한 인식, 넷째, 대만 청년세대의 K-Pop에 대한 인식, 다섯째, 대만 청년세대의 반한(反韓)과 반한류(反韓流) 인식이 그것이다. 본 연구에서는 이와 같은 논의를 위해 대만 20~30대 청년세대의 실질적인 인식을 확인하고자 설문조사를 진행하였다.

무엇보다도 설문조사를 진행하는 데 있어서 국제문화교류진흥원(KOFICE) 이 진행하고 있는 「해외한류실태조사」는 중요한 기준 자료가 되었다.[38] 「해 외한류실태조사」는 2012년에 1차 조사가 시행된 이래로 2023년 12차 조사 까지 해마다 한 차례씩 진행되었는데, '대만'에 대한 조사는 1차부터 12차까 지 한 번도 빠짐없이 진행되었기에 누적 통계를 확인할 수 있었다. 그러므로

---

37 현재까지 진행된 「해외한류실태조사」, 「글로벌한류트렌드」, 「한류파급효과」, 「한류백서」, 「한류NOW」 등의 조사연구 자료는 한국국제문화교류진흥원(KOFICE) 홈페이지에서 확인 할 수 있다.(한국국제문화교류진흥원(KOFICE), https://kofice.or.kr/index.asp)

38 「해외한류실태조사」로 이는 문화체육관광부와 한국국제문화교류진흥원(KOFICE)이 주체 가 되어 한류와 한국 문화, 그리고 한국 이미지 등에 관련하여 진행한 조사 보고서이다.

이러한 선행연구의 결과는 본 연구의 결과와 비교가 가능한 유의미한 기준 자료가 되었음을 미리 밝힌다.[39]

본 연구의 설문조사는 2023년 7월 10일부터 7월 20일까지 총 10일간 진행되었고, 설문조사의 대상은 '대만 전역에 살고 있는 만 19세부터 만 39세까지의 대만 국적의 남·녀로 '한국에 대해서 들어본 적이 있거나 안다'고 응답한 사람이면서 'K-Pop을 한 번이라도 경험한 적이 있는 사람'의 두 가지 조건을 만족하는 총 2,000명을 대상으로 하였다.[40] 설문방식은 구글 온라인 설문을 활용하였고, 이메일과 개인연락처를 적시하게 함으로써 복수응답을 방지했다. 설문의 문항은 응답자가 답변을 선택할 수 있는 선택형 질문을 우선으로 제시했고, 필요에 따라서는 응답자가 직접 답변을 적을 수 있도록 개방형 질문을 추가하는 형태의 복합 응답 양식으로 구성하였다.

이와 같이 설문조사를 진행한 결과, 전체 응답자 2,000명 중 1,881명의 유효 설문지를 확보할 수 있었다. 또 설문조사를 진행하기에 앞서 연령, 성별, 직업, 학부 전공(한국어문학 전공 여부 확인), 주거지, 한국 방문 경험 등의 기본적인 인적 사항에 대해 조사했다.

유효 설문지의 응답자 1,881명 중 여성은 1,775명으로 전체의 94.4%, 남성은 106명으로 전체의 5.6%를 차지했는데 여성 응답자가 압도적으로 많았다. 이중 19~29세까지의 응답 인원은 84.1%, 30~39세까지의 응답 인원은 15.9%로 20대 응답자의 비율이 더 높았다. 응답자의 직업은 대학생이 31.2%, 대학

---

39 「해외한류실태조사」의 조사 대상은 '해당 국가의 만 15세부터 만 59세까지의 남녀'로 '한국에 대해서 들어본 적이 있거나 안다고 응답한 사람이면서 한국의 드라마, 예능, 영화, 음악(K-Pop), 애니메이션, 출판물, 웹툰, 게임, 패션, 뷰티, 한식 등 총 11개 유형의 한류콘텐츠 중 최소한 1개 이상의 콘텐츠를 경험한 적이 있는 소비자'라면 조사 대상이 될 수 있다(김아영·김장우, 앞의 보고서, p.18 참조).

40 대만에서는 일반적으로 만 19세에 대학에 진학하기 때문에 대학 진학 연령인 만 19세를 20~30대를 대상으로 하는 본 설문조사에 포함하였다.

원생이 6%, 직장인이 51.3%, 기타가 11.5%로 직장인 응답자가 절반 이상이었다. 학부 전공이 한국어문학인 경우는 4.9%였고, 그 외의 전공이거나 대학에 진학하지 않은 사람이 95.1%로 대부분을 차지했기에 응답자는 대부분 전공과 무관하게 K-Pop에 대한 관심을 가지고 있음을 확인했다.

응답자의 거주지는 타이베이 거주자가 727명으로 38.6%를 차지했고, 기타 지방 거주자가 531명으로 28.2%, 타이중 거주자가 252명으로 13.4%로 많았다.[41] 응답자 중 한국에 가본 경험이 없는 사람은 36.8%, 한 번 이상 한국에 가본 경험이 있는 사람은 63.1%로 집계되었으며 한국에 네 번 이상 가본 적이 있는 사람도 326명으로 17.4%나 되었다. 다음의 [자료 1]은 본 연구 설문 응답자의 변인별 분석 내용이다.

[자료 1] 본 연구 설문 응답자의 인구 통계 변인별 빈도 분석(N=1,881명)

구분	분류	빈도	백분율(%)
성별	남성	106	5.6%
	여성	1,775	94.4%
연령	19~29세	1,582	84.1%
	30~39세	299	15.9%
직업	대학생	587	31.2%
	대학원생	113	6%
	직장인	965	51.3%
	기타	216	11.5%
주거지역	타이베이[臺北]	727	38.6%
	타이동[臺東]	11	0.6%
	타이중[臺中]	252	13.4%
	타이난[臺南]	139	7.4%

41 기타 지방 거주자는 타이베이를 둘러싸고 있는 신베이 거주자 혹은 타이중, 타이난, 타이동, 가오슝 이외 지역의 거주자라고 할 수 있다.

	가오슝[高雄]	221	11.7%
	기타	531	28.3%
한국 방문 횟수	없음	693	36.8%
	1번	438	23.3%
	2번	290	15.4%
	3번	134	7.1%
	4번 이상	326	17.4%

실제 조사 내용에 있어서는 대만 청년세대의 한국에 대한 인식, 한류에 대한 인식, 한국 문화콘텐츠에 대한 인식, K-Pop 관련 인식, 한국에 대한 부정적 인식과 한류에 대한 부정적 인식 등에 대해 조사하였다. 이 설문에서는 '한류에 대한 인식' 중에서도 특히 'K-Pop 관련 인식'에 대해 상세하게 조사하기 위해서 해당 부분의 문항을 다양하게 구성하였다. 설문에 대한 결과는 통계 모델을 사용한 것이 아니기에 통계 분석 결과를 통해 제시하지 않으며, 설문에 대한 문답과 현상을 확인하여 해석하는 인문학적 분석을 진행하고자 한다. 분석에 대한 객관성을 확보하기 위해 앞서 언급한 선행 연구의 결과와 선행 조사 보고서 내용 및 결과, 신문 기사 등의 내용을 교차하여 결과를 설명하였다.

2. 대만 청년세대의 한류(韓流) 인식과 K-Pop 수용 양상

(1) 대만 청년세대의 한국(韓國) 인식

한국국제문화교류진흥원(KOFICE)의 「2023해외한류실태조사」에 따르면 대만 사람들은 한국에 대해서 54.4%가 '긍정적'으로 인식하고 있음을 확인할 수 있다.[42] 본 연구의 설문에서 대만의 청년세대 응답자의 경우에는 한국에 대해서 '긍정적'으로 생각하는 비율이 더욱 높았는데 '매우 긍정(11.3%)'

과 '긍정(59.8%)'을 합산하면 긍정적 인식을 보인 사람의 비율이 71.1%였다. 이러한 결과로 볼 때 현재 대만에서는 본 연구의 주요 대상인 '청년세대'를 포함한 '모든 연령층'에서 한국에 대해 '긍정적'으로 인식하고 있음을 확인할 수 있다.

그렇다면 '대만의 청년세대는 한국을 어떤 나라로 인식하고 있을까?' 이와 관련하여 2021년, 2022년, 2023년의 「해외한류실태조사」에서는 한국을 '경제적으로 선진국'으로 인식한다는 응답이 3년 연속 가장 높은 비율을 차지했다. 그 뒤로는 '국제적으로 사회 공헌하는 국가'라는 인식이 3년 연속으로 2위를 차지했고, 2023년에는 '호감이 가는 국가'라는 인식이, 2022년과 2021년에는 '문화 강국'이라는 인식이 3위를 차지했다.[43]

[자료 2] 대만 20~30대 청년세대의 한국(韓國) 인식(N=4,270명/복수응답 허용)

구분	분류	빈도	백분율(%)
한국에 대한 인식	한국은 경제선진국이다	971	22.7%
	한국은 국제적으로 사회공헌 활동에 참여하는 국가이다	142	3.3%
	한국은 문화강국이다	1437	33.7%
	한국은 호감이 가는 국가이다	1178	27.6%
	한국은 경쟁국이기보다는 협력국이다	197	4.6%
	한국은 우리에게 우호적인 국가이다	345	8.1%

그러나 위의 [자료 2]에서처럼 본 연구의 설문에서 대만 청년세대 응답자

---

42 김아영·김장우, 앞의 보고서, p.2.

43 최경희·김장우, 「2021년 해외한류실태조사」, 한국국제교류진흥원, 2021, p.16; 최경희·김장우, 「2022년 해외한류실태조사」, 한국국제교류진흥원, 2022, p.17; 김아영·김장우, 「2023년 해외한류실태조사」, 한국국제교류진흥원, 2023, p.16 참조.

의 경우에는 한국을 '문화 강국'으로 인식한다는 항목이 33.7%로 가장 높은 비율을 차지했다. 2위는 '호감이 가는 국가'라는 인식이 27.6%로 높았고, '경제적으로 선진국'이라는 인식은 22.7%로 3위를 차지했다.

청년세대에서 한국을 '문화강국'으로 인식하고 있다는 점은 주목할 만한 결과이다. 이는 대만의 전 연령층에서 한국을 '경제적 선진국'으로 인식하는 것과 다르게 청년세대에서는 한국문화의 영향력이 크다는 인식을 증명하는 결과라 하겠다.

「2023해외한류실태조사」의 한국 연상 이미지로는 '한국 음식', '드라마', 'K-Pop'이 3위 안에 위치했다. 이러한 결과는 최근 3년 동안의 결과와 다른 양상을 보이는데 2021년이나 2022년에는 대만에서 'K-Pop'이 한국 연상 이미지 3위 안에 위치하지 못했다.[44]

그러나 본 연구 설문조사에 의하면 대만의 청년세대 응답자들은 한국 연상 이미지로 'K-Pop', '한국 연예인', '한국 음식'의 순으로 답했다. 이는 「2023 해외한류실태조사」의 결과와 다른 양상을 보이는 것으로 대만 청년세대의 문화콘텐츠 선호도가 K-Pop에 압도적으로 집중되어 있음을 확인하게 하는 결과라고 할 수 있다. 이 결과를 다르게 해석하면 10대부터 30대까지의 청년 세대에서 지대한 관심의 대상이 되고 있는 K-Pop이 중·장년층에서는 그다지 큰 관심의 대상이 되고 있지 못하고 있음을 확인할 수 있는 결과이기도 하다.

이와 더불어 본 연구의 설문조사 결과에서 'K-Pop'과 더불어 '한국 연예인'에 대한 연상도가 높은 현상도 청년세대가 K-Pop에 대한 높은 선호도를 보이는 것에서 파생된 결과라고 할 수 있을 것이다. 이 결과는 K-Pop 가수와 아이돌 그룹에 대한 관심이 높은 만큼 '한국 연예인'에 대한 관심이 높아지는

---

44 최경희·김장우, 「2021년 해외한류실태조사」, 한국국제교류진흥원, 2021, p.16; 최경희·김
장우, 「2022년 해외한류실태조사」, 한국국제교류진흥원, 2022, p.17; 김아영·김장우, 「2023
년 해외한류실태조사」, 한국국제교류진흥원, 2023, p.16 참조.

결과로 연결되고 있음을 의미하는 것이다.

(2) 대만 청년세대의 한류(韓流) 인식

다음의 [자료 3]은 한국국제교류진흥원의 「2022년 글로벌 한류 트렌드」에서 확인할 수 있는 '국가별 한류지수 현황'이다. 여기서 '한류지수'란 "한국 대중문화가 해외 현지 소비자에게 수용된 정도와 그것의 성장 또는 쇠퇴 경향을 반영하는 지표"를 의미한다.[45]

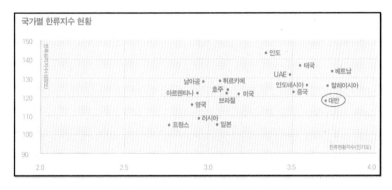

[자료 3] 2022년 국가별 한류지수 현황

[자료 3]에서처럼 대만은 현재 한류 현황 지수가 3.5 이상인 '한류대중화' 단계에 진입했으며, 한류심리지수는 120정도에 위치한 중간성장 단계에 있다.[46] 이러한 결과로 보아 대만은 "감성적 기대치가 낮음에도 불구하고 한류

---

45 한류현황지수는 '한류현황지수(X축)'와 '한류심리지수(Y축)'를 통해 확인할 수 있다. 한류 현황지수의 경우에는 한류의 현재 인기와 대중화 정도를 나타내는데, 5점을 만점으로 했을 때 3.5 이상은 한류 대중화단계, 2.5~3.5 미만은 한류 확산단계, 2.5 미만은 소수관심단계에 해당한다. 또 한류심리지수의 경우에는 한류의 성장 또는 쇠퇴 정도를 나타내는 것으로 100점을 기준으로 그 이하는 한류쇠퇴, 그 이상은 한류성장으로 해석하며 100~129점은 중간성장, 130점 이상은 고성장으로 분류된다.

콘텐츠에 대한 소비는 활발"하게 나타나는 특징을 보이는 지역이라 할 수 있다.[47] 즉 대만에서는 한국에 대해 긍정적 인식뿐만 아니라 부정적 인식을 가지는 측면도 있지만, 한류콘텐츠에 대한 소비는 매우 활발하게 이루어지고 있는 것이다.

본 연구의 설문에 의하면 응답자 중 '한류'라는 용어를 들어본 적이 있는 사람은 98.4%였고, 들어보지 못한 사람은 1.6%로 응답자의 대부분은 '한류'라는 용어를 알고 있었고, 이로써 한류가 대중적인 현상임을 확인할 수 있었다. 또 한류에 대해서 '아주 긍정적으로 생각한다'는 의견이 15.5%, '긍정적으로 생각한다'는 의견이 41.7%이므로 종합적으로 보았을 때 대만의 청년세대는 '한류'에 대해서 비교적 '긍정적(51.7%)'인 견해를 보이고 있음을 확인할 수 있다.

그러나 한류에 대해 '보통'이라는 견해도 42.3%로 비교적 높은 비율을 차지하고 있다. 이처럼 한류가 '보통'이라는 견해는 응답자 중 거의 절반에 육박하는데 이러한 결과를 통해 대만의 청년세대가 한류에 대해 무한히 긍정적인 시선을 보내고 있는 것만은 아니라는 사실을 확인할 수 있었다. 이러한 설문의 결과를 통해 앞서 살핀 것과 같이 대만에서 한류 열풍이 진행 중임에도 불구하고, 청년세대가 한류에 대한 평가를 엄격하게 내리고 있다는 것을 인지할 수 있다.

또 '무엇을 한류라고 생각하는가?'라는 질문에 청년세대 응답자는 K-Pop (99.4%), 드라마(96.7%), 예능(78.3%), 한국음식(76.3%), 화장품(70.5%) 순으로 응답했다. 이 질문에 대해서는 복수 답변을 허용했는데 'K-Pop'과 '드라마'의 경우에는 모두 95% 이상의 높은 비율을 보였다. 이로써 초반 한류 현상을

---

46   김장우, 「2022글로벌한류트렌드」, 한국국제교류진흥원, 2022, p.22.

47   황선미, 앞의 논문, p.13.

주도했던 'K-Pop'과 '드라마'가 여전히 한류에 있어서 대표성을 가지는 한국의 문화콘텐츠라는 점을 다시 확인할 수 있었다.

반면 한국의 '전통문화'와 '의료기술(성형)'의 경우에는 아직 '한류'라고 인식하는 비율이 낮은 것으로 확인된다. 이러한 결과는 전체적인 통계로 보았을 때 대만의 청년세대가 대체로 '한류'를 아직은 '한국의 대중문화'와 동일한 것으로 인식하고 있을 가능성이 있음을 나타내는 것이라 할 수 있다. 앞서 신(新)한류 시대의 한류 정책에서는 '한국문화와 연관 산업 전체'를 한류의 핵심 분야로 선정하고 있음을 확인했는데, 실제로 해외에서 이러한 핵심 분야를 인식하게 하기 위해서는 아직 더 많은 노력이 필요하다는 점을 시사한다.

(3) 대만 청년세대의 한국 문화콘텐츠 인식

본 연구 설문에서 대만의 청년세대 응답자들이 한국 문화콘텐츠를 처음 접한 시점은 초등학교 때가 45%, 중학교 때가 29.4%, 고등학교 때가 12.1%로 집계되었다. 조사 참여자의 대부분이라고도 할 수 있는 86.5%의 청년이 유년기와 청소년기 때부터 한국 문화콘텐츠를 경험한 것이다. 이들이 가장 처음으로 접한 문화콘텐츠로는 K-Pop(56.2%), 드라마(34.7%), 예능(6.8%) 순으로 높은 비율을 보였다. 이러한 결과를 통해 대만의 청년세대가 어린 시절부터 이미 자연스럽게 K-Pop을 듣고, 한국 드라마를 보며 자란 세대이며, 그런 점에서 한국의 대중문화 수용에 특별한 이질감이나 거부감이 없을 것이라는 예측이 가능하다.

한국 문화콘텐츠를 처음 접한 후 한국에 대한 인상 변화에 대해서는 '매우 긍정적으로 변화'가 14.8%, '긍정적으로 변화'가 59.7%로 긍정적인 변화가 있었다는 답변이 총 74.5%에 달했다. 이를 통해 한국 문화콘텐츠에 대한 경험이 대만 청년세대에 한국에 대한 인식을 '긍정적'으로 심어주는 데에 큰 기여를 했음을 알 수 있으며, 이는 한국의 문화콘텐츠가 '국가브랜드 가치 평가'에도 기여할 수 있음을 시사한다.

[자료 4]는 본 연구에서 대만의 청년세대 응답자가 가장 좋아하는 한국 문화콘텐츠에 대한 응답으로 K-Pop(78.5%), 드라마(9.6%), 예능(5.3%), 한국 음식(3.3%), 화장품(1.2%) 순으로 집계되었음을 확인할 수 있다. 이러한 결과는 「2023해외한류실태조사」에서 대만의 전 연령층에 대한 조사에서 음식(63.7%), 드라마(55.3%), 뷰티(55.0%), 패션(53.1%), 음악(52.1%) 순으로 집계된 결과와 다소 차이를 보인다.[48] 이러한 결과는 청년세대의 인식에는 다양한 한국의 문화콘텐츠 중에서도 K-Pop이 매우 큰 영향을 준 콘텐츠임을 방증하는 것이다.

또 한국의 문화콘텐츠를 '다른 사람에게 추천하고 싶은가'라는 질문에 '매우 그렇다'라는 답변 38.7%와 '그렇다'는 답변이 49.7%로 '추천하겠다'는 의견이 총 88.4%를 차지했는데, 그중에서도 K-Pop에 대한 추천 의견이 50.6%로 가장 많았고, 드라마가 21.6%, 예능이 11.1%로 그 뒤를 이었다. 이를 통해 K-Pop이 대만의 청년세대에서 압도적인 인기를 획득하고 있음을 알 수 있다. 더불어 대만 K-Pop 열풍을 주도하는 세대가 청년세대임을 확신할 수 있는 결과라 하겠다.

[자료 4] 대만 청년세대가 가장 선호하는 한국 문화콘텐츠(N=1,881명)

구분	분류	빈도	백분율(%)
가장 선호하는 한국 문화콘텐츠	K-Pop	1476	78.5%
	드라마	181	9.6%
	영화	12	0.6%
	예능프로그램	100	5.3%

48　김아영·김장우, 앞의 보고서, 2023, pp.162-163.

출판물	2	0.1%
게임	3	0.2%
만화	1	0.1%
웹툰	20	1.1%
음식	63	3.3%
미용 상품	23	1.2%

(4) 대만 청년세대의 K-Pop에 대한 인식

「2023 해외한류실태조사」에 의하면 대만 사람들이 가장 선호하는 K-Pop 가수 및 아이돌 그룹으로는 방탄소년단(12.1%), 트와이스(10.2%), 아이유(9.3%), 블랙핑크(6.0%), 소녀시대(4.4%) 순으로 집계되었다.[49]

[자료 5]에서처럼 본 연구 설문에서 대만의 청년세대 응답자가 가장 선호하는 K-Pop 가수 및 아이돌 그룹으로는 방탄소년단[BTS](15.3%), 세븐틴(SVENTEEN)(9.0%), 소녀시대(7.2%), 슈퍼주니어(Super Junior)(6.8%), 아이유(IU)(4.8%), 트와이스(TWICE)(4.3%)의 순으로 나타났다. 본 연구에서 이 문항의 항목을 선정할 때는 현재 대만의 20~30대 청년세대 중 가장 많은 사람이 사용하고 있는 소셜 커뮤니티인 Dcard APP의 '한국스타[韓星]' 배너에 명시된 K-Pop 가수 및 아이돌 그룹의 명칭 중 20개를 선정하여 제시했다.[50]

---

49 김아영·김장우, 앞의 보고서, 2023, p.97.

50 대만의 청년세대가 주로 사용하는 Dcard APP은 대만에서 인기 있는 온라인 커뮤니티 플랫폼 중 하나이다. Dcard에서 사용자들은 다양한 주제에 대해 익명으로 토론하며 의견을 나눌 수 있으며 한국의 K-Pop, 드라마, 영화, 화장품 등에 대한 소식도 접할 수 있다. 2015년 정식으로 서비스를 오픈했고 2022년 가입 회원 8,000,000명을 돌파한 대만 최대의 청년세대 플랫폼이다(謝宜婷, 「全台最大年輕人社群平台Dcard」, 『Taiwan Panorama』, 外交部 台灣 光華雜誌, 2021.08).

[자료 5] 대만 청년세대가 가장 선호하는 K-Pop 가수 및 아이돌 그룹(N=1,881명)

구분	분류	빈도	백분율(%)
가장 선호하는 K-Pop 가수 및 아이돌 그룹	방탄소년단[BTS]	287	15.3%
	트와이스(TWICE)	80	4.3%
	아이유(IU)	90	4.8%
	블랙핑크(BLACKPINK)	36	1.9%
	소녀시대	135	7.2%
	여자아이들(G)I-DLE	42	2.2%
	엑소(EXO)	53	2.8%
	있지(ITZY)	12	0.7%
	슈퍼주니어(Super Junior)	128	6.8%
	세븐틴(SEVENTEEN)	170	9.0%
	엔씨티(NCT)	37	1.9%
	레드벨벳(Red Velvet)	29	1.5%
	샤이니(SHINee)	51	2.7%
	뉴진스(NewJeans)	33	1.8%
	아이브(IVE)	21	1.1%
	인피니티(INFINITE)	35	1.9%
	투마로우바이투게더(TXT)	20	1.1%
	에이티즈(ATEEZ)	11	0.6%
	트레저(TREASURE)	14	0.7%
	마마무(MAMAMOO)	203	10.8%
	우주소녀	29	1.5%
	갓세븐(GOT7)	23	1.2%
	아스트로(Astro)	17	0.9%
	빅뱅(BIGBANG)	15	0.8%
	스트레이 키즈(Stray Kids)	13	0.7%
	태연	11	0.6%
	아이즈원(IZ*ONE)	10	0.6%
	동방신기	9	0.5%
	씨엔블루(CNBLUE)	9	0.5%
	기타	258	13.6%

「2023 해외한류실태조사」와 본 연구의 설문조사에서 대만의 전 연령층이 가장 선호하는 K-Pop 가수 및 아이돌 그룹으로 '방탄소년단'을 꼽았다. 그러나 본 연구의 설문 조사에서 주목해야 할 특별한 결과로는 세븐틴(SVENTEEN)에 대한 선호도가 170명인 9.0%로 나타났다는 점이다. 유독 대만에서 세븐틴에 대한 팬층이 두터운 것을 확인할 수 있는데, 소셜 미디어에 세븐틴의 대만 팬을 위한 페이지가 따로 존재할 정도이다.

아이유와 트와이스의 경우에는 양 쪽의 조사에서 비슷한 결과를 보이고 있는데 아이유는 여전히 한국과 대만에서 활발하게 활동하고 있기 때문이며, 트와이스는 앞서 언급한 바와 같이 대만 멤버인 쯔위의 활동으로 인해 대만에서 언제나 관심의 대상이 되기 때문이라 할 수 있다.

이와 더불어 앞서 언급한 20개의 K-Pop 가수 및 아이돌 그룹 중에 본인이 좋아하는 K-Pop 가수 및 아이돌 그룹이 존재하지 않는 경우에는 직접 답변할 수 있도록 개방형 질문을 실시했다. 이에 앞서 제시한 20개의 K-Pop 가수와 아이돌 그룹 이외에도 마마무(Mamamoo), 비투비(BTOB), 갓세븐(GOT7), 아스트로(ASTRO), 스트레이 키즈(Stray Kids), 몬스터엑스(MONSTA X), 씨엔블루(CNBLUE), 드림캐쳐(Dreamcatcher) 등 다양한 가수들에 대한 응답이 있었다. 여기서는 '마마무(Mamamoo)'를 가장 선호한다고 답변한 사람이 203명이나 되었다. 이는 앞서 최선호 가수 1위로 선정된 방탄소년단 다음으로 많은 인원의 답변이었으며 앞선 선택지 응답에서 두 번째로 선호도가 높았던 세븐틴보다 더 많은 인원의 답변이 있었기 때문에 대만 청년세대가 실질적으로 선호하는 K-Pop 가수 및 아이돌 그룹 중 2위는 마마무라고 할 수 있다.

이 답변을 통해 대만 K-Pop 가수 및 아이돌 그룹에 대한 대만 청년세대의 선호도를 확인할 수 있었고, 현재 대만에서 인기를 구가하고 있는 K-Pop 가수 및 아이돌 그룹은 대체로 방탄소년단, 마마무, 세븐틴, 트와이스 등과 같은 그룹으로, 2010년대 초반부터 2019년까지의 K-Pop 열풍이 지속되고 한류가 확장되던 한류 3.0단계의 가수 및 아이돌 그룹이라는 것을 확인할 수 있었다. 이들은 현재 대만의 청년세대가 K-Pop을 문화적으로 가장 자유롭게 향유하던 시기의 가수들이다.

또 이 통계에서 나타나는 특이점은 대만에서 본격적인 K-Pop 열풍이 시작되던 시기인 2000년대 중반, 한류 2.0단계에 활동했던 아이돌 그룹인 소녀시대, 슈퍼주니어, 빅뱅 등을 여전히 좋아한다고 답변한 응답자가 많았다는 점이다. 이는 현재의 20~30대인 청년세대가 청소년기에 즐겨 들었던 K-Pop 음악 혹은 좋아했던 K-Pop 가수 및 아이돌 그룹에 대한 팬으로서의 충성도를 현재까지 지키고 있기 때문이라고 할 수 있다.

'K-Pop 가수 및 아이돌 그룹의 콘서트에 가본 적이 있는가'라는 질문에 가본 적이 있다는 답변이 72.2%, 가본 적이 없다는 답변이 27.8%로 청년세대 응답자의 70% 이상이 K-Pop 콘서트를 관람한 적이 있었고, 콘서트 관람 경험 4회 이상이 32.3%, 3회 이상이 8.8%, 2회 이상이 13.5%, 1회 이상이 17.9%를 차지했다. 더하여 '앞으로도 K-Pop 가수 및 아이돌 그룹의 콘서트를 관람할 의향이 있는가'라는 질문에 97.8%가 의향이 있다고 답변했는데, 콘서트 티켓의 비용이 NTD 6,000정도면 관람할 수 있다는 의견이 32.3%로 가장 많았고, 콘서트 티켓의 비용이 NTD 10,000 이상이어도 관람하겠다는 의견이 8.4%로 집계됐다.[51]

이러한 결과는 대만의 청년세대 응답자가 K-Pop을 경험하는 방식이 단순히 음원을 통해 음악을 감상하는 것에 그치는 수동적이고 소극적인 방식을 취하는 것이 아니라, 직접 콘서트장에 찾아가서 K-Pop 스타를 만나고 팬미팅에 참여하고, 팬클럽으로 가입하여 활동하고, 한국어를 공부해서 직접 노래를

---

51 NTD 6,000은 한화 약 250,000원(환율 41.60)에 해당하는 금액이며, NTD 10,000은 한화 약 416,000원(환율 41.60)에 해당하는 금액이다.

하는 등의 능동적이고 적극적인 방식을 취하고 있음을 보여주는 결과이다.

대만의 청년세대 응답자 중 K-Pop 가수 및 아이돌 그룹의 팬클럽 활동과 관련해서 이전에 활동을 했던 경험이 있는 사람, 현재 활동을 하고 있는 사람, 앞으로 활동 계획을 가지고 있는 사람이라는 응답이 59.3%를 차지했고, 활동 경험이 없는 사람이라는 응답이 40.7%을 차지했다. 거의 60%에 육박하는 사람이 K-Pop 가수 및 아이돌 그룹 팬클럽 활동에 대한 경험과 팬클럽 활동에 대한 의지가 있다는 것을 볼 수 있었다. 팬미팅 활동 경험 및 의지에 대한 결과를 통해 대만 청년세대 응답자들의 능동적이고 적극적인 K-Pop 경험과 수용의 태도를 확인할 수 있다.

대만 청년세대 응답자들이 생각하는 K-Pop의 인기 요인으로는 중독성 강한 음악의 후렴구와 리듬(34.3%), 뛰어난 K-Pop 가수와 그룹의 퍼포먼스(33.3%)가 각각 1, 2위를 기록했고, K-Pop 가수와 그룹의 외모와 스타일(18%)이 3위를 기록했다. 이 결과는 대만 청년세대 응답자들 중 대다수의 취미가 K-Pop 부르기, 또는 K-Pop 댄스 연습이라는 답변과 연결하여 해석이 가능하다. 실제로 대만에서는 청년세대의 많은 인원이 K-Pop을 부르고, K-Pop 댄스를 연습하는데 그 과정에서 실제 K-Pop 가수 및 아이돌 그룹의 노래와 춤을 익히고, 그들과 비슷한 복장을 착용하면서 K-Pop 음악뿐만 아니라 춤, 패션, 화장 등 한국 대중문화의 유행을 내재화하게 되는 것이다.

하지만 K-Pop의 호감 저해 요인으로 생소하고 어려운 한국어 가사(26%), 한국 가수와 음악 관계자의 부적절한 언행(21.5%), 한국 음악에 대한 주위의 반응이 좋지 않음(15.5%), 한국과의 정치 및 외교적 관계(14.1%) 순으로 답변이 많았다. 이러한 K-Pop의 호감 저해 요인은 K-Pop을 비롯한 한류 현상 전반에 부정적인 영향을 미칠 수 있다.

앞장에서도 언급한 바와 같이 과거 대만에서 방탄소년단과 빅뱅은 양강구도를 형성하고 있었으나, 빅뱅의 승리와 YG엔터테인먼트에서 버닝썬 사건에 연루되면서 대만의 K-Pop 팬들에게 큰 충격을 주었다. 개방형 응답에는 자신이 '빅뱅의 지독한 팬이었지만 이 사건을 계기로 더 이상 K-Pop을 듣지 않는다'는 응답자도 있었다.

이처럼 '한국의 가수와 음악 관계자의 부적절한 언행' 등의 문제가 발생할 경우 단순히 K-Pop 가수와 아이돌 그룹이 활동을 중단하는 정도로 해결되지 않는다. 이러한 사건이 K-Pop을 선호하는 해외의 팬들과 한류 현상 전반에도 지대한 영향을 끼칠 수 있다는 것을 한국의 가수와 음악 관계자들은 인지해야 한다. K-Pop은 더 이상 한국만의 대중음악이 아니다.

[자료 6] 대만의 청년세대가 생각하는 K-Pop의 인기 요인(N=1,881명)

구분	분류	빈도	백분율(%)
K-Pop의 인기 요인이 무엇이라고 생각하는가?	음악의 후렴구와 리듬의 중독성이 강해서	645	34.3%
	K-Pop 가수/그룹의 외모나 스타일이 매력적이어서	338	18%
	자국에는 없는 스타일의 음악이어서	5	0.3%
	K-Pop 가수/그룹의 퍼포먼스가 뛰어나서	627	33.3%
	한국의 최신 패션/뷰티 등 트렌드를 볼 수 있어서	8	0.4%
	K-Pop 가수/그룹이 팬 서비스를 잘해서	85	4.5%
	한국어의 독특한 발음으로 된 가사 때문에	6	0.3%
	한국어와 영어 가사가 결합되어 있어서	88	4.7%
	K-Pop 가수/그룹마다 차별화된 컨셉을 갖고 있어서	26	1.4%
	가사의 의미가 좋아서	53	2.8%

(5) 대만 청년세대의 반한(反韓)과 반한류(反韓流)

대만에서 한국과 한류에 대한 논의가 진행될 때 반한(反韓)과 반한류(反韓流)에 대한 문제는 항상 중요하게 언급된다. 앞서 살펴 본 「해외한류실태조사」

와 본 연구의 설문조사에서 확인했던 것처럼 현재 대만에서는 한국에 대해 '긍정적'으로 인식하는 경향이 우세한 것으로 나타났지만, 황선미의 언급과 같이 대만에서 "'한류(韓流)'는 '반한류(反韓流)'로 돌아서기를 반복"했다는 말이 지칭하는 바를 구체적으로 이해해야 할 필요가 있다.[52]

대만은 '한류의 발원지'이자 'K-Pop을 주도한 지역'임에도 불구하고, 대만에는 한국에 대해 부정적인 인식을 가지고 있는 사람들이 여전히 존재하고 있다. 대만 사람들의 반한 원인에는 여러 가지가 복합적인 이유가 있지만, 많은 연구자들이 '1992년 단교 사건'과 '2010년 광저우 아시안게임에서 한국 심판의 부당한 판결 문제'를 대표적 원인으로 언급하고 있다.[53]

대만의 반한 감정과 관련한 논의를 진행하는 데 있어서 그동안 많은 연구자들이 '1992년 단교 사건'을 원인으로 언급해왔다. 대만의 중·장년층이라면 여전히 '단교 사건'을 반한의 가장 중요한 원인으로 꼽을 가능성이 존재한다. 그리고 현재의 청년세대는 이와 같은 반한 감정을 가지고 있을 가능성이 있는 대만 중·장년층의 자녀들이다. 이들 부모세대의 반한 감정이 극심한 경우 자녀 세대로까지 전이되는 경우도 있다.

그러나 본 연구의 조사 대상인 대만의 청년세대에서는 사실상 '단교 사건'에 대해 크게 인식하지 못하는 것으로 확인된다. 부모에게 전해들은 사실을 실제 경험과 동일하게 인지하는 것은 쉽지 않기 때문이다. 그러므로 대만 청년세대 반한 감정의 주된 원인을 '단교 사건'으로 보기에는 다소 무리가 있다.[54]

---

52 황선미, 앞의 논문, p.10.

53 '2010년 광저우 아시안게임에서 대만의 여자태권도 선수인 양숙군(楊淑君)에게 한국 심판이 부당한 판정을 내려 실격했다'는 언론의 보도로 인해 대만 사람들의 반한 감정을 부추겼다. 이 사건에 대한 언론 보도는 잘못된 것으로 밝혀졌음에도 불구하고 대만 사람들은 한국 상품을 불매하는 등의 반한 감정이 지속되었다(台北市 綜合報導,「楊淑君向韓國道歉?! 網友反彈」,『華視新聞』, 2010.11.29., 運動面).

청년세대의 경우에는 한국과의 스포츠 경기가 있을 때 반한 감정이 특별히 고조되는 것으로 확인된다. 본 연구의 설문 조사에서 '한국에 대해서 생각했을 때 부정적인 느낌이 있다면 그 이유는 무엇인가?'라는 질문에 대해 복수응답을 허용했는데 '한국인의 지나친 경쟁심'이 50.5%로 가장 높은 비율을 차지했고, '한국인의 국민성이 좋지 않아서'가 41.8%로 2위, '한국과의 정치 및 외교 갈등'이 31.8%로 3위를 기록했다.

우선 가장 많은 답변을 얻은 '한국인의 지나친 경쟁심'과 '한국인의 국민성이 좋지 않아서'라는 부분은 개방형 답변과 연결해서 살펴볼 수 있다. 개방형 답변에서 응답자의 다수가 '한국의 교육 문화가 엄격한 점', '한국인의 포용성과 다양성의 부족', '사회 분위기가 엄격한 점', '한국인의 성격이 강한 것', '운동경기에서 지나치게 흥분하는 것' 등을 이유로 적었다. 이 부분의 답변을 통해서 대만 청년세대의 반한 감정은 '한국의 사회적 분위기' 내지는 '한국인들의 성격적 특성'과 밀접한 관련이 있음을 확인할 수 있었다.

[자료 7]을 살펴보면 한류에 대해 부정적으로 인식하는 이유에 대해서 지나치게 상업적이라고 생각함(35%), 한국인의 국민성이 좋지 않아서(8.6%), 한류스타의 부적절한 언행(8.1%) 등의 순으로 답변하였다. 이 설문에서는 '지나치게 상업적이라고 생각한다'는 답변이 응답자의 절반 이상을 차지하며 압도적으로 1위를 기록했다.

이와 같은 설문 결과는 한국의 대형 소속사에서 어린 시절부터 혹독한 훈련을 받으며 키워진 K-Pop 가수 및 아이돌 그룹의 인성과 태도, 그리고 천편일률적으로 느껴지는 K-Pop 음악에 대한 상업성 문제에 대해 재고해 봐야 할 필요성을 제시하고 있다. 나아가 이러한 문제에 대해 신랄하게 지적하고 있는 대만 K-Pop 팬들의 목소리에 K-Pop 가수 및 아이돌 그룹과 관계

---

54 곽추문, 앞의 논문, p.73.

자들은 귀를 기울여야 할 것이다.

[자료 7] 대만 청년세대의 부정적 한류 인식(N=1,881명)

구분	분류	빈도	백분율(%)
한류에 대한 부정적 인식의 원인	지나치게 상업적이라고 생각해서	658	35%
	한류스타의 부적절한 언행 문제	152	8.1%
	한국인의 국민성이 좋지 않아서	161	8.6%
	한국과의 정치/외교 갈등	109	5.8%
	한류는 획일적이고 식상해서	50	2.7%
	지나치게 자극적/선정적이어서	48	2.6%
	한국과의 역사적 관계	20	1.1%
	남북 분단/북한의 국제적인 위협 때문에	55	2.9%
	기타	628	33.2%

곽추문은 '반한(反韓)과 반한류(反韓流)는 서로 별개의 개념임을 규명해야할 필요가 있다'고 언급하며, '반한류 감정을 가지고 있는 대만 사람은 대체로 반한 감정을 가지고 있지만, 반한 감정을 가진 대만 사람이 반드시 반한류감정을 가지는 것은 아닐 수도 있다'는 사실에 대해 논했다.[55]

앞서 제시한 선행연구와 선행 조사 보고서 등을 통해 반한과 반한류의문제는 비단 대만에서만 발생하는 문제가 아니라, 일본, 중국, 인도 등의국가에서도 지속적으로 언급되어 왔던 문제임을 확인할 수 있었다. 또 이처럼 여러 나라에서 지속적으로 논의되어 온 반한과 반한류 문제의 발생 원인은 각 나라가 처한 상황, 한국과의 외교 관계, 서로 이해하기 어려운 자국의문화 등 다양한 요인에 따라 서로 다른 양상이 나타나는 것을 알 수 있다.

그러나 현재, 한류는 전 세계를 무대로 하고 있다. K-Pop 가수와 아이돌

---

55   곽추문, 앞의 논문, p.72.

그룹, 한국 대중음악 산업 종사자를 비롯한 한국의 국민들은 이처럼 여러 나라에서 발생하고 있는 반한 문제와 그 원인에 대해 보다 구체적으로 인지하고, 상호문화 감수성을 토대로 서로의 문화를 존중할 수 있도록 보다 성숙한 관점을 담은 한류 콘텐츠의 제작을 위해 노력하는 등 반한과 반한류 문제의 해결을 위한 태도를 견지해야 할 것이다.

IV. 한국과 대만의 성숙한 문화 교류를 위하여

대만은 한류의 발원지로 명명되고 있음에도 불구하고 대만의 한류와 관련한 연구는 여전히 소략하다. 그중에서도 '대만에서의 K-Pop 열풍'과 이러한 'K-Pop 열풍을 주도하는 청년세대'를 주요 대상으로 살핀 연구는 아직 진행된 바가 없다. 이에 본고에서는 K-Pop의 대만 진출 과정을 살피고, K-Pop열풍의 주역인 대만 20~30대 청년세대의 한류(韓流) 인식에 대해 고찰하고자 하였다.

이를 위해 본론의 첫 번째 장에서는 한류 용어의 기원과 K-Pop의 대만 진출 과정을 살폈다. '한류'라는 용어의 기원에 대한 그간의 논의를 정리하고, 한류 용어의 '대만 기원설'의 타당성을 확인했다. 이를 시작으로 K-Pop의 대만 진출 과정을 다음과 같이 다섯 단계로 나누어 그 구체적인 내용을 짚었다.

(1) 1980년대~1990년대 후반: 한류 이전의 한류, 한국 대중음악의 대만 진출
(2) 1990년대 후반~2000년대 중반: 드라마의 인기에 힘입은 K-Pop 열풍의 초읽기
(3) 2000년대 중반~2010년대 초반: 대만 K-Pop 열풍의 시작
(4) 2010년대 초반~2019년: K-Pop 열풍의 지속과 한류(韓流)의 확장

(5) 2020년~현재: 포스트 코로나 시대, K-Pop 열풍의 재건

본론의 두 번째 장에서는 대만 청년세대의 한류 인식과 K-Pop 수용의 양상에 대해 살펴보았다. 이를 위해 대만에서 K-Pop의 열풍을 주도하는 20~30대 청년세대 2,000명을 대상으로 설문조사를 진행했고, 그중 1,881명의 유효설문지를 확보했다. 설문의 분석을 위해 선행연구의 결과와 한국국제교류진흥원의 선행 조사 결과를 분석의 기준으로 삼아, 본 연구 설문의 결과를 교차로 분석하였다.

이러한 자료를 토대로 본 연구의 설문 조사에서는 첫째, 대만 청년세대의 한국(韓國) 인식, 둘째, 대만 청년세대의 한류(韓流) 인식, 셋째, 대만 청년세대의 한국 문화콘텐츠에 대한 인식, 넷째, 대만 청년세대의 K-Pop에 대한 인식, 다섯째, 대만 청년세대의 반한(反韓)과 반한류(反韓流) 인식을 확인하고자 하였다.

앞서 언급한 바와 같이 본 연구는 현재까지 한 번도 이루어진 적이 없는 K-Pop의 대만 진출 과정과 대만 청년세대의 한류 인식 및 K-Pop 수용 양상에 대한 전반적인 내용을 확인할 수 있었다는 점에서 의미가 있었다.

그럼에도 불구하고 본 연구는 오랜 시간 동안 축적된 방대한 양의 자료를 다뤄야 한다는 점, 정확하지 않은 사실들에 대한 지난한 확인 과정이 필요하다는 점, 관련 주제의 연구가 진행되지 않았던 시기의 참고 자료 부재 등의 문제로 인해 범박하게 논의를 진행할 수밖에 없었음을 반성한다. 또 설문조사의 결과 분석에 있어서도 보다 입체적이고 정밀한 논의를 진행하지 못했다는 점에서 많은 아쉬움이 남는다.

이러한 반성과 함께 관련 주제에 대한 지속적이고, 깊이 있는 연구가 필요할 것으로 사료되어, 본 설문조사의 결과를 토대로 FGD를 활용한 후속 연구를 진행하고자 한다. 이와 같은 후속 연구를 진행함으로써 대만의 K-Pop

열풍과 청년세대의 한류 인식에 대해 보다 정밀하고 입체적인 논의가 가능할 것이라 기대한다.

대만에서의 한류는 어느덧 25년 이상 대만 사람들과 함께하며 한국 문화이면서 대만 문화로 자리를 잡았다. 그러므로 현재 대만 사람들에게 한국은 문화적으로 매우 친밀한 국가이며, 그들의 삶과 한국 문화는 불가분의 관계에 있다고 감히 말할 수 있다.

그러므로 신한류 단계에 진입한 현재, 대만에서 한류가 지속적으로 발전하기 위해 한국과 대만은 서로의 문화를 더욱 깊이 이해하고, 우호적인 관계를 형성해 나갈 수 있도록 더 많은 노력을 기울여야 할 것이다. 이러한 과정에서 본 연구가 한국과 대만이 서로를 이해하는 데 미약하게나마 도움이 되기를 기대한다.

---

* 본고는 이하나, 「K-pop의 대만 진출 과정과 대만 청년세대의 한류(寒流) 인식」(『인문과 예술』 15, 인문예술학회, 2023)을 수정·가필한 것이다.

참고문헌

강승훈 기자, 「슈퍼주니어, 3집 '쏘리쏘리' 대만도 석권」, 『아시아경제』, 2009.4.28.,
 연예·스포츠면.

강연우 기자, 「K팝 뮤지컬 '알타보이즈' 24개국 아시아 팬들의 극찬 속 성료」, 『매일일
 보』, 2021.12.27., 문화체육면.

강찬호 기자, 「대만 정상급 가수 활동 장호철 씨」, 『중앙일보』, 1998.8.11., 정치일반면.

곽추문, 「한류의 대만 진출 역사 및 대만인의 한류 인식」, 『디아스포라연구』 12(1),
 글로벌디아스포라연구소, 2018.

김사라 기자, 「YG 패밀리 대만 콘서트, 2만 관객 대성황」, 『YTN』, 2014.10.26., 음악
 면.

김아영·김장우, 「2023 해외한류실태조사」, 한국국제교류진흥원, 2023.

김장우, 「2022글로벌한류트렌드」, 한국국제교류진흥원, 2022.

대한민국 관계부처합동, 「신한류 진흥정책 추진 계획」, 문화체육관광부, 2020.

류정엽 기자, 「빅뱅, 타이베이 아레나를 폭발 시키다」, 『대만은 지금』, 2015.9.25., 특집
 면.

매일경제 한류본색 프로젝트팀, 『한류본색』, 매일경제신문사, 2012.

박기수, 「한류의 지속 방안을 위한 인문학적 성찰」, 『인문콘텐츠』 6, 인문콘텐츠학회,
 2005.

박세연 기자, 「방탄소년단, 서울 콘서트 3일 만에 1000억 매출 올렸다」, 『스타투데이』,
 2022.3.14.

선미경 기자, 「SM타운, 대만도 홀렸다…4시간 30분-60곡 퍼레이드 '대성황'」, 『조선일
 보』, 2015.3.22., 연예면.

오이훤, 「대만 내 한류 수용 및 토착화 과정에 관한 연구」, 한국외국어대학교 석사학위
 논문, 2015.

윤다정 기자, 「50개국 사로잡은 맥도날드 'BTS 세트'…日·中 미출시 "아쉬워요"」,
 『NEWS1』, 2021.5.30, 산업면.

이미나 기자, 「SBS '슈퍼콘서트 in TAIPEI' 방탄소년단·레드벨벳 등 최정상 K-Pop스
 타 총출동」, 『한국경제신문』, 2018.8.9., 연예면.

이은숙, 「중국에서의 '한류' 열풍 고찰」, 『문학과 영상』 3(2), 문학과 영상 학회, 2002.

이정혁 기자, 「비 대만콘서트중 단전…1만4000여 팬들 동요 부르며 응원」, 『조선일보』, 2005.12.30., 연예면.

이하나 기자, 「슈퍼주니어, 대만 '슈퍼쇼7' 대성황…3분 만에 2만 2천 좌석 매진」, 『서울경제』, 2018.4.2., 스타면.

장규수, 「한류의 어원과 사용에 관한 연구」, 『한국콘텐츠학회논문지』 11(9), 한국콘텐츠학회, 2011.

진경지, 「'한류' 용어의 어원 및 대만 한류 발전에 대한 고찰」, 『동아시아문화연구』 77, 한양대학교 동아시아문화연구소, 2019.

최경희·김장우, 「2021 해외한류실태조사」, 한국국제교류진흥원, 2021.

_____, 「2022 해외한류실태조사」, 한국국제교류진흥원, 2022.

최은미, 「한일관계 회복을 위한 한국정부의 한류 정책 연구」, 『아시아연구』 15(2), 한국아시아학회, 2012.

최혜승 기자, 「블핑 암표 1700만원에… 대만 "걸리면 50배 벌금" 법 만들었다」, 『조선일보』, 2023.5.16., 해외토픽면.

홍유선·임대근, 「용어 한류의 기원」, 『인문사회21』 9(5), 인문사회21, 2018.

황선미, 「대만 한류 전개 과정과 특징」, 『글로벌문화콘텐츠』 53, 글로벌문화콘텐츠학회, 2022.

_____, 「대만 한류의 양면성, 열광과 외면」, 『중국학연구』 83, 중국학연구회, 2018.

羅凌筠 記者, 「勝利演藝活動全面喊卡 YG爆連夜銷毀大量文件」, 『自由時報』, 2019.3.1., 娛樂面.

盧開朗, 「「韓流後」與「後韓流」之間」, 『新聞學研究』 122, 國立政治大學傳播學院新聞學系, 2015.

謝宜婷, 「全台最大年輕人社群平台Dcard」, 『Taiwan Panorama』, 外交部 台灣光華雜誌, 2021.

溫雅雯 記者, 「ITZY隔3年台灣開唱嗨躺地板比性感 獻唱中文版<MIDZY>歌迷超驚喜」, 『Yahoo! 新聞』, 2023.2.27., 焦點面.

陳雅蘭, 「IVE台灣演唱會「4200張3分鐘」完售!主辦宣布加場4月29日開賣」, 『今日新聞』, 2023.3.26., 娛樂面.

陳奐宇·許政俊 記者, 「BLACKPINK高雄演唱會 黃牛票價拉高2至4倍遭辦」, 『公視新聞網』, 2023.3.15., 社會面.

台北市 綜合報導,「楊淑君向韓國道歉?! 網友反彈」,『華視新聞』, 2010.11.29., 運動面.

한국국제문화교류진흥원(KOFICE) 홈페이지, https://kofice.or.kr/index.asp (검색일: 2023.10.31.)

K-Pop이 대만 청소년의
소비행동에 미치는 영향

양영자

Ⅰ. 머리말

전 세계를 말춤으로 들썩이며 유튜브 역사상 최다 '좋아요'를 기록해 2012년 기네스북에 등재된[1] 싸이의 강남스타일은 2023년 4월 말 현재 47억 뷰[2]를 자랑하고 있으며, BTS의 Dynamite는 발매 2년 만에 16억 뷰[3]를 달성하였고, 블랙핑크의 How you like that 역시 비슷한 시기에 13억 뷰[4]를 달성하는 기염을 토해내고 있다. 이렇듯 K-Pop은 국경과 민족과 언어를 초월하여 전

1 「강남스타일, 마침내 기네스북 올랐다」, 2012.9.22.
   https://zdnet.co.kr/view/?no=20120922114006
2 PSY-GANGNAM STYLE(강남스타일) M/V, 2023.4.30.
   https://www.youtube.com/watch?v=9bZkp7q19f0
3 BTS(방탄소년단) 'Dynamite' Official MV, 2023.4.30.
   https://www.youtube.com/watch?v=gdZLi9oWNZg
4 BLACKPINK-'How You Like That' DANCE PERFORMANCE VIDEO, 2023.4.30.
   https://www.youtube.com/watch?v=32si5cfrCNc

세계 대중음악의 선두 주자 역할을 톡톡히 하고 있다고 할 수 있다.

K-Pop의 폭발적인 인기는 대만 역시 예외는 아니다. 2023년 3월 18일 대만에서 열리는 블랙핑크 콘서트 입장권의 발매가 2022년 11월에 있었다. 입장권은 인터넷 발매와 동시에 매진되었고, 인터넷에서는 대만 달러[5] 8,800 달러의 입장권이 40만 달러로 둔갑하는 황당한 현상까지 발생하였다.[6] 이렇듯 대만에서 K-Pop의 인기는 식을 줄 모르고 날이 갈수록 더 뜨거워져 가고 있다. 현재 대만의 청소년들 사이에서는 K-Pop을 듣고 K-Drama를 보고 한국 스타일의 옷을 입고, 한국 음식을 먹는 것이 유행처럼 번지고 있다.

이에 따라 본 연구는 대만 청소년들을 대상으로 설문조사를 통해 K-Pop의 경험이 K-Pop 문화 동질성에 대한 인식과 그들의 소비행위에 미치는 영향을 알아보고자 한다.

II. 선행연구

1. 인지-감정-행동 이론(Cognitive-Affective-Behavioral Theory)

인지-감정-행동 이론(Cognitive-Affective-Behavioral Theory)은 인지와 감정이 상호작용하여 행동을 결정하고 영향을 미친다는 것을 강조하는 심리학에서 주로 사용되는 이론으로 인지적인 과정, 감정적인 반응 및 그에 대한 행동의 결과에 대한 상호작용을 강조하고, 행동과 감정을 변화시키는 것이 인지적 변화를 통해 가능하다는 것을 보여주기에 심리치료나 상담에서 많이

5 　2023년 4월 말 기준, 대만 달러 1달러는 원화 약 43원에 해당한다.

6 　「BLACKPINK演唱會票價「黃牛一張40萬」蔡依林門票也翻28倍」, 2022.11.9.
　　https://news.tvbs.com.tw/entertainment/1957391

활용되어 왔다.

인지-감정-행동 모델은 Martin Fishbein과 Icek Ajzen이 1975년에 제안한 논문 "Belief, attitude, intention and behavior: An introduction to theory and research"[7]에서 처음으로 소개되었다. Fishbein과 Ajzen는 이 논문에서 인지-감정-행동(Cognitive-Affective-Behavioral) 모델을 소개하며 개인이 신념(beliefs), 태도(attitudes), 의도(intentions) 및 행동(behavior) 간의 관계를 어떻게 형성하고 변화시키는지에 대해 설명하였는데 이 논문은 현재까지지도 행동변화 이론의 기초로 사용되고 있다. 알버트 반두라(Abert Bandura)는 인지-감정-행동 모델의 개념을 기반으로 한 사회인지이론(Social Cognitive Theory)[8]을 제안하였고, 존 O. 스튜어트(John O. Stuart)는 자신의 연구에서 인지-감정-행동 모델을 발전시켜 '의도(intention)'와 '행동(behavior)' 사이에 '자기효능감(self-efficacy)'을 삽입하여 인지-감정-행동-자기효능감 모델[9]을 제안하고, 인지-감정-행동 모델에서 인지적 판단이나 감정보다는, 행동을 중심으로 개인의 태도와 행동을 설명하는 데 더 중요한 역할을 한다는 것을 강조했다. 이렇듯 인지-감정-행동 모델은 학자들의 지속적인 연구에 의해 보완 발전되었다.

2. 인지-감정-행동 이론과 소비행위

Jerry C. Olson과 Philip J. Dover(1979)[10]는 최초로 인지-감정-행동 이론을

7   Fishbein, M.·Ajzen, I., Belief, attitude, intention and behavior: An introduction to theory and research. Addison-Wesley, 1975.

8   Bandura, A., Social foundations of thought and action: A social cognitive theory. Prentice-Hall, 1986.

9   Stuart, J. O., Self-Efficacy and Behavioral Intention: A Test of the Theory of Planned Behavior. Journal of Applied Social Psychology, 23(18), 1993, pp.1575-1592.

10   Olson, J. C.·Dover, P. A., Disconfirmation of expectations and the covariation model of

소비행위와 연결하여 인지-감정-행동 이론과 소비자 행동 간의 관계를 탐구한 논문에서 소비자의 구매 결정 및 구매 후 평가에 대한 이론적인 모델을 제시하였다. Richard Lutz와 Stuart E. Arnett(1979)[11] 역시 자신들의 논문에서는 소비자의 인식, 감정, 행동 사이의 상호작용을 설명하며, 소비자가 상품이나 서비스에 대한 기대와 경험의 차이(disconfirmation)가 소비자의 인식, 감정 및 행동에 영향을 미친다는 것을 주장하였다.

Richard P. Bagozzi(1982)는 소비자의 자아 개념이 구매 결정에 미치는 영향을 연구하였고,[12] Paul R. Warshaw(1980)는 태도와 행동의 상관 관계에 관한 연구를,[13] Alice M. Tybout(1981)은 광고 태도의 인지 및 감정적 원인을 연구하였다.[14] Kim, J., & Forsythe, S.(1998)는 쇼핑 동기와 감정 상태가 소비자의 구매 결과에 미치는 영향에 관한 연구를 통해서,[15] Debra L. Scammon(1984)는 태도, 주관적 규범, 동기가 선택 행동에 미치는 영향에 대한 연구[16]를 통해서 인지-감정-행동 모델을 구체화하고, 이 모델에서 각 요소가 선택 행동에 어떻게 영향을 미치는지에 대해 실험적으로 검증하였다. Richard P. Bagozzi와 Paul R. Warshaw(1990)는 소비자의 심리 과정과 구매 의사 결정

the attribution process. Journal of Consumer Research, 6(2), 1979, pp.197-207.

11 Richard Lutz·Stuart E. Arnett, "An Expectancy Theory of Consumer Behavior," Journal of the Academy of Marketing Science, 7(2), 1979, pp.69-81.

12 Peter, J. P.·Olson, J. C., "The Role of Self-Related Concepts in Consumer Behavior." Journal of Consumer Research, 9(3), 1982, pp.287-300.

13 Warshaw, P. R., Predicting purchase and other behaviors from general and context-specific attitudes. Journal of Marketing, 44(3), 1980, pp.39-50.

14 Tybout, A. M., Sternthal, B.·Calder, B. J., "Using information processing theory to design marketing strategies." Journal of Marketing Research, 18(2), 1981, pp.73-79.

15 Kim, J.·Forsythe, S., "Shopping Motives, Emotional States, and Retail Outcomes," Journal of Retailing, 74(4), 1998.

16 Scammon, D. L., The influence of attitudes, subjective norms, and motivation on choice behavior: A laboratory study. Journal of Consumer Research, 11(3), 1984, pp.795-805.

과정에서 인지, 감정 및 행동 간의 상호 작용을 분석하고 설명하였다.[17]

그 밖에도 Oliver, R.L.,(1980)[18]는 인지-감정-행동 이론과 소비자 만족도와의 관련성을 연구하였고, Ajzen, I.(1991)[19]는 소비자 구매 의도를 설명하기 위해 인지-감정-행동 이론을 활용하여 개인의 태도, 정서, 제어감이 구매 의도와 관련이 있다는 것을 주장하였다. Bagozzi, R.P., Gopinath, M., Nyer, P.U.(1999)[20] 등 학자는 소비자의 감정과 인지 요소가 소비자 결정 과정에 어떻게 영향을 미치는지에 대해 인지-감정-행동 이론을 바탕으로 설명하였다. 이와 같이 인지-감정-행동 이론은 소비자의 심리 과정을 비롯하여 구매의도, 구매결정 과정, 만족도에 이르기까지 널리 응용되어 왔다.

3. 대만에서의 K-Pop과 소비행동

대만에서 K-Pop과 소비행위에 관한 연구는 현재까지 아직 활발히 이루어지지는 않고 있다. 몇 편의 학위논문을 통해 연구가 진행되었는데, 邱琡函(2012)[21]는 석사 논문에서 심층 인터뷰 방식으로 대만의 K-Pop 팬들의 아이돌에 대한 응원과 지원의 소비 방식, 그리고 팬 전용 온라인 가상 커뮤니티가

---

17 Richard P. Bagozzi·Paul R. Warshaw, "Trying to Consume: A Theoretical Analysis and Empirical Test of the Accommodation Process," Journal of Consumer Research, 1990, pp.225-243.

18 Oliver, R. L., A cognitive model of the antecedents and consequences of satisfaction decisions. Journal of marketing research, 17(4), 1980, pp.460-469.

19 Ajzen, I., The theory of planned behavior. Organizational Behavior and Human Decision Processes, 50(2), 1991, pp.179-211.

20 Bagozzi, R. P., Gopinath, M.·Nyer, P. U., The Role of Emotions in Marketing. Journal of the Academy of Marketing Science, 27(2), 1999, pp.184-206.

21 邱琡函, K-pop迷群的社會識別與消費儀式: 虛擬社群中的認同學習, 世新大學公共關係暨廣告學研究所碩士論文, 2012.

소비행위에 미치는 영향을 분석하였다. 簡白雲(2020)[22]은 대만의 신베이시(新北市) 고등학생들을 대상으로 한 설문 조사를 통해 아이돌 그룹에 대한 인식이 관련 상품 구매 성향에 미치는 영향에 대해 실증 분석을, 劉怡萱(2021)[23]은 방탄소년단의 팬을 대상으로 한 설문조사를 통해 스타 추종 정도가 굿즈 구매 의사에 미치는 영향을 조사하였다. 傅國樑(2003)[24]는 직접적으로 K-Pop을 대상으로 하지는 않지만, 대만 전국 고등학교 및 고등전문학교 학생을 대상으로 한 설문조사를 통해 아이돌 숭배가 소비 행동에 미치는 영향과 아이돌 숭배의 동질성 정도에 따른 구매 행동의 차이점에 대해 조사하였다.

이와 같이 대만에서의 K-Pop과 소비행위에 관한 연구는 아이돌과 관련 상품의 구매에 미치는 영향을 중심으로 이뤄져 왔으며 그 분석 결과는 대부분 긍정적으로 유의하게 영향을 미치는 것으로 나타났다.

본 연구는 특정 아이돌이 아닌 K-Pop에 노출된 대만 청소년의 소비행동을 분석하는 것을 목적으로 하며, K-Pop을 경험하고 한류 관련 제품을 구매 소비 경험이 있는 대만의 24세 미만의 청년들을 대상으로 이들의 K-Pop에 대한 문화 동질성 인식 수준, 구매 의도 및 재구매 의사에 미치는 영향을 실증 분석하고자 한다.

22 簡白雲, K-POP偶像認同、消費價值對購買相關商品傾向之分析, 亞洲大學經營管理學系碩士在職專班碩士論文, 2020.

23 劉怡萱, "防彈少年團"粉絲追星涉入程度對周邊商品購買意願影響性研究-以心流經驗為中介變項, 銘傳大學新媒體暨傳播管理學系碩士學位論文, 2021.

24 傅國樑, 偶像崇拜與消費行為之研究－以高中職為例, 東海大學管理碩士在職專班學位論文, 2003.

Ⅲ. 연구방법

1. 연구방법 및 연구모형

본 연구는 설문조사를 통해 연구의 자료를 수집하여 SPSS 26.0 통계 소프트웨어를 분석 도구로 사용하여 실증분석을 진행하였다. 먼저 기술통계분석을 통해서 응답자의 인구통계 사항을 살펴보았고, 요인분석을 실시하여 각 요인에 대한 신뢰도 분석과 타당성을 검정하였다. K-Pop 이용 정도에 따른 K-Pop 문화에 대한 동질성의 인식과 구매의도, 재구매 의사에 대해 분산분석을 실시하였고, K-Pop 문화의 동질성과 구매의도, 재구매 의사 간의 상관관계분석과 회귀분석을 실시하였다.

본 연구의 연구모형은 아래의 [그림 1]과 같다.

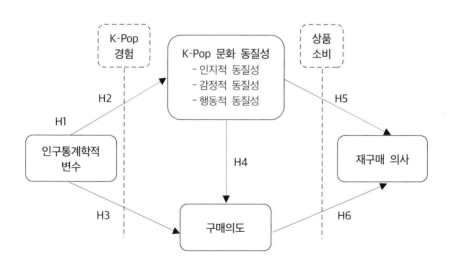

[그림 1] 연구모형

2. 연구 가설

본 연구는 소비자가 K-Pop에 노출된 후 K-Pop 관련 제품 및 한류 관련 제품에 대한 소비 행동에 미치는 영향을 중점적으로 다룬다. 이에 따라 K-Pop의 이용 정도, K-Pop 문화에 대한 동질성 인식, 구매 의도 및 재구매 의사를 포함한 요소들이 연구 대상이며, 이에 기초하여 다음과 같은 6가지 가설을 제시하며 이를 검증하고자 한다.

> H1: K-Pop에 노출된 인구 통계학적 변수에 따라 K-Pop 이용 정도에 차이가 있을 것이다.
>
> H2: K-Pop에 노출된 인구 통계학적 변수에 따라 K-Pop 문화 동질성 인식의 하위 구성 요소인 인지적, 감정적, 행동적 동질성에 대해 유의한 차이를 보일 것이다.
>
> H3: K-Pop에 노출된 인구 통계학적 변수에 따라 한류 관련 상품의 구매의도에서 유의한 차이를 보일 것이다.
>
> H4: K-Pop 문화 동질성 인식 정도에 따라 구매 의도에서 유의한 차이를 보일 것이다.
>
> H5: K-Pop 문화 동질성 인식 정도에 따라 재구매 의사에서 유의한 차이를 보일 것이다.
>
> H6: 구매 의도에 따라 재구매 의사에 유의한 영향을 미칠 것이다.

3. 자료수집 및 측정항목

본 연구는 K-Pop을 경험하고 한류 관련 제품을 구매 소비 경험이 있는 대만의 24세 미만의 청년들을 대상으로 하며, 편의 표본 추출방법(Convenience

Sampling)으로 Google 클라우드 문서를 플랫폼으로 하며, 인스타그램, 페이스북, 라인 등의 소셜네트워트(SNS)를 통해 2022년 5월 1일부터 5월 3일까지 총 3일간 설문조사 안내 및 배포와 함께 예비 조사를 실시하여 총 101부의 조사지를 수집하였고, 유효 표본은 모두 70부였다. 예비 설문 조사지는 다시 수정을 거친 후, 2022년 5월 10일부터 5월 13일까지 총 4일간 정식 설문조사 실시한 결과, 총 616부의 조사지가 회수되었고, 그중 K-Pop 경험이 없는 14부를 제외하고 총 602부 유효 표본을 선택하여 SPSS를 이용하여 분석을 진행하였다.

본 연구의 측정항목 중 K-Pop 관련 K-Pop 문화 동질성 인식의 하위 요인인 인지적 동질성, 감정적 동질성, 행동적 동질성에 관한 측정 구성은 郭爲藩(1996)이 제시한 동질성 정도를 채택하였다. 郭爲藩은 동질성의 정도에 따라 네 가지로 구분하였는데,

1. 인지적(cognitive) 동질성: 개인이 특정 그룹에 속하고 해당 그룹의 특성을 이해한다.
2. 감정적(affective) 동질성: 개인이 그룹 또는 대상에 대한 소속감을 느끼는 것뿐만 아니라 감정적으로 그룹 내와 그룹 외를 구분한다.
3. 지각적(perceptual) 동질성: 대상 그룹에 대한 동질성뿐만 아니라 애호의 감정이 생길 수 있고, 그 안에서 즐거움을 느낀다.
4. 행동적(behavioral) 동질성: 동질성, 태도, 가치관뿐만 아니라 행동 표현에 중점을 두고, 그룹 또는 대상의 특성을 표현한다.

본 연구는 인지-감정-행동 이론에 맞추어, 인지적 동질성, 감정적 동질성, 행동적 동질성의 연구 요소를, 동질성 정도는 傅國樑(2003)의 설문지를 참고하여 설문지 항목을 설계하였고, 구매의도와 구매 후 행동은 Kolter(2000)[25]의

소비자 구매 행동 모델을 참고 하였다. Kolter(2000)는 소비자 구매 과정을 문제 인식(Problem Recognition), 정보 수집(Information Search), 대안 평가(Evaluation of Alternatives), 구매 결정(Purchase Decision) 및 구매 후 행동(Postpurchase Behavior) 등 다섯 단계로 나누고, 이 과정에서 소비자 행동은 문화적 요인(문화, 서브컬처, 사회 계급), 사회적 요인(참조 그룹, 가족, 사회 역할 및 지위), 개인적 요인(나이, 생애 주기 단계, 직업, 경제적 상황, 라이프스타일, 성격, 자아 개념), 그리고 심리적 요인(동기, 인식, 학습, 신념, 태도) 등 네 가지 요인에 영향을 받는다고 주장하였다. 그리고 구매 후 행동은 소비자가 제품이나 서비스에 대한 만족도를 평가하고 그에 따라 행동을 결정하는 과정으로 소비자의 만족도가 높을 경우 재구매, 추천 등의 행위로, 만족도가 낮거나 불만족스러운 경험을 한 경우, 제품 반품, 교환, 보상 요청 등의 행위로 나타날 수 있다고 주장한다. 이를 참고하여 본 연구의 설문지 항목을 설계하였으며, 측정항목은 5점 리커트 척도를 이용하여 측정하였다.

[표 1] 변수명과 측정항목

변수	측정항목	참고문헌
인지적 동질성	H1 K-Pop의 이미지가 좋다고 생각한다.	郭爲藩(1996) 傅國樑(2003)
	H2 K-Pop의 전문 역량이 높다고 생각한다.	
	H3 K-Pop의 창의력이 높다고 생각한다	
	H4 K-Pop이 매우 매력적이라고 생각한다	
	H5 나는 K-Pop의 팬이다	
	H6 친구나 동료와 함께 K-Pop에 대해 이야기를 나눌 수 있어 좋다.	
감정적 동질성	H7 다른 사람이 K-Pop를 비판할 때 매우 화가 난다.	郭爲藩(1996) 傅國樑(2003)
	H8 K-Pop이 대중적으로 인정받을 때 자랑스럽다.	

25 Kotler, P., Marketing management: The millennium edition. Upper Saddle River, NJ: Prentice Hall, 2000, pp.87-105.

	H9 K-Pop이 대중적으로 인정받지 못할 때 슬프다.	
	H10 K-Pop이 수상을 할 때 자랑스럽다.	
행동적 동질성	H11 K-Pop을 지지하기 위해 관련된 행사에 참여할 것이다.	郭為藩(1996) 傅國樑(2003)
	H12 적극적으로 K-Pop 관련 행사에 참여할 것이다.	
	H13 다른 팬들과 함께 K-Pop 관련 행사에 참여할 것이다.	
	H14 K-Pop관련 물건을 가지고 다닌다.	
	H15 자발적으로 K-Pop을 홍보한다.	
구매 의도	C3 유행 트렌드를 따라 가기 위해	Philip Kotler (2000)
	C4 동료 영향으로	
	C5 신분을 강조하기 위해	
	C6 프로모션 활동	
재구매 행동	C1 좋아하는 한국 스타를 지지하기 위해	Philip Kotler (2000)
	C7 한류 관련 제품을 구매하는 것은 가치가 있다.	
	C8 가족이나 친구에게 한류 관련 제품을 소개하고 추천할 의사가 있다.	
	C9 다양한 매체를 활용하여 한류 관련 제품을 공유할 의사가 있다.	
	C10 한류 관련 제품의 활동 정보를 더욱 주목할 것이다.	
	C11 한류 관련 제품을 다시 구매할 의사가 있다.	
	C12 한류 관련 제품 구매를 위해 더 많은 예산을 지출할 의사가 있다.	

IV. 연구결과

1. 인구통계학적 특성

본 연구에서 표본의 일반적 특성을 분석하기 위하여 인구통계학적 특성인 성별, 연령, 학력, 직업, 월 소득에 대해 빈도분석을 실시하였으며, 그 결과는 아래 [표 2]와 같다.

[표 2] 인구통계학적 분석

구분	항목	빈도	%	구분	항목	빈도	%
성별	남	21	3.5	학력	중학교 재학/졸업	30	5.0
	여	581	96.5		고등학교 재학/졸업	124	20.6
연령	18세 이하	175	29.1		대학교 재학/졸업	440	73.1
	19~24세	427	70.9		대학원 재학/졸업	8	1.3
직업	학생	538	89.4	월소득 (NT)	고정수입 무	164	27.2
	공무원 (군인/교사 포함)	11	1.8		1~10,000	254	42.2
	사영업	4	.7		10,001~ 20,000	100	16.6
	상공업	14	2.3		20,001~ 30,000	50	8.3
	정보통신 관련 종사자	1	.2		30,001~ 40,000	25	4.2
	서비스업	29	4.8		40,001~ 50,000	5	.8
	무직/취직준비	5	.8		50,001~ 60,000	4	.7
	기타	0	.0		60,001 이상	0	.0

먼저, 성별은 여자가 581명(96.5%)으로 남자 21명(3.5%)에 비하여 압도적으로 높은 수치를 나타내었고, 응답자의 연령은 「19세부터 24세까지」의 427명(70.9%)이 「18세 이하」 175명(29.1%)에 비해 약 2.5배에 가까운 분포를 보이며, 학력은 「대학 재학 및 졸업자」가 440명(73.1%)으로 가장 많았고,

「고등학교 재학 또는 졸업자」124명(20.6%), 「중학교 재학 또는 졸업자」30명(5.0%), 마지막으로 「대학원 석사 재학 또는 졸업자」8명(1.3%) 순으로 나타났다.

응답자들의 직업을 살펴보면, 학생이 538명(89.4%), 서비스업 29명(4.8%), 상공업 14명(2.3%), 공무원(군인, 교사 포함)이 11명(1.8%), 무직 또는 취직 준비 5명(0.8%), 자영업 4명(0.7%) 순으로 나타났다.

응답자의 월평균 소득은 대만달러(NTD)「1~10,000달러」254명(42.2%), 「고정소득 없음」164명(27.2%), 「20,001~30,000달러」50명(8.3%), 「30,001~40,000달러」25명(4.2%), 「40,001~50,000달러」5명(0.8%), 「50,001~60,000달러」4명(0.7%)의 순으로 나타났다.

[표 3] K-Pop 관련 소식 습득 경로 및 이용 시간

구분	항목	빈도	(%)	구분	항목	빈도	(%)
K-Pop 관련 소식 습득 경로	SNS	471	78.2	K-Pop 하루 평균 이용 시간	1시간 미만	36	6.0
	TV광고	3	.5		1~3시간 미만	238	39.5
	한국 방송 프로그램	120	19.9		4~6시간 미만	203	33.7
	지인 추천	8	1.3		7시간 이상	125	20.8
	기타	0	0.0				

K-Pop 관련 소식의 습득 경로를 살펴보면, Facebook, Instagram, twitter, line 등 소셜네트워크 기반의 「SNS」를 통해 소식을 접한다는 응답자가 모두 471명(78.2%)으로 가장 많이 차지했고, 「한국 방송 프로그램」120명(19.9%), 「지인 추천」8명(1.3%), 「TV 광고」3명(0.5%)의 순으로 나타났다.

K-Pop 하루 평균 이용 시간은 「1~3시간 미만」이 238명(39.5%)으로 약 40%를 차지했으며, 「4~6시간 미만」203명(33.7%), 「7시간 이상」은 125명

(20.8%)으로 과반수의 응답자가 하루 평균 4시간 이상을 K-Pop을 들으며 생활하는 것으로 나타났고, 「1시간 미만」은 36명(6.0%)으로 나타났다.

[표 4] 구매 상품 종류

	빈도	평균	표준편차	순서
화장품	602	1.83	1.010	5
의류 및 장식구	602	2.21	1.092	4
3C/가전제품	602	1.37	0.700	6
음식	602	2.88	1.258	2
생활용품	602	2.33	1.162	3
오락상품	602	3.50	1.321	1

위의 [표 4]에 나타난 바와 같이, 응답자가 구매한 상품의 종류로는 K-Pop 관련 「오락상품」의 평균이 3.50으로 가장 높았고, 「음식」 2.88, 「생활용품」 2.33, 「의류 및 장신구」 2.21의 순서로 나타났으며, 「3C/가전제품」의 평균이 1.37로 가장 낮게 나타났다.

2. 신뢰도와 타당도 분석

독립변수 K-Pop 문화의 동질성 인식의 하위 요인인 인식의 동질성, 감정적 동질성, 행동적 동질성과 종속변수인 구매의도와 재구매 의사의 내적 검증을 위하여 신뢰도분석을 진행하였다.

[표 5] 신뢰도 분석

요인명		문항수	Cronbach's Alpha	
K-Pop 문화 동질성 인식	인지적 동질성	6	.837	.884
	감정적 동질성	4	.817	
	행동적 동질성	5	.825	
구매의도		4	.773	
재구매 의사		7	.881	
전체		26	.912	

위의 [표 5]에 나타난 바와 같이, 모든 변수들의 Cronbach's α 계수가 최소 .773 이상으로 본 연구의 측정도구는 모두 신뢰할 만한 수준으로 나타났다.

[표 6] 신뢰도와 타당도 분석

측정항목	표준화 요인적재값	고유치	공동분산 (%)	누적분산 (%)	Cronbach's Alpha
재구매1	1.020	8.505	32.710	32.710	.881
재구매2	.935				
재구매3	.741				
재구매4	.672				
재구매5	.520				
재구매6	.508				
인지적 동질성1	.839	1.802	6.931	39.641	.837
인지적 동질성2	.797				
인지적 동질성3	.706				
인지적 동질성4	.669				
인지적 동질성5	.580				
인지적 동질성6	.567				
행동적 동질성1	.887	1.450	5.576	45.217	.825
행동적 동질성2	.871				
행동적 동질성3	.752				
행동적 동질성4	.601				

행동적 동질성5	.434				
구매의도1	.840				
구매의도2	.833	1.326	5.101	50.318	.773
구매의도3	.667				
구매의도4	.410				
감정적 동질성1	.977				
감정적 동질성2	.758	.893	3.435	53.753	.817
감정적 동질성3	.459				
감정적 동질성4	.416				

KMO=.914, Bartlett's χ2=8002.003(p=.000)

또한, 탐색적 요인분석을 실시하여 타당성을 검정하였다. 요인 추출 방법으로는 최대우도을 실시하여 직접 오블리민 회전을 하였다. 검증 결과, KMO 측도는 .914로 나타났으며, Bartlett의 구형성 검정도 유의확률이 .001 미만으로 나타나 요인분석모형이 적합한 것으로 판단되었다. 추출된 요인들 5개가 전체 입력변수의 62.147%를 설명하고, 추출된 적재값은 53.753%를 설명하고 있어 측정도구의 타당도를 만족하였다.

3. 기술통계분석 및 상관관계분석

자료검토를 위해 기술통계분석을 실시하였으며 기술 통계분석으로 도출된 각 변수의 평균 및 표준편차의 결과는 아래 [표 7]과 같다.

[표 7] 기술통계분석

변수	측정항목	평균	표준편차	요인평균	요인표준편차
인지적 동질성	H1 K-Pop의 이미지가 좋다고 생각한다.	4.26	.672	4.50	0.507
	H2 K-Pop의 전문 역량이 높다고 생각한다.	4.46	.689		

	H3 K-Pop의 창의력이 높다고 생각한다.	4.49	.643		
	H4 K-Pop이 매우 매력적이라고 생각한다.	4.69	.546		
	H5 나는 K-Pop의 팬이다.	4.60	.749		
	H6 친구나 동료와 함께 K-Pop에 대해 이야기를 나눌 수 있어 좋다.	4.51	.772		
감정적 동질성	H7 다른 사람이 K-Pop를 비판할 때 매우 화가 난다.	3.35	1.057	3.81	0.797
	H8 K-Pop이 대중적으로 인정받을 때 자랑스럽다.	4.31	.904		
	H9 K-Pop이 대중적으로 인정받지 못할 때 슬프다.	3.40	1.059		
	H10 K-Pop이 수상을 할 때 자랑스럽다.	4.18	.938		
행동적 동질성	H11 K-Pop을 지지하기 위해 관련된 행사에 참여할 것이다.	3.94	1.162	3.55	0.923
	H12 적극적으로 K-Pop 관련 행사에 참여할 것이다.	3.76	1.093		
	H13 다른 팬들과 함께 K-Pop 관련 행사에 참여할 것이다.	3.60	1.189		
	H14 K-Pop관련 물건을 가지고 다닌다.	3.19	1.384		
	H15 자발적으로 K-Pop을 홍보한다.	3.23	1.174		
구매 의도	C3유행 트렌드를 따라 가기 위해	2.75	1.301	2.69	0.938
	C4 동료 영향으로	2.64	1.227		
	C5 신분을 강조하기 위해	2.09	1.108		
	C6 프로모션 활동	3.28	1.220		
재구매 의사	C1좋아하는 한국 스타를 지지하기 위해	4.56	.765	3.77	0.805
	C7 한류 관련 제품을 구매하는 것은 가치가 있다.	3.73	.990		
	C8 가족이나 친구에게 한류 관련 제품을 소개하고 추천할 의사가 있다.	3.31	1.111		
	C9 다양한 매체를 활용하여 한류 관련 제품을 공유할 의사가 있다.	3.47	1.299		
	C10 한류 관련 제품의 활동 정보를 더욱 주목할 것이다.	3.85	1.070		
	C11 한류 관련 제품을 다시 구매할 의사가	3.97	.980		

있다.				
C12 한류 관련 제품 구매를 위해 더 많은 예산을 지출할 의사가 있다.	3.48	1.087		

변수들의 평균값을 살펴보면, 「인지적 동질성」이 4.5로 가장 높게 나타났고, 「감정적 동질성」 3.81, 「재구매 의사」 3.77, 「행동적 동질성」 3.55, 「구매 의도」 2.69의 순으로 나타났다. 개별 측정 항목의 평균값을 살펴보면, 「K-Pop이 매우 매력적이라고 생각한다」가 4.69, 「나는 K-Pop의 팬이다」 4.60, 「친구나 동료와 함께 K-Pop에 대해 이야기를 나눌 수 있어 좋다」 4.51로 이 세 항목 모두 4.50 이상의 높은 평균값을 나타냈고, 모두 「인지적 동질성」 변수에 속하는 항목이다.

이어서 인지적 동질성, 재구매 행동, 행동적 동질성, 구매동기, 감정적 동질성 간의 상관관계를 검정하기 위하여 피어슨 상관분석을 실시하였다.

[표 8] 상관관계 분석

	1	2	3	4	5
인지적 동질성	1				
재구매 행동	.673**	1			
행동적 동질성	.616**	.681**	1		
구매동기	.209**	.323**	.268**	1	
감정적 동질성	.644**	.548**	.629**	.363**	1

$**p<.01$

요인 추출 방법으로는 최대우도을 실시하여 직접 오블리민 회전을 설정하여 상관분석을 실시한 결과 [표 8] 나타난 바와 같이 모든 변수 간의 유의성이 $p<0.1$로 모두 유의한 상관관계를 나타냈다.

4. 연구가설 검증

H1: K-Pop에 노출된 인구 통계학적 변수에 따라 K-Pop 이용 정도에 차이가
있을 것이다.

[표 9] 성별과 연령에 따른 K-Pop 이용 정도의 차이

구분	집단	빈도	평균	표준편차	t	p
하루 평균 이용 시간	남	21	2.43	1.165	-1.066	.299
	여	581	2.70	.852		
하루 평균 이용 시간	18세 이하	175	2.71	.870	.392	.695
	19~24세	427	2.68	.864		

K-Pop 이용 정도는 응답자의 하루 평균 K-Pop 이용 시간을 이용하여
측정하고자 한다. 성별, 연령별 K-Pop 이용 정도의 차이를 측정하고자 독립
표본 t검증을 실시한 결과 성별, 연령별 모두 유의한 차이가 나타나지 않았다.

[표 10] 월수입, 직업, 학력에 따른 K-Pop 이용 정도의 차이

종속변수	집단	표본수	평균	표준편차	F	P	Scheffe
하루 평균 이용 시간	고정수입 무	164	2.66	.832	.772	.592	-
	1~10000	254	2.66	.860			
	10001~20000	100	2.85	.903			
	20001~30000	50	2.68	.935			
	30001~40000	25	2.64	.860			
	40001~50000	5	2.60	1.140			
	50001~60000	4	3.00	.000			

하루 평균 이용 시간	학생	538	2.69	.872	1.483	.181	-
	공무원 (군인/교사 포함)	11	2.82	.751			
	자영업	4	2.75	.957			
	상공업	14	2.29	.825			
	정보통신 관련 종사자	1	4.00				
	서비스업	29	2.90	.772			
	무직/취직준비	5	2.20	.447			
하루 평균 이용 시간	중학교 재학/졸업	30	2.73	.785	.093	.964	-
	고등학교 재학/졸업	124	2.66	.873			
	대학교 재학/졸업	440	2.70	.873			
	대학원 재학/졸업	8	2.75	.707			

그리고, 월수입, 직업별, 학력별 K-Pop 이용 정도의 차이를 측정하고자 일원분산분석을 실시한 결과 이들 모두 집단 간 유의한 차이는 나타나지 않았다. 그러므로, K-Pop에 노출된 인구 통계학적 변수, 즉 성별, 연령, 월수입, 직업 그리고 학력에 따라 K-Pop 이용 정도에 차이가 없는 것으로 나타났다.

> H2: K-Pop에 노출된 인구 통계학적 변수에 따라 K-Pop 문화 동질성 인식의 각 하위 구성 요소인 인지적, 감정적, 행동적 동질성에서 유의한 차이를 보일 것이다.

K-Pop에 노출된 성별, 연령의 차이에 따른 K-Pop 문화 동질성 인식의 각 하위 구성 요소인 인지적, 감정적, 행동적 동질성에 대한 차이를 알아보고자 독립표본 t검증을 실시하였다.

[표 11] 성별, 연령에 따른 K-Pop 문화 동질성 인식의 차이(독립표본t검정)

구분	집단	빈도	평균	표준편차	t	p
인지	남	21	4.21	0.820	-2.651	0.115
	여	581	4.51	0.490		
감정	남	21	3.62	1.036	-1.116	0.265
	여	581	3.82	0.788		
행동	남	21	3.31	1.162	-1.167	0.244
	여	581	3.55	0.914		
인지	18세 이하	175	4.59	.433	3.103**	0.002
	19~24세	427	4.46	.530		
감정	18세 이하	175	3.94	.762	2.520**	0.012
	19~24세	427	3.76	.806		
행동	18세 이하	175	3.80	.846	4.339***	0.000
	19~24세	427	3.44	.935		

*$p<.05$ **$p<.01$ ***$p<.001$

검증 결과, 위의 표에 나타난 바와 같이, 성별에 따른 K-Pop 문화 동질성 인식에는 유의한 차이가 나타나지 않았으나, 연령별 K-Pop 문화 동질성 인식에는 모두 유의한 차이가 나타났다. 연령에 따른 인지적 동질성의 평균의 차이는 「18세 이하」가 4.59로 측정되었고, 「19~24세」가 4.46으로 측정되었으며, 이 두 집단의 평균 차이의 유의수준이 .002로 유의한 것으로 판단할 수 있다. 연령에 따른 감정적 동질성의 평균은 각각 「18세 이하」가 3.94, 「19~24세」가 3.76으로 측정되었으며, 이 두 집단의 평균 차이의 유의수준이 .012로 유의한 것으로 판단할 수 있다. 마지막으로, 연령에 따른 행동적 동질성의 평균의 차이는 「18세 이하」가 3.80, 「19~24세」가 3.44로 측정되었으며, 이 두 집단의 평균 차이의 유의수준이 .000로 역시 유의한 것으로 판단할 수 있다.

이와 같이 연령에 따라 인지적 동질성, 감정적 동질성, 행동적 동질성의 평균 차이가 유의하다고 판단할 수 있으며, 모두 「18세 이하」 그룹의 평균이 「19~24세」 그룹 보다 높게 나타났다.

[표 12] K-Pop 이용 시간에 따른 K-Pop 문화 동질성 인식의 차이(일원분산분석)

종속변수	집단	표본수	평균	표준편차	F	P	Scheffe
인지	1시간 미만(a)	36	3.84	0.744	31.472^{***}	.000	a>b,c,d b<c,d c<d
	1~3시간(b)	238	4.44	0.494			
	4~6시간(C)	203	4.59	0.432			
	7시간 이상(d)	125	4.65	0.383			
감정	1시간 미만(a)	36	3.08	0.998	19.654^{***}	.000	a>b,c,d b<c,d
	1~3시간(b)	238	3.68	0.759			
	4~6시간(C)	203	3.94	0.710			
	7시간 이상(d)	125	4.06	0.774			
행동	1시간 미만(a)	36	2.69	1.039	25.040^{***}	.000	a>b,c,d b<c,d
	1~3시간(b)	238	3.34	0.943			
	4~6시간(C)	203	3.74	0.899			
	7시간 이상(d)	125	3.87	0.948			

$***p<.001$

K-Pop 이용 시간에 따른 K-Pop 문화 동질성 인식의 차이를 일원분산분석을 통해 검증한 결과, 「인지적 동질성」, 「감정적 동질성」, 「행동적 동질성」의 유의확률이 모두 .000으로 유의하다는 결과를 얻었다. 이는 K-Pop 이용 시간에 따른 K-Pop 문화 동질성 인식의 차이가 있다는 의미이다. 이에 사후검정을 통해 어떠한 차이가 존재하는지 확인한 결과 K-Pop 이용 시간이 길수록 K-Pop 문화 동질성 인식이 크게 나타나는 것을 알 수 있다.

H3: K-Pop에 노출된 인구 통계학적 변수에 따라 한류 관련 상품의 구매의도
에서 유의한 차이를 보일 것이다.

K-Pop에 노출된 성별, 연령의 차이에 따른 구매의도 및 재구매 의사의 차이를 알아보고자 독립표본 t검증을 실시하였다.

[표 13] 성별, 연령별에 따른 구매의도/재구매 의사의 차이(독립표본 t검정)

구분	집단	빈도	평균	표준편차	t	p
구매의도	남	21	3.17	0.995	2.380*	0.018
	여	581	2.67	0.932		
구매빈도	남	21	2.05	0.824	-1.768	0.078
	여	581	2.37	0.808		
재구매	남	21	3.53	0.917	-1.375	0.170
	여	581	3.78	0.801		
구매의도	18세 이하	175	2.6643	.953	-.434	.665
	19~24세	427	2.7008	.932		
구매빈도	18세 이하	175	2.3486	.854	-.107	.915
	19~24세	427	2.3564	.792		
재구매	18세 이하	175	3.9429	.757	3.442**	.001
	19~24세	427	3.6962	.815		

검증 결과, 구매의도 유의수준이 $p < .05$로 성별에 따른 유의한 차이가 나타났으며 남성의 평균이 3.17로 여성의 평균 2.67보다 높게 나타났다. 그러나, 구매빈도, 재구매 의사에 대한 평균 차이는 유의하지 않는 것으로 나타났다.

연령의 차이에 대한 구매의도, 구매빈도의 평균 차이는 유의하지 않게 나타났으나, 재구매 의사에 대한 연령 그룹별 평균 차이에 대한 유의수준이 .001로 유의한 차이가 나타났으며, 「18세 이하」 그룹의 평균은 3.94로 「19~24세」 그룹의 평균 보다 높게 나타났다.

이어서 K-Pop 이용 시간에 따른 구매의도 및 재구매 의사의 차이를 검증하기 위해 일원분산분석을 실시하였다.

[표 14] K-Pop 이용 시간에 따른 구매의도 및 재구매 의사의 차이(일원분산분석)

종속변수	집단	표본수	평균	표준편차	F	P	Scheffe
구매의도	1시간 미만(a)	36	2.59	1.039	1.985	.115	-
	1~3시간(b)	238	2.59	0.943			
	4~6시간(C)	203	2.79	0.899			
	7시간 이상(d)	125	2.75	0.948			
재구매	1시간 미만(a)	36	2.88	0.999	26.026***	.000	a<b,c,d b<c,d
	1~3시간(b)	238	3.64	0.770			
	4~6시간(C)	203	3.92	0.723			
	7시간 이상(d)	125	4.02	0.718			
구매빈도	1시간 미만(a)	36	1.90	0.859	25.535***	.000	a<c,d b<c,d c<d
	1~3시간(b)	238	2.11	0.688			
	4~6시간(C)	203	2.47	0.784			
	7시간 이상(d)	125	2.76	0.838			

***p<.001

검증 결과, 「구매의도」에 대한 유의확율은 .115로 유의하지 않은 걸로 나타났으나, 「재구매 의사」와 「구매빈도」는 모두 유의확율이 .000으로 유의하다는 결과를 얻었다. 이에 따른 사후검정 결과 K-Pop 이용 시간이 길수록 재구매 의사와 구매빈도의 평균이 높게 나타나는 것을 알 수 있다.

H4: K-Pop 문화 동질성 인식 정도에 따라 구매 의도에서 유의한 차이를 보일 것이다.

독립변수인 K-Pop 문화에 대한 동질성 인식이 종속변수인 구매의도에 미치는 영향을 검증하기 위하여 다중 회귀분석을 진행하였다.

[표 15] 가설검증을 위한 회귀분석 결과

종속변수	독립변수	B	S.E.	β	t	유의확률	VIF	판정
구매의도	(상수)	-1.983E-17	.035		.000	1.000		
	감정	.222	.054	.224	4.103***	.000	2.119	채택
	행동	.201	.051	.207	3.918***	.000	1.975	채택
	인지	.009	.052	.009	.177	.860	1.994	기각
R=.398	R²=.159	수정된 R²=.156		F=56.416(p<.001)		Durbin-Watson=2.121		
재구매의사	(상수)	1.028E-19	.026		.000	1.000		
	감정	.031	.041	.030	.753	.452	2.119	기각
	행동	.413	.039	.404	10.573***	.000	1.975	채택
	인지	.410	.039	.399	10.396***	.000	1.994	채택
R=.746	R²=.557	수정된 R²=.555		F=376.227(p<.001)		Durbin-Watson=1.987		
재구매의사	(상수)	7.116E-17	.036		.000	1.000		
	구매의도	.421	.039	.401	10.735	.000	1.000	채택
R=.401	R²=.161	수정된 R²=.160		F=115.234(p<.001)		Durbin-Watson=2.037		

분석 결과, 위의 [표 15]에 나타난 바와 같이 회귀모형은 통계적으로 유의하게 나타났으며(F= 56.416, p<.001), 회귀모형의 설명력은 15.9%(수정된 R²은 15.6%)로 나타났다. 한편 Durbin-Watson 통계량은 2.121로 2에 근사한 값을 보여 잔차의 독립성 가정에 문제가 없는 것으로 평가되었고, 분산팽창지수(VIF)는 모두 10 미만으로 작게 나타나 다중공선성 문제는 없는 것으로 판단되었다. 회귀계수의 유의성 결과를 보면, 감정적 동일성(β=.224, p<.001)과 행동적 동질성(β=.207, p<.001)은 모두 구매의도에 정(+)의 영향을 미치는 것으로 나타났으나 인지적 동질성(β=.009, p=.860)은 유의한 영향을 미치지 않는 것으로 나타났다.

H5: K-Pop 문화 동질성 인식 정도에 따라 재구매 의사에서 유의한 차이를 보일 것이다.

독립변수인 K-Pop 문화에 대한 동질성 인식이 종속변수인 재구매 의사에 미치는 영향을 검증하기 위하여 역시 다중 회귀분석을 진행하였다. 분석 결과, 위의 [표 15]에 나타난 바와 같이 회귀모형은 통계적으로 유의하게 나타났으며(F= 376.227, p<.001), 회귀모형의 설명력은 55.7%(수정된 R^2은 57.6%)로 높게 나타났다. 한편 Durbin-Watson 통계량은 1.987로 2에 근사한 값을 보여 잔차의 독립성 가정에 문제가 없는 것으로 평가되었고, 분산팽창지수(VIF)는 모두 10 미만으로 작게 나타나 다중공선성 문제는 없는 것으로 판단되었다. 회귀계수의 유의성 결과를 보면, 행동적 동일성(β=.404, p<.001)과 인지적 동질성(β=.399, p<.001)은 모두 재구매 의사에 정(+)의 영향을 미치는 것으로 나타났다. 반면, 감정적 동질성(β=.030, p=.452)은 통계적으로 유의하지 않는 것으로 나타났다.

H6: 구매 의도에 따라 재구매 의사에 유의한 영향을 미칠 것이다.

독립변수인 구매의도가 종속변수인 재구매 의사에 미치는 영향을 검증하기 위해 단순회귀 분석을 실시하였다. 분석 결과, 위의 [표 15]에 나타난 바와 같이 회귀 모형은 통계적으로 유의하게 나타났으며(F= 115.234, p<.001) 회계모형의 설명력은 약 16.1%로 나타났다. 한편 Durbin-Watson 통계량은 2.037로 2에 근사한 값을 보여 잔차의 독립성 가정에 문제가 없는 것으로 평가되었고 분산팽창지수(VIF)도 모두 10 미만으로 작게 나타나 다중공선성 문제는 없는 것으로 판단되었다. 회귀계수의 유의성 검정 결과, 구매의도는 재구매 의사에 유의한 정(+)의 영향을 미치는 것으로 나타났다.

V. 맺음말

본 연구는 대만 청소년들을 대상으로 설문조사를 통해 K-Pop에 노출된 대만 청소년의 소비행동을 분석하는 것을 목적으로, 대만 청소년들의 K-Pop 관련 K-Pop 문화 동질성 인식 수준, 구매 의도 및 재구매 의사에 미치는 영향을 실증 분석하였다.

본 연구의 주요 결과는 아래와 같이 요약할 수 있다.

우선, 인구통계학적 분석을 보면, 응답자의 96.5%는 여성 응답자로, 연령은 「19~24세」의 응답자가 70.9%를 차지하고, 학력은 「대학교 재학 또는 졸업」이 73.1%로 가장 많고, 직업은 학생이 538명으로 전체의 89.4%를 차지했다. 월 소득은 대만달러 「1~10,000달러」가 42.2%로 가장 높은 비율을 차지하고, 고정 수입이 없는 그룹 역시 164명 27.2%로 나타나, 전체의 69.4%가 10,000달러 이하의 월 평균 소득을 나타내었다.

K-Pop 관련 소식의 습득 경로를 살펴보면, 약 80%에 가까운 응답자가 Facebook, Instagram, twitter, line 등 소셜네트워크 기반의 「SNS」를 통해 소식을 접한다고 나타냈으며, 그 외 약 20%의 응답자는 「한국 방송 프로그램」을 통해 소식을 접한다고 밝혔다. K-Pop 하루 평균 이용 시간은 약 40%의 응답자가 「1~3시간 미만」을 이용한 것으로 나타났고, 「4~6시간 미만」 33.7%, 「7시간 이상」 20.8%로 과반수의 응답자가 하루 평균 4시간 이상을 K-Pop을 들으며 생활하는 것으로 나타났다.

그리고 본 연구의 가설에 대한 검증 결과를 통해 대만 청소년들의 K-Pop에 대한 경험이 K-Pop 문화 동질성 및 소비행위에 미치는 영향은 아래 내용으로 요약할 수 있다.

첫째, 성별, 연령, 월수입, 직업 및 학력은 K-Pop 이용 정도에 유의한 차이가 나타나지 않았다.

둘째, 성별에 따른 K-Pop 문화 동질성 인식에는 유의한 차이가 나타나지 않았으나, 연령별 K-Pop 문화 동질성 인식에는 인지적 동질성, 감정적 동질성, 행동적 동질성 모두 유의한 정(+)의 차이가 나타났으며, 「18세 이하」그룹의 평균이 「19~24세」그룹 보다 높게 나타났다.

셋째, K-Pop 이용 시간에 따른 K-Pop 문화 동질성 인식의 차이는 유의한 정(+)의 차이가 나타났다. 즉, K-Pop 이용 시간이 길수록 K-Pop 문화 동질성 인식이 크게 나타나는 것을 알 수 있다.

넷째, 감정적 동일성과 행동적 동질성은 모두 구매의도에 정(+)의 영향을 미치는 것으로 나타났으나 인지적 동질성은 유의한 영향을 미치지 않는 것으로 나타났다.

다섯째, 행동적 동일성과 인지적 동질성은 모두 재구매 의사에 정(+)의 영향을 미치는 것으로 나타났다. 반면, 감정적 동질성은 통계적으로 유의하지 않는 것으로 나타났다.

마지막으로, 구매의도는 재구매 의사에 유의한 정(+)의 영향을 미치는 것으로 나타났다.

참고문헌

Ajzen, I., The theory of planned behavior. Organizational Behavior and Human Decision Processes, 50(2), 1991, pp.179-211.

Bagozzi, R. P., Gopinath, M.·Nyer, P. U., The Role of Emotions in Marketing. Journal of the Academy of Marketing Science, 27(2), 1999, pp.184-206.

Bandura, A., Social foundations of thought and action: A social cognitive theory. Prentice-Hall, 1986.

Fishbein, M.·Ajzen, I., Belief, attitude, intention and behavior: An introduction to theory and research. Addison-Wesley, 1975.

Kim, J.·Forsythe, S., "Shopping Motives, Emotional States, and Retail Outcomes," Journal of Retailing, 74(4), 1998.

Kotler, P., Marketing management: The millennium edition. Upper Saddle River, NJ: Prentice Hall, 2000.

Oliver, R. L., A cognitive model of the antecedents and consequences of satisfaction decisions. Journal of marketing research, 17(4), 1980, pp.460-469.

Olson, J. C.·Dover, P. A., Disconfirmation of expectations and the covariation model of the attribution process. Journal of Consumer Research, 6(2), 1979, pp.197-207.

Peter, J. P.·Olson, J. C., "The Role of Self-Related Concepts in Consumer Behavior." Journal of Consumer Research, 9(3), 1982, pp.287-300.

Richard Lutz·Stuart E. Arnett., "An Expectancy Theory of Consumer Behavior," Journal of the Academy of Marketing Science, 7(2), 1979, pp.69-81.

Richard P. Bagozzi·Paul R. Warshaw, "Trying to Consume: A Theoretical Analysis and Empirical Test of the Accommodation Process," Journal of Consumer Research, 1990, pp.225-243.

Scammon, D. L., The influence of attitudes, subjective norms, and motivation on choice behavior: A laboratory study. Journal of Consumer Research, 11(3), 1984, pp.795-805.

Stuart, J. O., Self-Efficacy and Behavioral Intention: A Test of the Theory of Planned Behavior. Journal of Applied Social Psychology, 23(18), 1993, pp.1575-1592.

Tybout, A. M., Sternthal, B.·Calder, B. J., "Using information processing theory to design marketing strategies." Journal of Marketing Research, 18(2), 1981, pp.73-79.

Warshaw, P. R., Predicting purchase and other behaviors from general and context-specific attitudes. Journal of Marketing, 44(3), 1980, pp.39-50.

邱琡涵, K-Pop迷群的社會識別與消費儀式: 虛擬社群中的認同學習。世新大學公共關係暨廣告學研究所碩士論文, 2012.

郭為藩, 自我心理學。台北: 師大書苑, 1996.

傅國樑, 偶像崇拜與消費行為之研究－以高中職為例。東海大學管理碩士在職專班學位論文, 2003.

劉怡萱, "防彈少年團"粉絲追星涉入程度對周邊商品購買意願影響性研究-以心流經驗為中介變項。銘傳大學新媒體暨傳播管理學系碩士學位論文, 2021.

簡白雲, K-Pop偶像認同、消費價值對購買相關商品傾向之分析。亞洲大學經營管理學系碩士在職專班碩士論文, 2020.

https://zdnet.co.kr/view/?no=20120922114006
https://www.youtube.com/watch?v=9bZkp7q19f0
https://www.youtube.com/watch?v=gdZLi9oWNZg
https://www.youtube.com/watch?v=32si5cfrCNc
https://news.tvbs.com.tw/entertainment/1957391

K-컬처 세대로서 일본 Z세대의 가능성
―한국 X세대와의 비교를 통해

조규헌

Ⅰ. 머리말

2002년 한일 월드컵 공동 개최로 한일 간의 '문화교류'의 커다란 접점이 마련되었다. 그로부터 2년 뒤인 2004년 드라마 <겨울연가>의 인기를 계기로 일본에서 한국 대중문화의 본격적인 유입을 가리키는 '한류'가 생겨났고, 2010년을 전후로 한 2차 한류에서는 <소녀시대>의 일본 상륙으로 상징되는 K-Pop 등 대중문화 전반으로 확장되었다. 2017년부터의 3차 한류에서는 대중문화뿐 아니라 <치즈 닭갈비>를 먹는 모습을 인스타그램에 올리는 SNS 세대가 주도하였고, 2020년의 4차 한류에서는 OTT 플랫폼 '넷플릭스'의 대중화와 함께 <사랑의 불시착>, <이태원클라쓰> 등 한국 콘텐츠가 일본 남녀노소에게 폭넓게 수용되게 되었다. 이렇듯 약 20년에 걸쳐 이어져 온 일본 한류의 '특수성'을 가장 잘 나타내는 것은, 이를 'n차 붐'으로 명명(命名) 해 온 그 표현에서 알 수 있지 않을까. 즉 일본에서 한류는 각 단계마다 하나의 커다란 사회현상이었다는 것을 나타내는데, 이는 한일관계의 관점에서도 정치적·외교적 우여곡절 속에서 '새로운 가치'를 만들며 이어져 온 '문화사'(文化史)적 의의를 내포한다는 것을 의미한다.

일본에서 한류가 이어져 온 시간만큼이나 국내에서도 관련 선행연구가 상당히 축적되어져 왔는데. 이를 종합적으로 보면 크게 세 가지로 분류할 수 있다. 첫째, 단계별 유행 시기마다 지배적인 특정 장르에 기반을 둔 일본 내 수용 양상의 특징을 집중적으로 검토하는 시각이다. 예컨대 1차 한류는 텔레비전 방송을 매개로 중년 여성 수용자 및 팬덤 실천의 이해가 젠더나 국가성에 주목하는 담론 분석이 주로 이루어졌다(오미영, 2006). 2차 한류 시기에는 K-Pop 아이돌의 영향력의 연장선 상에서 드라마 <미남이시네요> 와 같은 한국의 트렌디 드라마도 인기를 얻게 되는데, 기존의 노스탤지어와 순애보 정서로부터 벗어나 한류가 새로운 취향 및 소비문화로 전환되는 점에 주목했다(정수영, 2017). 3차, 4차시기도 각 시기의 특징에 주목하는데 이러한 연구시각은 일본 내 한류의 '지속성'에 주안점을 둔다(박소정, 2021; 이석, 2019). 둘째는, 정치적·외교적 한일관계의 관점에서 문화적 한류 현상을 연결 해 바라보는 시각인데, 여기에는 일본의 우경화, 반한감정, 혐한콘텐츠 등과 같은 한류를 둘러싼 일본 내 반작용적 특성에 주목한다. 혐한류를 조장하는 인터넷과 신문에서의 표현 방식 및 내용을 미디어 내셔널리즘 관점에서 파악 한다든지(박수옥, 2009), 한류를 비판하는 '혐한류' 시위라든지 '혐한류' 서적 의 출판에는, 혐'한류'라기보다는 '혐한'류를 기저에 둔 민족주의 사상이 기 저에 있다는 점을 지적한다(박순애, 2009). 이러한 연구시각은 일본 내 한류의 '단절성'에 주안점을 두게 되는데, 이는 '한류'라는 대중문화 수용이 실제로 '한일관계' 개선에 도움이 되었는가라고 의문을 제기하는 일반 대중 인식과 도 연결된다. 셋째는, '한류'를 발판 삼아 한일 간 문화교류 및 문화외교를 촉진해 긍정적 한일관계를 모색하고자 하는 시각이다. 여기에서는 재일코리 안, 일본 내 코리아타운의 긍정적인 역할을 기대하거나 재조명하는 경우가 많고, 한일 문화산업 간 교류, 문화외교 정책 활성화 방안 등 다양한 문화교류 및 소통을 실천해 가는 것이 한류가 지니는 가장 큰 가치라는 것이다(송연희, 2022; 임영상 외, 2015; 한영균, 2020). 이렇게 일본 한류에 관한 기존 연구를 종합적으로 검토해 보면, 궁극적으로는 '역사'적 그늘에 기인한 부정적인 '한일관계' 속에서도 단절되지 않고 연속되어 온 '한류'로부터 '문화적 역할'의 의의 및 가능성을 찾는 것에 귀결된다고 할 수 있을 것이다.

2017년부터 젊은 여성층 중심으로 시작된 일본 내 3차 한류와 2020년도에 들어서 더욱 다양한 장르와 형태로 영역을 넓히고 있는 4차 한류는 다양한 뉴미디어(new media)와 연계된 한류 향유층을 통해 확대되어갔다(조규헌, 2021). 여기에서는 한류 '콘텐츠'(K-콘텐츠)만이 아닌 '한국문화' 및 '라이프 스타일'(K-컬처)에 대한 한층 깊어진 관심을 바탕으로 한류가 일본인의 일상 생활과 더욱 밀접해졌다는 점에서, 3·4차 일본 한류의 '문화사'적 의의는 한류가 일본 내 하나의 '보편'적 문화로 정착하기 시작한 것에 있다고 할 것이다.

이러한 일본 한류의 '문화사'적 관점에서 보면, 일본 Z세대는 'K-컬처'와 '뉴미디어'라는 새로운 '문화적 맥락'의 한류 향유층이라는 점이 기존 세대와는 뚜렷한 차별점을 가진다. 이에 본 논문에서는 K-컬처 세대로서 일본 Z세대의 특수성을 검토해 앞으로의 한일관계 및 문화교류에 어떠한 잠재력과 가능성을 내포하는지를 고찰하는 것을 연구목표로 한다. 이를 위해 다음 세 가지의 연구 과제를 설정하였다. 첫째, 과거 한국에도 이른바 '일류'(日流)라고 할 수 있는 일본 대중문화 수용 과정이 있었고, 90년대 이후 한국 X세대가 새로운 '문화적 맥락'의 J-컬처 향유층이라는 점에서 일본 Z세대와 비견되는 특수성을 가진다. 따라서 한일 양국의 두 세대를 비교 검토함으로써 정치적·외교적 한일관계 속에서 '문화'와 '세대'가 지닌 가치가 무엇인지를 조명해보고자 한다. 둘째, 일본 Z세대 중에서도 SNS 등 뉴미디어를 적극적으로 사용하는 '여성'이 사실상 K-컬처의 '인플루언서'와 같은 역할로 유행을 선도해온 점도 특징적이다. 트렌드에 민감한 Z세대 여성이 K-컬처를 어떤 방식으로 발신, 공유하는지에 주목하고자 한다. 셋째, 일본 Z세대의 K-컬처 향유가 본격화되는 시기는 일본 시대구분 원호(元号)로는 헤이세이(平成, 1989. 1.~2019.4.)에서 레이와(令和, 2019.5.~)로 넘어가는 시기와도 중첩된다. 새로운 시대의 새로운 세대가 K-컬처의 향유층이 된다는 것이 일본인 고유의 시간 및 시대 감각에 어떠한 영향을 미치는지도 검토할 필요가 있다.

II. J-컬처와 한국 X세대

1. 한국과 일본의 영화 <써니> 속 시대와 세대

2011년 개봉해 1000만 관객을 달성한 영화 <써니>는 '민주화' 운동이 한창이던 80년대 중후반(1985~1986)을 배경으로 한 것이다. 반정부 기운이 고조되던 시기였지만 당시 정부는 비판을 피하기 위한 방편으로 영화, 음악 등 해외 문화를 적극적으로 수용한 측면이 있었고, 그 연장선에 교복 자율화, 두발 자율화도 1982~1983년에 시행되었다. 그래서 이 영화의 주인공들은 교복이 아닌 '사복' 차림이고, 영화의 배경도 보니 엠의 Sunny 등 다양한 '팝'이 주류를 이룬다.

2018년 개봉한 일본판 리메이크 써니(SUNNY 強い気持ち・強い愛)는 80년대의 한국판과는 달리 90년대(1995~1996) 일본의 '고갸루(コギャル)'를 주인공으로 해, 이들이 22년 후에 다시 만나게 되면서 청춘을 회상하는 이야기로 그려져 있다. 오오네 히토시 감독은 90년대를 배경으로 한 이유를 "당시 고갸루가 등장하던 시기는 버블경제가 끝나면서 일본 사회가 다소 침체되어

가던 분위기였는데, 이들은 루즈삭스와 같은 스스로 고안한 독자적인 패션을 만드는 등, 고갸루가 하나의 사회현상으로 비춰질 만큼 강렬한 존재감을 가졌기 때문"이라고 밝혔다(Cinema cafe, 2018.9.1).

또 이 영화에는 아무로 나미에'의 대표곡 'Sweet 19 Blues'를 비롯해, 당시 고갸루들이 가라오케에서 즐겨 불렀던 90년대 J-Pop이 대거 등장한다. 즉 일본판 리메이크 Sunny 強い気持ち·強い愛는 일본사람들로 하여금 90년대 일본대중문화 전반에 대한 향수를 불러일으키게 하는 영화인 것이다.

그런데 이 영화의 리뷰를 살펴보면, 90년대 학창시절을 보낸 한국 사람들 중에도 이 영화 속 패션이나 음악 등 일본대중문화에 친숙한 사람이 적지 않은 것을 알게 된다.

저는 90년대 중학생이었는데 한국판 써니는 제 세대가 아니라 공감되는 부분이 많이 없었지만, 제 학창시절 당시 일본문화가 엄청 들어왔던 탓에 저런 일본 여고생들 모습을 잡지나 만화에서 자주 접하기도 해서 일본판이 오히려 더 공감되는 부분도 있는 거 같아요. (중략) 당시 한국에도 루즈삭스 엄청 유행해서 저도 열심히 신고 다녔는데 선도부 선생님들한테 걸리면 뺏겨서 맨발로 다니고 했던 추억도 새록새록 돋네요.(밑줄 필자)[2]

일본판 써니도 나름 볼만함.

내 시대 때는 일본문화가 주류였기에 음악이 모두 익숙해서 좋았음.(밑줄 필자)[3]

---

1   당시 '고갸루'가 가수 아무로 나미에의 스타일을 동경한다는 의미에서 '아무라'로 부르기도 하였다.

2   유튜브 '신기누설 영화를 그리다', "써니 일본판 댓글", 2021. https://www.youtube.com/watch?v=VuT7rqDW6Wk&t=19s (검색일: 2022.10.1.)

[그림 1] 일본판 <써니> 속 고가루　　　[그림 2] 아무로 나미에 'Sweet 19
　　　　　　　　　　　　　　　　　　　　　　　Blues' 앨범 자켓

여기에서 다음과 같은 의문점을 제기할 수 있다. ① 한국에서 일본의 대중
문화는 1998년에 공식 개방되기 시작하는데, 어떻게 당시 90년대 일본문화
에 친숙한 사람이 많을 수 있는가. ② 90년대 한국에서 일본대중문화의 인식,
위상, 영향력은 실제로 어떠했나. ③ 90년대 일본대중문화에 가장 큰 영향을
받은 세대(世代)는 누구이고 그 의의는 무엇인가이다.

2. J-컬처와 90년대 한국 X세대

해방 이래 1990년대에 이르기까지 한국 사회에서 일본대중문화는, 일제의
한국 통치라는 역사적 유산에 기인한 대일감정을 배경으로 왜색문화의 침투
를 경계하는 입장에서 일종의 암묵적인 금기 대상으로 치부되어왔다. 그러던
것이 1998년 김대중 대통령과 오부치 수상의 합의로 이루어진 '21세기를
위한 새로운 한일 파트너십 선언'에 의거해, 한국 내에서 '공식적'으로 일본

3　유튜브 '신기누설 영화를 그리다', "써니 일본판 댓글", 2021. https://www.youtube.com/
　　watch?v=VuT7rqDW6Wk&t=19s (검색일: 2022.10.1.)

문화가 4차(1998~2004)에 걸쳐 점진적으로 개방되기에 이르렀다.

하지만 이미 일본대중문화는 개방조치 이전부터 이미 한국 사회에 깊숙이 침투되어 있었고, 특히 애니메이션, 만화 등은 이미 많은 한국인들에게는 익숙한 존재가 되어 있어 법적으로 이를 막기에는 한계가 있었다. 예컨대 공식개방 이전 1970년~1980년대 TV에서는 일본 애니메이션 <우주소년 아톰>, <은하철도 999>, <마징가 Z> 등과 1990년대 초반 만화잡지에서는 <드래곤볼>과 <슬램덩크> 등이 큰 인기를 끌었는데, 이들 모두는 왜색(일본 인명, 지명 등)을 지우고 캐릭터 이름 및 배경도 모두 우리 실정에 맞게 바뀐 채 향유되고 있었다. 뿐만 아니라 90년대 초중반에 이미 패션에 관심 있는 젊은이들은 패션잡지 '맨즈 논노' 속 '미치코 코시노'나 '안전지대' 등 하라주쿠의 패션정보를 습득했고, '슈퍼마리오'와 같은 닌텐도 게임기로 게임을 즐겼다. 또 '워크맨'이나 '아이와'를 가지고 다니면서 일본 음악을 즐겨들었고, 당시 명동, 청계천, 강남역 등에서 판매하던 해적판 'X-Japan' 음반은 30만장 이상 팔렸다는 소문이 있을 정도로 인기였다.[4]

이와 같이 비공식, 음성적인 상태로 일본문화는 이미 생활 속 일부가 되어 있었고, 특히 이러한 J-컬처의 상당한 영향을 받은 90년대 신세대가 'X세대'로 일컬어진 젊은 층이었다. X세대는 대체적으로 1970년 이후에 태어나 90년대에 20대를 보낸 사람들을 중심으로 하면서, 다소 넓게는 90년대에 13세에서 30세 정도까지의 연령대를 가리킨다. X세대의 특성으로는 개성 중시 세대, 인터넷 기반 디지털 1세대, 해외여행 자유화 세대라는 점을 들 수 있다.[5]

---

4   네이버포스트, X세대의 1994년과 2020년 그리고 포스코로나", 2022. https://post.naver.com/viewer/postView.nhn?volumeNo=28219570&memberNo=1130561&vType=VERTICAL (검색일: 2022.10.5.)

5   현재 세계적으로 활약하는 한국인 크리에이터 <하이브 엔터테인먼트>의 방시혁 프로듀서,

90년대 한국에서 출판된 일본 문화론의 대표적인 저서로『일본은 없다』(1993)와『나는 일본문화가 재미있다』(1998)를 들 수 있다. 각각 '없다'와 '재미있다'라는 표현이 상징하듯 90년대 한국에서 일본문화는 '거부'와 '수용'의 혼종적 정서 속에 존재했고, 두 저서의 시간차에서 보면, 98년 공식개방과 함께 한국사회에서 '일본문화'가 '거부'에서 '수용'으로 사회적으로 승인되는 방향성에 있었다는 것을 알 수 있다(강태웅, 2010: 217-225).『나는 일본문화가 재미있다』는 '일본문화의 파워는 무엇인가', '일본문화의 성공은 마케팅이다', '왜 일본 문화상품은 세계적인 인기인가', '한국이 극복해야 할 편견' 등의 내용으로 이루어져 있는데, 이 책이 베스트셀러가 되었다는 것은 J-컬처의 다양성, 경쟁력, 영향력 등을 인정하는 사회적 풍조가 형성되기 시작했다는 것을 반증하는 것으로 이해할 수 있을 것이다.

즉 90년대 한국에서 일본 대중문화는 모호한 일본대중문화 규제 정책과 암묵적 금기 속에 이미 일상화되어 있었고, 98년 '한일 파트너십 선언'과 '공식개방'을 계기로 해 일본문화가 '사회적' 용인, 수용되는 과정이 있었다. 이러한 가운데에 J-컬처 세대로서 90년대 한국의 X세대는 부정적인 한일관계(역사인식) 속에서 문화(일본대중문화)를 본격적으로 분리하기 시작한 제1세대라고 할 수 있을 것이다. 그리고 여기에는 한일 간의 상호교류가 아닌 한국이 문화강국 일본의 대중문화를 '일방향적'으로 수용한다는 특징이 전제가 된다.

3. 니뽄필의 일본패션과 한국 X세대

2000년대에 들어서 젊은 세대 사이에 생긴 '니뽄필'과 '간지난다'라는 신

<기생충>의 봉준호 감독, <오징어 게임>의 황동혁 감독 등도 모두 X세대라고 할 수 있다.

조어 현상은 정치적으로는 여전히 반일이라 하더라도, 문화적으로는 반일적이지 않다는 것을 상징적으로 보여준다. '니뽄필'은 일본의 일본어 발음 니폰(Nippon)과 느낌의 영어 발음 필(feel)을 조합한 것인데, 일본풍 패션이나 젊은 남녀의 일본 최신 패션스타일 등을 지칭한다. 이 '니뽄필'은 '간지나다'라는 동사와 이어지는데 '간지'(感じ)는 느낌, 감각 등의 뜻이기 때문에, '간지난다'는 일본 스타일 패션이 느낌 있다, 멋있다는 것을 의미한다. 즉 세간에서 '니뽄삘'의 니뽄에 군국주의적 이미지나 정치적 해석이 가해진다고 하더라도, 이와는 별개로 '취향'으로서의 일본패션을 '니뽄필'과 '간지난다'로 말할 수 있게 된 세대가 '개성'을 중시한 X세대인 것이다(노명우, 2007: 34-37).

출처: 최은미(2011) 사진 재인용

[그림 3] 2000년 이후 갸루
(고갸루, 맘마갸루, B갸루, 오네갸루, 히메갸루)

일본의 90년대부터 2010년대 초중반에 걸친 일본 젊은 여성의 패션 아이콘을 '갸루(ギャル)' 혹은 '갸루계 패션'이라고 할 수 있는데, 이 갸루의 원조가 <써니> 일본판의 주인공인 90년대 중반의 '고갸루(コギャル)'와 이들의 우상 '아무로 나미에'이다. 앞의 <써니> 일본판 댓글에서 확인한 바와 같이, 우리나라 여중고생 사이에서도 '고갸루(ㄱギャル)'의 '루즈삭스'가 유행했고, 당시 인기그룹 SES와 핑클도 '루즈삭스'를 신은 스쿨룩 컨셉을 선보이기도 했다(이희승 외, 2002: 92-96). 또 아무로 나미에의 검은 피부와 짧은 미니스커트에 긴 생머리 스타일이 국내에서도 유행해 선텐샵과 스트레이트 퍼머를 위해 미용실을 방문 하는 20대 여성이 적지 않았다. 고갸루에서 시작된 갸루 문화는 2000년대에 맘마갸루, B갸루, 오네갸루, 히메갸루 등으로 다양하게 심화되고 분화되는데, 2000년대 중반 이후 한국 가수 이효리, 서인영, 채연, 2NE1, 오렌지카라멜 등이 이 갸루 패션 및 메이크업을 자신의 앨범 컨셉에 맞추어 조화롭게 수용해 각자의 개성을 표현하기도 했다. 이렇듯 일본의 여성 패션 아이콘인 갸루(ギャル)·갸루계 패션도 국내 대중문화 영역에도 상당한 영향력을 미친 '니뽄필'이라고 할 수 있다(최은미, 2011: 149-155).

또 2007년 신문기사의 제목 「'니뽄필' 전문 온라인 쇼핑몰 '문전성시'」에서도 알 수 있듯이 2000년대 중반 인터넷 쇼핑몰의 해외구매대행 시장이 커지면서 개인이나 소규모 사업자를 위주만이 아니라 대형 종합쇼핑몰까지 여기에 가세할 만큼 일본 패션의 인기가 높았다는 것을 알 수 있다(투데이코리아, 2007.9.28.).

이렇듯 일본 스타일을 수용하는 것에 대해 전혀 거부감을 느끼지 않는 X세대의 태도는 무엇을 의미할까. 이들은 '니뽄필' 패션의 발신지가 세계적인 패션의 도시 파리나 뉴욕이 아니라 도쿄의 하라주쿠, 시부야라는 것을 잘 알고 있고, <보그>보다 일본 패션잡지 <논노>를 더 즐겨본다(노명우, 2007: 36). 즉 글로벌 패션 중에서 서양이 아닌 일본 도쿄의 세련됨을 선호한다는 것은 '문화적 근접성'에 기반한 '세계성'을 느끼고 있기 때문이 아니었을까. '니뽄필'에는 서양을 통해서는 느낄 수 없는 같은 아시아로서 혹은 인접 국가로서의 문화적인 '친근감'도 기저에 있다고 할 것이다.

III. K-컬처와 일본 Z세대

1. 헤이세이 시대에서 레이와 시대로

2018년에는 헤이세이(平成, 1989.1.~2019.4.)의 대중문화를 대표하는 아이콘이자 90년대 고갸루 문화의 상징이기도 한 아무로 나미에가 은퇴 선언을 했다. 그리고 2020년 7월에는, 1990년대 중반부터 2000년대에 걸쳐 일본 '갸루패션'의 넘버 원 브랜드로서 한 시대를 풍미한 '세실 맥비'(CECIL McBEE)가 전국 43개 점포 운영의 종료를 발표했다.「세실 맥비 폐점, 헤이세이 갸루들이 말하는 추억과 감사(セシルマクビー閉店, '平成ギャル'たちが語る思い出と感謝)」라는 기사 제목과 같이 일본 매스컴도 이 소식을 상당히 비중 있게 다루었다(マネーポスト Web, 2020.7.24.) 아마도 90년대와 2000년대에 청춘을 보낸 일본 여성들 중에는 아무로 나미에의 은퇴와 세실맥비의 폐점을 보면서 자신들 세대의 '헤이세이 갸루'를 새로운 시대(令和, 2019.5.~)와 함께 떠나보낸다는 것을 체감했을지 모른다.

특히 세실맥비는 오랜 기간 갸루패션의 성지라고 할 수 있는 쇼핑몰 '시부야 109'에서 2000년부터 2013년까지 14년 연속으로 매출 1위를 줄곧 유지할 만큼 그 인기가 대단했는데, 새해에는 젊은 여성들이 세실맥비의 후쿠부쿠로(福袋)[6]를 구입하기 위해 '시부야 109'에 길게 늘어선 행렬이나 점내의 북적이는 모습이 새해의 진풍경으로 매스컴에서 다룰 정도였다. 또 '시부야 109'의 '카리스마 점원'으로 일컬어지는 판매 여성들은 매장 직원을 넘어서 각 브랜드를 대표하는 패션리더의 역할을 하며 직접 갸루 패션잡지에 모델로 등장했

---

6   '복주머니'라는 의미로 각 브랜드에서 새해 한정으로 특별 상품을 임의로 구성해 대폭 할인된 가격에 판매하는 것.

는데, 당시 '세실맥비'의 인기도 화려한 미모와 독자적인 코디능력으로 많은 팬을 보유한 '카리스마 점원'의 역할이 적지 않았다.

그렇다면 이러한 기존의 갸루계 패션을 대체하는 것으로 부상하는 것은 무엇일까? 2020년 '시부야 109'의 공식 인스타그램을 살펴보면 아이즈원, 트와이스, BTS, 세븐틴 등 K-Pop 그룹 팬들의 패션 이미지를 코디한 것이 적지 않다는 것을 알 수 있다. 또 '시부야 109' 외벽에는 각 시기마다 주목할 만한 아티스트의 사진이 크게 걸리는데, 2019년 크리스마스 이벤트에서 외벽을 장식한 사진은 바로 BTS의 얼굴들이었고, 이밖에도 트와이스, 아이즈원, 블랙핑크 등 일본의 젊은 여성이 동경하는 한국의 아이돌 스타들이 '시부야 109'의 외벽을 여러 차례 장식했다. 또 2018년 첫 개점일 아침에는 '시부야 109'에 입점한 브랜드와 블랙핑크가 콜라보한 '블랙핑크X시부야109' 팝업 스토어의 개점을 기다리기 위해 '후쿠부쿠로' 못지않은 긴 행렬이 만들어졌다는 보도가 나오기도 했었다(조선일보, 2017.12.23.).

이렇듯 마치 우연인 것처럼 2018년부터 2020년경에 걸쳐서, 헤이세이(平成) 대중문화의 아이콘 아무로 나미에, 갸루계 패션 등이 레이와(令和) 시대의 도래와 함께 그 자리를 비우게 되고, 여기에 새로운 한류로서 인스타그램 등과 같은 SNS로 정보를 공유하는 젊은 여성 중심의 K-컬처가 본격화되기 시작한 것이다. 이러한 헤이세이시대에서 레이와시대로의 경계 지점에서 새로운 K-컬처의 한류 향유층으로 등장한 것이, 바로 1990년대 후반에서 2000년대에 출생한 일본 Z세대 여성이다. 이 새로운 세대에 의한 새로운 방식의 한류(3차)가 일어나던 시기는, 위안부 합의 문제, 일본 내 혐한 시위 등으로 경색된 한일관계가 지속된 시기이기도 했다. 이러한 점에서 보면, 사실상 일본 Z세대 여성들이 '정치'적 한일관계 속에서 '문화'로서의 K-컬처를 분리해 한류 붐을 일으켰다고 해도 과언이 아닐 것이다.

2. K-컬처 세대로서 일본 Z세대의 특수성: 홍백가합전과 한일믹스어

최근 일본에서는 대표 연말가요제인 '제73회 NHK 홍백가합전'의 출전 가수 문제로 꽤 시끄럽다. 이 방송에 K-Pop 걸그룹 트와이스, IVE, 르세라핌 3팀이 선정되었고, 여기에 멤버 전원이 일본인이면서 JYP엔터테인먼트 소속인 니쥬, K-Pop 오디션 프로그램 일본판으로 제작된 JO1 등 한국과 인연이 있는 아이돌 그룹이 대거 출연하게 되었다. 일본의 대표 연말 가요제에 한국과 관련된 아이돌 그룹이 다수 출연하는 것에 거부감을 표하는 소리도 적지 않기 때문이다. 그런데 여기에서 한 가지 간과할 수 없는 특징은 K-Pop 걸그룹 트와이스, IVE, 르세라핌 3팀 모두에 '일본인' 멤버가 소속되어 있고, 나머지 2팀 니쥬와 JO1은 'K-Pop 시스템'으로 제작된 팀이라는 점이다.

NHK는 2022년도 홍백가합전의 컨셉을 '다함께 셰어(みんなでシェア)'로 내걸고 있는데, NHK의 공식 홈페이지에는 '스마트폰이나 PC로 셰어. 사진이나 동영상으로 셰어'라는 카피 문구가 적혀 있고, 공식 트위터, 라인, 인스타그램, 유튜브를 통해 다양한 정보를 발신하는 것을 확인할 수 있다. 이를 통해 홍백가합전을 TV에만 한정하지 않고 SNS 등을 적극적으로 활용해 더욱 젊고 글로벌하게 만들겠다는 의지를 읽을 수 있다. 여기에 가장 부합하는 콘텐츠가 K-Pop이라는 것은 두말할 나위가 없을 것이다. 따라서 K-컬처 세대인 일본 Z세대가 SNS 및 뉴미디어로 홍백가합전의 콘텐츠를 적극적으로 셰어해 확산시킨다는 것은, 이들이 일본국민 속 '인플루언서'로서 주류 대중문화의 변화에까지 상당한 영향을 미치는 역할을 하는 것으로도 이해할 수 있다.

또 매해 12월 31일 밤에 방송되는 '홍백가합전'은 일본인들의 한해 마무리를 상징하는 방송이라는 점에서 일본인 고유의 '시간 감각'과도 깊이 관계한다. 이러한 점에서 새로운 시대와 함께 변화를 도모하는 홍백가합전에 등장하는 K-Pop 그룹 속 '일본인' 멤버를 통해 많은 일본국민이 '레이와' 시대와 '한국'의 한층 밀접한 문화적 관계성을 느끼게 될지도 모른다.

일본 3차 한류 붐을 주도한 걸그룹 트와이스에는 모모, 사나, 미나 3명의 일본인 멤버가 있었다는 점이 많은 일본인 팬들이 친근감을 갖게 하는 긍정적인 작용을 했다는 시각이 적지 않다(김동하, 2021: 72-73). 또한 최근에는 트와이스와 같이 K-Pop 그룹에 한국인과 일본인 멤버가 함께 활동하는 팀이 점점 많아지는 추세이다. 이는 많은 일본 Z세대가 SNS 및 뉴미디어를 통해 한일 간 커뮤니케이션에도 친숙해지는 계기가 되었는데, 이러한 커뮤니케이션 과정에서 '한일믹스어'와 같은 신조어가 생겨나기도 한다. 예컨대, 그룹 '아이즈원'의 미야와키 사쿠라는 한국인 멤버들과 함께 활동하면서 '대단하다', '위험하다'를 뜻하는 일본어 '야바이'에 한국어 '~인데'를 붙여서 '야바 인데'라는 말버릇이 있었는데, 이 '야바 인데'라는 '한일믹스어'가 팬들 사이에 크게 회자된 것이다.

또 최근 일본 Z세대 사이에서 유행하는 한일믹스어로는 '아랏소데스(알았어요)', '마지 고마워(정말 고마워)', '진차 소레나(진짜 그거야)', '키요이(귀엽다)', '데바이(대박)' 등이 있다고 한다(조선일보, 2017.7.28.). 이렇듯 통통 튀는 상상력으로 일본어로 귀엽다의 의미인 '카와이이'에 한국어 '귀엽다'를 조합해 '키요이'라는 표현을 거리낌 없이 만들어내는 것이 지금의 일본 Z세대인 것이다. 이러한 점에서 K-컬처 세대로서 일본 Z세대는 한국과 일본의 문화를 융합하는 것에서 창의성(creativity)을 발견한다는 점이 기존 한류 향유층과는 차별화된 특수성이라고 할 수 있을 것이다.

3. K-컬처 세대로서 일본 Z세대의 가능성: 갸루의 부활과 한국 인기

최근 2022년 상반기 일본 Z세대(10~20대 초중반) 여성의 트렌드 키워드를

발표했는데, 조사를 실시한 Z세대 연구 미디어 Z총연(Z総研)에서는 '갸루의 부활'과 '한국 인기' 두 가지를 대표적인 경향으로 꼽았다. 유행한 것 랭킹에는 2위 '헤이세이 갸루(平成ギャル)', 3위 '루즈삭스'가 이름을 올렸고, 유행한 아티스트에는 BTS가 1위를 차지했고, 신예 IVE가 3위로 이름을 올리는 등 K-Pop의 여전한 인기를 증명했다(Web担当者Forum, 2022.7.27.).

갸루계 대표 패션 잡지 에그(egg)의 전 편집장 아카오기 히토미(赤荻瞳)는 2021년 가을부터 '갸루의 부활' 조짐이 보이기 시작했다고 했는데, 이때는 Z세대 사이에 '헤이세이 레트로(平成retro)'로 일컬어지며 필름카메라와 같은 '90년대 일본문화'가 다시 유행하기 시작한 시기이기도 하다. 이에 요즘 Z세대들 사이에서는 "헤이세이 갸루를 코스프레 하듯이 교복에 루즈삭스를 신고 디즈니랜드에 놀러가거나", "요즘 스타일의 조금 짧고 다양한 칼라의 루즈삭스를 사복에 맞춰 신는 것"이 유행하고 있다. 흥미로운 것은 Z세대들의 어머니는 90년대에 고등학교를 다닌 '고갸루' 세대가 많아 '학창시절'을 떠올리는 어머니들은 딸의 '루즈삭스' 패션에 호의적이 되어, 모녀가 헤이세이 갸루 패션에 대해 이야기꽃을 피우는 경우도 적지 않다고 한다.

또 유행한 것 1위를 Tiktok이 차지했는데, 일본 Z세대 여성이 '헤이세이 갸루'를 부활시키는 데에 Tiktok의 영향을 빼놓을 수는 없다. 특히 "ギャル超かわいい"라는 가사가 인상적인 래퍼 OHAYO의 'GAL'이라는 노래에 맞추어 춤추는 동영상이 틱톡에서 크게 유행했다. 최근 우리나라에서도 '갸루피스'라는 브이(V)를 뒤집은 사진 포즈가 '인싸포즈'라고 해서 젊은 층에서 꽤 인기가 있었는데, 이는 IVE의 일본인 멤버 레이가 인스타그램에 올린 사진이 유행의 계기가 된 것으로 알려져 있다. 원래 '갸루피스'는 과거 '헤이세이 갸루'들이 사진 찍을 때의 포즈에서 기인한 것인데, 이 포즈가 K-Pop 걸그룹 '일본인' 멤버를 통해 한일 양국에서 유행하게 된 것이다.

[그림 4] IVE 레이의 　　　　[그림 5] 틱톡 속 일본 Z세대의 '갸루피스'
　　　　'갸루피스'

또 Tiktok에서는 '헤이세이 갸루'를 춤추는 Z세대 소녀들이 '갸루피스'로 안무를 시작하면서 "ギャル超かわいい"라는 일본어를 한국어 "갸루짱 이쁘다"로 번안해 부르는 것이 쉽게 발견된다. 이렇듯 K-컬처 세대로서 일본 Z세대는 일본의 레트로 문화로서 '헤이세이 갸루'와 요즘 유행하는 'K-Pop' 문화를 '공존'시키며 즐길 뿐 아니라, 더 나아가서 한국과 일본의 언어와 문화를 하나의 콘텐츠로 '융합'(믹스)시키면서 새로운 놀이 문화로 즐기고 있는 것이다.

IV. 맺음말

2000년대 중반은 일본에서 '겨울연가'로 촉발된 한류 붐이 한창이던 시기였는데 당시 일본에서의 한류는 '중년' 세대에 의한 일본의 '과거' 및 '노스텔지어'를 발견하는 시간 감각이었다. 같은 시기 한국에서 '니뽄필'로 대표되는 일본패션 인기는 당시 한국의 '젊은' 세대인 X세대에 의해 '세계'적이고 앞으로 나아가야 할 '미래'가 발견되는 시간 감각이라고 할 수 있다. 즉 2000년 대까지만 해도 한일 간에는 문화적 시간차를 부인하기 힘들다.

그러던 것이 2018년 말 일본이 헤이세이 시대에서 레이와 시대로 넘어가는 시기의 K-Pop 중심의 새로운 한류는 과거 한국에서 '니뽄삘'의 성지로 일컬어지던 '시부야'와 '하라주쿠'의 풍경에 조차 영향을 주고 있다. 일본의 '젊은' 세대인 Z세대에게 K-컬처는 과거 한국 X세대와 마찬가지로 '세계'적이고 앞으로 나아가야 할 '미래'를 발견되는 시간 감각인 것이다. 즉 일본 한류의 '문화사'적 관점에서 보면 약 20여 년의 시간을 거쳐 한국과 일본 사이에 문화적 '동시대성'이 구현된 것으로 볼 수 있다.

특히 90년대 한국 X세대와 2020년대 일본 Z세대가 한일문화교류에서 중요한 세대인 이유는 이들이 '부정적인' 한일관계 속에서도 자신의 취향으로서 양국의 '문화'를 분리해 일상 속 라이프스타일로까지 적극적으로 수용했기 때문이다. 즉 정치적 한일관계에 함몰되지 않고 '문화'를 중시한 양국 세대를 통해 비로소 '포스트 식민주의'를 극복하고 미래지향적 한일 간 문화교류의 가능성이 마련된 것이다.

2000년대 한국에서 J-컬처의 유행과 2020년대 현재 일본에서 K-컬처 유행에는, 양국의 젊은 세대가 '글로벌' 문화 중 각각 '일본'과 '한국'을 선택하게 된 것인데, 여기에는 한일 양국 사이의 문화적 '친근감'이 전제가 된다. 특히 뉴미디어 시대의 일본 Z세대는, 한일 간 문화산업의 연계 속에 한국인과 일본인의 커뮤니케이션 등에도 매우 익숙하고, 이를 배경으로 '한일믹스어'와 같은 신조어를 만들어내기도 한다. 또 레트로 문화로서 '헤이세이 갸루'와 'K-Pop' 문화를 '공존'시키며 즐길 뿐 아니라, 더 나아가서 한국과 일본의 언어와 문화를 하나의 콘텐츠로 '융합'(믹스)시키면서 새로운 놀이 문화를 생산하기도 한다. 이러한 점에서 K-컬처 세대로서 일본 Z세대는 한일 간 문화를 '동시대적'으로 '혼종화'해 새로운 '문화'를 창출해가는 제1세대라는 점에서 앞으로의 한일관계 및 문화교류에 의미 있는 가능성을 내포한 세대로 보아야 할 것이다.

참고문헌

강태웅, 「거부에서 수용으로 90년대 대중적 일본문화론의 특성과 변화」, 『일본비평』 3, 2010, pp.216-225.

김동하, 「K-Pop이 일본 대중문화에 미친 영향에 대한 연구: 일본 아이돌계를 중심으로」, 『동북아 문화연구』 67, 2021, pp.72-73.

노명우, 「'간지나는 니뽄삘'과 한일 문화교류의 시제」, 『담론201』 10(3), 2007, pp.34-37.

박소정·장인희·홍석경, 「일본 내 글로벌 SVOD 서비스를 통한 한국 드라마 수용」, 『한국언론학보』 65(3), 2021, pp.122-162.

박수옥, 「일본의 혐한류와 미디어내셔널리즘: 2ch와 일본 4대 일간지를 중심으로」, 『한국언론정보학보』 47, 2009, pp.120-147.

박순애, 「일본의 한류소비자 성향과 내셔널리즘」, 『한중인문학연구』 27, 2009, pp.227-252.

송연희, 「한류 문화외교와 한일관계 개선방안에 관한 연구」, 『인문사회21』 13(4), 2022, pp.1343-1358.

이석, 「일본 한류의 미디어에 관한 고찰: 인스타그램의 역할에 주목하여」, 『인문사회21』 10(5), 2019, pp.1115-1130.

이희승·조규화, 「한국(韓國) 신세대(新世代) 패션에 관(關)한 연구(研究): 일본대중 문화(日本大衆文化)의 영향(影響)을 중심(中心)으로」, 『패션비즈니스』 6(1), 2002, pp.83-101.

임영상·유연숙·손미경, 「도쿄 신오쿠보 코리아타운의 갈등구조와 해소방안 연구: 신오쿠보 스타일과 코리아타운 축제의 필요성을 중심으로」, 『재외한인연구』 35, 2015, pp.1-37.

오미영, 「일본 내 한류 수용과 타자(他者) 인식의 변화: <겨울연가> 붐을 중심으로」, 『현상과인식』 30(1), 2006, pp.34-56.

정수영, 「'신한류' 드라마 <미남이시네요>의 수용 및 소비 방식은 한류 드라마와 어떻게 다른가?: 일본의 인터넷 게시판 분석 및 FGI를 중심으로」, 『한국언론정보학보』 10(85), 2017, pp.61-100.

조규헌, 「3, 4차 일본 한류 현상의 특수성 고찰」, 『일본문화연구』 77, 2021, pp.299-

314.

최은미, 「대중스타에 표현된 갸루(ギャル) 메이크업에 관한 연구」, 『대한미용학』 7(2), 2011, pp.149-155.

한영균, 「일본 내 한류의 현황과 한일관계: 한류의 문화외교 기능을 중심으로」, 『국제학논총』 32, 2020, pp.5-34.

유튜브 신기누설 '영화를 그리다', "써니 일본판 댓글", 2021. https://www.youtube.com/watch?v=VuT7rqDW6Wk&t=19s (검색일: 2022.10.1.)

「'블랙핑크X아이콘', 日 시부야 점령예고…'109'와 대형 콜라보」, 『조선일보』, 2017.12.23. https://www.chosun.com/site/data/html_dir/2017/12/23/2017122300443.html (검색일: 2022.10.20.)

「'아랏소데스' '좃토 메푸타'…日 1020 절반이 한일믹스어 사용」, 『조선일보』, 2022. https://www.chosun.com/WI4G4AW3CVHFDPTG277IIWL2XM/ (검색일: 2022.10.1.)

「'니뽄필' 전문 온라인 쇼핑몰 '문전성시'」, 『투데이코리아』, 2007. http://www.todaykorea.co.kr/news/articleView.html?idxno=18207 (검색일: 2022.11.1.)

「'紅白歌合戦に吹く韓国のK－POP旋風は「選出の偏り」か?躍進から見えるNHKの思惑'」, 『OTEKOMACHI』, 2022. https://news.yahoo.co.jp/articles/a0c518fae4b1201b3d6bcfc7c7a365f6f313f65f (2022.11.1.検索)

「'セシルマクビー閉店 "平成ギャル"たちが語る思い出と感謝'」, 『マネーポストWEB』, 2020. https://www.moneypost.jp/687469/2/ (2022.9.31.検索)

「'Z世代の2022年前半はまさかの平成リターン!ギャルや懐メロが人気に【Z総研調べ】'」, 『Web担当者Forum』, 2022. https://news.yahoo.co.jp/articles/afa765588d05535af275722eb80469640d20b5c2 (2022.10.30.検索)

한류 역사드라마의 일본 수용 양상과 탈정치성

김욱

I. 한일문화교류와 역사 콘텐츠의 월경 가능성

1965년 6월 22일, 이른바 한일국교정상화로 일컬어지는 '대한민국과 일본국 간의 기본관계에 관한 조약(日本国と大韓民国との間の基本関係に関する条約)'이 성사되었다. 1945년 일본의 패전 이후, 공식적인 외교 루트를 가지지 않았던 양국이 20년 만에 국교를 수립하면서 한국의 입장에서는 한반도 유일의 합법적 정부가 대한민국임을 일본에게 인정받았고, 일본의 입장에서는 한반도의 일제강점통치 이후 미제로 남아 있던 책임 문제를 일부 청산하는 동시에 미국을 중심으로 한 반공(反共) 체제를 강화할 수 있었다. 익히 알려진 바와 같이 위 조약은 냉전(冷戰) 시기에 중국과 소련의 위협에 공동으로 대항하고자 하는 정치적 의도가 반영되었기에 한일 양국 간에 산적된 문제에 대한 구체적이고 실질적인 해결에는 이르지 못하였다. 더구나 35년간의 식민지배로 인해 한국의 일본에 대한 국민감정이 좋지 못하였고, 일본도 한국의 안보·방위 체제의 협력자 역할을 중시한 외교 관계를 선호하였기에 양국의 문화적 교류는 활발하지 못했다.

그러던 것이 1990년을 전후하여 한국에 대통령 직선제가 도입되고 문민정부를 거치면서 그동안 암암리에 수용되고 있던 일본 문화를 단계적, 점진적 개방을 통해 양지에서 마주하여 표절, 무분별한 수용 등의 부정적 요소를 지양하자는 분위기가 한국 사회에서 형성되었다. 다시 말하면 "과거사 문제를 배경으로 일본문화를 전면 차단해야 한다는 감정적 입장을 시대 변화에 따른 현실적 감각으로 반박"하고, "위축보다는 자신감을 가지고 대응하자는 의견"[1]이 힘을 얻은 것이다. 일본의 경우 1980년대에 이미 나카소네 야스히로(中曽根康弘) 총리가 "문화적 국경을 없애"자고 이야기한 것처럼 한국에 대한 문화적 자신감이 있었기에 한국의 문화개방을 적극적으로 환영하였다. 그 결과 당초 일본 대중문화 개방에 대한 일부 한국에서의 우려와는 정반대로, 오히려 일본에서 더욱 활발하게 한국의 "지상파TV의 한국드라마 방영을 포함해 영화, 대중음악은 물론, 패션, 화상, 식문화에 이르기까지 한국문화 수용의 다변화가 이루어지고 있"[2]으며, 양국 국민의 상호 이해와 민간교류의 증진을 불러왔다는 점에서 김대중 정부 시절 1998년 10월 8일, 오부치 게이조(小渕恵三) 총리와의 정상회담에서 이루어진 '21세기의 새로운 한일 파트너십 공동선언(21世紀に向けた新たな日韓パートナーシップ共同宣言)'은 대단히 긍정적으로 평가할 수 있을 것이다.

그럼에도 불구하고 오늘날까지 양국 사이에서 가장 상호 이해와 교류가 미진한 부분으로 '역사' 문제가 꼽힌다. 사실 한일 양국의 외교적 마찰이나 민족 감정의 대립이 불거지는 사례들을 보면 '역사' 인식의 서로 다름에 기인하는 경우가 적지 않다고 할 수 있다. 박삼헌은 요미우리 신문사가 주최한

---

1 한영균, 「일본 대중문화 개방정책의 현황 및 의의」, 『日本文化研究』 86, 동아시아일본학회, 2023, p.273.

2 한영균, 앞의 논문, p.288.

한일좌담회를 분석하며 1980년대의 양국 지식인들의 역사 인식에 대한 격차를 확인한 바 있다. 그는 당시 한국 측 참가자와 일본 측 참가자의 좌담이 평행선을 달렸던 이유로 "한국 측 참가자가 '과거 문제'를 국가적 차원으로 인식하고 있는 반면, 일본 측 참가자들은 그것을 '국민 개개인의 차원'으로 인식하고 있기 때문"이라며 "전자가 국가 단위의 '반성'이 필요하다는 역사 인식이라면, 후자는 '한국인 일본인이라는 구별 의식 없이 인간이라는 공통의 전제'를 중시하는 휴머니즘에 기초한 역사 인식"[3]이라 구분짓고 있는데, 사실 이러한 역사 인식의 격차는 오늘날에도 이어져 오고 있다 할 수 있다. 한국에 있어 식민지배와 태평양전쟁의 수반으로서 상징적인 존재였던 히로히토 덴노(裕仁天皇)가 "금세기 한 때 양국 간 불행한 과거가 존재했던 것에 대해 진심으로 유감을 표명하며, 또다시 되풀이되어서는 안 된다고 생각하는 바입니다(今世紀の一時期において、両国の間に不幸な過去が存在したことは誠に遺憾であり、再び繰り返されてはならないと想います)"[4]라고 1984년 전두환 전 대통령과의 만찬회에서 밝힌 것처럼, 한일 관계의 역사 인식에서 가장 문제시되는 쟁점은 바로 개항기부터 해방에 이르는 일본의 한반도 주권 간섭의 시기라 할 수 있겠다.

실제로 1980년대에 유행했던 가공전기(架空戰記)[5] 혹은 역사를 소재로 한 라이트노벨과 같은 대체역사장르에서 근대 일본의 군국주의 내지는 제국주의에 대한 옹호로 간주할만한 창작이 행해져 오기는 했지만, 일본에서 주류

---

3   박삼헌, 「1980년대 한일 지식인 교류와 역사인식 - 요미우리신문사 주최 '일한좌담회'를 중심으로」, 『한일민족문제연구』 40, 한일민족문제학회, 2021, pp.161-162. 좌담회 내용에 대한 구체적 기술은 위 논문을 참조.

4   渡邊光敏, 『天皇とは: 神器と王權の形成・衰退』, 彩流社, 2002, p.432.

5   가공전기란 일본의 소설, 만화 장르에서 탄생한 전쟁역사를 다룬 콘텐츠로, 대체역사소설의 하위장르로 분류된다. 주로 기존의 역사를 비틀거나 사실의 연장선상에서 미래를 상상하는 방식으로 창작된다.

를 형성했다고 할 수 있는 역사소설 및 역사드라마 장르에서는 될 수 있다면 메이지 후기에서 쇼와 전기에 이르는 시기를 포함하여 이웃나라와 자칫 분쟁의 여지가 있을 만한 소재는 회피되어왔다고 할 수 있다. 일본 역사소설의 대가로 여겨지는 시바 료타료(司馬遼太郎)는 메이지 후기와 러일전쟁을 다룬 『언덕 위의 구름(坂の上の雲)』이 큰 성공을 거두었음에도 작품이 미디어로 재생산되는 것에 대해 거부감을 보였으며,[6] 사이토 미나코(斎藤美奈子) 등은 시바가 메이지 이후의 이야기를 건드리지 않은 것에 대해, "그가 전쟁으로 향하는 파시즘의 시대를 싫어했기 때문"[7]이라고 주장한 바 있다. 또한 일본 역사드라마의 대표격인 NHK대하드라마 시리즈에서도 다이쇼 시대(1912~1926) 이후의 시기를 다룬 작품은 1963년 최초 방영으로부터 약 61년 동안 1984년작의 <산하 타오르다(山河燃ゆ)>, 1986년작의 <생명(いのち)> 그리고 근년에 들어와 2020년 도쿄올림픽을 의식하여 만든 2019년작의 <이다텐~도쿄 올림픽 이야기> 등 세 작품에 불과하며, 그마저도 가능한 시대적 담론을 배제하거나 생략하는 방식으로 작중 인물의 인생사에 관련된 이야기에 집중했다고 할 수 있다. 임진왜란의 선봉장으로 한국에 잘 알려진 가토 기요마사(加藤清正) 역시 10여 년 전부터 연고가 깊은 구마모토(熊本)에서 그를 주인공으로 한 작품을 만들어주길 청원하였으며 작년에는 10만 명의 시민 서명을 모아 NHK에 제출할 정도[8]로 열의도 높지만 지금까지 받아들여지지 않고

---

6 시바 료타로는 "가능한 한 영화라든지 텔레비전이라든지, 그러한 시각적인 것으로 번역하고 싶지 않은 작품이기도 합니다. 경솔한 번역을 하면 일본 군국주의를 고취하는 것처럼 오해받을 우려가 있기 때문입니다"라고 공공연히 말하였다. ㅡ나카츠카 아키라, 박현옥 역, 『시바 료타로의 역사관』, 모시는 사람들, 2014, p.21.

7 사이토 미나코, 김정희 역, 『동시대 일본 소설을 만나러 가다~1960년대부터 2010년대까지 현대 일본 문학의 흐름』, AK, 2021, p.98.

8 「加藤清正公を大河ドラマに」住民団体がNHK熊本放送局に10万人分の署名提出 https://kumanichi.com/articles/1047659 (검색일: 2024.3.18.)

있다. 또한 2026년 NHK대하드라마 방영작으로 선정된 <도요토미 형제!(豊臣兄弟!)>[9]는 도요토미 히데요시(豊臣秀吉)와 함께 그의 이복동생[10]인 도요토미 히데나가(豊臣秀長)를 주인공으로 낙점하였는데, 주연 배우인 나카노 다이가 (仲野太賀)가 분한 도요토미 히데나가를 중심으로 그가 사망하는 1591년까지 의 이야기를 다룬다고 한다. 임진왜란이 시작된 해가 1592년이고, 임진왜란 이 시작된 이유 중 하나로 도요토미 히데나가의 죽음을 꼽는 사학계의 의견 도 존재하는 것을 미루어보면 이러한 결정은 다분히 의도적으로 보인다.

반면에 한국의 경우 임진왜란은 물론, 근대기에 놓인 일제강점기를 다루는 드라마가 상당수 존재한다. 임진왜란의 경우 1972년 작의 KBS금요드라마 <임진왜란>을 시작으로 2004년의 <불멸의 이순신>, 2015년의 <징비록>이 유명하며, 일제강점기를 소재로 한 드라마로는 1991년의 <여명의 눈동자>, 2002년 작의 <야인시대>, 2012년의 <각시탈>, 2018년의 <미스터 선샤인>, 최근에는 넷플릭스 제작의 <경성크리처>까지, 상당한 인지도를 가지고 있는 작품들이 다수 방영되었다.

이러하듯이 가해자/피해자의 입장에서 바라볼 수밖에 없는 측면이 존재하 는 시기를 두고 양국의 콘텐츠 제작에 대한 온도차가 있다는 사실은 자명하 다. 따라서 아무리 21세기에 한일 양국의 문화 교류가 활발해졌다고 하더라 도 역사를 소재로 한 소설, 영화, 드라마 등의 콘텐츠가 국경을 넘어 환영받기 에는 어려움이 따를 것이라 예상되지만, 의외로 상대국의 역사드라마에 대한 관심을 보이는 이들이 존재하고 특히 한국의 역사드라마는 한류의 일부로써 일본 대중에 수용되고 있는 양상을 보여주고 있는 것도 사실이다. 물론 일본 의 역사 콘텐츠 또한 상대적으로 규모가 적긴 하지만 한국에서 활발히 소비

---

9   https://news.yahoo.co.jp/articles/f097616c93840d84cfef3b25aa9a4299f8c081a6 (검색일: 2024. 3.31.)

10   이부(異父)동생.

된 사례도 존재하나,[11] 이 글에서는 한류 역사드라마의 일본 수용에 대해 검토해보고, 특히 한국의 역사 콘텐츠를 일본 시청자들이 어떠한 방식으로 수용하고 있는지에 주목하여 살펴보고자 한다.

II. 일본 역사드라마 장르의 전개 양상과 인식의 변화

그렇다면 일본의 한국 역사드라마 수용에 대한 이야기를 하기에 앞서, 일본인이 가진 역사드라마에 대한 인식을 먼저 살펴보고자 한다. 일본 최초의 역사드라마는 1953년 7월에 NHK방송국에서 방영된, 오카모토 기도(岡本綺堂) 원작소설의 「한시치도리모노초(半七捕物帳)」이다. 당시 일본 문화는 영화계가 그 청춘을 구가하고 있었는데, 그 영화계를 장악하고 있던 장르는 단연 '시대극(時代劇)'이었다.[12] 시대극이란 일본에서 말하는 역사 콘텐츠의 한 장르로, 크게 보면 일본의 연극, 영화, 드라마 등에서 전근대(前近代)를 배경으로 둔 작품을 총칭한다. 더 정확히 말하자면, 원래 일본 영화계에서 형성된 개념으로, 메이지유신을 즈음하여 그 이전의 시대를 다룬 극영화의 호칭으로써, 현대극과 대별되는 장르로서 다양한 형태를 취하고 있다(明治維新の頃より以前の時代を扱った劇映画の呼称で、現代劇に対するジャンルとして多様な広がりを持っている)[13]고 정의할 수 있다. 원래 일본의 가부키(歌舞伎)에서는 에도(江戸) 시대 이전의 시대적 배경을 가진 작품을 지다이모노(時代物)이라

---

11 일례로 1983년작의 TV드라마 「오싱」 같은 경우에는 시나리오 작가의 소설이 한국에서 큰 화제가 불러일으켰고, 대중문화 개방 이후 2000년, 2002년, 2008년에 이어 2013년에도 개정판 4판이 출시될 정도로 인기를 끌었다.

12 能村庸一, 『実録テレビ時代劇史』, 筑摩書房, 2014, p.24.

13 岩本憲児, 『世界映画大事典』, 日本図書センター, 2008, p.379.

불렀는데, 이것이 1920년대에 일본의 극영화가 발달하기 시작하면서 하나의 장르로 형성되었고, 널리 사랑받았다. 전후에 들어와서는 영화뿐 아니라 텔레비전 방송국에서도 드라마로 시대극을 제작하기 시작하면서 드라마에서도 이 용어가 차용된 것이다.

1960년대는 가히 '텔레비전 시대극의 황금시대(テレビ時代劇の黄金時代)'[14]라는 수식어가 붙을 정도로 전성기를 구가했는데, 먼저 시대극의 배경이 되는 메이지 이전의 시기에 대한 일본 대중의 관심이 증가한 것을 그 이유로 들 수 있다. 그 중심에는 시바 료타로의 역사소설이 일본 전역에 널리 읽힌 것을 꼽을 수 있다. 그의 소설은 「올빼미의 성(梟の城)」(1959)을 시작으로, 「료마가 간다(竜馬がゆく)」(1963), 「타올라라 검(燃えよ剣)」(1964), 「나라 훔친 이야기(国盗り物語)」(1965)가 차례로 대히트를 쳤고, 차례로 TV드라마화 되었다. 여기서 빼놓을 수 없는 이야기가 바로 1963년 NHK대하드라마 시리즈의 시작이다. 4반세기 동안 국민과 함께 자라온 대하드라마는 오늘날 일본의 생활이 되었고 일본의 정신이 되었다[15]고까지 평가받는 이 역사드라마 시리즈는, 최고 '평균' 시청률이 39.7퍼센트에 달할 정도[16]로 일본 전국민에게 사랑받는 프로그램이 되었다. 대하드라마라는 명칭을 달고 있지만, 이 역사드라마의 모태는 '시대극'이 다루고 있던 메이지 시기 이전의 역사를 배경으로 한 전국시대, 무사 이야기가 대부분으로, 영화계에서 발생하고 주도했던 '시대극'의 장르적 성격이 드라마 쪽으로 옮겨가는 역할을 했던 것[17]도 바로 NHK대하드라마라 할 수 있겠다.

---

14 能村庸一, 앞의 책, 2014, p.139.

15 한국방송공사, 『NHK大河드라마의 世界』, KBS방송문화연구소, 1987, p.3.

16 https://honkawa2.sakura.ne.jp/3967.html (검색일: 2024.3.31.)

17 "영화계에 지지않는 일본 제일의 대형 오락 시대극을 만들자"는 취지로 방송 직원들의 의지를 모아 NHK가 총력을 들여 임한 '대하드라마' 시리즈가 시작되었다.─木下まゆみ外, 『NHK大河ドラマ大全』, NHK出版, p.81.

이와 같이 1950~60년대의 일본에서 시대극이 환영받을 수 있는 이유는 무엇일까. 엄밀히 말하자면, 사실 이 시기에는 시대극이 일본인들에게 선호받았다기 보다는 선호될 수밖에 없는 배경이 존재한다. 1945년 패전 이후, GHQ점령기를 거쳐 1952년에 독립국의 지위를 거머쥔 일본에게 있어 시대극의 대척점에 존재한 그 당시의 '현대극'에 해당하는 이야기, 다시 말하면 메이지 시기 이후부터 패전에 이르기까지의 시기를 다루는 것은 상당한 부담이 따르는 일이었다. 만약 이 시기를 다룬다고 한다면, 이는 전후 식민지배를 했거나 전쟁을 했던 국가들에 대한 시선, 전후 오키나와 문제를 포함한 미국과의 관계에 상당한 영향을 끼칠 수 있는 역사적 문제들을 감당할 수 있는지에 대한 문제와 직결된다. 따라서 어쩌면 시바 료타로는 많은 비평가들이 지적하듯이 메이지기 이후의 이야기를 쓰지 않았던 것이 아니라, 쓸 수 없었던 것일지도 모른다.

나아가 시간이 흐르면서 시대극이라는 장르가 태생적으로 가질 수밖에 없는 한계도 드러난다. 바로 '아저씨 밖에 보지 않는다'라고 하는 지적이다. 시대극이라고 하면 찬바라(チャンバラ)[18]를 연상시킨다든지, "시대극 스폰서는 제약회사나 주류회사 뿐이다"라는 야유를 받는다든지 하는 것[19]으로 대표되는 중년 남성을 시청자의 주 타깃으로 한다는 인식이다. 또한 역사 콘텐츠의 대부분을 시대극이 장악한지 몇 십 년이 지나면서, "시대가 겹치고 인물도 겹치"며 "드라마 자체가 만성화"되는 현상[20]이 일어났다. 이에 따라 NHK대하드라마로 호출되는 역사드라마가 가진 일련의 정체성에 대한 타계책을 모색하는 움직임이 일어나면서 1984년에는 처음으로 <산하 타오르다(山河燃

---

18 칼을 들고 싸우는 것에 대한 속칭으로, 주로 연극, 영화, 드라마의 용어로 사용되며 사무라이를 주연으로 한 극의 장르적 성격으로 대표되기도 한다.

19 能村庸一, 앞의 책, 2014, p.598.

20 한국방송공사, 앞의 책, 1987, p.119.

ゆ)>가 1941년 미국의 일본인에 대한 강제수용(日系人の強制収容)과 관련된 이야기를 대하드라마의 소재로 삼게 되었다.

또한 NHK대하드라마는 관영방송국의 주도라고 하는 측면에서 보았을 때 일본인의 정체성 형성과 깊게 관여하였다고 볼 수 있는데, <도쿠가와 이에야스(德川家康)>, <생명>, <카스가노쓰보네(春日局)> 등을 연출한 시부야 야스오(澁谷康生)는 인터뷰에서 "일본인이란 무엇인가, 일본국가란 무엇인가, 이후에 우리는 어떻게 살아갈 것인가를 끊임없이 물음하는 드라마이길 바란 다"[21]고 밝힌 바가 있다. 또한 <히데요시(秀吉)>의 원작자 사카이야 다이치(境 屋太一)는 대하드라마가 "가공의 이야기인 시대극으로서가 아닌, 역사적 사실 에 의거한 역사극으로서 역사에 충실한 작품을 만들기 바란다"[22]는 이야기를 한 바 있다. 즉, 이 시리즈의 제작에 관여했던 이들은 대하드라마의 입지를 일본인과 일본국가의 형성에 관여하는 이야기임과 동시에, 시대극이라는 장 르가 가진 한계를 벗어나 보다 역사적 사실에 입각한 이야기로서 받아들일 수 있는 드라마를 이상향으로 하여 제작에 임했다고 할 수 있다.

이처럼 일본의 역사드라마는 시대극의 성격에서 벗어나 전근대는 물론, 근현대의 역사적 소재를 포괄하여 당대 일본인과 일본이라는 나라의 정체성 을 강조하는 이야기를 소재로 하는 드라마가 제작되기 시작한다. 원작자가 원하지 않았던 「언덕 위의 구름(坂の上の雲)」의 드라마 제작도 이러한 흐름과 무관하지 않을 것이다. 또한 20세기 중반에 전성기를 구가하던 NHK대하드 라마도, 2000년을 전후하여 시청률이 하락하기 시작하면서 오늘날에는 "예 전에 일요일 8시는 '국민적 방송시간'이라 불리며 시청률뿐 아니라 내용면에 서도 이 나라의 텔레비전 방송 전체에서 최고봉에 군림해있었"으나 최근에

---

21   木下まゆみ, 앞의 책, p.67.
22   木下まゆみ, 앞의 책, p.61.

는 "화제가 된다면 시청율 저하나 내용에 대한 배싱"이 많아졌다.[23]는 평가를 받게 된다.

이러한 현상은 위에서 이야기한 것처럼, 고전적이고 남성적인 서사가 중심에 있고 일본 정체성 형성과 같은 무거운 담론을 포함한 역사드라마가 점점 일본 대중에서 멀어지고 있다는 반증이기도 하다. 자연스럽게 이를 극복하기 위한 노력이 이루어졌다. NHK대하드라마는 2000년대 이후 두 가지 지점에서 기존과는 차별화되는 작품을 내놓기 시작하는데, 가장 큰 특징으로 일본 역사의 중심보다는 주변에 속했던 남성이나 여성을 주인공으로 삼는 작품이 대거 방영되었기 시작한다. 2002년의 <도시이에와 마쓰(利家とまつ)>, 2006년의 <공명의 갈림길(功名が辻)>, 2008년의 <아쓰히메(篤姫)>, 2009년의 「천지인(天地人)>, 2011년의 <고우 ~공주들의 전국~(江 ~姫たちの戦国~)>, 2013년의 <야에의 벚꽃(八重の桜)>, 2015년의 <꽃 타오르다(花燃ゆ)>, 2017년 <여자 성주 나오토라(おんな城主 直虎)>에 이르기까지 총 8작품이 이러한 특징을 가지고 있다고 평가할 수 있다. 이중 우에쓰기 가게카쓰(上杉景勝)의 가신 나오에 가네쓰구(直江兼続)를 다룬 <천지인>을 제외하면 모두 여성이 주인공 혹은 동반 주인공임을 알 수 있고, <도시이에와 마쓰>, <공명의 갈림길> 이후 2008년의 <아쓰히메>에서 여성이 단독 주인공으로 나타난 이후로는 여성 서사를 중심으로 한 역사드라마가 하나의 큰 흐름으로 자리매김하였다. 이러한 시도를 통해 <도시이에와 마쓰>, <공명의 갈림길>처럼 부부의 서사를 통해 역사극이라는 소재 안에서 가족 간의 끈끈한 관계와 사랑을 중심으로 그리는 가족중심주의 서사[24]를 통한 홈드라마 형식을 모방하거나, <아쓰히메>를 비롯한 여성 중심의 서사가 이끄는 대하드라마는 남성 중심의 강인함

---

23 春日太一, 『なぜ時代劇は滅びるのか』, 新潮新書, 2014, p.171.

24 김서은, 「NHK 대하드라마를 통해 본 일본 미디어문화의 특징과 인물 변화 양상 연구」, 『일본어문학』 89, 일본어문학회, 2020, p.349.

을 강조해 온 기존의 일본 대하드라마의 시청자들에게 색다르게 다가가[25]는 방식으로 20세기의 대하드라마와는 차별화되는 방향성을 획득해나간 것이다.

그러나 텔레비전이라는 방송 매체가 시대적 숙명처럼 유튜브 등의 인터넷을 기반한 방송 플랫폼에 서서히 자리를 내어주기 시작하면서 시청률은 갈수록 떨어져, 2019년 방영된 <이다텐>의 경우에는 역대 최저 평균 시청률인 8.2퍼센트를 기록하기도 하였다. 그럼에도 불구하고 NHK대하드라마 시리즈가 가진 일본에서의 영향력은 아직 건재하다고 할 수 있는데, 2024년 3월 12일에 2026년 NHK 대하드라마 시리즈의 제작 발표를 실은 기사가 포털사이트 뉴스에서 무려 1591개의 댓글이 달릴 정도[26]로 화제를 끌었다. 일본인들의 관심이 저하된 것은 사실이지만 관영방송국이 주도하는 일본 역사드라마의 중심축이라는 입지는 여전하다는 것이다. 1980년대 중반부터 시대극 양식이라는 한계에서 벗어나 근현대를 소재로 다루기 시작하고, 2000년대 이후에는 일본과 일본인이라는 거대 서사에서 벗어나 가족과 여성이라는 개인 서사를 조명하는 시도 등의 노력의 결과로 역사드라마는 "아저씨 밖에 보지 않는" 드라마라는 인식에서 어느 정도 탈피가 가능할 정도의 다양한 양식을 갖추게 되었다고 볼 수 있다.

III. 한국 역사드라마의 수용양상과 '퓨전 사극'의 인기

이와 같은 일련의 과정은 사실, 한국의 역사드라마가 일본에 수용되기

---

25   이가현, 「일본 NHK 대하드라마 <아쓰히메>에 그려진 여성의 역할」, 『일본연구』 39, 고려
      대학교 글로벌일본연구원, 2023, p.31.

26   https://news.yahoo.co.jp/articles/f097616c93840d84cfef3b25aa9a4299f8c081a6 (검색일: 2024.
      3.31.)

시작한 것과 깊은 연관성을 가진다. 시기적으로도 일본 공중파에 처음으로 방영된 <대장금>(2003)은 일본에서 <궁정궁녀 장금이의 맹세(宮廷女官チャングムの誓い)>로 2004년 10월 7일에 NHK를 통해 사상 최초로 방영되었다. 이후 다양한 한국의 역사드라마가 제1차 한류붐을 통해 일본에 수입되게 되었는데, 그중에서도 관영방송국인 NHK를 통해 방영된 한국 역사드라마는 다음과 같다.

[표 1] NHK에서 수입·방영된 한국 역사드라마 일람

작품 제목(한국어·일본어)	한국 방영시기	일본 방영시기
대장금·宮廷女官チャングムの誓い	2003	2004
다모·チェオクの剣	2003	2005
태왕사신기·太王四神記	2007	2007
황진이·ファン·ジニ	2006	2008
이산·イ·サン	2007	2009
동이·トンイ	2010	2011
공주의 남자·王女の男	2011	2012
해를 품은 달·太陽を抱く月	2012	2013
마의·馬医	2012	2013
기황후·奇皇后~ふたつの愛 涙の誓い~	2013	2014
옥중화·オクニョ 運命の女	2016	2017
군주-가면의 주인·仮面の王 イ·ソン	2017	2018
비밀의 문·秘密の扉	2014	2018
대군·不滅の恋人	2018	2019
백일의 낭군님·100日の郎君様	2018	2019
달이 뜨는 강·王女ピョンガン 月が浮かぶ川	2021	2021
어사와 조이·御史とジョイ	2021	2021
꽃선비 열애사·コッソンビ熱愛史	2023	2023

[표 1]에서 확인되는 바와 같이, 지금까지 NHK에서 방송된 한국의 역사드

라마는 총 18편으로, 더 자세히 살펴보겠지만 한국에서 상당한 인지도를 자랑하는 작품들이 많았다. 최초로 방영된 <대장금>의 경우, 한국에서는 평균 시청률 46.3퍼센트, 최고 시청률 57.8퍼센트의 기록적인 수치를 뽑아내며 인기를 끌었던 작품으로 일본에서도 2005년에 재방영 당시 9.9퍼센트의 어느 정도 높은 시청률을 기록[27]하여 한국 역사드라마의 연착륙을 성공시켰다고 평가받는다. <다모>는 평균 24.2퍼센트의 시청률을 기록한 작품이며, <태왕사신기>도 평균 27퍼센트의 시청률을 기록했다. 이 작품의 경우, 당시 한류스타의 거두 배용준의 인기를 앞세워 한국과 일본에 거의 동시에 방영되었고, BS방송 등을 통해 총 3차례나 재방영 되었다. 여기서 보이는 것은 초기 일본에 수출된 한국 역사드라마는 소위 한국에서 정통 사극이라 불리는 작품이 눈에 들어오지 않는다는 것이다. 이를테면 같은 시기에 <태조왕건>(2000), <여인천하>(2001), <제국의 아침>(2002), <무인시대>(2002), <불멸의 이순신>(2004), <대조영>(2006), <연개소문>(2006) 등의 정통 사극 중에서는 한국에서도 상당한 인기를 끈 작품들도 있지만 NHK에서는 수입, 방영되지 않았다.

위 작품 중 <태조왕건>, <제국의 아침>, <무인시대>, <불멸의 이순신>, <대조영>은 한국의 관영방송인 KBS 대하드라마 시리즈에 속한 작품으로, KBS 대하드라마 시리즈는 그 탄생에서부터 당시 일본의 시대극을 대표하던 NHK 대하드라마에 어느 정도 영향을 받았다고 봐야 할 것이다. '대하드라마'라는 명칭은 1964년, NHK 대하드라마의 두 번째 시리즈인 <아코 낭사(赤穂浪士)>가 초호화 캐스팅에 일본을 대표하는 작품 중 하나인 『주신구라(忠臣蔵)』의 이야기를 차용하며 일본 대중의 기대를 한몸에 받으면서, 1964년 1월 5일에 요미우리 신문이 이 대형오락 시대극을 '대하드라마'라고 호명했고,

---

[27] https://ekr.chosunonline.com/site/data/html_dir/2006/01/06/2006010663072.html (검색일: 2024. 3.31.)

이후 NHK 대하드라마라는 명칭이 정착[28]하게 된다. 따라서 그 방향성 역시 한국과 한국인의 정체성과 뿌리 깊게 연관되어 있으며 가능한 역사적 사실(史實)에 충실하게 만들고자 하는 의도가 반영되어 있다고 보아도 무방할 것이다. 이러한 의미에서 역시 역사적 사실에 입각한 이야기로서 받아들일 수 있는 드라마를 이상향으로 삼았다고 보아도 좋을 것이고, 정통 사극이라는 장르 형성에도 일조했다고 봐야 할 것이다. 다만 KBS 대하드라마도 NHK 대하드라마와 같은 역사적 중심인물의 반복 차용, 엄숙한 분위기에 따라가지 못하는 시청자들의 이탈과 같은 문제 때문에 최근에는 <장영실>(2016) 이후 무려 5년간의 공백기를 거치다 <태종 이방원>(2021)으로 다시 부활하였다.

그렇다면 일본에서 수입된 한국의 역사드라마들은 대체로 어떠한 성격의 것인가. NHK에서 방영된 작품 중 <다모>, <황진이>, <동이>, <해를 품은 달>, <기황후>, <옥중화>, <백일의 낭군님>, <어사와 조이>, <꽃선비 열애사> 등은 모두 여성을 주인공으로 하거나 남녀를 동반 주인공으로 한 작품이다. 그리고 <태왕사신기>, <해를 품은 달>, <군주―가면의 주인>, <백일의 낭군님>, <달이 뜨는 강>은 배경을 한국의 역사적 배경을 차용했으나 실제 역사와는 많이 다른 사건과 인물을 차용하거나 혹은 이세계(異世界)에 가까운 배경을 그린 작품이라 할 수 있다. 이러한 작품군을 한국에서는 '퓨전 사극'이라 부르는데, 오명환은 한국형 퓨전 사극의 조건으로 다음과 같은 명제를 들었다. 첫째로 역사적 사실과 결별하고 역사가 사라진 자리에 작가의 상상력을 강조한 것, 둘째로 고증을 제거하고 정사보다 야사, 실제보다 허구를 강조한 것, 셋째로 장르를 월경하여 미스터리와 판타지, 패러디와 코미디 그리고 SF와 타임 슬립, 감성 멜로와 액션을 조합한 것이 그 조건이다. 그리고 최근 정통 사극보다 퓨전 사극이 선호되는 이유로 다큐멘터리가 아니라

---

28   木下まゆみ, 앞의 책, p.84.

드라마라는 시각에서 장르 파괴와 장르믹스를 탄력적으로 보전해 주기 때문이라 밝혔다. 역사드라마 특유의 엄숙함과 진중함에서 해방[29]될 수 있다는 것이다.

이러한 한국 역사드라마의 장르적 전환에 대해, 윤석진은 한국 텔레비전 역사드라마는 그동안 역사적 사실을 재구성하는데 초점을 맞추는 경향이 강했으나, 역사학 분야에서 미시사 연구가 활발해진 2000년대를 전후로 역사드라마에 변화가 나타나기 시작했다고 주장한다. 역사적 인물이나 사건에서 소재를 취하되 역사적 개연성과 허구성의 외연이 확장되면서 왕조 중심이 아닌, 천첩 태생의 신분에서 조선시대 최고의 명의가 된 허준의 생애를 다룬 <허준>(2000) 같은 역사드라마가 폭발적인 반향을 불러일으켰던 경우가 대표적이라는 것이다. 소설 『동의보감』을 원작으로 한 <허준>의 경우, 이 드라마가 기록한 최고 시청률 63.7퍼센트는 지금까지도 깨지지 않는 역사드라마의 최고 시청률이다. 때문에 정사 기록물을 바탕으로 역사적 사실성을 강화하면서 교훈과 계몽을 목적으로 권위적인 해설자에 의해 근대적 역사관을 구현하고자 했던 정통사극과 다른 유형의 작품들이 이후로 쏟아져나오게 되었고, 역사드라마들에 퓨전사극, 팩션사극, 판타지사극, 픽션사극 등의 용어를 붙이면서 2000년대 이전과 다른 특징을 부각[30]하게 된 것이 오늘날 한국 역사드라마의 전체적인 흐름이라 할 수 있겠다.

그렇다면 실제로 일본에 수출된 한국의 역사드라마는 일본인들에게 어떻게 받아들여지고 있을까. 한국 드라마의 수출은 관영방송을 시작으로 위성방송을 거쳐 최근에는 인터넷 발달로 인해 OTT·VOD 서비스가 시장에 침투하면서 굉장히 활발해졌다. 때문에 수많은 작품들이 일본인들의 시청에 노출되

---

29 오명환, 『드라마 인문학 50』, 나무와숲, 2015, p.163.
30 텔레비전드라마연구회, 『텔레비전드라마, 역사를 전유하다』, 소명출판, 2014, p.436.

었다고 할 수 있다. 여기서는 한국의 역사드라마에 대한 일본인의 반응과 선호도를 알아보기 위해, 일본의 웹사이트인 <모두의 랭킹(みんなのランキング)>에서 참조할 수 있는 표본을 토대로 조망해보고자 한다. 물론 이러한 분석 방식은 어느 정도 한계가 존재하겠지만, 2024년 3월 31일 현재 총 58작품에 대해 15,696개의 리뷰를 통해 투표된 결과물[31]이라는 점에서 적어도 일본인들의 한국 역사드라마 선호도나 관점에 대한 편린을 제시할 수 있으리라 사료된다. 또한 흥미로운 것은 일본에서 한국 역사드라마를 호칭할 때 '역사드라마'와 '시대극'이라는 명칭이 병행된다는 사실이다. 일본에서의 시대극에 대한 정의를 생각할 때, 한국 시대극(韓国時代劇)은 메이지 유신을 기준으로 하는 일본 시대극과는 달리 조선(朝鮮) 시대와 그 이전의 시기 혹은 그와 같은 문화 양식을 배경으로 그린 드라마를 뜻하는 것으로 이해할 수 있으나, 일제강점기를 전후한 작품들도 포함하여 거론될 때도 있기 때문에 엄밀한 구분은 존재하지 않는 것으로 보인다.

다음은 위 표본에 해당하는 <한국드라마 시대극 랭킹! 모두가 추천하는 한국 역사드라마는?(韓国ドラマ時代劇ランキング！みんながおすすめする韓国歴史ドラマは?)>에 나타난 한국 역사드라마 선호도 순위이다.

[표 2] <한국드라마 시대극 랭킹~모두가 추천하는 한국 역사드라마는?>(1~20위까지 정리)

순위	작품 제목(한국어·일본어)	점수/100	리뷰 수
1	동이·トンイ	88.9	1,807
2	제왕의 딸 수백향·帝王の娘 スベクヒャン	84.8	591
3	왕이 된 남자·王になった男	84.4	445
4	**대장금·宮廷女官チャングムの誓い**	84.4	955

---

31 https://ranking.net/rankings/best-korean-historical-dramas (검색일: 2024.3.31.)
이하의 리뷰 및 감상 인용은 모두 위 사이트에서 참조한 것이다.

5	**기황후·奇皇后~ふたつの愛 涙の誓い~**	83.8	1,112
6	이산·イ・サン	83.5	871
7	**해를 품은 달·太陽を抱く月**	82.9	1,070
8	보보경심 려·麗~花萌ゆる8人の皇子たち~	82.6	745
9	마의·馬医	82.0	514
10	화랑·花郞(ファラン)	81.7	818
11	**옥중화·オクニョ 運命の女**	81.7	623
12	구르미 그린 달빛·雲が描いた月明かり	81.6	666
13	선덕여왕·善德女王	81.1	519
14	주몽·朱蒙(チュモン)	80.7	491
15	허준·ホジュン~宮廷医官への道~	77.0	334
16	육룡이 나르샤·六龍が飛ぶ	75.8	179
17	추노·チュノ~推奴~	74.8	288
18	**대군·不滅の恋人 大君~愛を描く**	74.7	527
19	일지매·イルジメ(一枝梅)	74.3	183
20	성균관스캔들·トキメキ☆成均館スキャンダル	74.1	333

(강조된 글씨는 NHK에 한 번 이상 방영된 작품)

위 자료에서 확인되는 바와 같이, NHK에서 방영된 작품들은 전체적으로 많은 리뷰를 받았다. 반응이 많다는 것은 작품의 평가와는 별개로 그만큼 많은 시청자 수를 확보할 수 있었다는 이야기이기도 하다. 먼저 1위부터 20위까지의 작품에서 소위 정통 사극으로 분류되는 작품은 단 한 작품도 보이지 않는다. 조금 더 살펴보면 2002년에 KBS에서 정통 사극을 표방하며 만든 특별기획 <장희빈>이 41위, 2001년 SBS대하사극 시리즈인 <여인천하>가 45위로 선호도가 매우 낮다고 할 수 있다. 반면에 퓨전사극이라 할 수 있는 팩션사극, 판타지사극, 픽션사극 등의 변격 역사드라마들이 반응을 빼곡이 채우고 있는데 먼저 <동이>의 경우 모두 1,807개의 리뷰가 달렸으며 "신분이 낮은 자들의 고뇌, 아이를 후계자로 삼고 싶은 측실, 왕의 총애를 포기한 왕비 등 각각의 여성의 입장에서 시청하였다", "어릴 때부터 가장 좋아하는 작품", "무엇보다 주인공 동이의 호감도가 높다" 등 전반적으로 호의적인 리뷰를 받았음을 확인할 수 있다. 한편 "각본의 마무리가 아쉽다"라고 하는 부정적인 코멘트도 존재하지만 이러한 리뷰에서도 "지금까지의 드라마 중 최고"라고 하는 반응을 보면 이 작품은 일본에서 대체적으로 많은 사랑을 받은 한국 역사드라마로 보인다.

이 작품을 시작으로 2위 <제왕의 딸 수백향>, 4위 <대장금>은 모두 여성을 단독 주인공으로 한 작품이다. 남성을 단독 주인공으로 한 작품은 3위 <왕이 된 남자>, 6위 <이산>, 9위 <마의>, 14위 <주몽>, 15위 <허준>, 17위 <추노>, 19위 <일지매>이며, 한국에서는 남성을 주인공으로 한 역사드라마가 시청률과 인지도 면에서 상위 다수를 차지하고 있다는 사실[32]을 두고 볼 때, 여성 혹은 남녀를 주인공으로 한 작품이 상위를 차지한 것은, 다분히 일본의 배급사와 시청자들에 의해 선택된 결과라 볼 수 있을 것이다. 이러한 여성 중심의 서사 혹은 여성 시청자를 타깃으로 한 역사 이야기가 인기가 있을 수 있는 이유는 본래 한류의 시작이 일본 여성을 중심으로 시작되었고, 주로 여성이 소비하였던 것과 무관하지는 않을 것이다. 다른 한편으로는 앞서 살펴보았듯이, 일본에 최초로 방영된 <대장금>의 방영 시기인 2003년 이후는 NHK 대하드라마도 전격적으로 여성을 중심으로 한 이야기 혹은 홈드라마와 같은 가족 서사의 이야기를 플롯의 중심에 세우기 시작한 시점과 맞물린다. 즉, 일본 시청자들이 시대극, 혹은 정통 사극으로 역사드라마를 바라보던 기존의 시각에서 이탈하는 시점에 한국형 역사드라마가 들어오면

---

32   한국에서의 역사드라마 최고 시청률만 놓고 보았을 때는 1위 <허준>이 63.7퍼센트, 2위 <태조왕건>이 60.2퍼센트, 3위 <대장금>이 57.8퍼센트, 4위 <주몽>이 52.6퍼센트, 5위 <여인천하>가 49.9퍼센트, 6위 <용의 눈물>이 49.6퍼센트를 기록하였다고 알려져 있다. https://vod-sanpo.com/korean-historical-drama-rating/ (검색일: 2024.3.31.)

서, 이들 작품이 '퓨전사극'의 특성이 강했음에도 큰 저항감 없이 받아들일 수 있었다. 이러한 이유들이 중첩되면서 역사드라마가 한류의 한 장르로 대두할 수 있었던 것이 아닐까.

물론 이러한 과정에서 한국 역사드라마를 '역사'극으로 받아들일 때의 저항이 없었던 것은 아니다. 이를테면 NHK에서도 방영했던 판타지 사극이라 정의할 수 있는 <태왕사신기>는 배용준 주연으로 많은 팬을 확보했음에도 불구하고 32위의 낮은 순위를 기록했다. 이 작품의 리뷰를 살펴보면, 역사와 관련된 이야기는 거의 찾아볼 수 없고 주연 배우인 배용준에 대한 이야기나 결말의 아쉬움에 대해 토로한 글들이 많았다. 대체역사물에 가깝지만 남녀의 로맨스를 중심으로 이야기를 풀어나가는 <해를 품은 달>이나 <구르미 그린 달빛> 역시 리뷰 전반에서 '역사'를 언급하는 글은 전무하다. 어떻게 보면 이 작품들은 한국에서도 일본에서도 '역사드라마'로 분류되었기는 하지만, 사실상 판타지 드라마 내지는 기성 한류드라마의 일부로 인식되고 있는 것이다.

반면에 퓨전사극이지만 실제 역사 인물을 주인공으로 하고 있는 <동이>, <기황후>, <이산>, <선덕여왕>, <주몽> 등의 작품에 대한 평가를 보면, "(장)희빈이 지위를 지키기 위해 펼치는 뒷공작을 동이가 폭로하는 대결이 재미있다"(<동이>), "이야기의 처음부터 끝까지 묘사되어 있는 원나라라는 대국에 고통받는 고려 사람들의 비애가 마음을 자극했다"(<기황후>), "이산(정조)도 할아버지(영조)도 훌륭한 왕이어서 매력에 빠졌다"(<이산>), "최초의 여왕 탄생의 이야기이기도 해서 희귀했고, 공부가 되었습니다"(<선덕여왕>), "주몽은 한국 역사를 잘 알 수 있는 드라마입니다"(<주몽>) 등, 역사드라마를 한국의 실제 역사와 결부시켜 생각하는 감상도 더러 확인된다. 하지만 대다수의 리뷰에는 역시 이야기나 주인공의 연기에 대한 감상이 주를 이룬다. 다시 말하면, 시대극 혹은 역사를 소재로 한 드라마로 인식하면서도, 감상의 주안점은 역시 한국의 문화를 즐기는 것에 가깝다는 것이다.

이렇듯 한국 역사드라마를 받아들이는 일본인 시청자들의 '역사'와의 미묘한 거리두기는 긍정적인 방향으로 흘러가고 있다고 여겨진다. 이를테면 한류 역사드라마가 한국의 실제 역사에 흥미를 느낀 일본인들이 스스로 한국 역사에 대해 찾아보게 하는 중간자 역할로 존재한다는 점이다. 일본 사이트인 <이것을 보면 한국 역사를 알 수 있다(これを見れば、韓国の歴史が分かる)>[33]에는 "역사드라마의 시대를 아는 것으로 드라마가 좀 더 재미있어진다!"라고 하는 부제와 함께 한국의 역사드라마를 삼국시대부터 조선시대까지 나타낸 한국 역사연표와 함께 소개하고 있다. 다른 사이트인 <조선왕조 드라마연표 (朝鮮王朝ドラマ年表)>[34]에는 조선 역대왕의 시대에 따라 역사드라마를 분류해 놓은 것은 물론, 동시대 중국과 일본의 대조연표나 가공의 역사에 대한 것을 다룬 작품군까지 정리해두고 있다. '퓨전 사극'으로 한국의 문화를 즐기면서 역으로 한국의 역사에 대한 전반적인 흐름에 관심을 가지게 되고, 다시 한국 역사드라마를 찾아보게 되는 선순환이 이루어지고 있는 것이다. 때문에 '퓨전 사극'의 양식은 마치 역사적 사실을 전달하는 것과 같은 분위기를 풍기는 '정통 사극'의 양식보다, 실제 역사와의 적정한 거리 두기의 가능성을 담보하기 때문에 결과적으로 '한류'라고 하는 역사 콘텐츠의 수출방식에 매우 적절한 장르가 되었다고 말할 수 있다.

물론 그렇다고 해서 한국의 퓨전 사극이 정통 사극보다 더 뛰어난 작품인 것은 아니다. 이를테면 2014년에는, <기황후>, <조선 총잡이>, <왕의 얼굴> 등 총 7편의 퓨전 사극이 나왔지만 유일한 정통 사극이었던 <정도전>이 그해 최고의 찬사를 받았다.[35] 실제로 이 작품은 최고시청률 20.1프로를 기록하며 제41회 한국방송대상 작가상, 프로듀서상, 작품대상을 수상했고, 한국

---

33 https://selection.brokore.com/special/mbcXkbs_rekishi.html (검색일: 2024.3.31.)

34 https://vod-sanpo.com/joseon-dynasty-drama/ (검색일: 2024.3.31.)

35 오명환, 앞의 책, 2015, p.169.

형 '정통 사극'의 완성형이라는 평가를 받았다. 이후 KBS 대하드라마 시리즈로 방영된 <징비록>(2015)이나 <태종 이방원>(2021), <고려거란전쟁>(2023)도 한국 사회에서 많은 반향을 이끌며 성황리에 방영되었다.

다만 한 나라의 역사를 일종의 문화 콘텐츠로서 다른 나라의 국민에게 선보일 때, 역사 인식의 격차를 극복하고 문화적 할인율[36]을 가능한 줄이기 위해서는 퓨전 사극이라는 장르적 성격이 훨씬 적합하다는 것은 위의 사례에서 확인할 수 있었다. 특히 한국 역사드라마의 경우, 한일 대중문화개방의 시점에 이르러 역사적 사실의 재구성이라는 강박에서 벗어나 자유로운 상상의 나래를 펼치기 시작하였다. 역사적 사실 여부보다 작가의 상상력으로 창작된 허구의 세계에서 역사적 사건이나 인물에 대해 새롭게 해석하는 경향이 나타난 것이다. 이러한 새로운 경향은 2000년대 이후 한국 텔레비전 역사드라마의 장르적 외연을 확장하는 결과[37]를 낳았고, 한류 붐을 타고 이러한 개성을 살릴 수 있는 기회를 얻게 되었다. 정치적으로 복잡하게 얽혀 있는 한일 양국의 '역사'의 문맥조차 상호 교류 가능한 특정 지점이 있음을 모색하였다는 점은, 바로 오늘날 일본의 한국 역사드라마 수용양상에서 확인할 수 있는 중요한 특질에 다름없다.

IV. 한류 역사드라마가 시사하는 콘텐츠로서의 '역사'

지금까지의 글을 종합해보자면, 한국의 역사드라마에 대한 일본의 수용양

---

36 문화적 할인율(Cultural discount)이란, 한 문화권에서 다른 문화권으로 문화 상품이나 콘텐츠가 이동했을 때, 언어, 관습, 종교, 역사 등 문화적 정서의 차이 때문에 상대적으로 그 가치가 낮아지는 것을 나타내는 용어이다.

37 텔레비전드라마연구회, 앞의 책, 2014, pp.481-482.

상은 다음과 같이 이야기할 수 있다. 1965년 한일 국교정상화 이후에도 오랫동안 역사적 문제로 반목해왔던 양국이, 1998년 한일 파트너십 공동선언을 계기로 서로의 대중문화 교류를 활성화하기 시작했다. 그러나 역사 인식에 대한 온도 차가 존재하기에 역사 콘텐츠의 교류에는 어려움이 따르는 것이 현실이었다. 일본은 전후 시대극의 무대가 텔레비전드라마로 옮겨오면서 전성기를 구가했고 NHK대하드라마 시리즈는 가히 국민적 방송이라 불릴만한 위상을 가지고 있었다. 이것이 2000년을 전후하여 시청률의 하락과 함께 변환을 모색하는 계기를 불러일으켰고, 따라서 21세기의 일본 역사드라마는 보다 개인과 가족 그리고 여성 서사를 중심으로 한 이야기로의 전환을 꾀했다. 한국도 마찬가지로 KBS 대하드라마 시리즈를 비롯한 정통 사극에서 2000년 이후로 개인을 중심으로 한 역사드라마가 득세하면서 이른바 퓨전 사극이 흐름을 주도하기 시작했다. 한국의 역사드라마가 한국 시대극이라는 일본 고유의 명칭과 혼용되며 일본에 자리 잡은 것에는 이러한 배경이 존재하였다. 특히 한국 역사드라마 중에서도 퓨전 사극의 장르 성향을 가진 작품들이 일본인들에게 더 사랑받은 이유는, 정치적 쟁점으로부터 우회 가능한 작가의 상상력이 많이 개입된 이야기라는 지점에서 찾을 수 있을 것이다.

결론적으로 말하면 일본에서 환영받는 한류 역사드라마는 대체로 정치적 쟁점과 먼 퓨전 사극의 경향을 띤 작품이며, 이들 작품은 처음부터 제작자의 입장에서 기획된 것이기보다는 수용자의 입장에서 선택된 것으로, 이들 드라마가 보이는 탈정치성은 사후적으로 획득된 것이라 할 수 있다. 정통 사극이 보여주는 자국민의 정체성 형성이나 역사적 사실의 적절한 반영을 중시하는 특징 역시 역사드라마가 담보해야 할 미덕임은 틀림없다. 하지만 이것이 더 이상 국경 안쪽의 사람만을 대상으로 하는 이야기가 아니게 될 때, 상당한 문화적 할인율을 감수하여야만 한다. 따라서 일본에서 반응을 이끌어낼 수 있는 한류 역사드라마는 앞으로도 퓨전 사극의 탈정치적 성격을 활용한 형태일 가능성이 크다. 어쩌면 이러한 콘텐츠로서 소비되는 '역사'의 상호교류 방식이 보다 양국의 사람들이 온건하고 자발적인 형태로 상호 이해의 도모할 수 있는 하나의 방법이 될 수 있지 않을까.

참고문헌

김서은, 「NHK 대하드라마를 통해 본 일본 미디어문화의 특징과 인물 변화 양상 연구」, 『일본어문학』 89, 일본어문학회, 2020.

나카츠카 아키라, 박현옥 역, 『시바 료타로의 역사관』, 모시는 사람들, 2014.

박삼헌, 「1980년대 한일 지식인 교류와 역사인식 - 요미우리신문사 주최 '일한좌담회'를 중심으로」, 『한일민족문제연구』 40, 한일민족문제학회, 2021.

사이토 미나코, 김정희 역, 『동시대 일본 소설을 만나러 가다 - 1960년대부터 2010년대까지 현대 일본 문학의 흐름』, AK, 2021.

오명환, 『드라마 인문학 50』, 나무와숲, 2015.

이가현, 「일본 NHK 대하드라마 <아쓰히메>에 그려진 여성의 역할」, 『일본연구』 제39집, 고려대학교 글로벌일본연구원, 2023.

텔레비전드라마연구회, 『텔레비전드라마, 역사를 전유하다』, 소명출판, 2014.

한국방송공사, 『NHK大河드라마의 世界』, KBS방송문화연구소, 1987.

한영균, 「일본 대중문화 개방정책의 현황 및 의의」, 『日本文化研究』 86, 동아시아일본학회, 2023.

岩本憲児, 『世界映画大事典』, 日本図書センター, 2008.

春日太一, 『なぜ時代劇は滅びるのか』, 新潮新書, 2014.

木下まゆみ外, 『NHK大河ドラマ大全』, NHK出版.

能村庸一, 『実録テレビ時代劇史』, 筑摩書房, 2014.

渡邊光敏, 『天皇とは: 神器と王権の形成・衰退』, 彩流社, 2002.

https://kumanichi.com/articles/1047659 (검색일: 2024.3.18.)

https://news.yahoo.co.jp/articles/f097616c93840d84cfef3b25aa9a4299f8c081a6 (검색일: 2024.3.31.)

https://honkawa2.sakura.ne.jp/3967.html (검색일: 2024.3.31)

https://news.yahoo.co.jp/articles/f097616c93840d84cfef3b25aa9a4299f8c081a6 (검색일: 2024.3.31.)

https://ekr.chosunonline.com/site/data/html_dir/2006/01/06/2006010663072.html (검색

일: 2024.3.31.)

https://ranking.net/rankings/best-korean-historical-dramas (검색일: 2024.3.31.)

https://vod-sanpo.com/korean-historical-drama-rating/ (검색일: 2024.3.31.)

https://selection.brokore.com/special/mbcXkbs_rekishi.html (검색일: 2024.3.31.)

https://vod-sanpo.com/joseon-dynasty-drama/ (검색일: 2024.3.31.)

3부

한류의 확장과 K-컬처의 미디어

미디어를 통한 일본의 한류 붐과 K-여성 문학의 확장

이가현

Ⅰ. 머리말

2023년 한국 작가 손원평의 소설 『서른의 반격』 일본어판이 일본 제19회 서점대상 번역소설 부문 1위를 차지했다. 2012년부터 실시된 번역소설 부문에서 송원편은 2020년 소설 『아몬드』로 아시아 작품으로는 처음으로 수상한 데 이어 이번에 2번째로 수상하게 되었다. 이로써 현재 일본에서 한국문학 작품의 위상을 엿볼 수 있다.

하지만, 불과 2016년만 하더라도 일본에서 출간된 한국 소설은 20편도 채 되지 않았고, 출판업계에서 한국문학을 둘러싼 상황은 비교적 메이저인 미국문학이나 프랑스문학에 비해 훨씬 어려웠다. 이러한 상황은 2018년 12월, 조남주의 소설 『82년생, 김지영』(지쿠마 쇼보, 사이토 마리코 역, 이하 『김지영』으로 표기)의 번역판이 출판되고 대히트를 기록하며 바뀌게 된다. 4000부에 불과했던 초판 부수는 인기를 얻으며 현재까지 일본에서 18만부 이상이 판매되었고, 정유미와 공유의 출연으로 영화화되어 일본에서도 2020년 10월

9일부터 전국 로드쇼가 진행되는 등 이른바 '김지영 현상'을 불러일으키며
『김지영』은 한국문학의 인기를 견인하고 있다. 『김지영』을 필두로 『현남오
빠에게』(조남주 외, 하쿠스이샤), 『우리에겐 언어가 필요하다』(이민경, 타바 북
스), 『피프티 피플』(정세랑, 아키 쇼보) 등 한국의 소설, 에세이가 잇달아 번역
되며 소비되고 있는데, 그 특징 중 하나가 현대의 한국 여성 작가들의 작품이
두드러지고 있다는 것이다.

"극히 평범한 여성의 이야기. 여성으로 태어나 가부장제 아래 살아온 모두
의 이야기. 이 책을 읽고 공감 못할 여자는 없을 것이다. 꼭 읽어보시길",
"나라가, 언어가, 문화가 달라도 많은 나라는 남성을 중심으로 세워졌다.
그래서 세계 여성들은 이 책을 읽고 공감대를 얻었을 것이다." 이와 같은
아마존 재팬의 『김지영』 감상평[1]에서 알 수 있듯이 많은 일본인, 특히 여성
들이 인생에서 만나는 어려움, 차별을 그리는 현대 한국 여성 문학에 절대적
인 공감을 하면서 김지영이라는 사회현상에 동조하고 있으며, 일본의 영화
예고편에서도 사회현상을 낳은 작품이라는 점을 강조하고 있다.

우에타니 가요(上谷香陽)는 『김지영』의 인기와 관련하여 이는 한국사회뿐
아니라, 일본에서도 세계 어디서든 공통하는 세계성을 갖고 있다고 말하며
한국의 남권사회, 남존여비 사상은 한국만의 문제가 아니며, 임신한 여성이
자리를 양보받는 것이 '특권'으로 비추는 일본에서도 동일한 문제를 내포하
고 있다고 말한다.[2] 박재영은 『김지영』이 그리는 여성들이 겪는 일상의 평범

1   아마존 재팬 리뷰 https://www.amazon.co.jp/82%E5%B9%B4%E7%94%9F%E3%81%BE
     %E3%82%8C%E3%80%81%E3%82%AD%E3%83%A0%E3%83%BB%E3%82%B8%E3
     %83%A8%E3%83%B3-%E5%8D%98%E8%A1%8C%E6%9C%AC-%E3%83%81%E3
     %83%A7%E3%83%BB%E3%83%8A%E3%83%A0% E3%82%B8%E3%83%A5/product-
     reviews/4480832114/ref=cm_cr_dp_d_show_all_btm?ie=UTF8&reviewerType=all_reviews
     (검색일: 2024.1.28.)
2   上谷香陽, 「「女性の経験」と知識の社会的組織化—ドロシー・スミスのIEに依拠した『82年生

한 고통이야말로 현대사회에서 신음하는 여성들의 공감을 불러일으킨다고 보고 있다. 주인공의 남편을 제외한 남성 등장인물에 이름을 부여하지 않는 -이는 남성사회에서 주로 사용해온 수법으로 여성의 이름을 제시하는 대신 누구의 부인 누구의 엄마로서 서술되는 경우가 많았다-작가의 의도에서 통렬한 비판을 구사하는 유연한 아이디어에 주목한다.[3] 또한, 도요자키 유미 (豊崎由美)는 한국문학에서 여성들의 절실한 목소리가 전해진다고 말하며『김지영』은 특히 공감하는 데에서 그치지 않고 나도 나의 경험을 말해야겠다는 능동적인 공감을 하게 하는 작품이라고 분석하며 김지영 현상을 논하고 있으며, 그 수용 양상에 주목한다.[4] 여성문제를 그리고 있는 작품인 만큼『김지영』과 관련된 연구는 젠더적 관점에서 논하는 것이 대부분으로 현대 한국문학 붐과 함께 페미니즘 운동의 실용서로서『김지영』을 위치시킨다.[5]

일본에서 현대의 한국문학, 특히 여성 문학이 이처럼 주목받는 이유는 무엇일까. 이러한 의문에서 출발한 본 연구는 일본에서 현대 한국 여성 문학의 인기 요인을 한류 붐의 흐름 속에서, 일본 문단의 페미니즘 담론 속에서, 그리고 현대 한국 여성 문학의 특징 속에서 살펴보고자 한다. 이는 일본 내 한국문학에 대한 인기는 어느 날 갑자기 생겨난 것이 아니라 축적된 여러 담론 속에서 유기적으로 연결되어 나타난 현상이기 때문이다.

まれ、キム・ジヨン』の読解(1)」,『文教大学国際学部紀要』32(1), 文教大学, 2021, pp.1-19.

3　朴才暎,「小説『82年生まれ、キム・ジヨン』現象が見せた、女性解放の新時代」,『抗路』6, 抗路舎, 2019, pp.108-113.

4　豊崎由美,「切実な声を届ける、韓国文学の潮流—チョ・ナムジュ著, 斎藤真理子訳『82年生まれ、キム・ジヨン』」,『こころ』48, 平凡社, 2019, pp.146-149.

5　江南亜美子,「覚醒せよ、と小説は言った—現代韓国文学のブームに寄せて」,『すばる』41(5), 集英社, 2019, pp.176-186; 金ヨンロン,「現代韓国文学とフェミニズム」,『昭和文学研究』81, 日本近代文学会, 2020, pp.222-225; 福島みのり,「日本社会における『82年生まれ、キム・ジヨン』の受容—日本の女性は自らの生をどう言語化したのか」,『常葉大学外国語学部紀要』36, 常葉大学外国語学部, 2020, pp.1-18.

Ⅱ. 일본의 한류 붐 −<겨울연가>에서 『82년생, 김지영』까지

먼저, 일본의 한류 붐의 흐름 속에서 한국 문학의 인기에 대하 알아보고자 한다. 연일 한일관계가 사상 최악이라는 말이 나올 만큼 악화일로를 달리지만, 전례 없는 한류 붐이 일본에 부는 것 또한 사실이다. 2001년쯤부터 등장하기 시작하는 '한류(韓流, Hallyu, the Korean Wave)'라는 용어는, 중국, 일본, 대만, 필리핀, 베트남 등 아시아 현지인들이 한국의 가요, TV드라마, 영화 등 대중문화에 대한 관심과 선호가 증가하는 사회문화적인 현상이다. 하지만 이는 단순히 대중문화의 선호 단계를 넘어 한국의 음식, 패션, 스포츠 등 한국인의 생활양식 전반의 선호로 확대되어 왔다.[6]

일본에서의 한류 현상은 2003년 드라마 <겨울연가>의 인기와 함께 한국의 대중문화가 일본 내에서 문화상품으로서의 가치를 얻으면서 발생한 문화적 현상이다. 이른바 1차 한류 붐이 이것으로 당시의 한류 붐은 중장년층 여성들이 주축이었고 한국 여행이 인기였다. <겨울연가>가 이렇듯 한류 붐을 일으킨 근본적인 배경에는 노스텔지어의 감성을 불러일으킨다는 것을 지적할 수 있는데,[7] 중장년층 여성을 주축으로 드라마 속 순수한 사랑을 노스텔지어의 감성으로 치환함으로써 한류드라마를 높이 평가하는 것이었다. <겨울연가>는 남자주인공 배용준을 한류스타로 등극시켰으며, 일본의 주부들을 대중문화의 소비 주체로 만들었다.

2010년 초, 보아를 시작으로 동방신기, 소녀시대 등 한국 아이돌 그룹이 일본에 진출하면서 2차 한류 붐이 시작된다. 이들은 모두 한국에서의 인기를

---

6   강철근, 『(한류 전문가 강철근의) 한류 이야기』, 이채, 2006, p.102; 이규현·김경진, 「한국 문화와 행동경제학 연구」, 『문화산업연구』 14(1), 한국문화산업학회, 2014, pp.91-100.

7   조규헌, 「3, 4차 일본 한류 현상의 특수성 고찰」, 『일본문화연구』 77, 동아시아일본학회, 2019, pp.301-302.

배경으로 한 것이 아니라, 일본 대형 음반사의 협력을 얻어 현지화 전략으로 성공한다. 2002년 한·일 월드컵 공동개최를 계기로 한국과 한국문화에 대한 관심이 높아지며 일본 도쿄의 한인 타운 신오쿠보(新大久保)는 아이돌 굿즈 판매점이나 한국음식점이 늘어나 1, 2차 한류 붐과 함께 일본인들이 찾는 곳이 되었다.

2017년경부터 시작된 일본의 3차 한류는 특히 '일본의 젊은 세대들이 주 소비층'으로 떠올랐다는 점이 특징인데, 10~20대 여성을 중심으로 인스타그램, 유튜브 등 SNS를 통해 K-Pop, 뷰티 콘텐츠, 먹방 등의 한류 정보를 습득하고 공유하면서 인기가 확장되어 간다. 특히 BTS(방탄소년단)의 인기가 한류 열풍을 이끌었다고 할 수 있다. 해외 음반 수출, 해외 공연, 굿즈 판매 등을 포함한 K-Pop의 해외 매출 대부분을 일본이 차지하고 있는데, 트와이스나 블랙핑크의 노래를 듣고 '우울증이 나았다', BTS의 노랫말을 인용하며 '내 자신을 소중히 해야겠다'라고 말하는 SNS에 등장하는 글귀에서 이들의 영향력을 엿볼 수 있다.

일본 4차 한류는 넷플릭스, 틱톡, V-Live, 트위터 등 다양한 미디어가 한류 확산에 핵심적인 역할을 하고, 그중에서도 넷플릭스에서 한국 드라마가 폭발적인 인기를 구가하고 있다. 2021년 11월 일본 넷플릭스 Top10에는 한국 드라마가 다수 올라와 있고, <사랑의 불시착>(2019~2020), <이태원 클라스>(2020)가 여전히 상위에 랭크되어 있는 것을 알 수 있다. 이러한 한국의 인기 드라마 속에서 여성 캐릭터는 독립적이고 자주적인 태도로 묘사되는데, 특히 <사랑의 불시착>에 등장하는 여성 캐릭터(윤세리)가 자수성가한 CEO이고 북한이라는 이질적인 곳에서도 전혀 무서워하는 기색 없이 당당하게 행동하는 모습과 자신의 주장을 굽히지 않는 태도에 일본(의 특히 여성) 시청자들은 상당한 충격과 신선함을 느꼈다고 한다.[8] 실제로 이러한 설정에 착목한 논문들도 많이 등장했다. 일본 근대문학 연구자 하세가와 게이(長谷川啓)는 '한류

와 페미니즘', '한류 서브컬처와 여성'이라는 주제로 연구를 진행하는데, 그
는 2000년대 초기부터 지금까지의 한국 드라마의 흐름을 보면 한국사회의
변화와 정확히 일치한다며 나날이 높아지고 있는 여권 신장의 움직임에 콘텐
츠 창작자들이 민감하게 반응하고 있다는 증거라고 지적한다.[9]

   이러한 한류[10]의 연장선상으로 한국문학이 일본에서 큰 관심을 받게 되는
데, 그동안 한국 드라마와 K-Pop을 접하면서 한국 문화에 자연스레 스며들어
한국문학을 찾는 일본인이 는 것이다. 대표적인 예로, 『나는 나로 살기로
했다』는 BTS의 멤버 정국이 읽었다는 사실이 알려지면서 일본에서 인기를
얻었고 2019년 7월 아마존 재팬에서 에세이 분야 베스트셀러 1위에 올랐으
며, 2020년에까지 인기가 지속되어 연속 2년 베스트셀러에 올랐다. 한류의
중심인 BTS가 읽었다는 사실이 판매 증가로 이어져 한국문학 또한 자연스레
소비되고 있는 것이다. 즉, 드라마, 아이돌 등 한국의 콘텐츠, 대중문화 영역
에서의 한류의 인기가 한국문학의 인기로 이어져 그 영향력이 출판업계에까
지 미치며, 이제는 오히려 한국문학이 한류의 새로운 시장을 선도하며 문학
한류를 입증하고 있다.

---

8 梅田恵子, 「2年間トップ10入り「愛の不時着」日本のドラマにない4つの魅力/ダメ推し解説」,
   『日刊スポーツ』 2022.3.27. https://www.nikkansports.com/entertainment/column/umeda/news/
   202203260000483.html (검색일: 2024.1.7.); modelpress編集部, 「「愛の不時着」人気爆発は
   なぜ?心鷲掴まれる"5つのポイント"とは」, 『モデルプレス』 2020.4.29. https://mdpr.jp/k-
   enta/detail/2051430(검색일: 2024.1.5.) 등.

9 長谷川啓, 「韓流とフェミニズム」, 『城西短期大学紀要』 30(1), 城西短期大学, 2013, pp.1-17.
   그 외에도 西森路代, 「ジェンダーから見る韓流ドラマの女性たち」, 『女性のひろば』 499,
   日本共産党中央委員会, 2020, pp.110-113 등의 논문에서 여성 캐릭터에 주목하고 있다.

10 한류를 5,6차 혹은 11차까지로 세분화하여 논하는 연구가 있지만, 이는 정태일・김연회,
   「글로벌 사회에서 K-콘텐츠의 분석: 호감도와 접촉경로를 중심으로」(『한국과 세계』 4(5),
   한국국회학회, 2022, pp.37-66)와 같이 주로 콘텐츠 분석을 그 대상으로 하는 경우가 많으
   므로, 본 논문에서는 본문에서 언급한 선행논문에서 주로 따르는 4차로 한류를 구분하여
   서술하였다.

2016년에는 한강의 『채식주의자』(2007)가 영국 맨 부커상을, 2021년에는 윤고은의 『밤의 여행자들』(2013)이 영국 대거상을 수상하였으며, 앞서 서술한 손원평 작품의 일본 번역상 수상 등 한국문학은 세계의 권위적인 문학상을 잇달아 수상하며 신한류의 길을 열고 있으며, 일본에서 한국문학은 앞다투어 번역되어 소개된다. 그리하여 2015년, 박민규의 소설 『카스테라』(2005)가 제1회 일본번역대상을 수상하였고, 2018년에는 김영하의 『살인자의 기억법』(2013)이 제4회, 2022년에는 김소연 시인의 『한 글자 사전』(2008)이 제8회 일본번역대상을 수상한다. 오랫동안 일본에서 외면받아온 외국문학 중 하나였던 한국문학이 잇따라 번역대상을 수상하며 소비되는 것은, 한국문학 붐으로 이어진 한류의 지대한 영향력을 부정할 수 없음을 보여준다. 최근 5년간 해외에서 가장 많이 팔린 『김지영』은 문학 한류에서 중요한 작품으로 일본에서도 영화 <김지영>과 함께 여전히 큰 인기를 얻고 있는데, 드라마, 영화 등 한국의 문화 콘텐츠의 인기와 함께 한국문학의 소비는 상호작용하며 한류의 인기를 이어가고 있음을 알 수 있다.

Ⅲ. 일본의 페미니즘 담론 – 90년대 여성 작가 붐과 그 이후

앞에서 한국문학의 인기를 일본 내 한류의 흐름 속에서 알아보았다. <겨울연가>로 시작된 한류는 K-Pop, 한국 드라마에 이어 한국문학에까지 그 인기가 이어지고 있는데, 일본 계간지 『문예(文藝)』는 2019년 가을호에 한·일 작가 10명의 이야기를 담은 「한국·페미니즘·일본」 특집을 냈다. 이 책은 창간 86년 만에 처음으로 3쇄를 찍는 기록을 세우며 일본에서 한국문학에 대한 열기를 보여준다. 김지영 현상을 주도한 『김지영』의 히트에 더불어 일본에서는 조남주 작가를 초청하여 토크 이벤트를 열거나 각종 뉴스, 신문 등의 미디어에서 대대적으로 한국문학의 인기에 대해 보도하고, 한국의 페미니즘 현상에 주목한다.

2019년 2월 열린 토크 이벤트에서 조남주가 "일본에선 남편을 주인님(ご主人)이라고 부른다고요? 지금도 그렇다고요?"라고 하자, 객석에서 웃음이 터져나왔다고 한다. 함께 했던 여성 작가 가와가미 미에코(川上未映子)는 "주인님이라는 호칭 대신 남편의 이름을 부르자는 칼럼을 썼다가 많은 공격을 받았다"는 일화를 털어놓으며, "남편을 주인님이라고 부르는 건 전통도 아니고 단지 여성과 남성을 주종관계로 보는 것인데, 이런 호칭들이 일본 사회의 식을 컨트롤 하고 있다"고 말한다. 이 일화에서도 알 수 있듯이, 현재까지도 만연한 가부장적 분위기 속에서 살아가는 일본 여성들이 남녀의 비대칭적인 관계에 이의를 제기하는 한국문학에 주목하는 것이다.

일본에서 인기를 얻고 있는 『김지영』, 『나는 나로 살기로 했다』, 최근 수상한 『서른의 반격』의 주인공은 모두 여성이다. 이들 작품은 주인공인 여성을 내세워 지금까지 사회에 퍼져있는 남녀의 성 역할에 의문을 제기한다. 『김지영』은 주인공 김지영을 통해 여자라서 당한 부당함을 드러내고, 『나는 나로 살기로 했다』, 『서른의 반격』 역시 부조리한 현실에서 여성이 어떻게 살아가야 할지를 보여준다는 면에서 여성 문학으로 볼 수 있다. 『김지영』의 아마존 재팬 리뷰 중 다음과 같은 것이 있다. "여성이 인생에서 조금씩 느껴 온 위화감을 저자가 정리해 주는 것으로, 그래요, 사실은 참지 않아도 괜찮았다는 것을 깨닫게 해줍니다. 그것은 향후의 자신에게도, 아이에게도 새로운 가능성을 느끼게 해줍니다."[11] 이렇듯 한국문학은 국경을 넘어 일본의

---

11 아마존 재팬 리뷰 https://www.amazon.co.jp/82%E5%B9%B4%E7%94%9F%E3%81%BE
%E3%82%8C%E3%80%81%E3%82%AD%E3%83%A0%E3%83%BB%E3%82%B8%E3
%83%A8%E3%83%B3-%E5%8D%98%E8%A1%8C%E6%9C%AC-%E3%83%81%E3%
83%A7%E3%83%BB%E3%83%8A%E3%83%A0%E3%82%B8%E3%83%A5/product-re-

많은 이의 공감을 이끌어내고 있다.

한국 여성 문학의 인기에 대해 동양경제(東洋経済)는 "일본에는 유감스럽게도 페미니즘 문학이라고 이름 붙인 작품들이 없었다"며 "최근 일어난 성차별과 성희롱 문제로 일본에서도 페미니즘에 대한 인식이 높아지면서 남녀 문제에 대한 의식을 가진 사람들이 한국문학을 찾고 있다"[12]고 분석했다. 특히, 2018년 여름에 문제가 된 도쿄의대 여성 응시자에 대한 점수 조작 문제를 한국 여성 문학 붐의 가장 큰 배경으로 지적한다. 『김지영』이 나올 무렵 도쿄의대와 관련해 준텐도의 기자회견이 겹쳐져 SNS가 시끄러워졌고, 『김지영』을 편집해서 간행하는 동안 자꾸 일본의 성차별 문제가 노출되었다고 말한다.[13]

앞에서 언급된 일본의 여성문제 사건에 대해 간략히 서술하면, 먼저 2017년 이토 시오리(伊藤詩織) 성폭력 피해 고발 사건을 들 수 있다. 저널리스트 이토 시오리는 전 TBS 워싱턴 지국장 야마구치 다카유키(山口敬之)에게 당한 성폭력 피해와 그 형사고발의 불기소처분 사실을 공표하며 일본의 'Me Too' 운동의 선구자가 되었다. 그 후 많은 여성들이 목소리를 높이면서 성폭력에 대한 사회의 의식이 변하기 시작한다. 그리고, 2018년 의학부 부정 입시 사건이 바로 『김지영』의 번역본이 나올 무렵의 사건이다. 2018년 8월 도쿄의과대학(東京医科大学)이 여성에 대해 일률적으로 감점을 하고 있었다는 사실을 내부 조사하여 결과를 공표하였는데, 그 후 후생노동성이 전국 81개 대학을 조사한 결과 복수의 대학이 부적절한 득점 조정을 하고 있다는 의혹이 제기

---

views/4480832114/ref=cm_cr_arp_d_viewopt_srt?ie=UTF8&reviewerType=all_reviews&sortBy=recent&pageNumber=1 (검색일: 2024.1.8.)

12 井口かおり・斎藤真理子・坂上陽子, 「韓国・中国文学が2019年の日本を席巻したワケ: 韓国文学に感じる「使命感と必然性」」, 『東洋経済』, 2019.12.31. https://toyokeizai.net/articles/-/321353 (검색일: 2024.3.28.)

13 위의 글.

되며 일본 사회에 큰 파장을 일으켰다.

정치가의 성차별 발언은 끊임없이 제기되고 있는데, 「젠더에 관련된 문제 있는 공적 발언 워스트 투표 2021」[14]에 따르면, 워스트 1위의 발언은 스기타 미오(杉田水脈, 중의원의원)의 "여성은 얼마든지 거짓말을 한다(女性はいくらでもウソをつける)"였다. 이는 성 피해자에 대한 2차 가해를 허용할 수 없다는 점, 고통받는 당사자들이 더욱 목소리를 내기 어려워진다는 점 등 성 피해 당사자나 사회에 미칠 파장을 우려하는 이유 때문이다. 이렇게 끊임없이 여성문제가 언론을 장식하는 때에 본인의 목소리를 대변하는 『김지영』에 많은 여성들은 관심을 가지며 한국문학을 일본 페미니즘 담론에 끌여들이고 있다.[15]

현대 한국문학의 인기를 지탱하고 있는 작가들의 대부분은 비교적 젊은 세대의 여성들이다. 조남주는 1978년생이고 한강도 1970년생, 정세랑은 1984년생이다. 『김지영』을 번역한 사이토 마리코(斎藤真理子)에 의하면, 70년 대 이후에 태어난 그녀들의 작품의 특징 중 하나는, 엔터테인먼트적인 요소 를 문학 표현에 도입하는 교묘함이라고 한다.[16] 엔터테인먼트나 서브컬처를 적극적으로 수용하여 공적인 문제와 대면하고 정치적인 갈등을 통해서 사회 로 열어 가는 것을 한국의 여성 문학의 특징으로 주목한다. 한강은 『채식주의 자』에서 나무가 되려는 주인공을 그린다. 터무니없는 내용, 트랜디한 제목과

---

14 「ジェンダーに関する問題ある公的発言ワースト投票 2021」(公的発言におけるジェンダー 差別を許さない会, 2021.2.26.~3.5.) https://yurusanai-seisabetsuhatsugen.jimdofree.com (검 색일: 2024.1.8.)

15 『김지영』과 관련된 연구는 朴才暎의 「小説『82年生まれ, キム・ジヨン』現象が見せた, 女性解 放の新時代」(『抗路』6, 抗路舎, 2019, pp.108-113), 福島みのり의 「日本社会における『82年生 まれ, キム・ジヨン』の受容－日本の女性は自らの生をどう言語化したのか－」(『常葉大学 外国語学部紀要』36, 常葉大学外国語学部, 2020, pp.1-18) 등에서 알 수 있듯이 일본의 페미 니즘 담론과 결부지어 논의되는 경우가 많다.

16 『フォーブス ジャパン』, 2020.7.18.

함께 작가는 가족이라는 굴레 속에서 행해지는 가부장의 폭력에 대한 비판을 그린다. 조남주는 『사하맨션』(2019)에서 SF적인 요소를 가져와 상상의 도시 국가에서 버려진 자들을 그리고, 『김지영』에서는 마치 웹소설이나 장르소설 처럼 거칠면서도 친근한 필체로 독자들이 주인공에게 이입할 수 있게 한다. 외계인과의 러브스토리(『지구에서 한아뿐』, 2012)를 그리는 등 SF를 많이 그리 는 정세랑은 『옥상에서 만나요』(2018)에서 정체불명의 이세계 존재를 남편으 로 둔 여성이 직장에서 겪는 부조리한 노동과 성희롱 등을 그린다. 이러한 엔터테인먼트적인 요소가 대중적인 인기를 얻으며 많은 일본 여성들이 한국 문학에 공감하며 사회에 퍼져있는 남녀의 성 역할에 의문을 제기하는 것이다.

하지만 이렇듯 여성문제를 그리는 풍조가 일본 문학계에 없었던 것은 아니 다. 이 점과 관련하여 이하에서 여성 작가가 활발히 활동하기 시작한 90년대 의 일본 문단의 분위기와 페미니즘 담론에 대해서 간략히 살펴보고자 한다.

1990년대는 세계적으로 많은 변화가 일어난 시기로 동유럽에 있던 모든 공산 독재 정권들이 몰락하며 40년 이상 지속되었던 냉전체제는 끝을 맺는 다. 일본에서는 1989년에 쇼와(昭和, 1926~1989) 천황이 죽고 원호가 헤이세이 (平成, 1989~2019)로 바뀌며 90년대를 맞이한다. 1960년대 이후 30년간 고도 경제성장이라는 시기를 거치며 급격하게 성장한 일본은 1980년대 오일쇼크 이후 부동산과 주식 투기 열풍이 불게 되었고, 이러한 버블경제는 1985년 엔화 가치가 올라가면서 경기가 갑작스럽게 침체되며 붕괴되어 1990년부터 하락세로 돌아서며 '잃어버린 10년'이 시작된다.

심각한 경제 불황은 출판계에도 영향을 주어 출판물의 판매량은 1996년을 정점으로 1997년부터 하락하기 시작하여 이후 장기하락이 계속된다. 여성 작가들은 이 시기부터 중심 조류를 형성하며 활약하기 시작한다. 그 이유는 먼저 문학계에서 여성파워의 증가를 들 것이다.

아쿠타가와상[17]과 나오키상[18]에 처음으로 여성들이 심사위원으로 참여한

것은 남녀고용기회균등법(1985년 제정, 1986년 시행)이 시행된 이듬해인 1987년으로, 오랫동안 남성 사회였던 문단에 여성 작가들이 각종 문학상의 심사위원으로 참여하고 문예지의 편집자와 신문의 문예 담당 기자 중에서도 여성의 수가 늘어나면서 자연스럽게 여성 작가의 수상도 늘어나게 된다. 1996년에는 아쿠타가와상과 나오키상을 처음으로 여성 작가가 모두 독점한다.[19] 아쿠타가와상 수상만 보더라도 90년대는 오가와 요코(小川洋子), 다와다 요코(多和田葉子), 가와카미 히로미(川上弘美) 등 현재도 일선에서 활약하는 작가가 잇따라 수상하고, 2003년 하반기에 와타야 리사(綿矢りさ)와 가네하라 히토미(金原ひとみ)의 최연소 여성 작가 동시 수상은 문학사적으로도 사건이었다.[20]

또한, 이 시기에 문학계에서는 더 이상 쓸 것이 없다고 일컬어져 원래 여성의 이슈로 치부되었던, 차별과 편견 속에 있었던 가족이나 결혼, 출산을 테마로 한 소설이 성립해 간다. 유미리(柳美里)가 『풀하우스』[21]로 노마 문예 신인상을 수상한 것이 1996년, 『가족 시네마』[22]로 아쿠타가와상 수상은 이듬해인 1997년이다. 두 작품 모두 폭력적이고 지배적인 아버지와 거기에서

---

17 아쿠타가와 류노스케(芥川龍之介賞) 상, 통칭 아쿠타가와(芥川) 상은, 예술성에 입각한 한 편의 단편 또는 중편 작품에 주어지는 문학상이다. 문예춘추(文藝春秋) 사내의 일본 문학 진흥회(日本文学振興会)가 전형을 해 상이 수여된다.

18 나오키 산주고(直木三十五) 상, 통칭 나오키(直木) 상은, 대중성을 억제한 장편소설 작품 혹은 단편집에 주어지는 문학상이다.

19 1996년 상반기의 아쿠타가와상은 가와카미 히로미(川上弘美)의 『뱀을 밟다(蹴りたい背中)』(115회), 나오키상은 노나마 아사(乃南アサ)가 『얼어붙은 송곳니(凍える牙)』(115회)로 수상했다.

20 2003년 하반기의 아쿠타가와상(130회)은 와타야 리사(綿矢りさ)의 『발로 차주고 싶은 등짝(蛇を踏む)』, 가네하라 히토미(金原ひとみ)의 『뱀에게 피어싱(蛇にピアス)』이 수상했다.

21 柳美里, 『フルハウス』, 文藝春秋, 1996. 붕괴된 가족의 가장인 아버지가 이상적인 가족을 꿈꾸며 새집을 짓지만 결국 노숙자 가족을 초대해 함께 살기 시작하는 내용이다.

22 柳美里, 『家族シネマ』, 講談社, 1997. 다큐멘터리와 픽션의 경계를 넘는 영화 <가족 시네마>에 출연하게 되어 버린 「나」와 헤어져 있던 가족들의 이야기이다.

벗어난 딸의 관계가 그려진다. 또, 가쿠타 미쓰요(角田光代)는 가족을 테마로
한 소설을 다수 발표하고, 2002년의 『공중정원』[23]에서는 이상적인 가족상과
현실의 어느 평범한 일가를, 남편의 애인까지 포함하는 다(多)시점으로 그려
화제를 모았다. 그때까지 여성에게 '결혼' 즉, 가족을 이룬다는 것은 파트너
남성과 동거, 상호간의 성 충족, 생식/육아를 의미하였으나, 그녀들은 이러한
가족이라는 체제, 특히 현재까지도 만연한 가부장적 분위기 속에서 여성들이
직면하는 문제를 그렸다.

하지만 이다 유코(飯田祐子)가 지적하듯이 오랫동안 여성 작가는 마이너리
티로서 중심을 지탱하도록 배치되어 왔으며, 문학계에서 여성의 투쟁은 결국
헤게모니를 탈취하기 위한 투쟁이 될 수 없었고, 단지 동참할 자리를 얻을
수 있을 뿐이었다.[24] 즉, 유미리 등의 작품에서 그려진 여성문제는 독자에게
전달될 수 없었고, 전달되었다 하더라도 공감을 얻어 사회문제로서 확산될
기회를 얻지 못했다. 이는 여성 작가들이 처한 현실에서도 그렇지만, 그녀들
이 그리는 작풍이 사실적이지만 현실적이지는 않아 보편성을 얻기 어렵고,
여성이 이야기의 주체로서 드러나지 않음에 기인할 것이다.[25] 예를 들면,
유미리의 『가족 시네마』는 가족의 붕괴를 다루는데, 뿔뿔이 흩어진 가족들이
다큐멘터리 영화를 찍기 위해 비로소 20년 만에 다시 만난다는 설정 자체에
서 대중들에게 보편성을 얻기는 어려워 보인다. 가쿠타 미쓰요의 『공중정원』

23　角田光代, 『空中庭園』, 文藝春秋, 2002. 여럿의 애인을 둔 남편, 계획적으로 임신·결혼한
　　아내, 얼핏 보기에는 밝고 평범하게 보이는 일가의 빛과 그림자를 그린다.

24　飯田祐子, 「文学場における女性作家」, 『アジア・ジェンダー文化学研究』 4, 奈良女子大学ア
　　ジア・ジェンダー文化学研究センター, 2020, pp.11-22.

25　内藤千珠子, 「ほころびる秘密－角田光代『空中庭園』の世界」, 『文芸』 44(1), 河出書房新社,
　　2005, pp.102-105; 康潤伊, 「家族の陰に佇む＜少女＞－柳美里作品における少女表象に関す
　　る試論」, 『早稲田大学大学院教育学研究科紀要』 23(1), 早稲田大学大学院教育学研究科, 2015,
　　pp.1-13 등 참고.

역시 불륜을 일상적인 것으로 그리고 있어 사실적이지만 현실에 천착한 묘사라고 할 수 없다. 앞에서 언급한 "일본에는 유감스럽게도 페미니즘 문학이라고 이름 붙인 작품들이 없었다"는 동양경제의 지적은 바로 이런 맥락으로 이해할 수 있을 것이다.

일본에서 여성문제를 둘러싼 연구는 우에노 치즈코(上野千鶴子)의 『내셔널리즘과 젠더(ナショナリズムとジェンダー)』(青土社, 1998)나 『가부장제와 자본주의(家父長制と資本制)』(昭和堂, 2000), 오구라 치카코(小倉千加子)의 『젠더의 심리학(ジェンダーの心理学)』(東清和共編 早稲田大学出版部, 2000)이나 『페미니즘(ザ・フェミニズム)』(筑摩書房, 2003), 미즈다 노리코(水田宗子)의 『21세기의 여성표현(二十世紀の女性表現 ジェンダー文化の外部へ)』(學藝書林, 2003) 등 그 상당한 축적이 있고, 앞에서 살펴본 대로 90년대 이후 수많은 여성 작가들에 의해 여성문제가 그려졌다. 그럼에도 불구하고, 세계경제포럼(WEF)이 발표한 2018년 세계 젠더(성) 격차 보고서에서 한국이 전체 149개국 중 115위, 일본이 110위를 기록하였는데, 이러한 상황에서 번역된 『김지영』을 비롯한 한국·여성 문학은 작품 번역이라는 차원을 넘어서 페미니즘 운동의 실용서로서 작용하며 현상의 번역으로 의미가 확산된다. 이는 앞에서 언급한 현대 한국문학의 특징, 즉 엔터테인먼트를 적극적으로 수용하여 개인이 겪는 문제를 공적인 문제로, 사회로 확장해 가는 것과 같은 맥락이며, 일본에서 한국의 여성 문학에 주목하는 이유일 것이다.

Ⅳ. 현대 한국의 여성 문학 – 일상의 직설적 표현

앞에서 한국문학의 인기를 일본 문단의 페미니즘 담론 속에서 알아보았다. 현대 한국문학은 엔터테인먼트적인 요소를 도입하여 대중적인 인기를 얻고 일본에서 많은 공감을 얻고 있지만, 민주화선언이 발표된 1987년 이전까지 한국문학은 식민지배나 군사독재 등 민족 이데올로기가 체현된, 이른바 무거운 주제를 다루는 작품이 많았다. 개인의 삶보다는 민족적, 국가적 이념이 우선시 되어 그려졌고, 역사 소설 또한 주요 부분을 차지하며 우리의 역사와 민중의 삶을 다루는 것이 주된 소재였다. 이러한 경향은 1990년대 이후 자본주의 산업 사회로 오며 크게 바뀌어 개개인의 삶에 집중하기 시작한다. 개인의 주체적 삶을 중시하는 과정에서 각 개인의 삶의 여러 상황과 관계를 그리는 이야기에 관심이 향하며, 젊은 작가들은 개인이 겪는 불안, 격차사회, 여성차별 등을 구체적이고 사실적으로, 하지만 무겁지만은 않도록 대중용으로 그려낸다. 대중미디어의 발달로 종래의 고전적 의미의 문학과는 또 다른 분위기의 작품들이 탄생하였고, 수용 방식이 변화됨에 따라 수용자와의 관계도 변화되며 현대 한국의 작가들은 때로는 리얼리티 쇼처럼 때로는 웹소설처럼 일상의 파편들로부터 개인의 일상을 그려낸다.

조남주는 『김지영』을 구상한 계기로 여성혐오 현상을 미디어에서 접하다가 대한민국에서 여성의 삶이 어떤가를 정리해보고 싶었다, 보편적인 삶을 정리하고 싶어 보고서 형식을 차용했다고 말한다.[26] 이러한 작가의 의도대로 『김지영』은 사실적인 묘사가 특징이다. 어린 시절부터 학창 시절, 회사 생활, 결혼 생활에 이르는 모든 연령대의 여성들이 한 번쯤은, 대개는 늘 겪고 있는 경험의 나열이 주인공 김지영의 목소리로 담담하게 그려진다. 박민정은 『아내들의 학교』(문학동네, 2017)에서 '살인'과 같은 극단적인 사건에서부터 '몰래카메라'와 같은 은밀한 폭력에 이르기까지, 지금까지 덜 중요한 것으로 취급되어온 여성문제를 왜곡이나 미화 없이 피해자의 목소리로 담담하게

---

26 엄지혜, 「예스 인터뷰 조남주 "김지영 씨에게 발언권을 줬으면 해요"」, 『채널예스』, 2016. 11.16. http://ch.yes24.com/Article/View/32091 (검색일: 2024.1.4.)

그린다. 또, 강화길은 『다른 사람』(한겨레출판, 2017)에서 학교폭력을 비롯하여 빈부 격차, 데이트 폭력, 인터넷 여론 등 최근 이슈가 되는 실로 다양한 소재들을 다룬다. 인물에 공감하기 어려울 수 있겠지만 내 작품이 모두를 설득하거나 어떤 이론을 전달하려는 건 아니라는 작가의 말[27]처럼 신문 기사를 보는 듯 타인의 이야기가 우리에게 서술된다. 피해자 개인이 겪는 성차의 문제를 다양한 사회이슈들과 결부시켜 사회적, 구조적 문제로 인식시키고 있는 것이다. 이렇듯 최근 한국의 여성 작가들은 작품 속에서 사회적 메시지를 문학적인 묘사를 통한 감정이입보다 마치 르포처럼 직설적으로 그려내는 것이 특징이다. 이하에서 『김지영』의 예를 보고자 한다.

유모차에 아이를 태우고 1500원짜리 커피를 마시던 김지영은 한 남성으로부터 "맘충 팔자가 상팔자야"[28]라는 소리를 듣게 된다. '해충 같은 엄마'를 뜻하는 속어가 여과 없이 그대로 사용되는데, 개인 여성이 일상에서 겪는 크고 작은, 위와 같은 사건들이 그대로 보고된다. "무상 보육이 시작되면서 사람들은 요즘 젊은 엄마들이 아이는 어린이집에 보내 놓고 커피를 마시고, 손톱 관리를 받고, 백화점에서 쇼핑이나 하고 다닌다"[29]는 '맘충'에 대한 표현이 대표적인 예이다.

2013년부터 실시된 만 0~5세 영유아에 대한 전면 무상 보육은 위의 인용에서도 알 수 있듯이 오히려 어린이집에 아이를 맡기는 전업주부를 비난받게 하는 정책이 되었다. 이는 아동수당과 같은 형태가 아니라 어린이집에 정부 지원금을 주는 형태였기 때문에 가정 보육을 하는 것보다 어린이집에 보낼 때 훨씬 이득이 되도록 설계되었는데, 이로 인해 어린이집에 아이를 맡기는

---

27 이윤주, 「페미니즘, 인문학 너머 소설에서도 대세몰이」, 『한국일보』, 2017.8.31. https://www. hankookilbo.com/News/Read/201708310418079902 (검색일: 2024.1.4.)

28 조남주, 『82년생, 김지영』, 민음사, 2016, p.164.

29 조남주, 앞의 책, p.159.

것을 선택하는 전업주부가 대부분이기 때문이다. 하지만 아이를 어린이집에 맡긴다고 하더라도 아침 10시부터 1시까지 약 3시간 남짓으로, '맘충'이라고 비난받는 이유인 "남편이 벌어다 주는 돈으로 커피나 마시면서 돌아다니"[30]는 여유를 부릴 수는 없다. "실제로 0~2세 자녀를 돌보는 전업주부의 여가 시간은 하루 4시간 10분 정도고, 아이를 기관에 보내는 주부의 여가 시간은 4시간 25분으로 하루 15분 차이밖에 나지 않"[31]기 때문이다. 그럼에도 불구하고 전업주부에게만 비난의 화살이 돌아가게 된 것은 전업주부가 어린이집에 아이를 맡기는 선택을 하도록 만든 영유아 무상보육 정책, 그리고 그녀들에게 독박육아를 떠맡긴 사회 시스템에 기인한다고 할 것이다. 즉, 사회와 국가가 여성을, 모성을 혐오하는 분위기를 조장하고 있으며, 혐오의 핵심에 있는 '엄마가 엄마답게 아이를 제대로 돌보지 못한다'는 비난은 사실 국가 정책에 돌아가야 한다는 것을 집약적으로 보여주는 장면이다.

'맘(mom)+충(蟲)'[32]이라는 단어는 과거 가부장제 신화 속에서 숭배받던 '모성'조차도 혐오의 대상이 되는, 시대적 차이를 집약하고 있는 표현이며,

---

30 조남주, 앞의 책, p.164.

31 조남주, 앞의 책, p.157.

32 '맘충'이라는 단어는 2015년 마이 리틀 텔레비전에서 백종원이 인기를 끌자 입소문을 듣고 몰려든 가정주부들이 채팅창에서 자기 아이 이름 읽어달라고 부탁하는 채팅으로 도배하는 바람에 여기에 분통이 터진 마리텔 시청자들 사이에서 나온 말이다. 처음에는 변질된 모성애로 인해 자녀의 잘못에 대해 제지나 훈계를 하지 않고 방치, 협조하거나, 또는 '자기 아이를 위해서'라는 이유로 생판 모르는 제3자에게까지 무한한 희생과 이해를 강요하는 일부 개념 없는 행동을 일삼는 어머니들을 일컫는 인터넷 신조어로 시작되었다. 이기적인 중장년 여성, 혹은 자녀가 소리지르거나 주변에 민폐를 끼치는데도 제지하지 않는 주부에 대한 혐오와 멸시의 의미로 등장했다. 일본의 경우 몬스터 패런츠(モンスターペアレント)를 사용한다. 성별을 국한시키지 않고 몰상식한 부모 모두에게 적용되는 용어이다. 『82년생, 김지영』의 번역자 사이토 마리코는 '맘충'을 'ママ虫(育児をろくにせず遊びまわる、害虫のような母親という意味のネットスラング)' 즉, '엄마벌레(육아를 제대로 하지 않고 놀러 다니는, 해충 같은 엄마라는 뜻의 인터넷 은어)'로 번역하였다(チョ・ナムジュ, 斎藤真理子訳, 『82年生まれ, キム・ジヨン』, 筑摩書房, 2019, p.126).

여성들에게 지금 처한 현실을 매우 명징하게 자각하게 하는 표현[33]이다. 이러한 직접적인 단어를 그대로 차용하며 보고서와 같은 자세한 육아 정책 시스템에 관한 서술은, 독자-주로 여성, 특히 육아를 담당하는 주부-개인, 집단을 대변하여 여성혐오를 조장하는 사회, 국가에 대한 비판으로 볼 수 있다.

"내가 많이 도와줄게. 기저귀도 갈고, 분유도 먹이고, 내복도 삶고 그럴게"[34]라는 김지영 남편의 대사에서도 드러나듯이 아빠들은 육아를 조금 돕는 것만으로 굉장히 자부심을 느끼고 격려를 받는다. 반면 엄마는, 맞벌이 부부인 경우에도, 회사와 집안 양쪽에서 아무리 많은 일을 하더라도 "배불러까지 지하철 타고 돈 벌러 다니는 사람이 애는 어쩌자고 낳아?"[35]라는 비난을 받아야 하며, 이러한 비난을 피해-실제로는 임신한 경우 회사에서 설 자리가 없어지는 경우가 많지만-독박육아를 할 때에도 '맘충'이라는 비난을 피할 수 없음은 앞에서 확인한 바이다. 부부가 공동으로 책임져야 할 육아에서 아빠가 없는 것에 대한 이해는 가정에서도 사회에서도 생략되고 있으며 언제나 비난의 대상이 여성임을 위의 인용에서 확인할 수 있다.

이러한 여성혐오는 앞에서도 살펴본 대로 '맘충'이라는 표현에서 집약적으로 드러나는데, 인터넷 커뮤니티를 중심으로 식당이나 카페 등에서 어린아이들이 시끄럽게 하거나 주변에 민폐를 끼쳐도 내버려 두는 부모를 비하하는 뜻으로 쓰이기 시작한 사회적인 조어는 독박육아를 하는 전업주부를 향하는 말이 되었다. '된장녀', '맘충' 등 사회에서 여성을 공격할 언어를 얻게 되자, 모성에 대한 신성시도 침탈되어 대중들의 인식에 여성혐오는 당연한 것으로 자리해 왔다.

"사람들이 나보고 맘충이래"[36]라고 김지영이 남편에게 말하자, 남편은 "그

---

33   권김현영, 『다시는 그전으로 돌아가지 않을 것이다』, 휴머니스트, 2019, pp.102-103.
34   조남주, 앞의 책, p.136.
35   조남주, 앞의 책, pp.140-141.

런 말 인터넷에나 나오지 실제로 쓰는 사람 없어"[37]라고 대답한다. "아니야. 아까 내가 직접 들었어. 저기 길 건너 공원에서 서른쯤 된 양복 입고 회사 다니는 멀쩡한 남자들이 그랬어"[38]라는 김지영의 대사에서도 알 수 있듯이 독박육아, 가사노동에 이르는 한국의 여성들이 겪고 있는 현실의 성차별은 여전히 존재한다. 다만, '요즘 무슨 성차별이야', '요즘은 여성 상위시대야'와 같은 성차별이 존재한다는 말이 사라졌을 뿐이며, 위의 남편의 말이 이를 집약적으로 보여준다. 요즘의 여성은 오히려 자신이 겪은 피해를 성차별이라고 호소할 권리조차 없으며, 국경을 넘어 세계 여성들의 공감조차 박탈당하고 있음을 『김지영』은 가감 없이 전달한다. 즉, 작품으로 독자나 사회를 설득하거나 어떠한 주장을 펼치는 형태가 아닌, 누구와도 싸우거나 항변하지 않는 페미니스트 서사인 것이다.[39]

『김지영』이 그리는 진학, 취업, 결혼, 육아에서 한국의 여성들이 겪고 있는 차별과 혐오는 앞에서 언급한 아마존 재팬 리뷰에서처럼 일본의 여성들도 경험하고 있음을 알 수 있다. 시대에 따라 남성의 역할은 점점 여성과 나누게 되어, 남편의 몫으로 여겨졌던 가족 부양의 의무는 어느덧 부부 공동의 몫이 된 반면, 여성의 몫이라 여겨졌던 가사, 육아는 여전히 여성의 몫이며, 이에 대한 비난 역시 온전히 여성의 몫이다. 이러한 일상적인 사회의 모습이 일체의 과장이나 왜곡 없이 담담하게 그려지는 문체 속에서 여성 자신이 경험하는 '맘충'의 원인이 개인이 아닌 성차별, 여성혐오에 있음을, 구조적인 문제로 연결시키는 『김지영』의 스토리텔링은 단순한 문학 작품을 벗어나 문화콘

---

36   조남주, 앞의 책, p.164.

37   조남주, 앞의 책, p.164.

38   조남주, 앞의 책, pp.164-165.

39   허윤, 「로맨스 대신 페미니즘을! — 김지영 현상과 읽는 여성의 욕망」, 『문학과 사회』 31(2), 문학과 지성사, 2018, pp.38-55 참조.

텐츠로서 기능하며, 남성 가장(家長) 중심의 사회가 뿌리 깊은 일본에서도 공감과 지지를 얻고 있다.[40] 성차별 문제는 한국과 일본이라는 국가의 장벽을 뛰어넘어 정치적 갈등 속에서도 공통의 문제로 연결되어 있으며, 여전히 가부장제의 부권적지배가 남아있는 공동체에서 배제되고 차별받는 여성들의 공감을 얻고 있는 것이다.

V. 맺음말

이상, 일본에서 현대 한국 여성 문학의 인기 요인을 한류 붐의 흐름 속에서, 일본 문단의 페미니즘 담론 속에서, 그리고 현대 한국 여성 문학의 특징 속에서 살펴보았다. 화제작 『김지영』을 중심으로 일본내의 수용 양상에 주목한 결과, 최근 일본에서의 한국문학 인기는 한류의 한 부분임을 확인하였다. 오랫동안 제3세계 문학 중 하나에 불과했던 한국문학이 페미니즘 담론을 중심으로 K–Pop, K–뷰티에 이어 신한류 K–문학으로 인기를 이어가고 있으며, 그 중심에 축적된 한류의 영향이 있음을 알 수 있었다. 『나는 나로 살기로 했다』는 앞에서 언급한 대로 방탄소년단(BTS) 멤버 정국이 읽고 추천했다는 소문에 일본에서는 출간 전부터 화제가 되었고, 『하마터면 열심히 살 뻔했다』(다이아몬드사, 오카자키 노부코 역)는 동방신기의 유노윤호가 읽은 책으로 알려지면서 유명세를 탔다. 『김지영』은 소녀시대의 수영, 레드벨벳의 아이린뿐 아니라, BTS의 RM 등 남성 아이돌까지 소감을 밝혀 일본의 한류 팬들의 인기를 얻은 것인데, 한류의 인기로 시작된 한국문학 붐이 글로벌 출판시장에서 인정받으며, 2020년 타임지가 선정한 반드시 읽어야 할 도서 100에

---

40   江南亜美子, 「覚醒せよ、と小説は言った―現代韓国文学のブームに寄せて」, 『すばる』 41(5), 集英社, 2019, pp.176-186 참조.

등재되는 등, 다양한 언어권에서 동시대 독자들의 지지를 받으며 일상으로 자리매김하고 있는 것이다.

또한, 일본의 여성 담론을 둘러싼 연구와 문단의 분위기에 주목한 결과, 현재까지 여성문제를 둘러싼 연구의 상당한 축적이 있고, 특히 90년대 이후 여성 작가들의 활약으로 가부장제하에서 어려움에 직면하는 여성의 모습을 그린 작품도 수없이 탄생하였음을 알 수 있었다. 하지만 이렇게 그려진 여성문제는 사회문제로서 확산될 수 없었고, 여전히 공공연히 성차별이 이뤄지는 상황에서 발표된 『김지영』에 일본 여성들은 열광하였는데, 이는 개인의 일상을 그리면서도, 자연스레 사회문제를 투영하고 있기 때문이다. 앞에서 지적한 대로 과거의 한국문학은 시대상을 반영하는 이른바 무거운 담론을 다뤄 세계적인, 특히 일본의 공감을 얻기 힘들었지만, 최근 현대의 한국 작가들은 개인의 일상과 내면을 사실적으로 이야기하면서, 여성차별, 사회격차 등의 사회문제와 같은 심각한 주제를 때로는 가볍게 그린다. 『김지영』에서 드러나는 일상의 직설적인 표현은 개인을 대변하여 여성혐오를 조장하는 사회, 국가에 대한 비판임을 분석하였고, 현대 한국문학이 갖는 이러한 비평적 시선과 대중성이 『김지영』 등이 일본에서 인기를 얻는 인기 요인임을 확인하였다. 일본에서 한국 페미니즘의 인기는 여성을 둘러싼 사회문제, 즉 젠더의식으로 인해 발생하는 정치·경제·사회문화적 차별이 국경을 초월하여 이해와 공감대를 형성하고 있는 것인데, 현대 한국문학의 위와 같은 인기 요인을 검토함으로써, 부(父 혹은 夫)권 중심 이데올로기를 공통으로 하는 한·일 양국의 여성 서사 연구가 가능하리라 기대한다.

* 본고는 이가현, 「일본의 한류 붐과 현대 한국 페미니즘 문학－『82년생, 김지영』을 중심으로」(『日本文化學報』 96, 한국일본문화학회, 2023)를 수정·가필한 것이다.

참고문헌

강철근, 『(한류 전문가 강철근의) 한류 이야기』, 이채, 2006, pp.1-275.

권김현영, 『다시는 그전으로 돌아가지 않을 것이다』, 휴머니스트, 2019, pp.1-280.

김모란, 「한류, 새로운 연대의 미디어를 꿈꾸다」, 『K-문화융합저널』 1(2), K-문화융합
협회, 2021, pp.34-37.

음영철, 「한국 소설의 한류 가능성 모색-신경숙의 <엄마를 부탁해>를 중심으로」, 『겨레
어문학』 49, 겨레어문학회, 2012, pp.93-116.

이규현·김경진, 「한국 문화와 행동경제학 연구」, 『문화산업연구』 14(1), 한국문화산업
학회, 2014, pp.91-100.

정태일·김연회, 「글로벌 사회에서 K-콘텐츠의 분석: 호감도와 접촉경로를 중심으로」,
『한국과 세계』 4(5), 한국국회학회, 2022, pp.37-66.

조규헌, 「3, 4차 일본 한류 현상의 특수성 고찰」, 『일본문화연구』 77, 동아시아일본학
회, 2019, pp.299-314.

조남주, 『82년생, 김지영』, 민음사, 2016, pp.1-192.

허윤, 「로맨스 대신 페미니즘을!-김지영 현상과 읽는 여성의 욕망」, 『문학과 사회』
31(2), 문학과 지성사, 2018, pp.38-55.

飯田祐子, 「文学場における女性作家」『アジア·ジェンダー文化学研究』 4, 奈良女子大
学アジア·ジェンダー文化学研究センター, 2020, pp.11-22.

上谷香陽, 「「女性の経験」と知識の社会的組織化-ドロシー·スミスのIEに依拠した『82
年生まれ, キム·ジヨン』の読解(1)」, 『文教大学国際学部紀要』 32(1), 文教大学, 2021,
pp.1-19.

江南亜美子, 「覚醒せよ, と小説は言った-現代韓国文学のブームに寄せて」, 『すばる』
41(5), 集英社, 2019, pp.176-186.

大澤聡, 『1990年代論』, 河出書房新社, 2017, pp.1-336.

苅谷剛彦編, 『バブル崩壊-1990年代 (ひとびとの精神史 第8巻)』, 岩波書店, 2016, pp.1
-336.

康潤伊, 「家族の陰に佇む<少女>-柳美里作品における少女表象に関する試論」, 『早稲田
大学大学院教育学研究科紀要』 23(1), 早稲田大学大学院教育学研究科, 2015, pp.1-13.

金ヨンロン, 「現代韓国文学とフェミニズム」, 『昭和文学研究』81, 日本近代文学会, 2020, pp.222–225.

斎藤美奈子, 『日本の同時代小説』, 岩波書店, 2018, pp.1-288.

豊崎由美, 「切実な声を届ける, 韓国文学の潮流－チョ・ナムジュ著, 斎藤真理子訳『82年生まれ, キム・ジヨン』」, 『こころ』48, 平凡社, 2019, pp.146-149.

内藤千珠子, 「ほころびる秘密—角田光代『空中庭園』の世界」, 『文芸』44(1), 河出書房新社, 2005, pp.102-105.

長瀬海, 「男性優位の韓国で話題の書 自身に突きつけられた痛み」, 『金曜日』27(6), 金曜日, 2019, p.52.

長谷川啓, 「韓流とフェミニズム」, 『城西短期大学紀要』30(1), 城西短期大学, 2013, pp.1-17.

西森路代, 「ジェンダーから見る韓流ドラマの女性たち」, 『女性のひろば』499, 日本共産党中央委員会, 2020, pp.110-113.

朴才暎, 「小説『82年生まれ、キム・ジヨン』現象が見せた, 女性解放の新時代」, 『抗路』6, 抗路舎, 2019, pp.108-113.

福島みのり, 「日本社会における『82年生まれ, キム・ジヨン』の受容－日本の女性は自らの生をどう言語化したのか－」, 『常葉大学外国語学部紀要』36, 常葉大学外国語学部, 2020, pp.1-18.

村瀬ひろみ, 「90年代フェミニズムと「私」の問題－田嶋陽子と吉澤夏子の主張をめぐって」, 『女性学年報』20, 日本女性学研究会, 1999, pp.103-118.

チョナムジュ, 斎藤真理子訳, 『82年生まれ, キム・ジヨン』, 筑摩書房, 2019, pp.1-192.

チョナムジュ・斎藤真理子, 「韓国フェミニズム小説『82年生まれ, キム・ジヨン』をめぐって」, 『女性のひろば』483, 日本共産党中央委員会, 2019, pp.108-111.

「今を生きゆく, わたしたちの物語－82年生まれ, キム・ジヨン」, 『キネマ旬報』1851, キネマ旬報社, 2020, pp.58-65.

아마존 재팬 리뷰 https://www.amazon.co.jp/82%E5%B9%B4%E7%94%9F%E3%81%BE%E3%82%8C%E3%80%81%E3%82%AD%E3%83%A0%E3%83%BB%E3%82%B8%E3%83%A8%E3%83%B3-%E5%8D%98%E8%A1%8C%E6%9C%AC-%E3%83%81%E3%83%A7%E3%83%BB%E3%83%8A%E3%83%A0%E3%82%B8%E3%83%A5/product-reviews/4480832114/ref=cm_cr_dp_d_show_all_btm?ie=

UTF8&reviewerType=all_reviews (검색일: 2024.1.28.)

엄지혜, 「예스 인터뷰 조남주 "김지영 씨에게 발언권을 줬으면 해요"」, 『채널예스』, 2016.11.16. http://ch.yes24.com/Article/View/32091 (검색일: 2024.1.4.)

이윤주, 「페미니즘, 인문학 너머 소설에서도 대세몰이」, 『한국일보』, 2017.8.31. https://www.hankookilbo.com/News/Read/201708310418079902 (검색일: 2024.1.4.)

井口かおり・斎藤真理子・坂上陽子, 「韓国・中国文学が2019年の日本を席巻したワケ: 韓国文学に感じる「使命感と必然性」」, 『東洋経済』, 2019.12.31. https://toyokeizai.net/articles/-/321353 (검색일: 2024.3.28.)

梅田恵子, 「2年間トップ10入り「愛の不時着」日本のドラマにない4つの魅力/ダメ推し解説」, 『日刊スポーツ』 2022.3.27. https://www.nikkansports.com/entertainment/column/umeda/news/202203260000483.html (검색일: 2024.1.7.)

modelpress編集部, 「「愛の不時着」人気爆発はなぜ?心鷲掴まれる"5つのポイント"とは」, 『モデルプレス』2020.4.29. https://mdpr.jp/k-enta/detail/2051430 (검색일: 2024.1.5.)

미디어의 관점에서 바라본 일본 한류의 역동성

이석

Ⅰ. 머리말

일본에서 유행한 한류는 다양한 방법으로 연구되어 왔다. 예를 들어, 담론 비판을 하는 연구자들은 이른 시기부터 민족주의, 신자유주의, 탈식민주의 등과 같은 거대담론과 한류의 관계를 논했다.(조한혜정, 2003; クォンヨンソク, 2010) 또한 문화적 근접성 이론이나 글로컬라이제이션, 다문화 이론을 적용하며 종래의 논의를 심화시켜 한류가 지니는 현대적 의미를 고찰하기도 한다.(홍지아, 2006; 장원호·송정은, 2016; 오현석, 2017; 조규헌, 2019) 이러한 이론적 고찰뿐만 아니라 구체적인 사례에 관한 연구도 성행하고 있다. 한류와 관련된 문화정책이나 기업전략을 분석하거나(君塚太, 2012; 김정수, 2014) 일본에서 유행한 특정 콘텐츠의 인기요인을 조사하거나(박용구, 2007; 정수영, 2017) 일본인 팬들을 직접 인터뷰하고 참여 관찰 방법을 시행하는 연구(윤선희, 2012; 후쿠시마 미노루, 2019)도 수행되었다. 이와 같이 이론적 고찰에서부터 문화정책, 콘텐츠, 팬덤 분석에 이르기까지 다방면에 걸쳐 한류 연구는 발전해왔다.

그러나 이렇듯 많은 선행연구가 발표되고 있지만 한류의 미디어에 관해서는 충분한 논의가 이루어지지 않았다. 물론, 한국 정부나 기업이 성공적으로 미디어를 이용한 사례에 관한 연구는 적지 않다. 예를 들어 한국이 새로운 미디어인 유튜브의 잠재력을 일찍 인지해 일본보다 적극적으로 유튜브를 활용했다는 사실은 많이 언급되고 있다(酒井美絵子, 2012; 조병철·심희철, 2013; 金成玫, 2018). 그러나 이러한 사례를 조사하는 선행연구들은 제작자의 관점에 편중되어 미디어를 고찰한다는 한계를 지니고 있다. 다시 말해, 선행연구에서는 생산 주체인 한국 정부나 기업이 자유롭게 사용하는 도구로서 미디어를 정의하고 그것이 일본에서 한류를 유행시키는 데 얼마나 효용적으로 활용되었는지 분석하고 있는 것이다.

위와 같은 선행연구의 문제점을 극복하기 위해 본 논문에서는 제작자보다는 소비자의 관점에서 한류의 미디어에 관해 고찰하고자 한다. 특히 한국 제작자들이 전개하는 미디어 전략의 성패를 논하기보다 새로운 미디어의 등장으로 일본의 젊은 소비자들이 어떤 문화를 만드는지 주목하겠다. 이를 고찰하기 위해 최대한 구체적인 사례와 통계자료를 인용해 한류 미디어가 수행하는 역할과 특징을 명백히 밝히려 한다.

특히 본 논문에서는 미디어의 변천 과정에 따라 1, 2, 3차 한류의 역사를 재조명할 예정이다. 통상적으로 <겨울연가>의 TV 방영과 함께 2000년대 일본에서 한국 드라마가 유행했던 시기를 1차 한류라 일컫고 2010년을 전후해서 소녀시대와 카라 등의 뮤직비디오가 유튜브에 공개되며 한국 아이돌이 인기를 끈 유행을 2차 한류라 부른다. 또한 2017년부터 일본의 10대, 20대 여성들이 인스타그램과 같은 SNS를 이용해 한국의 화장법, 음식, 관광 등에 열중하는 현상을 3차 한류라고 지칭한다(한국콘텐츠진흥원, 2018; 조규헌, 2019; 후쿠시마 미노리, 2019). 그런데 3차 한류를 견인했던 미디어는 1, 2차 미디어와 현격히 다른 구조와 특징을 지니고 있다. 따라서 본 연구는 3차 한류의 미디어 가운데 하나인 인스타그램에 초점을 맞춰 어떤 점에서 1, 2차 한류와 차이를 보이는지 밝히겠다. 이를 위해 본 논문에서는 우선 선행연구를 참조하여 1, 2차 한류를 이끈 미디어의 성격을 살펴본 후, 새로운 미디어가 등장하면서 3차 한류에 어떤 변화가 생기는지 상세히 후술할 것이다.[1]

II. 1차·2차 한류의 미디어

이 장에서는 미디어의 관점에서 1차와 2차 한류를 개괄하도록 하겠다. 분석 대상이 되는 주요 미디어는 위성방송(BS)과 유튜브(YouTube), TV 방송국이 될 것이다.

1차 한류는 2003년 4월 NHK 위성방송에서 방영한 <겨울연가>가 선풍적인 인기를 끌면서 시작되었다. 그 배경을 설명하면 다음과 같다. NHK와 민간 방송국이 송출한 위성방송은 늘어난 TV 채널을 통해 지상파 방송보다 다양한 콘텐츠를 시청자들에게 제공하려 했다. 특히 2000년도에는 BS 디지털 방송이 개시되어 일본 전국에 고화질의 방송을 손쉽게 전송할 수 있어 기대감을 높였다. 그러나 이렇듯 기술적 환경은 구비되었지만 갑작스럽게 확장된 채널 편성표를 채워줄 콘텐츠가 부족해 각 방송국에서는 고민에 빠졌다. 그때 방송국이 주목한 콘텐츠가 한국 드라마였다. 권용석에 따르면 한국

---

[1] 3차에 이어 4차 한류가 2020년부터 일본에서 발생했다고 지적하는 견해도 있다.(이승희, 2020; 조규헌, 2021; 김선영·허재영, 2023) COVID-19 팬데믹의 영향으로 일본에서도 넷플릭스와 같은 OTT 서비스를 많이 이용하게 되면서 넷플릭스에서 방영되던 『사랑의 불시착』이나 『이태원 클래스』와 같은 드라마가 일본에서 인기를 끈다. 이러한 유행을 일컬어 4차 한류라고 분류하기도 한다. 그러나 본 연구에서는 새로운 미디어의 출현으로 기존 한류와 급격히 다른 변화가 발생하는 3차 한류의 특성을 밝히는 데 주력하고자 한다.

드라마는 일본 드라마보다 회차가 길고 중독성이 강해 평일 낮 시간의 위성
방송에서 방영하기에 적합했다(クォンヨンソク, 2010: 27). 이에 일본 위성방
송에서는 이제까지 지상파 방송에서 방영하지 않았던 한국드라마를 유입했
고 이를 중장년의 가정주부들이 시청하면서 선풍적인 인기를 얻었다. 여기에
고무된 방송국은 일본의 대표적인 광고대행사인 덴츠(電通)의 협력을 얻어
한국 드라마를 대거 수입해 위성방송의 단골 메뉴로 편성했다.[2]

이렇게 한국 드라마가 위성방송에서 인기를 끌자 방송국에서는 똑같은
작품을 TV 지상파에서도 방영하기 시작했다. 예를 들어, 두 차례에 걸쳐
위성방송에서 방영된 <겨울연가>가 화제를 모으자 NHK에서는 2004년 4월
에 동일 작품을 NHK 종합 텔레비전에서 방영했다. 또한 <겨울연가>의 지상
파 방송이 높은 시청률을 기록하자 NHK에서는 뒤를 이어 2005년에 <대장금>
을 방영했고 다시 한번 대성공을 거둔다.

이에 "NHK에서는 국민 드라마라고 불리는 '연속 텔레비전 소설'과 '대하
드라마'에 필적할 드라마 장르로서 한류 드라마를 방영하기 시작했다."(小針
進, 2007: 20)는 평가까지 나올 정도로 당시 한류는 일본에서 국민적인 인기를
누렸다. 그러자 지상파 민간방송국에서도 2004년에 TBS의 <토요 와이드
한류 아워(土曜ワイド韓流アワー)>와 니혼 TV의 <드라마틱 한류(ドラマチッ
ク韓流)> 등과 같이 한류 드라마를 전문적으로 방송하는 지상파 프로그램을
제작하기 시작했다. 이렇듯 위성방송의 인기는 지상파 방송으로 이어지고
그 과정에서 한류는 자연스럽게 대중성을 지니게 되었다. 이제 한류 드라마
는 일본의 중장년 여성뿐만 아니라 대중도 즐겨보는 장르로 자리 잡게 된
것이다.

---

2 권용석에 따르면, BS니혼TV가 2009년 5월에 편성한 TV 드라마 12편 중, 한국 드라마가
   7편을 차지하며 그 중 4편이 월요일부터 금요일까지 매일 방영되어 위성방송에서 한국
   드라마가 얼마나 높은 비율을 차지하는지 잘 보여준다(クォン・ヨンソク, 2010, pp.27-28).

지상파와 위성방송을 매개로 1차 한류가 확산되었다면 2차 한류의 무대는 인터넷 동영상 사이트, TV 예능프로그램이나 라디오였다. 2차 한류에서는 이러한 미디어를 통해 일본 대중에게 K-Pop의 아이돌을 널리 알렸다.

우선 유튜브(YouTube)와 같은 동영상 공유 사이트가 2차 한류 붐에 수행한 역할에 대해 알아보자. 유튜브는 2005년에 서비스를 개시한 동영상 공유 사이트로 일본에서는 2007년에 이용자 수가 이미 천 만 명을 넘었고 한 사람 당 이용시간도 평균 1시간 15분에 달했다.[3] 선행연구에 따르면 당시 일본의 연예기획사는 아이돌의 초상권이나 뮤직비디오의 저작권을 보호한다는 이유로 유튜브에 대해 소극적인 태도를 취했으나 이와 대조적으로 한국의 연예기획사는 매우 적극적인 태도를 취했다(酒井美絵子, 2012: 93-95; 조병철·심희철, 2013: 92-95; 金成玫, 2018: 90-92). 예를 들면, 한국 기획사는 일반 유저들이 아이돌의 동영상을 유튜브에 올리는 것을 묵인했을 뿐만 아니라, 아이돌의 뮤직비디오나 관련 콘텐츠를 무료로 유튜브에 직접 올리기도 했다. 업계의 동향에 발맞추어 한국 정부도 2011년에 유튜브의 모회사인 구글과 MOU를 체결하고 유튜브에 K-Pop 전용 채널을 신설하는 등, 국내 콘텐츠가 유튜브를 통해 해외에 유통되는 데 지원을 아끼지 않았다(곽영진, 2016: 106). 이와 같이 유튜브의 가능성을 일찍 인지하고 전략적으로 이용한 한국의 연예기획사와 관련 인프라를 구축한 한국 정부의 노력으로 K-Pop은 세계적으로 유명해질 수 있었다.[4]

일본에서도 유튜브를 활용한 전략은 적중해 일본의 유튜브 이용자들 사이

---

3 ネットレイティングス株式会社,「YouTube、"史上最速"で利用者 1000万人に到達ー「Nielsen// NetRatings」2007年 2月の月間インターネット利用動向調査結果を発表~」, 2007, https://www. netratings.co.jp/news_release/2011/06/14/Newsrelease03222007_J.pdf (검색일: 2019.8.17.)

4 한류가 확산하는 데 정부가 수행한 역할에 대해서 회의적인 태도를 보이는 선행연구도 있다(김정수, 2014, p.101). 그러나 문화 콘텐츠가 해외에 유통되는 데 필요한 인프라를 구축했다는 점만 고려하더라도 정부의 역할을 과소평가하기 힘들다고 생각한다.

에서 K-Pop 아이돌은 인지도를 높일 수 있었다. 예를 들어 걸그룹 소녀시대와 카라는 일본에 정식으로 데뷔하기 이전에 이미 유튜브에 공개된 뮤직비디오를 통해 팬덤을 형성했다. 이는 선배 아이돌인 보아나 동방신기가 2001년과 2005년에 각각 일본에 진출해 무명에 가까운 단계에서 일본 현지에서 활동하며 차근차근 인지도를 높인 것과 여러 면에서 대조된다. 소녀시대가 2010년 8월, 일본에서 데뷔 쇼케이스를 열었을 때 2만 2천 명의 팬들이 집결할 정도로 데뷔 이전부터 소녀시대의 이름은 알려져 있었던 것이다. 소녀시대의 쇼케이스에 참석한 오노다 마모루에 따르면 관객의 90프로가 10대, 20대 여성이며 대다수가 소녀시대의 유튜브를 보고 팬이 되었다고 한다(小野田衛, 2011: 18-23). 『월스트리트저널(WSJ)』에서도 소녀시대의 일본 데뷔 쇼케이스가 성공한 원인은 기획사인 SM이 유튜브를 통해 미리 뮤직비디오를 공개했기 때문이라고 분석했다.[5] 유튜브를 통한 기획사의 홍보 전략에 힘입어 소녀시대는 일본에 성공적으로 데뷔할 수 있었던 것이다.[6]

그러나 선행연구가 주장하는 것처럼 한류 아이돌이 유튜브를 통해 이름을 알린 것은 사실이지만 TV나 라디오와 같은 전통적인 대중매체가 수행한 역할을 과소평가할 수는 없다. SM의 김영민 대표가 "유튜브와 함께 일하는 주된 이유는 홍보 때문"[7]이라고 밝혔듯이 2010년 당시 유튜브는 아이돌을 처음 선전하는 데 유용하게 쓰였다. 다만, 여기서 한 발자국 나아가 한류와

---

5   Evan Ramstad, 「YouTube Helps South Korean Band Branch Out」, 『The Wall Street Journal』, 2011, https://www.wsj.com/articles/SB100014240527487044582045760736631489142 64 (검색일: 2019.8.18.)

6   조병철·심희철에 따르면 SM은 고화질 서비스 영상을 공급하고 3D 촬영과 관련된 특허도 여러 개 보유하는 등, 유튜브와 같은 동영상 사이트를 활용하는 전략과 기술을 오래 전부터 준비하고 있었다(조병철·심희철, 2013, pp.92-93).

7   Evan Ramstad, 2011.1.14., 앞 사이트에서 인용. "But he(=SM's chief executive Kim Young -min) said the main purpose of working with YouTube is promotional."

아이돌이 일본에서 대중적인 인기를 얻기 위해서는 일본의 TV나 라디오에 상당히 의존할 수밖에 없었다. 분명히 유튜브 이용자는 늘어나고 있었으나 그 영향력은 제한적이었던 것이다. 이에 유튜브를 통해 한류 아이돌과 K-Pop 의 이름을 알리고 TV나 라디오를 이용해 대중성을 획득하는 구조가 형성된다.

이를 걸그룹 카라가 일본에서 인기를 얻는 과정을 통해 알아보도록 하겠다. 특히 여기서는 카라의 팬으로 유명한 게키단 히토리(劇団ひとり)라는 코미디언에 주목해보자. 유명 코미디언인 게키단 히토리는 유튜브에 올라간 카라의 뮤직비디오를 보고 열성적인 팬이 되었다고 한다. 그 후, 게키단 히토리는 각종 TV 프로그램과 라디오에 출연해 카라를 열심히 소개해 카라의 대중적 인지도를 높이는 데 기여했다(酒井美絵子, 2012; 韓流研究会, 2012: 26). 카라의 맴버인 한승연에 따르면 게키단 히토리가 방송에서 계속 카라를 언급한 덕분에 예정에도 없던 일본에 데뷔하게 되었고 일본 활동 중에도 "게키단 히토리가 홍보한 가수"로서 자신들을 알릴 수 있었다.[8] 이러한 일화를 통해 TV와 라디오에 출연하는 게키단 히토리의 지원이 카라에게 큰 힘이 되었음을 확인할 수 있다.[9]

게키단 히토리가 TV와 라디오에서 자유롭게 카라를 홍보한 사실에서 알 수 있듯이 당시 일본 방송국은 소녀시대나 카라와 같은 K-Pop 아이돌에 우호적이었다. 그리고 소녀시대와 카라가 인기를 얻기 시작하자 이를 확산시키는 데 일본 방송국은 더욱 적극적인 태도를 취했다. 2011년의 일본 방송에 대해 윤선희는 "공중파 쇼 프로에서 K-Pop의 인기 비결을 주제로 특별 방송

---

8 KBS의 『해피투게더』 376회(2014년 12월 11일 방영)에 출연한 한승연의 발언 인용.
9 카라가 일본에서 데뷔 기념 라이브 공연을 열었을 때 일본의 매스컴에서는 그곳에 모인 팬들의 숫자에 못지않게 게키단 히토리가 카라와 직접 만난 일에 주목했다(「KARA、日本 デビュー記念握手会に劇団ひとりが祝福」, 『ORICON NEWS』, 2010.8.14.). https://www. oricon.co.jp/news/79045/full/(검색일: 2019.8.1.) 참조

이 만들어지고, 고전을 주로 들려주는 NHK 라디오에서도 다양한 장르의 한국 대중음악이 수시로 방송될 정도로 K-Pop의 미디어 노출도는 높다"(윤선희, 2012: 65)고 설명하며 당시 일본에서 소녀시대와 카라는 남녀노소를 불문하고 모르는 사람이 드물다고 증언한다. 실제로 지상파 TV의 예능 프로그램이나 라디오 음악 방송에 K-Pop 아이돌은 자주 출연해 유튜브 이용자를 넘어 일반 대중에게도 그 이름을 알리게 되었다. 이러한 대중성을 바탕으로 2차 한류는 2010년을 전후해 일본에서 광범위하게 유행했다.

이상에서 살펴보았듯이, 1차와 2차 한류는 주요 콘텐츠나 미디어의 종류는 서로 다르나 방송국에 의존한다는 공통점을 지닌다. 그래서 방송국의 입장에 따라 한류 유행의 양상도 달라질 수밖에 없었다. 2012년 여름, 이명박 대통령이 독도를 방문하고 일왕의 반성을 촉구해 한일 관계가 급격히 악화되자 방송국은 한국에 더 이상 호의적인 태도를 보이지 않았다. 그러자 한류는 즉시 심각한 타격을 입게 된다. 거대 자본이 투여되는 방송국은 정부정책과 국제관계에 좌우되는 약점을 지니고 있었고 결국 그 파장이 한류에까지 미친 것이다. 당시 방송국은 한류에 절대적인 영향력을 행사했기에 드라마나 K-Pop과 같은 한류 콘텐츠가 일본의 TV에 잘 방영되지 않자 한류의 인기도 급속히 식어갔다.

그러나 한류는 일본에서 5년간의 공백기를 지나 2017년부터 다시 화제를 모으기 시작했다. 한일 양국의 언론에서는 이를 3차 한류라 부르고 있는데 주의할 점은 일본 방송국의 지원이나 협력 없이 한류가 인기를 끌었다는 점이다. 즉, 당시 한일관계가 악화되어 일본 방송국에 한류 콘텐츠가 자주 등장하지 않는데도 불구하고 1, 2차에 버금가는 유행이 다시 일어난 것이다. 그 원인을 알아보기 위해 다음 장부터 3차 한류의 미디어 중 하나인 인스타그램을 분석하도록 하겠다.

Ⅲ. 일본과 한국의 인스타그램 이용 현황

3차 한류가 인스타그램과 같은 SNS를 매개로 확산되었다는 사실은 이미 선행연구(한국콘텐츠진흥원, 2018: 3)에서 지적하고 있다. 그러나 3차 한류의 미디어로서 인스타그램의 이름이 언급되는 정도에 그칠 뿐, 인스타그램을 미디어로 사용하는 의미나 인스타그램으로 형성된 문화를 본격적으로 고찰한 연구는 찾기 힘들다.

기존의 연구들을 보충하고자 우선 인스타그램이라는 미디어에 관해 간략히 알아보도록 하겠다. 2010년에 처음 서비스를 개시한 인스타그램은 이용자가 온라인에 사진을 올리고 관련 키워드를 해시태그로 표기하면 그 주제에 관심이 있는 이들이 해시태그를 이용해 그 사진을 찾게 해준다. 일본에서 인스타그램은 2014년 2월에 일본어 어카운트를 개설해[10] 2018년 9월 현재, 월간 순수 이용자(MAU)가 2900만 명에 달한다.[11] 일본 총무성의 정보통신정책연구소가 2017년 11월에 남녀 1500명을 대상으로 조사한 내용에 따르면 25.1%가 인스타그램을 사용하고 있으며[12] 2010년대 후반에 다른 SNS와는 비교가 안 될 만큼 빠른 속도로 확산되었다.[13]

---

10 行正和義, 「instagram、日本語公式アカウントを開設」, 『ascii.jp』, 2014. https://ascii.jp/elem/000/000/867/867913/ (검색일: 2019.8.19.)

11 인스타그램이 발표한 통계. 日比朝子, 「国内MAUは2,900万人に! SNSマーケター必見「Instagram Day」ポイントまとめ!」, 『ガイアックス・ソーシャルメディアラボ』, 2018. https://gaiax-socialmedialab.jp/post-59405/(검색일: 2019.8.19.)에서 재인용.

12 総務省情報通信政策研究所, 『平成29年情報通信メディアの利用時間と情報行動に関する調査報告書-概要』, 2018, p.4. http://www.soumu.go.jp/main_content/000564529.pdf (검색일: 2019.9.23.)

13 2015년에서 2017년까지 페이스북의 이용률은 0.6% 감소하고 트위터는 4.6% 증가한 데 반해, 인스타그램의 이용률은 14.3%에서 25.1%로 10.8% 증가했다(総務省情報通信政策研究所, 2018, p.15).

인스타그램의 높은 인기에 힘입어 2017년에는 '인스타바에(インスタ映え)'라는 말이 유행어 대상까지 받게 되는데 이 말은 '인스타그램 사진으로 적합하다, 인스타그램에 올리면 인기를 끄는 사진' 등을 의미한다. 이러한 사회 현상은 2017년을 전후해서 10대, 20대의 젊은 일본 여성들이 인스타그램을 많이 이용하게 되면서 일어났다. 총무성의 발표에 따르면 2017년 인스타그램의 평균 이용률이 25.1%인데 반해 10대 이용률은 37.4%(전년 대비 6.7% 증가)이고 20대는 52.8%(전년 대비 7.6% 증가)이며, 이 가운데 남성 이용률은 19.4%인데 여성 이용률은 31.0%에 달한다. 총무성에서는 니코니코 동화는 남성 이용자가 많은 데 반해[14] 인스타그램은 여성들이 주로 이용한다고 두 미디어를 비교하고 있다(総務省情報通信政策研究所, 2018: 15-16).

재미있는 점은 이와 유사한 현상이 당시 한국에서도 똑같이 일어났다는 점이다. 2017년 12월에 실시된 나스미디어의 조사에 따르면 한국에서는 대부분의 SNS 이용률이 하락한 데 반해 인스타그램만이 전년대비 14.9%p 증가해, 이용률 51.3%로 페이스북에 이어 국내에서 두 번째로 많이 이용하는 SNS로 자리 잡았다.[15] 특히 여성 이용률은 59.2%, 20대 이용률은 74%로 각각 집계되어 20대 여성의 이용률이 상당히 높은 것으로 밝혀졌다. 이와 같은 통계자료를 분석하면 20대 여성 이용률이 증가하면서 인스타그램이 국내에서 크게 성장했음을 확인할 수 있다.

이상과 같이 2017년에 한일 양국에서 인스타그램을 이용하는 10대, 20대 여성이 급증하는 가운데 3차 한류가 시작되었다는 사실은 매우 중요하다.

---

14 총무성 통계에 따르면 동영상 투고 사이트인 니코니코 동화를 이용하는 남성 비율은 23.1%인데 여성 비율은 14.5%에 해당한다(総務省情報通信政策研究所, 2018, p.15).

15 나스미디어, 『2018 인터넷 이용자 조사(NPR)』, 2018, p.27. https://www.slideshare.net/nasmedia/2018-nprnasmediaf?fbclid=IwAR0crvICZCzeIxX_Fx1mlObKATEtynmjPKVI6rW1DPygB-jl5mE7Yzku4pQ (검색일: 2019.8.20.)

1차 한류를 일으킨 위성방송이 일본 방송국 사정에 영향을 많이 받았고 2차 한류의 유튜브 콘텐츠가 한국 연예기획사에서 배포한 뮤직비디오였다면 3차 한류는 동성·동세대가 인스타그램을 활발히 이용하면서 유행이 시작되었다. 1차와 2차 한류에서는 방송국이나 대형 기획사가 발신하는 콘텐츠를 일반 대중이 일방적으로 수용하는 경우가 많았으나 3차 한류는 인스타그램을 통해 같은 세대의 여성들이 서로 관심 있는 콘텐츠를 공유하면서 퍼져나갔다. 즉, 인스타그램을 이용하는 한일 양국의 젊은 여성들이 동시에 급증하면서 비슷한 취향을 지닌 이들이 교류할 기회가 자연스럽게 늘어나고 그 가운데 새로운 한류가 탄생한 것이다.

그런데 세대와 성별이 유사한 동질적인 집단 사이에서 커뮤니케이션이 증가하면 할수록 인스타그램의 장점은 극대화된다. 그 구체적 성격을 3차 한류와 관련지어 다음 장에서 알아보도록 하겠다.

IV. 인스타그램과 대중성의 관계

2010년대 후반부터 인스타그램이 인기를 끈 이유는 비슷한 취향을 지닌 이들이 서로 소통하는 미디어로서 장점을 지녔기 때문이다. 이러한 성격 때문에 국내 연구자들은 보통 인스타그램을 3세대 SNS로 분류한다. 선행연구(한국정보화진흥원, 2012: 11-16; 남민지 외, 2015: 1391-1392; 이애리·이주원, 2018: 402-404)에 따르면 싸이월드나 개인 블로그와 같은 1세대 SNS가 오프라인의 인맥을 유지하려는 목적을 보였다면 페이스북이나 트위터와 같은 2세대 SNS는 실시간으로 텍스트를 주고받으며 불특정 다수와 폭넓게 교류하는 기능을 자랑한다. 이에 반해 인스타그램과 같은 3세대 SNS는 특정 주제나 관심사를 공유한 이들이 제한된 네트워크 안에서 교류하도록 도와준다. 다시 말해, 1세대 SNS가 오프라인 인맥과 커뮤니케이션하는 데 특화되어 있고 2세대 SNS가 불특정 다수와 다양한 정보를 주고받는다고 한다면 3세대 SNS인 인스타그램은 해시태그를 이용해 자신과 동일한 취향을 지닌 이들과 이미지와 사진들을 공유하는 미디어다. 이렇듯 인스타그램은 폐쇄적인 성격도 지니지만 이용자가 개인적인 취미 활동을 통해 취향 공동체를 만들 수 있도록 지원한다.

이와 같은 인스타그램의 특징은 인스타그램이 주도하는 3차 한류에서 잘 드러난다. 1, 2차 한류와 3차 한류의 다른 점은 한류 드라마나 K-Pop 뿐만 아니라 한국의 패션, 뷰티, 음식, 관광까지 일본에서 사랑을 받는다는 점에 있다. 그러나 흥미롭게도 3차 한류는 10대, 20대 여성이라는 특정 집단을 중심으로 유행하고 있다. 3차 한류에서 인기를 끄는 문화 상품도 10대, 20대 여성의 취향을 반영하고 있다. 그래서 1, 2차에 비해 3차 한류에 대한 대중적 인지도는 낮아 그 유행을 실감하지 못 하는 일본인도 적지 않다. 이에 3차 한류 붐은 "일본인 전체에 어필하는 붐이라기보다는 중고생 사이에서 국지적으로 히트하고 있다"(한국콘텐츠진흥원, 2018: 4)라고 평가되는 경우가 많은 것이다.

그런데 이와 같은 현상은 역시 10대, 20대 일본 여성들과 대중이 이용하는 미디어가 다르기 때문에 일어났다고 할 수 있다. 전술했듯이, 인스타그램은 같은 취향을 지닌 이용자들의 교류는 활성화시키지만 취향 공동체의 범위를 벗어나지는 못한다. 인스타그램을 통해 10대, 20대 일본 여성은 자신과 비슷한 취향을 지닌 한국의 젊은 여성들과 교류하고 그 문화를 적극적으로 수용하지만 인스타그램을 사용하지 않는 일본 대중들은 평소에 한국 문화를 접할 기회조차 없다.

그 결과, 지상파 방송국에서 3차 한류에 관한 내용을 보도할 때마다 논란이 발생하게 된다. 예를 들어 2019년 4월 3일에 NHK의 아침 프로그램 <아사이

치(あさイチ)>에서는 「헤이세이의 마지막 봄 방학 지금의 중고생 트렌드(平成最後の春休み 今どき中高生トレンド)」라는 특집 방송을 하며 중고생 사이에서 한류가 다시 인기를 끈다는 내용을 방영했다. 그러나 프로그램 안에서도 중고생 딸을 통해 인기를 실감한다는 방송 패널과 3차 한류를 전혀 느끼지 못한다는 패널 사이에 의견이 나눠졌다. 또한 방송이 나간 후에도 한류 유행을 전혀 인지하지 못 한다는 이들이 방송 내용에 반발해 인터넷에서 화제를 모으기도 했다.

그러나 주변에서 3차 한류를 느끼지 못한다는 대중의 반응에도 불구하고 2017년 당시 10대와 20대 사이에서 한류가 유행한다는 통계는 쉽게 찾을 수 있다. 일본의 유명 구인 정보 회사인 마이나비의 조사에 따르면 2017년에 일본 10대 사이에 유행한 상품 1위는 치즈닭갈비이고 5위가 한국의 패션브랜드인 3CE이다. 또한 인기를 끈 사람 4위에 TWICE가, 유행한 것 1위에 TWICE의 TT포즈가 올랐다.[16] 이에 대해 마이나비에서는 대다수의 10대가 인스타그램을 이용하고 있으며 인기 순위에 든 상품이나 사람은 모두 인스타그램에서 인기를 끈다고 분석했다. 2018년에도 여전히 한류 인기가 지속되어 10대 여성들 사이에 유행했던 상품 5위가 한국의 치즈핫도그, 6위가 3CE, 9위가 한국의 미니선풍기로 나타났다. 또한 인기를 끈 사람 6위가 한류스타 BTS이며 9위에 걸그룹 블랙핑크가 올랐다.[17] 이에 대해 마이나비에서는 한국 화장품이나 음식이 인기를 얻어 코리아타운이 있는 도쿄 신오쿠보가 10대 여성들의 인기 명소로 자리 잡았다고 보도했다.

---

16   マイナビ, 「2017年ティーンが選ぶトレンドランキング」を発表!ティーンの『インスタ映え』は一味違う?」, 2017. https://teenslab.mynavi.jp/column/trendranking2017all.html (검색일: 2019.8.22.)

17   マイナビ, 「2018版 10代女子が選ぶトレンドランキングを発表」, 2018. https://teenslab.mynavi.jp/column/trendranking2018all.html (검색일: 2019.8.22.)

실제로 2010년대 초반에 한일관계가 냉각되면서 열기가 식었던 신오쿠보는 2017년을 전후해 10대, 20대 여성들로 성황을 이루게 된다. 그런데 이러한 신오쿠보의 인기도 인스타그램과 무관하지가 않다. 인기 정보지 『피아』에서 나온 신오쿠보 안내서인 『더 즐길 수 있는 신오쿠보』에서는 「SNS 사진으로 발군! 신오쿠보 푸드」라는 코너를 첫 장에 마련하고 있다(韓流ぴあ, 2019: 4-15). 여기에서는 SNS 사진으로 올리기에 적합한 음식과 관광명소를 소개하고 이를 예쁘게 찍는 법을 가르쳐준다. 특히 안내서에서는 인스타그램의 형식을 모방해 신오쿠보의 음식 사진을 게재하고 있어 주목을 끈다. 『피아』에서는 젊은이들이 인스타그램 사진을 찍기 위해서 신오쿠보를 찾는다는 것을 기본 전제로 삼고 이에 맞춰 신오쿠보를 안내하는 것이다. 또한 일본 최대 규모의 관광회사 JTB에서 나온 한국관광안내서에서도 사진 찍기 좋은 "photo spot" 위주로 화장품 가게, 옷가게, 카페, 음식점 등을 소개하고 있다(JTB, 2018). 이 책도 인스타그램 형식으로 사진들을 배치하고 있어 당시 10대, 20대 여성들이 인스타그램의 관점에서 한국을 바라보고 있다는 사실을 방증하고 있다. 일본의 10대, 20대 여성들은 자신들의 인스타그램에 올리기 좋은 소재로서 3차 한류를 즐겼던 것이다.

이와 같이 TV의 시청자인 일본 대중과 인스타그램을 이용하는 젊은 여성은 3차 한류에 대해 각기 다른 반응을 보였다. 이런 차이는 한일관계가 악화되면서 더욱 두드러지게 나타난다. 2019년 7월 7일에 후지TV에서 방영한 인기 토크쇼 <와이도나쇼(ワイドナショー)>에서는 점점 심각해지는 한일문제를 다루면서 이에 대해 여고생 모델, 시라모토 아야나(白本彩奈)에게 의견을 물었다. 그러자 시라모토는 "여고생들은 한국 없이 못 산다(女子高生は韓国で生きてる)"며 일본 여고생은 화장품, 패션, 음식 모두에 흠뻑 빠져있다고 발언했다. 이에 뉴스 해설을 맡은 인기 코미디언, 마쓰모토 히토시(松本人志)는 과장이 심하다고 일축하며 3차 한류에 대해 냉담한 반응을 보인다. 한일관계

가 악화일로를 걷고 있는 상황을 해설하는 입장에서는 시라모토의 의견이 지나치게 한쪽에 치우쳐 있다고 판단되었을지도 모른다. 이 인기 코미디언이 TV 미디어와 대중 시청자의 관점에서 3차 한류를 봤다고 한다면 시라모토는 인스타그램과 같은 SNS를 통해 한국 상품을 소비하는 입장을 대변한다고 말할 수 있다. 둘 사이에는 쉽게 해소될 수 없는 의견 대립이 나타나고 있으며 인터넷에서도 각각의 입장을 옹호하는 편으로 갈려 당시 논쟁이 벌어졌다.

과거 1, 2차 한류에서는 새롭게 등장한 미디어와 전통적인 대중매체 사이에 갈등이나 충돌이 잘 발생하지 않았다. 1차 한류가 유행한 때에는 위성방송과 TV가 서로 연계해 시너지 효과를 창출했고 2차 한류에서도 유튜브에서 시작된 유행이 자연스럽게 TV로 이어지는 흐름을 보였다. 그런데 3차 한류에서 TV와 인스타그램은 서로 마찰하며 상이한 메시지를 발신하고 있는 것이다. 인스타그램에서 유행하는 한류는 TV 지상파 방송으로 잘 이어지지 못하며 대중적인 인지도를 얻는 데 시간이 걸렸다. 그러나 인스타그램 이용자들에게 3차 한류는 절대적인 영향력을 행사하며 패션, 뷰티, 음식 등 이용자들의 일상에 깊숙이 침투했다. 그 결과, 10대, 20대 여성 이용자들은 인스타그램에서 유행하는 한국 상품들로 자신의 라이프 스타일을 연출하게 되었다. 이러한 사회적 배경이 있었기에 "여고생들은 한국 없이 못 산다"와 같은 발언도 자연스럽게 나온 것이다. 그러나 이 말이 인스타그램을 벗어나 TV와 같은 대중매체에 등장하게 되면 매우 이질적으로 느껴져 부정적인 반응을 불러일으킨다.

그러면 이러한 갈등을 일본에서는 어떻게 해석하고 있으며 여기에서 어떤 정치성을 읽어낼 수 있는지 다음 장에서 살펴보도록 하겠다.

V. 3차 한류 팬덤의 정치성

3차 한류에 관한 일본의 담론들을 살펴보면 대부분의 경우, 3차 한류의 주역인 10대, 20대 여성들이 정치의식을 지니지 않는다고 비판하고 있다. 예를 들어, 『마이니치신문』이나 『아사히신문』과 같은 주요언론에서는 현재 악화되는 외교 관계에도 불구하고 10대, 20대 여성들이 한류를 선호하는 이유는 그들이 정치와 문화를 분리해서 사고하기 때문이라고 설명하고 있다.[18] 다시 말해, 한일 간의 정치, 외교, 경제, 역사 문제에는 무관심한 태도를 보인 채, 10대, 20대 여성들은 개인적인 취향을 쫓아 한국 문화를 소비한다는 것이다. 『Newsweek』에서는 1, 2차와 3차 한류 팬의 차이에 대해 다음과 같이 말하고 있다.

> "제1차, 제2차 한류 붐을 견인한 것은 30대 이상으로, 그들은 정치에 관심이 많은 세대이기도 해서 한류 붐은 정치정세에 따라 크게 좌우되었다. 한편, 새로운 한류 팬은 제1차 한류 붐을 견인한 조모, 모친 세대의 영향을 받으며 성장한 세대로, 정치에 대해 별로 관심이 없는 세대이다."[19]

인용문에 따르면 1, 2차 한류를 일으킨 세대는 정치적 감각이 있어 한일

---

18   이와 같은 주장을 하는 기사로는 武田肇, 「韓流、SNS世代が「第3の波」 訪韓日本人が過去最多」, 『朝日新聞』, 2019. https://www.asahi.com/articles/ASM614CD6M61UHBI018.html?iref= pc_rellink (검색일: 2019.8.22.); 日下部元美, 「日韓政治対立と韓国ブーム 女子高生「政治と文化は無関係」」, 『毎日新聞』, 2019. https://mainichi.jp/senkyo/articles/20190720/k00/00m/010/ 053000c?fbclid=IwAR1RG-rAv9p5kszIynr_vkRWDfVIKeA3h6NgiW5U2_4EOt5Z0HN WqK8Gpyg(검색일: 2019.8.22.) 등이 있다.

19   佐々木和義, 「韓国でも話題に 政治に関心が薄い10代~20代が第3次韓流ブームを牽引」, 『ニューズウィーク日本版』, 2019. https://www.newsweekjapan.jp/stories/world/2019/05/10203_2. php (검색일: 2019.8.22.)

간의 외교 문제에 기민하게 반응했지만 3차 한류의 팬덤은 정치의식이 희박해 한일정세와 무관하게 활동한다. 『Newsweek』는 이명박 대통령의 독도 방문과 일왕 사죄 발언으로 1, 2차 한류가 도중에 중단되었다는 사실을 언급하며 당시 한류 팬들은 현재와는 다르게 정치 상황에 따라 한국 문화 소비를 중단했다고 주장하는 것이다.

그러나 위와 같은 논의에는 문제가 있다. 우선 여기에서는 미디어에 관한 고찰이 누락되어 있다. 전술했듯이 1, 2차 한류가 갑작스럽게 중단된 이유 중 하나는 주요 미디어인 방송국이 정세에 민감했기 때문이었다. 거기에 비해 3차 한류가 한일관계로부터 별다른 영향을 받지 않은 배경에는 10대, 20대의 미디어가 방송국으로부터 유리되었다는 사실이 있었다. 이러한 미디어 환경을 고려하지 않고 모든 변화를 각 세대의 정치의식에 환원시키는 것에는 찬동하기 어렵다.

그리고 무엇보다 3차 한류를 일으킨 일본의 10대, 20대가 정치의식을 지니지 않는다는 주장에는 동의할 수 없다. 그들은 국제정치에 흥미를 느끼지 않을지 모르나 자신의 스타일을 추구하는 점에서는 어떤 세대보다도 적극적인 행보를 보인다. 여기에서 젊은 세대의 새로운 문화와 정치성을 읽어낼 수 있는 것이다.

2010년대 말, 인스타그램에서 "#한국인이 되고 싶어(韓国人になりたい)"이라는 해시태그가 유행할 정도로[20] 한류 스타일은 10대, 20대 여성들이 자신의 정체성을 표현하는 데 중요한 역할을 하고 있다. 그런데 유의할 점은 10대, 20대 일본 여성들이 맹목적으로 한국의 유행을 쫓기 보다는 자신들의 미디어인 인스타그램에 알맞은 문화를 취사선택하고 있다는 점이다. 다시

---

20 鈴木朋子, 「「#韓国人になりたい」インスタ女子はなぜ急増したのか」, 『iRONNA(いろんな)』, 2018. https://ironna.jp/article/9218(검색일: 2019.8.22.) 등 참조. 2019년 9월 23일 현재 인스타그램에서 「#韓国人になりたい」라는 해시태그를 단 투고는 3만 건이 넘는다.

말해, 그들은 그들만의 가치판단에 따라 주체적이고 능동적으로 한국 문화를 수용하고 있는 것이다.

이는 10대, 20대 여성이 한국 아이돌을 소비하는 방식을 봐도 확실하게 드러난다. 2017년에 일본에 데뷔한 TWICE는 3차 한류를 대표하는 아이돌로 잘 알려져 있다. 그러나 그들이 인기를 얻는 과정은 1차 한류의 배용준이나 2차 한류의 소녀시대 때와는 다르다. 배용준이나 소녀시대가 TV 방송국이나 기획사의 전략에 힘입어 인지도를 높였다면 TWICE는 인스타그램 이용자들의 자발적인 활동으로 일본에서 유명해졌다고 할 수 있다. 그 과정은 다음과 같이 전개된다. TWICE가 2016년 10월에 한국에서 출시한 "TT"라는 노래의 안무 중에 TT포즈라는 것이 있다. TT포즈는 양 손의 엄지손가락과 집게손가락을 T자 모양으로 만들어 눈에 갖다 대며 마치 "울고 있는 이모티콘(T_T)"과 같은 모습을 보여주는 안무이다. 그런데 TT포즈로 사진을 찍으면 얼굴이 작게 보인다(小顔效果)는 소문이 10대, 20대 일본 여성 사이에서 퍼지면서 TT포즈로 찍은 셀카 사진들이 대거 인스타그램에 올라가기 시작한다. 이렇게 TT포즈는 일본 인스타그램에서 대유행하게 되었고 TWICE의 이름도 점차 대중에게 알려진다. 이를 계기로 인기를 얻은 TWICE는 2017년 말에 K-Pop 가수로는 6년 만에 NHK <홍백가합전>에 초대될 수 있었다.

1차 한류와 2차 한류가 각각 위성방송의 드라마와 유튜브의 뮤직비디오로 화제를 모았다면 3차 한류는 인스타그램의 셀카 포즈를 중심으로 유행이 퍼져나갔다. 그래서 3차 한류에서는 드라마나 뮤직비디오에 못지않게 TT포즈와 같은 단편적인 이미지가 중요한 역할을 수행한다. 여기서 2017년 일본에서 TT포즈가 TWICE의 음악보다도 인기를 끌며 3차 한류를 견인했던 점에 관심을 기울일 필요가 있다.[21] 사실 일본에서 사랑을 받았던 TWICE의

---

21 <홍백가합전>을 비롯한 음악프로그램에 TWICE가 출연하면 곡 소개보다도 TT포즈에 대

TT포즈는 당시 한국에서는 크게 유행하지 않았다. 그런데 일본의 10대, 20대 여성들은 한국에서 별로 주목받지 않던 TT포즈를 발굴하고 확산시켜 한류의 새로운 전기를 마련했던 것이다. 이렇게 일본의 10대, 20대 여성들이 TT포즈에 착안한 이유는 무엇보다 인스타그램에 어울리는 콘텐츠였기 때문이다. 그들은 평소에 인스타그램을 애용하면서 대중과 차별되는 감수성을 키워왔기에 그 미적 기준에 부합하는 TT포즈가 나타나자 열광적으로 소비한 것이다. 이렇게 젊은 인스타그램 이용자들은 방송사나 제작사의 영향에서 벗어나 스스로 콘텐츠를 발굴하고 독자적인 문화를 만들어갔다.

2010년대 후반에 인스타그램에서 유행하는 "얼짱(オルチャン) 화장법"도 마찬가지 경우라 할 수 있다. 일본의 젊은 여성들 사이에 화제를 모은 얼짱 화장법은 한국식 화장법을 지칭하며 흔히 인스타그램 사진에 어울리는 화장이라고 일컬어지고 있다. 여대생 한류 팬인 모치에 따르면 얼짱 화장법은 일본 남성들에게 인기가 없지만 일본 여성 스스로 예쁘다고 생각하기에 많이 이용된다.[22] 즉, 일본의 한류 팬들은 누구에게 잘 보이기보다는 자기만족을 얻기 위해 얼짱 화장법을 한다고 볼 수 있다.

젊은 여성들 사이에 얼짱 화장법이 유명해지면서 일본에서는 "얼짱(オルチャン)"이란 용어도 일상적으로 사용되기 시작한다. "얼짱"이란 "얼굴 짱"의 준말로 얼굴이 잘생긴 미남미녀를 의미한다. 이 용어는 2000년대 초반 한국의 인터넷에서 유행하다가 그 이후에는 거의 쓰지 않게 되었다. 그런데 이러한 사어(死語)를 일본 여성들은 자신들이 사용하는 미디어에 맞추어 재해석해 2010년대 말에 부활시켰다. 다시 말해, 한국의 오래전 유행어를 자신들

해 자세히 물어본다. 또한 TWICE가 데뷔하기 이전에 각 언론사에서는 인스타그램에서 TT포즈가 인기를 끈다고 대서특필했다.

22　もーちぃ、「いま日本で「韓国人」になりたがる女子高生が…なぜ?」, 『現代ビジネス』, 講談社, 2018. https://gendai.ismedia.jp/articles/-/55941?page=2 (검색일: 2019.8.22.)

의 세대 문화를 표현하는 말로 전유했던 것이다.

이와 같이 10대, 20대 여성들은 자신들의 감수성에 충실하며 새로운 한류를 일으키지만 그 과정에서 기성세대와 자주 충돌하게 된다. 아사히신문사의 잡지 『아에라(AERA)』에서는 한류에 빠져 한국여행을 가려는 딸과 한국을 싫어해서 이에 반대하는 아버지의 일화를 보도하며 이와 같은 세대갈등이 각 가정에서 빈번히 일어난다고 했다.[23] 기사에 따르면 타인의 시선 때문에 자신의 한류 취미를 공개하지 못하는 젊은 여성의 수는 적지 않다. 그럼에도 불구하고 한류 팬들은 주위의 반대에 굴하지 않고 한국에 여행이나 유학을 떠난다고 한다. 전술했듯이 "여고생들은 한국 없이 못 산다"라는 발언 때문에 한 여고생 모델은 빈축을 사고 인터넷에서 많은 비난을 받기도 했다. 10대, 20대 여성들이 일본에서 한류를 적극적으로 소비하기 위해서는 적지 않은 용기와 결단이 필요했다. 이렇게 어려운 상황에서도 젊은 여성들은 비난에 굴하지 않고 당당하게 한류를 소비했고 이것이 3차 한류의 원동력으로 작용했다.

한일관계가 악화되던 2010년대말, 젊은 인스타그램 이용자들은 주변의 분위기에 휩쓸리지 않고 한류를 소비해 기성세대나 대중매체와 구분되는 세대의식과 주체성을 표명했다. 인스타그램에 최적화된 얼짱 화장법이나 TT 포즈를 취하며 10대, 20대 여성들은 새로운 집단정체성을 구축해갔다. 다시 말해, 10대, 20대 여성들은 인스타그램을 통해 일반 대중과는 다른, 자신들의 정치적 입장을 명확히 드러냈던 것이다.

23　中原一歩, 「親の"嫌韓発言"に子どもは…「韓国への感情」で親子のすれ違い」, 『AERA』, 2019. https://dot.asahi.com/aera/2019012200040.html?page=1 (검색일: 2019.8.22.)

VI. 맺음말

일본에서 유행한 한류를 분석해보면 1, 2, 3차 모두 새로운 미디어의 출현과 밀접한 관계가 있음을 알 수 있다. 그래서 당시 등장했던 미디어의 성격에 따라 1, 2, 3차 한류의 콘텐츠와 팬덤도 변화해왔다. 1차 한류에서는 일본 위성방송의 드라마가 유행해 중년 여성들이 호응했다면 2차 한류는 유튜브에 올라간 뮤직비디오가 일본 젊은이들 사이에서 화제를 불러일으키며 K-Pop 아이돌들의 이름이 알려지기 시작했다. 그리고 2017년에는 인스타그램을 이용하는 10대, 20대 여성들이 급증하면서 그들의 취향에 맞는 한국의 음악, 패션, 음식, 관광 상품이 인기를 끄는 3차 한류가 발생했다.

그러나 1, 2차 한류와 3차 한류는 서로 크게 다른 양상을 보이고 있다. 가장 큰 차이점은 전통적 대중매체인 방송국과의 관계에서 드러난다. 1차와 2차 한류에서는 새로운 미디어들이 방송국과 협력적인 관계를 맺으며 한류를 널리 대중화시켰다. 그러나 3차 한류의 미디어인 인스타그램은 대중성을 지니지 못하고 오히려 방송국과 충돌하는 모습을 보였다. 이러한 현상은 방송국으로부터 자유로운 인스타그램을 중심으로 높은 충성도를 지닌 한류 팬덤이 형성되었기 때문에 발생했다.

현재 인스타그램을 이용하는 10대, 20대 여성들은 자신의 정체성을 한류 스타일로 표현하며 주위와의 갈등도 불사하는데 여기에 인스타그램의 특징이 분명하게 드러나고 있다. 보통 TV와 같은 전통적 미디어는 종합적이고 다각적인 관점에서 한일관계를 조망하는 데 반해 인스타그램은 개인의 취향을 반영하며 단편적인 정보를 제공하기에 첨예한 정치의식을 드러내기 어렵다고 생각하기 쉽다. 그러나 10대, 20대 일본 여성들은 인스타그램을 통해 자신들의 감수성을 명료하게 표출하며 대중에 함몰되지 않는 팬덤 문화를 구축할 수 있었다.

이렇듯 미디어의 관점에서 한류를 분석하게 되면 문화정책이나 기업전략, 콘텐츠 분석으로는 쉽게 발견할 수 없었던 한류 수용자의 모습을 발견할 수 있다. 그들의 정치성은 내셔널리즘이나 제국주의와 같은 기존의 거대담론으로 재단하기 어려우나 새로운 집단정체성을 만드는 데에는 적절하게 발휘되었다. 이러한 팬덤 문화는 뉴미디어의 등장과 함께 앞으로 더욱 다채롭게 발전할 것으로 기대한다.

참고문헌

곽영진, 「한류의 진화와 전망」, 『철학과 현실』 110, 2016, pp.86-112.

김선영·허재영, 「일본 내 4차 한류 붐의 특징과 한일관계: 일본 Z세대를 중심으로」, 『문화와 정치』 10(4), 2023, pp.79-103.

김정수, 「한류에 관한 여섯 가지 질문 그리고 문화정책의 역할」, 『문화정책』 1, 2014, p.101.

남민지·이은지·신주현, 「인스타그램 해시태그를 이용한 사용자 감정 분류 방법」, 『멀티미디어학회논문지』 18(11), 2015, pp.1391-1399.

박용구, 「겨울연가 '쓰나미'와 일본인의 대한 이미지 변화」, 『일본연구』 31, 2007, pp.47-67.

오현석, 「혼종성 이론에서 바라본 일본의 한류」, 『일본학』 45, 2017, pp.81-101.

윤선희, 「신 한류 수용의 문화적 맥락과 여성적 정체성에 대한 문화 연구」, 『한국방송학회한국방송학보』 26(2), 2012, pp.46-81.

이승희, 「TV드라마 <사랑의불시착>의 서사 특징과 일본 4차 한류 현상의 상관관계 연구」, 『스토리앤이미지텔링』 20, 2020, pp.227-259.

이애리·이주원, 「소셜 빅 데이터를 이용한 상권 확장 트렌드 및 소비 트렌드 분석」, 『e-비즈니스연구』 19(6), 2018, pp.401-413.

장원호·송정은, 「글로컬 문화의 개념과 한류」, 『문화콘텐츠연구』 8, 2016, pp.7-34.

정수영, 「'신한류' 드라마 <미남이시네요>의 수용 및 소비 방식은 한류 드라마와 어떻게 다른가?: 일본의 인터넷 게시판 분석 및 FGI를 중심으로」, 『한국언론정보학보』 85, 2017, pp.61-100.

조규헌, 「글로컬 문화로서 일본 한류에 관한 소고: 문화사적 계보와 가능성」, 『일본문화연구』 69, 2019, pp.301-317.

_____, 「3, 4차 일본 한류 현상의 특수성 고찰」, 『일본문화연구』 77, 2021, pp.299-314.

조병철·심희철, 「K-Pop 한류의 성공요인분석과 한류 지속화 방안연구: 스마트 미디어 기반 실감콘텐츠 활용을 중심으로」, 『한국콘텐츠학회논문지』 13(5), 2013, pp.90-102.

조한혜정, 「글로벌 지각 변동의 징후로 읽는 '한류 열풍'」, 『'한류'와 아시아의 대중문화』, 서울: 연세대학교 출판부, 2003.

한국콘텐츠진흥원, 『일본 콘텐츠 산업동향』 14호, 서울: 한국콘텐츠진흥원, 2018.

한국정보화진흥원 국가정보화기획단, 「빅데이터 시대! SNS의 진화와 공공정책」, 『IT&
　　Future Strategy』 13호, 정보화진흥원, 2012.

후쿠시마 미노리, 「케이팝과 일본의 청년들: 트랜스네이션과 네이션 사이에서」, 『문화
　　과학』 97, 2019, pp.323-341.

小野田衛, 『韓流エンタメ　日本侵攻戦略』, 東京: 扶桑社, 2011.

韓流ぴあ, 『もっと遊べるしのくぼ(新大久保)』, 東京: ぴあMOOK, 2019.

君塚太, 『日韓音楽ビジネス比較論 K-POPとJ-POP本当の違い』, 東京: アスペクト, 2012.

金成玫, 『K-POP 新感覚のメディア』, 東京: 岩波新書, 2018.

クォンヨンソク, 『「韓流」と「日流」文化から読み解く日韓新時代』, 東京: NHKブックス,
　　2010.

小針進, 『日本における韓流』『韓流ハンドブック』, 東京: 新書館, 2007.

酒井美絵子, 『なぜK-POPスターは次から次に来るのか　韓国の恐るべき輸出戦略』, 東
　　京: 朝日新聞出版, 2012.

総務省情報通信政策研究所, 『平成29年情報通信メディアの利用時間と情報行動に関する
　　調査報告書-概要』, 東京: 総務省, 2018.

JTB, 『韓国オルチャンTrip』, 東京: ジェイティビィパブリッシング, 2018.

나스미디어, 「2018 인터넷 이용자 조사(NPR)」, 2018. https://www.slideshare.net/nas
　　media/2018-nprnasmediaf?fbclid=IwAR0crvICZCzeIxX_Fx1mlObKATEtynm
　　jPKVI6rW1DPygB-jl5mE7Yzku4pQ (검색일: 2019.8.20.)

Evan Ramstad, "YouTube Helps South Korean Band Branch Out", 『The Wall Street
　　Journal』, 2011. https://www.wsj.com/articles/SB100014240527487044582045760733663148914264 (검색일: 2019.8.18.)

ORICON NEWS, 「KARA、日本デビュー記念握手会に劇団ひとりが祝福」, 2010. https://
　　www.oricon.co.jp/news/79045/full/ (검색일: 2019.8.1.)

日下部元美, 「日韓政治対立と韓国ブーム　女子高生「政治と文化は無関係」」, 『毎日新聞』,
　　2019. https://mainichi.jp/senkyo/articles/20190720/k00/00m/010/053000c?fbclid=I
　　wAR1RG-rAv9p5kszIynr_vkRWDfVIKeA3h6NgiW5U2_4EOt5Z0HNWqK8Gpyg

(검색일: 2019.8.22.)

佐々木和義, 「韓国でも話題に 政治に関心が薄い10代~20代が第3次韓流ブームを牽引」, 『ニューズウィーク日本版』, 2019. https://www.newsweekjapan.jp/stories/world/2019/05/10203_2.php (검색일: 2019.8.22.)

鈴木朋子, 「「＃韓国人になりたい」インスタ女子はなぜ急増したのか」, 『iRONNA(いろんな)』, 2018. https://ironna.jp/article/9218 (검색일: 2019.8.22.)

武田肇, 「韓流、SNS世代が「第3の波」訪韓日本人が過去最多」, 『朝日新聞』, 2019. https://www.asahi.com/articles/ASM614CD6M61UHBI018.html?iref=pc_rellink (검색일: 2019.8.22.)

中原一歩, 「親の"嫌韓発言"に子どもは…「韓国への感情」で親子のすれ違い」, 『AERA』, 2019. https://dot.asahi.com/aera/2019012200040.html?page=1 (검색일: 2019.8.22.)

ネットレイティングス株式会社, 「YouTube、"史上最速"で利用者 1000 万人に到達―「Nielsen//NetRatings」 2007年2月の月間インターネット利用動向調査結果を発表~」, 2007. https://www.netratings.co.jp/news_release/2011/06/14/Newsrelease03222007_J.pdf (검색일: 2019.8.17.)

日比朝子, 「国内MAUは2,900万人に! SNSマーケター必見「Instagram Day」ポイントまとめ!」, 2018. https://gaiax-socialmedialab.jp/post-59405/ (검색일: 2019.8.19.)

マイナビ, 「2017年ティーンが選ぶトレンドランキング」を発表! ティーンの『インスタ映え』は一味違う?」, 2017. https://teenslab.mynavi.jp/column/trendranking2017all.html (검색일: 2019.8.22.)

マイナビ, 「【2018版】10代女子が選ぶトレンドランキングを発表」, 2018. https://teenslab.mynavi.jp/column/trendranking2018all.html (검색일: 2019.8.22.)

もーちぃ, 「いま日本で「韓国人」になりたがる女子高生が…なぜ?」, 『現代ビジネス』, 講談社, 2018. https://gendai.ismedia.jp/articles/-/55941?page=2 (검색일: 2019.8.22.)

行正和義, 「instagram、日本語公式アカウントを開設」, ascii.jp, 2014. https://ascii.jp/elem/000/000/867/867913/ (검색일: 2019.8.19.)

디지털미디어 환경에서
유럽의 한류 수용과 지속가능성

김새미

Ⅰ. 머리말

최근 글로벌하게 나타나는 한류현상에 대해 행정학자 김정수는 "한류는 우리나라 문화사에서 가장 경이로운 현상이다."라고 했다(김정수, 2020). 이는 한국이 해방 이후 미국과 일본, 유럽의 문화를 동경하면서 일방적으로 그들의 문화를 수입하는 입장이었는데, 근래 세계적으로 주목받는 한류콘텐츠의 등장과 이들을 향한 글로벌 팬덤에 대한 놀라움과 반색의 표현이다. 20년 전 일본과 중국에서 시작된 한류 현상은 이제 아시아를 넘어 미주, 유럽, 전 세계로 확대되어 다양한 영역에서 나타난다. 세계 콘텐츠 시장에서 한국의 점유율은 2.5%로 여전히 제한적이라고 볼 수 있지만 이에 대한 기세는 실로 놀랍다(김새미, 2021).

이처럼 한류가 갖는 글로벌 영향력은 상당하다. 굳이 '방탄소년단(BTS)'·'블랙핑크(Blackpink)'를 언급하지 않아도 해외에서 곳곳에서 들리는 K-Pop으로 인기를 체감할 수 있다. 넷플릭스와 같은 영상 플랫폼이 일상화되고,

<기생충>, <미나리>, <오징어 게임> 등의 작품들이 유수한 영화제에서 수상하면서 한류콘텐츠 대외적인 위상도 높아졌다. 뿐만 아니라 게임, 엔터테인먼트 예능, 웹툰, 한식, 패션 등 한류콘텐츠에 대한 관심 영역도 다양해지고 있다. 그러나 전 세계 콘텐츠 세계시장에서 한국 문화산업의 점유율은 2.5%로 여전히 제한적이며(한국콘텐츠진흥원, 2019), 한류 소비와 파급효과의 증대에도 불구하고 최근 한류 지속기간도 2020년 통계에 따르면 비교적 짧게 예측되었다(한국국제문화교류재단, 2020). 최근 실시된 해외한류실태조사(2024)에 따르면 2023년과 비교해서 2024년 한류에 대한 관심이 어떻게 변화했는지 묻는 질문에서 증가가 45.9%, 비슷이 43.5%로 89.4%가 유사한 관심도를 보이고 있지만, 한국문화콘텐츠에 대한 소비지출의향이 독일 23.2%, 프랑스 22.7%로 낮게 나타났다. 2023년 3월 관훈포럼에서 하이브(HYBE) 의장 방시혁이 방탄소년단의 부재로 'K-Pop 위기론'을 공론화하며 K-Pop 산업의 성장률이 둔화되고 있다는 것을 언급한 것도 이와 연관된다. 당시 방시혁은 유니버설 뮤직·워너뮤직·소니뮤직과 같은 주류 회사 점유율은 67.4%를 차지하는 반면, K-Pop 점유율은 2%에 불과하며, 1990년대 홍콩영화와 일본만화와 비교하며 K-Pop의 성장세에 대한 위기의식을 표출했는데, 한류의 지속가능성에 대한 문제는 한류 초기부터 있었지만, 최근 팬덤 마케팅(fandom marketing)을 활용한 한국식 양적 성장세에 대한 회의론, 지속적인 글로벌 슈퍼스타 부재 등으로 한류가 전체적인 둔화세에 접어든 점에 대해 정부와 기업 모두 다음 단계로의 한류를 고민하고 있다.

무엇보다 빠르게 변화하는 디지털 환경은 한류 콘텐츠가 더욱 치열한 경쟁으로 내몰리는 상황에 내몰리게 되었다. 방송사를 통해 프로그램 수출을 하던 과거와 달리 한류를 소비하는 글로벌 대중들은 인터넷과 유튜브(YouTube), 소셜미디어(SNS)를 통해서 손쉽게 K-Pop이나 한류 영상을 접하며 공유한다. 2016년 조사에서는 한류 콘텐츠를 접하는 주요 매체가 TV를 첫 번째로 꼽았

으나 2022년 조사에서는 인터넷 기반의 온라인 서비스가 압도적으로 높다. 또한, 유튜브나 넷플릭스(Netflix)와 같은 OTT(Over-the-Top) 서비스인 뉴미디어의 확산은 한류콘텐츠가 글로벌 콘텐츠와 경쟁구도에 있음을 의미한다(강준석, 2019; 고정민·안성아, 2014; 박창묵 외, 2014; 한국콘텐츠진흥원, 2019; Stangarone, 2019). 유튜브와 같이 개인이 직접 생산자로서 플랫폼에 올릴 수 있는 형태는 한류콘텐츠를 용이하게 알릴 수 있는 측면도 있지만, 넷플릭스와 같이 글로벌 플랫폼과 대자본의 결합은 전체 제작비용의 상승 등으로 한류 생태계 환경에 영향을 미치게 되기도 한다. 때문에 온라인 플랫폼의 유통망 경로 확보와 콘텐츠 생산하는 제작 환경은 다양한 콘텐츠의 생산과 소비와도 연결되는 문제이다. 더욱이 이처럼 글로벌 경쟁은 심화하는 가운데 각국은 자국 콘텐츠 산업을 보호하고자 자국에 해외콘텐츠가 활성화될 수 있는 보호장치들을 마련하기 시작했다. 예를 들어 2022년 10월 프랑스에서는 디즈니에서 제작한 <블랙팬서: 와칸다 포에버>의 극장 개봉 유무를 두고 한차례 논쟁을 빚었다. 프랑스는 자국 영화를 보호하기 위해 전통적 방식을 고수하는 대표적인 나라로 영화를 매체를 바꿔 상영할 경우, 영화산업 각각의 이윤을 최대한 보호하고자 36개월간 다른 매체에서 상영할 수 없는 '홀드백(hold-back)' 제도가 있었다. 넷플릭스(Netflix)와 같은 구독 기반의 스트리밍 콘텐츠 플랫폼 확장을 우려하고 극장 개봉 수익을 보호하려는 목적이다. 대다수의 나라에서 2주 정도 소요 기간을 두는 것과 비교하면 상당히 이례적이다. 따라서 프랑스에서는 극장을 통해 개봉한 영화는 36개월이 지나서야 OTT 플랫폼에서 볼 수 있었다. 그러나 COVID-19 기간을 거치면서 유예기간을 3년에서 '4,000만 유로 이상 투자, 연간 최소 10편의 현지 영화 제작, 지상파 독점방송 조항' 등의 조건을 수용하는 여부에 따라 홀드백 기간을 15~17개월로 단축시키게 되었다. 이러한 과정에서 디즈니사가 극장 개봉을 포기하고 자사 OTT 플랫폼인 디즈니+에서 영화를 방영할 것을 고민했다. 결과적으로 디즈니가 극장 개봉을 선택했지만, 해당 사례에서처럼 자국 콘텐츠를 보호하고 자국 문화산업에 대한 투자나 공동제작을 유인하는 제도는 강해지는 추세이다. 이와 같은 관점에서 볼 때, 지속가능한 한류가 되기 위해서는 뉴미디어 변화에 적응하면서 한류 수용자를 확대하는 것이 관건이라고 볼 수 있다. 이를 위해서 본 연구에서는 현재까지 많이 논의되지 않았던 유럽지역에서의 한류 수용을 분석해 보고자하며, 정부정책은 이와 어떻게 조응해야 하는지 살펴보고자 한다.

유럽에서의 한국 콘텐츠의 위상은 다른 지역에 비해 상대적으로 높다고 보기는 어렵다. 2022년 글로벌 한류 트렌드(한국국제문화교류진흥원, 2023)에 따르면 유럽의 전반적인 한류 이용다양성과 집중도, 호감도는 낮은 편이다. 그럼에도 한-EU 문화협정의정서 체결과 한-EU 문화협력위원회가 매년 활동 중이며, 최근 한류콘텐츠의 IP수출(드라마와 예능 등)이 독일, 영국, 네덜란드, 스페인 등 유럽 대다수 국가에서 진행되었다는 점에서 주목할 만하다. 무엇보다 한류의 지속가능성을 위해서는 유럽으로의 확장성이 고려되어야 한다는 점에서 유럽지역에서의 한류 연구가 필요하다. 유럽에서 한류 콘텐츠 소비는 한국 콘텐츠가 갖는 한국 문화의 독특함을 장점으로 받아들이기도 하고 한류콘텐츠가 지닌 양질의 우수성을 높이 평가하며 K-Pop 아티스트의 매력에 매료되기도 한다. 하지만, 동시에 한국어와 낯선 한국 문화가 주는 제약성, 문화적 할인과 많은 콘텐츠에서 보이는 상업주의적 성향에 대한 부정적 견해도 존재한다. 따라서 유럽의 콘텐츠 소비 분석을 통해 플랫폼 시대를 대비한 한국 콘텐츠의 경쟁력을 키우고 유럽에 대한 충분한 이해로 민감한 문화적 변수에 대해 적절히 대응하는 능력과 접근성을 높일 필요가 있다.

유럽은 콘텐츠 시장에 대한 자부심이 높고 EU지역 역내 보호 성향이 매우 강하다. 이러한 환경에서 한류콘텐츠의 대한 진입은 어떻게 이뤄지고 있는지 살펴볼 필요가 있으며, 한류로 인해 파생되는 효과가 무엇인지 수용자 분석을 함께 진행한다면 뉴미디어 시장에서 활용될 수 있는 한류의 새로운 접근을 도출하는데 유효하다고 본다. 이와 같은 관점에서 본 연구는 급변하는 글로벌 디지털 환경 속에서 한류문화의 지속적인 확대와 주류 콘텐츠 시장확장을 위한 방안으로서 뉴미디어 시대 유럽시장에서 한류콘텐츠 산업의 주요 경향과 한류수용자들의 인식을 살펴보고 한류의 새로운 접근을 고민하는데 목적이 있다.

II. 신한류 정책과 유럽에서의 한류 연구

1. '신(新)한류(K-Culture)'와 'K-콘텐츠' 정책

한류 분류에 있어 주체에 따라 개별 연도는 상이하지만 일반적으로 1990년대 중반 1기부터 시작하여 4단계로 구분한다. 한류가 다양한 영역에서 세계적인 인기와 위상을 얻은 4기에는 한류를 하나의 사회 현상으로 인식하기 시작했다. 이에 정부는 한류 현상이 글로벌 문화로 인식되면서도 한류 콘텐츠가 일부 문화산업에 편중되어 있는 점과 한류를 계기로 한국문화에 대한 호감도를 확대하고자 정책 경향을 보인다.

문재인 정부의 '신(新)한류(K-Culture)' 정책은 한류의 지속적인 확산을 위해 체계화하면서 산업적 지원을 하면서도 간접적 지원에 초점을 맞추고자 했다. 이를테면 일자리 고용과 연관산업 확대라는 경제적 중요성을 인식하면서도 상호교류 형태를 강조한다. '신한류'라는 명칭은 이명박 정부가 '한류 3.0' 정책으로 한류의 다각화를 추진했을 때 사용되기도 했다. 당시 신한류는 한류 3.0으로 넘어가는 시기로 2012년 싸이 '강남스타일'의 글로벌한 인기를 통해 예측할 수 있듯이 K-Pop과 K-드라마 영역에서 세계적인 글로벌 스타가 등장하면서, 이명박 정부는 한류의 범위를 대중문화 전영역으로 확장하고 다양한 장르를 포함시키고자 했다. 또한, 한정된 한류 영역과 동아시아라는 국한된 지역에서 벗어나 다양한 영역에서 글로벌 인기로 유인하는 한류 전환의 시기를 맞이하고자 음식문화와 같은 일상생활을 산업화하고 전통문화를 현대화하여 한류 범위에 포함시켰다. 또한 경제산업의 자원으로 한류를 인식하고 경제부총리 직속 11개 정부 부처가 참여하는 콘텐츠 산업 진흥위원회를 설립했다. 한류정책도 기존의 문화산업 범위에서 '대중문화 콘텐츠 산업'으로 변경함으로써 경제적 측면의 산업 자원으로서의 콘텐츠를 강조하는 모습을 보였다.

2020년 7월 문재인 정부가 '신한류'를 명명하며 정부 지원 종합계획도 큰 틀에서는 유사한 기조를 보인다. '신(新)한류(K-Culture)'는 기존 한류와 달리 한국 문화전반에서 한류콘텐츠를 발굴하고 연관산업과의 연계를 강화하며 상호 문화교류를 지향함으로써 지속성과 파급효과가 높은 한류를 의미하며, 한류의 긍정적 파급효과를 높이고자 13개 부처와 12개 공공기관이 참여하는 한류지원협력위원회를 출범시켰고 문체부 산하에도 한류지원협력과를 신설하는 총괄 기구도 구축했다[1](문체부, 2020). 구체적으로 보면, 첫째 전략은 한류콘텐츠의 다양화이다. 기존의 대중문화 외에 전통문화·예술, 스포츠 등 한국의 여타 문화자산에서 한류 콘텐츠로 영역을 확장하는 전략으로 예를 들어 한식, 태권도, 문화재 등 생활문화가 포함되기도 하고, 한식당과 한식문화의 이미지를 강화하는 사업, K-무형유산 공연 등 영역을 세밀화했다. 둘째 전략은 한류를 통해 화장품, 패션, 의료, 식품 등 관련 연관 산업을 강화시킨 점이다. 한류박람회 및 관련 산업 해외 마케팅 지원 등 한류의

---

1   2022년 2월 출범.

경제적 파급효과를 통해 관련 소비재를 수출하고 서비스 산업의 경쟁력을 성장시키고자 했다. 셋째 전략은 지속가능한 한류 확산을 위한 토대를 구축하는 것이다. 상호 간 교류로 인식을 전환하고, 부처별 정책 추진을 통해 범부처 한류 정책 협의체를 구성, 민관 협력 한류협력위원회를 법제화했다. 이를 두고 이동준(2022)은 이명박 정부의 일방향적 문화교류에 대한 자기반성적 차원에서 문재인 정부가 교류의 양방향성을 강조한다고 언급하며 기존의 암묵적(implicit)인 한류정책과 달리 명시적(explicit) 정책으로 선회했다고 주장한다. 산업정책에서 교류정책으로 전환했다고 보고 긍정적으로 평가한다. 진달용(2022)도 문재인 정부가 이전 이명박, 박근혜 대통령의 문화영역 간섭을 반면교사 삼아 지원은 하되 간섭하지 않는다'는 한류정책 기조 하에 재정적·법률적 지원을 하되 생산과 유통은 민간기업이 이끌어야 한다는 것을 명시했다고 보았다. 다만 콘트롤타워를 세우고 적극적 한류 개입 정책으로 선회하는 모습에는 사후 평가가 요구된다며 회피했다. 그러나 기존의 산업적 관점을 극복하려는 노력에도 불구하고 문재인 정부 당시 다수의 한류 정책에서 연관산업을 강조하여 한류 생태계 자체보다는 문화산업계에 종사하는 사람들의 일자리 정책 및 경제정책으로서의 역할이 강조되어 보인다. 심지어 사회정책에도 케이(K-)정책으로 분류하여 한류 담론화하는 모습, 특히 공공외교와 같은 사회적 문제를 한류로 풀어나가는 모습은 문재인 정부에서 표방하는 상호 교류적 성격과는 다소 거리가 있어 보인다. 박소정(2022)은 양산되는 K담론이 문화산업 뿐 아니라 다양한 영역으로 확장되면서 상품 생산, 교환의 시장 효과가 주요하게 부각되는 방식으로 담론이 편향되어 있으며, K는 한국의 문화 산물이 해외에서 어떻게 수용되고 있는가 보다 얼마나 소비되고 있음을 규명함으로써 한류의 팽창주의 시장주의적 기능을 하고 있다고 주장한다. 즉, 이러한 모습들이 본질적 의미의 한류 지원이나 상호교류적 차원의 모습보다는 사회적 역할에 치중되어 있음을 알 수 있다.

윤석열 정부에서도 유사한 기조를 찾아볼 수 있다. 2022년 윤석열 정부에서도 '한류(K-Contents)의 매력을 전 세계로 확산'한다는 국정과제 아래 콘텐츠 기반 조성, 대표 분야 집중 육성, 콘텐츠 매력 발산, 신시장 개척 등의 실천 전략과 세부과제를 추진했다(문체부, 2022). K-콘텐츠로 경제를 이끌겠다는 슬로건 아래 문화콘텐츠가 수출 주력 품목이 되었음을 명시하며 경제적 성격을 강하게 나타낸다. 문체부가 밝힌 2023년 우선 과제와 전략을 보면 2017년부터 2020년까지 방송영상콘텐츠 산업은 수출액이 연평균 24.1%로 성장한 점을 지적하면서 방송영상콘텐츠 산업 지원의 필요성을 강조한다. 영화와 온라인 동영상 서비스(OTT) 콘텐츠, K-Pop을 경제성장의 축으로 삼아 집중적으로 지원하고, 지식재산권(IP) 보유한 중소제작사들이 글로벌 도약을 할 수 있는 신규사업에 중점을 두며, 콘텐츠 수출 지원 확대를 위해 한국콘텐츠진흥원 비즈니스센터와 같은 해외거점 장소를 늘리고 해외시장을 개척하기 위한 해외 진출 기반 사업도 마련하고 있다. 특히 IP 사업은 '위풍당당콘텐츠코리아 펀드', '음악 지식재산권(IP)을 활용한 공연콘텐츠 개발 지원' 새로운 사업을 포함하며 2023년 문체부 예산(약 6조 7,076억 원)의 14.5%를 콘텐츠 분야로 편성할 만큼 관심을 두고 기업들이 콘텐츠 지식재산권(IP) 보유하도록 지원하는 정책 마련에 역점을 두었다(문체부, 2022). OTT와 메타버스를 통해 플랫폼 상생과 글로벌 경쟁력 제고를 위한 협의체를 구성하여 규제와 혁신을 추진하고 민간 주도의 산업 생태계가 조성하도록 지원한다고 표방하지만, 윤석열 정부가 내세우는 '콘텐츠 매출약 153조 원, 일자리 약 68만 개, 수출 166억 달성 기대' 문구에서와 같이 근본적인 한류 생태계를 개선하기보다는 수출자원으로서 경제적 시선에서의 정책 달성이 주요한 목적으로 읽혀진다. 2024년 문체부 업무계획에 따르면 1조 7,400억 원 규모의 정책 금융을 투입해 해외비즈니스 센터로 콘텐츠 해외진출을 지원하고 핵심콘텐츠를 집중 육성하여 글로벌 시장에서의 선두주자로서 K-콘텐츠를 강조한다.

이러한 한류정책의 기조는 한국의 경제성장과 밀접하게 연계되어 국내시장 개방과 사기업화, 탈규제 등을 통해 민간기업에 최대한의 자율성을 보장하는 신자유주의(neoliberalism) 문화정책과 정부가 주도적으로 문화산업을 발전시키는 발전론적(development model) 문화정책을 혼용하며 전개되어 왔다(진달용, 2022). 이명박·윤석열 정부는 콘텐츠 산업을 통해서 경제 발전을 이루려는 목적을 지니고 한류 정책을 적극적으로 활용했다면, 문재인 정부는 인프라 조성과 간접지원을 통해서 한류 정책을 지지려는 기조를 보였다. 그러나 양자 모두 한류 정책의 활용에 역점을 두고 있다고 판단된다.

이러한 정부 정책의 경향은 다양한 국내외 담론을 유인하게 되는데, 학계에서도 정부 역할에 대한 논의가 다수 이뤄졌다. Lee(2019)는 한국 정부의 문화산업에 대해 '새로운 후원자 국가(New Patron State)'로 칭하며 한류 정책이 국가 경제에서 어떻게 동력으로 작동하는지를 설명했고, Nam(2013)도 한류정책을 경제발전 초기 단계에 특정한 경제영역을 선별하여 육성한 것에 빗대어 설명하면서 정부 중심의 경제 체제를 보여준다고 주장했으며, 원용진(2019)은 한국 정부는 한류 진흥정책을 추진하는 과정에서 공공기관, 문화산업계, 민간영역 등 다양한 사회 주체들을 한류 네트워크에 포함시켜 점진적이면서도 세밀하게 구축해 왔는데, 이로 인해 한국 정부가 한류에 대한 담론의 관점을 어떻게 통제하는지 추적은 어렵지만, 한류에 대한 주류 담론을 가장 활발히 논의하는 곳은 한국이며 '권력 조절자(power controller)'에 의해 담론의 위계가 유지되었다는 시각을 제시했다(김새미, 2022).

한류가 글로벌한 문화 생산 및 유통 과정에서 발생하면서 서로 상호 간의 영향을 주고 받는다는 관점에서 본다면 이러한 정부 정책은 한류의 주요 쟁점과 문화현상들을 모두 포착하기에는 제한적이라고 볼 수 있다. 구체화되고 세밀화된 정부 정책으로 사회적인 문제를 해결한다는 점에서는 필요한 부분이 있지만 한류가 지속가능하도록 생태계 관점에서 거시적으로 바라볼 필요가 있다.

2. 유럽에서의 한류 연구

유럽에서의 한류 연구는 다른 지역에서의 한류 연구에 비해서 상대적으로 미진한 편이다. EU를 대상으로 한 한류 연구는 주로 유럽시장 진출을 위해 국책 연구기관에서 진행한 정책연구가 대다수이며, 학술연구는 개별 국가를 중심으로 이루어졌다. 연구의 주제별로 살펴보면 크게 문화산업의 거시적 측면, 한류가 갖는 문화적 혼종성적 특징, 한류 팬덤과 수용자 연구로 나눌 수 있다. 간략하게 연구 경향을 살펴보면 다음과 같다.

첫째, 문화 산업적 관점으로 비교연구와 정책연구에서 이뤄졌다. '한-EU 문화협력위원회(The EU-Korea Committee on Cultural Cooperation)' 체결과 관련한 후속 연구들이 주요하다. 협력 이후 시청각 공동제작의 협력을 기대하면서 구체적인 성과를 가시화할 수 있는 핵심 아젠다를 개발하는 연구가 진행되었다. 윤성원(2016)은 애니메이션 분야의 공동제작 가능성을 분석했다. 실질적인 공동제작 가능성을 논하면서 프랑스와 같이 자국의 세금 환금 혜택을 받는 경우, 시청각 공동제작이 성립되면 제작비를 다음 해에 절감하는 효과를 누릴 수 있어 효율적인 방안이지만 한국은 공동제작을 위한 기준이 높아 현실적으로 실효성이 떨어진다고 평가했다. 문화산업측면에서 정부 개입의 성격을 분석한 연구도 있다. Lee(2019)는 영국과 한국의 영화산업을 중심으로 창조산업의 의미와 문화-국가-시장 접점의 복잡한 역학관계를 분석하고, 정부의 역할과 문화에 대한 경제적 합의 과정, 콘텐츠 개념과 효과성을 구체화했다. 영국은 시장이 자원 배분을 위한 최고의 조정자라는 신자유주의적 시각으로 접근하여 문화산업이 네크워크화된 분산된 접근방식을 취한데 반해, 한국은 급속한 산업화 기간동안 문화산업의 성장과 수출을 촉진하기 위해 법률과 제정을 제정하는 등의 적극적인 중앙집권적 지원을 취했다고 분석했다.

둘째, 한류의 정체성을 혼종성으로 규명하는 시각이다. 홍석경(2013)은 프랑스 한류현상을 바탕으로 세계화와 디지털 문화 맥락에서 글로벌 한류가 지니는 특성에 대해 고찰했다. 동아시아적인 관점에서 논의되는 cultural sameness에서 탈피하여 '타자(otherness)'에 기반을 둔 접근이 필요하며, 기존 서구 연구자들의 시각에서의 평가에서 벗어나 한류가 갖는 고유성에 대해 새로운 평가가 이뤄져야 한다고 주장했다. 이수안(2012)은 유럽에서의 K-Pop 열풍을 문화혼종성에 기인한다고 보았다. 한류를 로컬과 글로벌 차원의 문화가 서로 교감하고 혼합되고 있는 사례로서 분석하면서, 매체로 인해 혼종성이 가속화되는 점에 집중했다. 김두진(2018)은 영국의 비틀즈와 비교하며 한류가 탈제국주의적 시각에서 벗어나 미디어 제국주의의 역전(Reverse media imperialism)이라는 의견에 반박한다. 한류는 아시아에서 생산되었지만 다양한 외래문화가 현지화(glocalized) 된 혼종물이며 기존의 논의대로 평가하려는 편향성에서 벗어나야 한다고 주장한다.

셋째, 한류를 소비하는 방식과 특징에 중점을 두는 시각이다. 주로 K-Pop, 한류동호회 팬 인터뷰를 통한 질적 연구가 주로 행해졌다. 류은영(2015)은 프랑스에서 한류의 역학과 의미를 규명하였다. 한류의 시발점은 2000년대 초반 영화계와 언론 등의 지식층의 지지로 형성된 한국 작가주의 영화로 보았다. 한류의 인기가 점차 20~40대 여성을 중심으로 K-드라마와 K-Pop으로 확장되어 현재는 K-컬처로 진화하는 과정으로 연구했다. 한류가 지속성을 위해 현실과 판타지 간에서 자생하는 일종의 메타현실로서 글로벌 보편성을 지향해야 한다고 주장한다. 채지영과 윤유경(2013)은 프랑스의 K-Pop 팬들의 집중인터뷰(Focus Group Interview, FGI)를 통해 프랑스에서 한류가 저변이 넓지 않고 마니아적 소비 특성을 보이고 있으므로 공격적인 한국 문화산업에 대한 진출을 우려했다. 홍석경(2012)은 일본 만화시장과 비교하며 한국 드라마 수용 분석도 시행했다. Yoon·Min·Jin(2020)은 스페인 K-Pop 팬들의 FGI를 바탕으로 한류가 어떻게 소비되는지 분석했다. 스페인에서 아시아 문화를 페티시즘 하는 경향이 있고, Chinos는 정형화 혹은 인종화로 소비되는데, K-Pop 팬들은 K-Pop을 동질적 실체로 보지 않으려 하고 각 개별 한류 아이돌에 따라 다양하게 소비하고, 대안적 삶을 영위하기 위한 문화적 자원으로 이해하고 있다고 평가했다. Deltell Escolar·Folgar Aria(2020)는 주로 여성과 젊은 층에서 나타나는 스페인 한류 소비자들의 특성과 문화 활동을 분석함으로써 한류의 문화사회적 의미를 규명했다. 윤선희(2013)는 영국 최대 K-Pop site 'KLUE'의 청소년 한류팬을 대상으로 디지털 에스노그래피(digital ethnography)를 시행하여 K-Pop 수용과정을 인종문제와 연관지어 논의하였다.

Hubinette(2012)는 스웨덴 한류 팬 인터뷰와 언론보도 담론 분석을 통해 한국 남자 아이돌과 한류 수용자 간의 특성을 인종에 따라 구분하여 분석했다. 한국 아이돌이 백인에게는 패티시 미학과 결합되어 소비된 반면, 비백인인 이민세대에게는 새로운 정체성을 부여하는 역할을 하고 있음을 분석했다. 아이돌이 갖는 외모와 매력이 양자 모두에게 호소력을 지니며 소비되지만 동시에 동일한 이유로 팬덤이 약해질 수 있다고 보았다. 동유럽 연구도 진행되었는데, 동유럽 한류 팬들은 다른 지역 팬들에 비해 집단 활동과 이벤트를 항시적으로 진행하고 있다는 점에 주목하고 있었고 자국의 상황과 비교하며 코리안 드림이 형성된다는 점을 지적하기도 했다. 또한, 독일에서의 한류 미디어 담론 분석 연구가 있다. 남일우(2017)는 2009년부터 2014년까지 독일 3대 일간지에서 다룬 한류 기사분석을 통해 한국의 위상을 평가했고, 정치성향에 따라 한류에 대한 보도가 차별이 있는지를 통해 한류에 대한 호의적인 이미지를 만들기 위한 정책안을 제시했다.

마지막으로 유럽권에서 한류 문화 확산을 중심으로 본 연구들이 이뤄졌다. Cho(2021)는 대외경제정책연구소(KDI)와 베를린자유대학(Freie Universitat Berlin)의 한국학연구소(Institute of Korean Studies)와 함께 진행한 연구에서 유럽인이 한국 대중문화를 어떻게 인식하는지 조사했다. 한국 문화에 대해 전문가와 대중 모두 한국 대중문화의 인기가 지속될 것으로 전망했다(김새미, 2022). 김현정(2022)은 수용-전이-재생산이라는 문화 확산 과정을 유럽권에서의 K-콘텐츠 현상을 통해 분석했으며, 윤성원(2022)은 유럽 내 한류 현상을 현황 중심으로 분석하며 문화협력의 가능성을 고민했다. Kim(2021)은 디지털 미디어 환경에서 한류가 어떻게 전개되고 있는지 이슈가 되고 있는 쟁점들을 중심으로 한류 현황을 분석했다.

이처럼 유럽권역에 나타나는 한류 연구를 살펴보면 다양한 주제가 다뤄졌음에도 한계가 있다. 특히 최근 한류 연구가 활발한 점을 비교한다면 유럽을 대상으로 한 한류 연구는 상대적으로 제한적이다. 2018년부터 2022년까지 KCI에 등록된 한류 논문을 권역별로 조사해 본 결과, 아시아를 대상으로 한 연구는 24편, 중동을 대상으로 한 논문은 4편, 남미를 대상으로 한 연구는 4편인데 반해 유럽을 대상으로 한 연구는 3편으로 적은 것을 알 수 있다. 유럽에서 한류가 주류 문화로 인식되지 못한다는 것을 반증할 수도 있으나 지속적으로 한류 소비가 증가하고 있다는 점과 디지털 환경에서 급속히 변화하고 있다는 점에서 현재 유럽권역에 한류 연구의 필요성이 요구된다.

Ⅲ. 디지털 미디어 환경에서의 한류 콘텐츠 생산과 문화생산자의 대응

한류가 글로벌 문화현상으로 본격적으로 실현되는 데 있어 중요한 요인은 세계적인 흥행을 이끈 작품들이 글로벌 OTT 시장과 세계시장에 지속적으로 대두되면서 한류 콘텐츠들이 광범위하게 수용되었기 때문이다. 동시에 한류 콘텐츠에 공감하고 지지하는 팬덤의 활동이 영향을 주었다고 볼 수 있다. 이처럼 한류 현상은 한류콘텐츠를 생산하는 것에 그치는 것이 아니라 생산 결과물을 해외 현지의 개인들이 소비하고 재생산하는 현상을 의미한다. 따라서 한류는 생산과 소비가 동시에 형성되면서 함께 만들어 가는 과정이라고 볼 수 있다.

이러한 측면에서 기술의 발전과 온라인 공간이 갖는 상징성은 매우 크다. 일례로 이전 한류는 콘텐츠를 다운로드 받아서 향유했다면 현재는 기술이 발전되어 실시간 스트리밍을 통해 한류 콘텐츠를 경험하는 형식으로 전환되었다. 즉, 온라인과 모바일 스트리밍 서비스를 통해 한류콘텐츠가 유통되는 추세라고 볼 수 있다. 따라서 한류콘텐츠가 디지털 환경에서 어떻게 소비되는지 살펴보고, 급변하는 환경에서 문화생산자는 어떠한 대응을 하고 있는지 한류콘텐츠 제작 관계자(CJ ENM 영화, CJENM 해외유통 담당자와 SBS 예능 작가)를 인터뷰를 통해 살펴보고자 한다.[2]

한국국제문화교류진흥원(KOFICE)에 따르면,[3] 2016년 TV가 드라마(64.2%), 예능(60.6%), 영화(54.5%), K-Pop(52.2%)을 접하는 주요 접촉 경로였다. 2017년 K-Pop에서 온라인과 모바일스트리밍(62.3%), TV(55%), 예능에서 온라인과 모바일스트리밍(62.6%), TV(60.2%)로 변화를 보였으나 TV가 우세했다. 그러나 2022년에는 모든 영역에서 한류 콘텐츠 이용 핵심 경로는 '온라인 모바일 플랫폼'으로 나타났다. 드라마(67.6%)와 영화(70.0%)는 넷플릭스, 예능

---

2   2020~2021 연구 수행 중 진행되었던 인터뷰에 근거한다.

3   한국국제문화교류진흥원(KOFICE)에서는 지속 가능한 한류 생태계와 해외시장 환경 조성을 위한 선제적 정책 방향을 모색하고자 2012년부터 매년 해외 주요 국가의 한류콘텐츠 이용 현황과 확산 수준을 위한 기초자료를 수집하고 있다.

(67.6%)과 애니메이션(66.1%)은 유튜브를 통해 주로 이용하고 있었고, 글로벌 플랫폼도 다양화했다. 음악(81.1%)은 유튜브를 통한 이용률이 보였고, 심지어 대다수 콘텐츠에서 온라인 서비스 비중이 전년 대비 평균 10% 이상 증가했다.

[표 1] 한국문화콘텐츠 접촉 경로 변화추이 1(단위: 중복응답표 %)

		2016	2017	2018	2019	2020	2021	2022
드라마	온라인/모바일 플랫폼	**47.4**	57.7	72.1	68.9	76.9	77.0	**87.4**
	TV	**64.2**	63.5	60.1	64.7	68.0	65.5	**48.6**
	CD/비디오 등	19.3	21.3	18.9	18.3	20.9	19.7	12.4
예능	온라인/모바일 플랫폼	**48.7**	60.2	70.2	71.2	78.8	78.9	**88.5**
	TV	**60.6**	62.6	51.5	62.3	66.7	64.6	**49.6**
	CD/비디오 등	12.2	20.5	14.3	14.1	18.9	19.3	13.1
영화	온라인/모바일 플랫폼	**45.0**	56.8	69.8	67.5	72.5	75.0	**85.7**
	TV	**54.5**	60.6	54.7	58.3	61.5	61.1	**42.4**
	CD/비디오 등	19.9	25.7	24.4	24.9	27.6	25.8	19.1
	자국 극장	24.0	21.4	23.3	25.7	23.9	22.3	18.9
음악	온라인/모바일 플랫폼	**19.5**	62.3	83.6	77.5	82.0	81.5	**87.7**
	TV	**52.2**	55.0	47.6	52.6	50.4	52.1	**38.1**
	CD/비디오 등	12.3	15.5	14.5	18.8	19.0	20.8	15.1
	라디오	30.0	14.8	11.4	18.3	15.4	15.0	12.8

출처: 한국국제교류진흥원, 『2023 해외한류실태조사』, 2023, p.27 재구성

이처럼 한류콘텐츠의 대표적인 접근 경로는 최근 (자국) TV에서 OTT 플랫폼과 유튜브로 전환되었는데, 영화, 드라마, TV 예능을 포함하는 영상 한류콘텐츠는 유통방식을 보면 다음과 같다. 첫 번째, 넷플릭스(Netflix), 디즈니플

러스(Disney+), 애플티비(Apple TV)와 같은 OTT 플랫폼에 유통을 고려할 수 있다. 이들의 경로는 두 가지 형태로 구분되는데, OTT 플랫폼에서 한류콘텐츠에 투자하여 콘텐츠를 직접 제작하는 경우와 한국 제작사에서 만든 완성된 작품을 넷플릭스와 같은 글로벌 유통 채널만 제공하는 라이센스의 형태를 들 수 있다(김새미, 2021). 전자는 2022년 74회 에미상 6개 부문을 수상한 <오징어 게임>(2021)이 해당되고 후자는 최근 넷플릭스에서 반영하여 글로벌하게 인기를 모았던 드라마 <이상한 변호사 우영우>를 들 수 있다. 양자 모두 한류콘텐츠 생산 방식에 영향을 미치며 여러 쟁점을 낳았다. <오징어 게임>은 오랜 기간 투자를 받지 못한 콘텐츠에 넷플릭스가 대규모 투자와 작품제작의 자율성을 부과하며 글로벌한 인기를 유인하는 좋은 결과를 낳았지만 '승자독식'의 원칙으로 실제 영화를 기획하고 제작한 한국 제작사 싸이런 픽쳐스는 수익구조에서 제외되었다. 반면, 넷플릭스가 한국콘텐츠에 처음 투자한 <킹덤> 제작사였던 에이스토리는 지적재산권을(Intellectual Property, IP) 보유하고자 국내 방영권은 비주류였던 KT계열의 NEA방송사를 택하고 해외 방영권은 넷플릭스을 선택했다. IP의 보유로 제작사인 에이스토리가 시즌2 제작 여부의 주도권을 가지며, 트랜스미디어 스토리텔링(transmedia storytelling)의 일환으로 웹툰으로 매체를 바꾸어 이야기를 시도했으며, 드라마에서 나온 캐릭터를 상품화시켜 수익 구조를 창출할 수도 있었다. 즉, 글로벌 OTT 플랫폼으로의 유통이 보편화되면서 IP에 대한 인식이 높아졌고, 윤석열 정부 콘텐츠 정책에서도 이와 관련한 지원책이 증가하고 있음을 알 수 있다. 민간기업에서도 급변하는 미디어 환경에 대해 OTT가 관객들의 다양한 욕구를 해소할 수 있는 통로로 인식하고 있음을 알 수 있었다.

글로벌/지역별 OTT출범 및 진출로 영화의 유통망이 다양화되고 있습니다. 지금까지는 전통적으로 극장배급을 시작으로 VOD à Pay TV à Free Tv로 이어지는 유통 순서를 지키는 편이었다면, 영화관에서 개봉하지 않고 VOD로 첫 출시되는 영화가 많아지고 있습니다. 다시 말해, 굳이 관객들이 영화를 보기 위해 더 이상 극장만을 고집하지 않는 상황입니다.

또, 관객들에게 기존의 영화에서 접하지 못했던 소재나 캐릭터를 보고싶어 하는 욕구가 있다는 것도 확인하고 있는 상황입니다. 당사에서는 2019년 영화 <사바하>가 넷플릭스를 통해 한국 제외 전 세계 국가에 OTT로 첫 출시되었습니다. 이는 <곡성> <부산행> <킹덤> <구해줘>와 같은 컨텐츠를 통해 초현실 소재에 대해 해외 관객들의 소구력이 있을 것으로 판단하고 진행한 배급 방식이 었습니다.

(CJ ENM 영화 유통 담당자의 인터뷰)

두 번째 유통방식은 IP와 연관지어 생각해 볼 수 있는데, 문화상품의 단일 결과물을 수출하는 것이 아니라 컨셉과 제작의 아이디어와 노하우를 거래하는 포맷(format) 형태이다. 포맷은 현지화(localization)가 가능하며 해당 국가의 소비자의 선호에 맞게 변주가 가능하다. 전통적으로 텔레비전 교역은 완성된 프로그램이 지배했으나 불확실한 시장 환경을 고려할 때, 지역지식 (local knowledge)에 기반하여 기존의 프로그램을 꼼꼼한 검토 과정을 거쳐 역량을 강화하는 효과가 있다(심두보, 2017). KBS 드라마 <굿닥터>는 미국 ABC 드라마에서 방영되고 높은 시청율을 보였고, CJ ENM의 <꽃보다 할배>는 아시아와 유럽 10개국 이상에 포맷형태를 수출했다. 문화생산자의 입장에서는 이와 같은 포맷도 주요한 수입원이지만, 단일한 한류콘텐츠 유통이나 IP 포맷 수출보다는 제작형태로 이윤 창출을 모색할 수 있다는 점을 언급하기도 했다. 따라서 OTT 규제완화나 공동제작의 환경적 조성을 정부정책으로 모색할 수 있다.

유통 측면에서 목적은 제작을 늘리는 것입니다. 컨텐츠를 팔아서 이윤을 남기는 건 한계가 있어요. 특히 드라마는 시간이 지날수록 가치가 떨어지고 예능은 시즌제로 팔 수 있기 때문에 시즌이 늘어갈수록 돈을 많이 버는 구조를 낳습니다. 미국 회사들이 유럽에서 이윤을 남기는 형태가 제작사를 인수합니다. 제작사에 소속된 아이돌을 보유하고 있고 제작에 참여한다면 많은 수익을 남깁니다. 유통은 한계가 있는데, 로컬 제작은 여러 환경적인 부분이 맞아야 함으로 공동제작도 쉽지는 않습니다. 저희 회사에서도 글로벌 OTT로 유통을 할지, 지역을 나눠서 지역권의 유통망을 택해야 하는지 수용자 분석을 시행합니다. .... 최근에는 글로벌, 국내 OTT 이외에도 특정 지역을 중심으로 지역 OTT도 강력해져서 그런 부분도 고려합니다.

(CJ ENM 해외 수출 담당자 인터뷰)

마지막으로 유튜브(YouTube)와 틱톡(TikTok) 같은 동영상 공유 플랫폼의 중요성이다. 특히 온라인 디지털 공간은 수용자들의 소통을 활발히 할 뿐만 아니라 소비자와 생산자의 경계가 불분명해지는 형태로 나타나고 있다. 무엇보다 수용자들은 한류콘텐츠를 재생산하고 재확산하는데 영향을 미친다. 동시에 온라인에서도 수익구조가 형성되면서 온라인 콘텐츠가 강화되고 보다 전략적으로 소비자에게 접근하게 된다. 문화생산자들도 이에 대한 전략을 강화하게 되는데, 일례로 유튜브에 동영상을 올리는 팀, 댓글을 관리하는 팀들을 따로 관리하는 형태를 취하게 된다.

유튜브에서 동영상이 인기가 있으면 OTT 플랫폼에서의 순위가 높아진다. 즉, 짧은 포맷으로 볼 때 관심이 생기면 다시보기로 유입되는 구조, 회차별로 짤이나 짧게 보는 걸로 보고 OTT로 연결이 되는 구조라는 것을 체감한다. 그래서 런닝맨 유튜브공식 채널을 따로 만들어 관리하고 있다. 런닝맨 유튜브 채널이 공식적으로 따로 있다.

(런닝맨 작가 인터뷰)

IV. 유럽에서의 한류 수용과 확장성

다음에서는 유럽에서 한류가 어떻게 수용되고 있는지, 유럽인들의 한류콘텐츠 경험 여부와 한류에 대한 인식을 통해 살펴보고자 한다. 먼저 2차 문헌자료를 통해 수용 여부를 검토하고, 유럽에서 한류 현황 사례와 영국에 거주하는 고등학생과 한국학 교수 인터뷰를 통해 한류 수용의 실재를 파악하고 한류 현상의 지속성을 가늠해 보고자 한다.

■ 유럽에서의 한류콘텐츠 수용과 인식

(1) 먼저, 2023년 한국국제문화교류진흥원(KOFICE)에서 발행한 <해외한류실태조사(KOFICE, 2023)에 따르면,[4] 유럽에서 한국 문화콘텐츠를 경험한 비율은 상대적으로 다른 권역에 비해 낮은 편이다. 한국 문화콘텐츠를 경험한 비율은 영국에서 음악과 독일에서 한식에 대한 경험을 제외하고는 글로벌 전체 평균보다 낮았다. 인기비율도 높은 편이라고 하기는 어려우나, 한류에 대한 호감도는 평균을 넘어서는 수치가 많았다. 특이한 점은 웹툰은 인기와 호감도에서 각국 모두에게서 평균에 근접한 수치를 보이고 있다.

---

[4]   한국국제문화교류진흥원(KOFICE)에서는 지속 가능한 한류 생태계와 해외시장 환경 조성을 위한 선제적 정책 방향을 모색하고자 2012년부터 매년 해외 주요 국가의 한류콘텐츠 이용 현황과 확산 수준을 위한 기초자료를 수집하고 있다.

[표 2] 유럽 국가별 한국 문화콘텐츠 경험율(단위: %)

권역	국가	음식	영화	음악	드라마	뷰티	패션	예능	웹툰
유럽	영국	66.4	47.8	**65.3**	37.0	37.0	36.8	**36.6**	21.1
	프랑스	57.9	51.4	55.0	43.1	31.0	30.6	24.8	24.3
	이탈리아	57.0	55.6	48.6	**60.4**	35.3	38.8	25.8	20.6
	스페인	62.0	61.2	53.3	33.4	42.4	40.8	28.0	32.2
	독일	**74.2**	45.8	55.2	34.8	37.6	33.2	25.0	21.0
글로벌 평균		72.3	67.7	63.2	61.2	54.4	52.5	46.3	34.2

출처: 한국국제교류진흥원, 『2023 해외한류실태조사』, 2023, p.42 재구성

[표 3] 유럽 국가별 한국 문화콘텐츠 인기도(단위: %)

권역	국가	음식	영화	음악	드라마	뷰티	패션	예능	웹툰
유럽	영국	**46.8**	31.2	**42.2**	28.6	34.9	33.1	**24.1**	**25.4**
	프랑스	29.3	27.6	35.6	21.6	27.1	27.2	18.6	**26.4**
	이탈리아	36.8	33.0	33.6	**31.8**	32.9	30.6	20.9	21.9
	스페인	41.6	35.2	38.8	25.4	37.7	34.6	21.8	**26.9**
	독일	**46.2**	30.1	37.2	21.9	33.7	30.6	**24.6**	25.6
글로벌 평균		49.1	39.4	45.9	36.1	46.5	42.6	31.5	29.9

출처: 한국국제교류진흥원, 『2023 해외한류실태조사』, 2023, p.44 재구성

[표 4] 유럽 국가별 한국 문화콘텐츠 호감도(단위: %)

권역	국가	음식	영화	음악	드라마	뷰티	패션	예능	웹툰
유럽	영국	**78.2**	**74.7**	53.6	**78.7**	68.8	**71.4**	65.9	**69.8**
	프랑스	68.8	62.7	47.2	58.4	56.6	60.2	58.7	**66.8**
	이탈리아	63.4	69.5	54.3	68.3	**69.3**	59.2	64.6	62.3
	스페인	73.6	68.0	54.8	69.2	**69.5**	60.3	**70.8**	56.1
	독일	**76.5**	64.1	52.3	70.8	63.9	65.5	**71.1**	60.7
글로벌 평균		74.2	75.6	65.2	76.3	73.0	73.0	69.7	73.8

한류 콘텐츠 접촉 경로는 '온라인/모바일 플랫폼' 방식이 드라마(86.2%), 예능(85.6%), 영화(82.8%), 음악(85.5%) 영역에서 가장 높았다. 특히 넷플릭스는 드라마(76.7%)와 영화(72.6%), 예능(65.1%)을 가장 많이 접하는 첫 번째 경로였고, 다음 순위로 유튜브를 활용했다. 음악은 유튜브, 스포티파이를 많이 활용했다. 이처럼 유럽에서도 OTT 플랫폼과 유튜브가 한류콘텐츠 활용의 중요한 접촉 경로임을 확인할 수 있다.

2024년 조사에서 <더 글로리>, <너의 시간 속으로>, <정신병동에도 아침이 와요>와 같은 넷플릭스 오리지널 드라마, 그리고 <발레리나>와 <정이> 등의 넷플릭스 콘텐츠들은 유럽 지역 한류 경험자가 가장 선호하는 것으로 나타나면서 해외 OTT 플랫폼의 역할이 두드러진다. 유튜브와 넷플릭스와 같은 해외콘텐츠 소비자들이 한국콘텐츠를 접하는 주요 매체임을 재확인할 수 있다. 앞에서 언급했지만 한국내 글로벌 OTT 매체의 의존도가 심화되는 문제점을 개선하면서도 한국 콘텐츠의 글로벌 확산의 매개체로서 OTT의 역할은 중요할 것으로 전망된다. 따라서 유럽에서 한류에 대한 호감 저해 요인으로 자막과 더빙 서비스가 불편하다는 한국어에 대한 제한성이 제기되는데 관련하여 개선안, 한국은 시리즈물일 경우 매주 콘텐츠를 업로드하는데 반해, 유럽콘텐츠 소비자들은 몰아보기를 선호하므로 이에 대한 고려 등을 고민할 필요가 있다.

흥미로운 점은 웹툰에 대한 호감도와 인기가 유럽 각국에서 균형적으로 나타났고, 네이버웹툰(38.6%) 플랫폼이 다른 글로벌 사이트/앱(31%)과 자국 사이트/앱(28.1%)보다 사용 빈도가 높았다. 이는 네이버웹툰이 웹툰 영역의 대표적 글로벌 플랫폼으로서의 성장 가능성을 기대하게 한다. 또한, 유럽에서도 SNS를 통해 패션(57%), 뷰티(8.1%), 한식(51.7%) 콘텐츠를 접하거나 경험을 공유하고 있었다. 종합할 때, 유럽에서도 한류콘텐츠 확장을 위해서 온라인 공간의 활용이 중요함을 확인할 수 있다.

(2) 다음으로, 2021년 외교부(MOFA)에서 발행한 <빅데이터에 기반한 해외대중의 한국문화콘텐츠 선호도 분석 및 공공문화외교 정책에 대한 함의도출>(MOFA, 2023)에 따르면,[5] 2018년부터 2021년 8월 기간의 유럽권역의 미디어, 더 가디언(The Guardian) 64건, 르몽드(Le monde) 66건, 엘파이스(El Pais) 101건의 한류 관련 자료를 분석한 결과, 미디어에서는 작품성과 한국 아이돌 문화와 연예인 자살과 군복무 문제와 같은 사회정치적 문제에 관심을 두고 있었고, 한류를 정부지원과 연관지어 보는 시각이 강했다. 이를 두고 연구팀은 한류를 하위문화로 인식하는 경향에 기반한다고 평가했다.

반면, 유럽 대중들은 각자가 좋아하는 바를 찾아 소비하는 경향을 지니고 있어서 한류도 개인에 따라 분산적으로 소비되고 있다고 평가했다. 따라서 유행하는 문화현상으로 관찰되기는 어렵지만, 트위터와 구글트랜드 분석을 통해 본 유럽 대중들의 한류 인식은 한류 콘텐츠의 심미성과 작품성, 특히 K-Pop과 아이돌, 팬덤에 초점이 맞춰져 있었고 K-Pop 아이돌 문화를 통해 상호 소통하고 연결된다고 보았다. 특징적인 것은 미디어와 대중 모두 공통적으로 방탄소년단과 영화에 긍정적 평가를 보였다.

연구팀은 유럽지역에서는 한류 소비가 전통적 미디어가 아니라 인터넷을 통한 팬들의 자발적 소비, 이를 테면 팬섭(Fansub)의 자막제공 사이트, 일차자료 공유사이트, 드라마 위키, 동아시아 대중문화정보를 빠르게 번역해 전하는 연예사이트의 조직적인 운영을 통해 진행되었기 때문에 유럽에서의 한류는 팬커뮤니티를 중심으로 확산되어 하위문화로서 한정적으로 소비되고 있다고 파악했다. 한국을 이전보다 많이 아는 정도이지 한류를 문화현상으로 볼 수 있는지 문제를 제기하는 전문가 인터뷰를 병기하며, 유럽은 타문화에

---

5   외교부는 2018년부터 2021년 8월까지 온라인 미디어, 소셜미디어(트위터), 구글트랜드 분석과 전문가 인터뷰를 통해 아시아, 유럽 등 6개 권역의 한류콘텐츠 수용성을 분석을 진행했다.

배타적 성향을 지니고 있어 한류 수용이 대중적으로 발생하기 어렵다고 분석했다. 또한, "K-Pop은 '10대 여자애들이 좋아하는 거', 한국 드라마는 '오글거리는 이야기'라고 생각한다."는 시각이 존재해서 한류 팬임을 드러내기 꺼리는 경향도 존재한다고 분석했다.

이를 종합할 때, 유럽에서 한류는 하위문화로서 유통되고 대중적인 수용은 어렵다고 평가한다. '방탄소년단', '기생충', '오징어 게임' 등과 같이 특정 콘텐츠의 우수성을 인정하고 이전보다 한국과 한국의 대중문화콘텐츠 존재에 대한 인식은 높였지만, 포괄적인 수용으로서는 한계가 있으며 미디어에서도 엘리트 의식과 배타주의적 태도를 바탕으로 한류에 대해 비판적 시각을 기사화하고 있음을 확인했다.

■ 유럽에서 한류 확장의 가능성

(1) 한류콘텐츠의 현지화와 IP

앞서 본 <해외한류실태조사(KOFICE)>에서는 단일 상품으로 완료된 한류 콘텐츠 작품을 해외 대중이 경험하거나 향유한 바를 전제한다. 따라서 한류 콘텐츠를 현지화한 형태는 포함되지 않았지만, 프로그램 포맷도 한류콘텐츠 수출 영역으로 들어간다는 점에서 주목할 필요가 있다.

이는 한·EU 문화협력위원회는 협력 방향에 대한 구체적인 가이드라인 제시가 전제된 점도 영향을 끼쳤다고 볼 수 있다. 한국이 최근 문화적으로 주목을 받고 있지만, 기본 문화자원이나 인프라 측면에서 유럽이 상대적으로 우위에 있어 불균형한 구조가 내재되어 있다. 이를 조정하고 협력를 강화하려는 측면이 있다고 볼 수 있다. 특히 주목할 점은 시청각 공동제작을 촉진하여 양자 간 문화협력의 성과를 가시화하고 이를 위한 실질적인 수단으로 기능하고자 했다는 점이다. 공동제작이란, '둘 또는 그 이상의 작품 제작자가 단독으로 이루기 어려운 프로젝트를 제작하기 위해 상품, 권리, 서비스를 모으고 협력하는 계약에 따라 형성되며, 이러한 협력의 결과물로부터 발생하는 수익(또는 손실)을 합의한 비율에 따라 공유하는 것'을 의미한다. 그러나 많은 장점 등에도 불구하고 다른 여러 제반 조건 하여서 작품을 완성해야 하는 것을 의미한다. 때로는 상대국 보조금에 대한 접근이 가능하고, 로케이션 비용을 절감하는 등의 장점도 존재한다. 이를테면 애니메이션, 영화, 방송 콘텐츠 공동제작물에 대해 일정 요건을 충족하면 양측에서 모두 자국산으로 간주되어 세금, 쿼터 면에서 혜택을 부과받을 수 있다. 또한, 영화와 TV촬영을 위해 기술자재나 장비를 일시적으로 허용하여 촬영 진행에 용이하며, 제3국도 총 제작비의 20% 범위 내에 참여할 수 있기 때문에 공동 제작 확대가 가능하다. 실제로 2006년 한국과 프랑스의 공동제작 협정체결로 양국간의 공동제작이 확대되어 'Snowpiercer(Joon-ho Bong, 2013)'은 한국, 프랑스, 체코, 'The Berlin File(Seung-wan Ryoo, 2012)'은 한국, 프랑스, 독일, 'Night and Day(Sang-soo Hong, 2007)'은 한국과 프랑스에서 공동제작이 성공한 바 있다(한국콘텐츠진흥원, 2016). 최근 유럽에서 한류 소비가 TV 드라마, 영화, 예능, 게임 등 다양하게 이뤄지는 만큼 여러 가능성을 기대해 볼 수 있지만, 한국에서 실리적 효과를 취득하기에는 몇 가지 점에서 한계점을 지닌다. 첫째, 실질적인 기준이 매우 높다. 시청각 공동제작 인정을 받기 위해서는 투자비율이 30~35% 이상 되는 유럽 국가가 2~3국 이상 참여해야 한다. 반면 혜택은 구체적이지 못해 실질적인 협력과 이에 따른 성과를 가져오기 힘들 수도 있다. 둘째, 구속력이 약하며 공동제작을 하더라도 EU 개별 회원국 모두에게 바로 적용되지 않는다(김규찬, 2016). 이러한 점들을 고려하면 유럽에서 한국과의 문화협력에 있어 국제공동제작에 대한 관심이 양국 모두 높고 산업적, 문화적, 정책성 함의에도 불구하고 현실적으로 여러 어려움이 내재하고 있다.

이러한 가운데 유럽에서는 한국의 예능 프로그램이 유럽에서 현지화 방식으로 방영되면서 관심을 받았다. 대표적인 프로그램으로 MBC의 '복면가왕 (the King of Mask Singer)'을 들 수 있다. 영국 ITV에서 주말에 방영해 시청률 1위를 기록했고, 독일 프로지벤(ProSieben)에서는 역대 가장 높은 시청률을 기록하고 시즌7까지 제작되었고, 스페인, 프랑스, 유럽 각국의 대표 채널에서 높은 시청률을 기록했고 최근까지 독일에서는 시즌9, 프랑스 시즌6, 핀란드 와 영국은 시즌5까지 방영되었다. 해외 55여 개국(2022년 기준)에 포맷 형태로 수출되었고 다수 유수한 국제무대에서 수상한[6] 복면가왕은 '복면댄서(Masked Dancer, 영국)', '복면 탈랜트(Maked Talent, 프랑스)'처럼 '복면(Masked)'이라는 콘셉트를 브랜드화해서 다양한 스핀오프 프랜차이즈들로 확장시키고 있다 (한류백서 2019; 2021). 일반인 참가자들을 놓고 음치와 실력자를 가려내는 CJ ENM의 <너의 목소리가 보여(I can see your voice 혹은 Show me your voice 로 방영)> 등도 유럽에서 높은 반응을 보였다. 영국 BBC1에서 당일 전체 시청률 1위, 프랑스 M6에서 시청률 1위 기록, 독일 RTL에서 시청률 1위, 이외에도 네덜란드, 스페인, 벨기에, 에스토니아, 리투아니아, 세르비아, 크로 아티아, 그리스 등의 주요 방송사에서 제작되었다. CJ ENM의 경우, 프로그 램을 제대로 구현해 낼 수 있는 회사인지 편성 시간대와 프로그램 적합성 모든 요인을 확인하고 계약을 맺는다고 한다. 이외에도 MBN에서 방영한 드라이브스루 노래방 <드루와>, <로또싱어(Lotto Singer)> 등을 배급하거나 계약하는 등 한류콘텐츠의 포맷 수출이 주목받고 있다.

---

6 2016년 Houston International Film Festival에서 the Bronze Prize in the TV entertainment category를 수상하였고 2020년 국내에서 처음으로 권위있는 영국 The International Format Awards(IFA)에서 the Best Returning Format Awards(대상)를 수상했다.

포맷 형태의 유럽 수출(2012~2019)

제작사	프로그램	제작년도	유럽 내 수출 국가
MBC	복면가왕	2015~현재	영국, 네덜란드, 프랑스, 독일 등
SBS	판타스틱 듀오	2017	프랑스, 이탈리아, 스페인 등
JTBC	히든싱어	2012~현재	이탈리아
Mnet	너의 목소리가 보여	2015~현재	불가리아, 슬로바키아, 독일, 영국, 네덜란드 등

출처: 국제문화교류진흥원 2019; 2021을 바탕으로 저자 구성

오랜 기간 서양 중심으로 포맷이 개발되어 왔다면 최근 유럽의 포맷진출은 매우 활발하게 진행되었는데, 1998년 설립된 영국의 글로벌 미디어 컨설팅 회사 K7 미디어가 2021년 발간한 연례 보고서 'Tracking The Giants: Traveling Unscripted Formats'에 따르면, 2020년 전세계에서 포맷 수출이 가장 활발했던 곳으로 "Territory of the Year: South Korea" 한국으로 선정됐고, 매출 총액에서는 영국, 네덜란드에 이어 한국이 3위를 차지했다. 가장 많이 팔린 아시아 포맷 프로그램은 <복면가왕>이었고, 가장 많은 수출을 이룬 아시아 기업으로 CJ ENM이 선정됐다. 이처럼 한국은 해외 포맷 산업에서 글로벌한 영향력을 지니게 되었다. 포맷 수출은 현지 제작사와 방송사 간 프로그램 기획단계부터 무대, 진행과정 등에 관해 긴밀히 소통하고 파트너십을 맺게 되는 장점을 지니고, 또한, 프로그램 포맷의 현지화와 재창작은 문화적 할인 (cultural discount)을 넘어 문화적 차이를 극복할 수 있을 뿐만 아니라 새로운 지역과 시청자들에게 문화콘텐츠의 확산에 기여하는 가능성을 지닌다는 점에서 새로운 성장동력으로 평가할 수 있다.

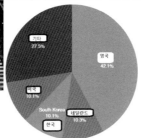

2020년 기준 글로벌 포맷 시장 점유율

Best-Selling Asian Unscripted Format 2020:
The Masked Singer

출처: K-7, 2021, pp.6-7, 27

[그림 1] TV 포맷 글로벌 시장에서의 한국 위상(2020~2021)

(2) 유럽에서 한류 수용 인식의 확대

유럽권역에서 한류에 대한 인식은 전반적으로 개선되는 추세라고 볼 수
있다. 먼저, 021년 KDI와 Freie Universitat가 진행한 연구에 따르면, 유럽에
서 한국에 대해 상대적으로 지식수준이 높지 않다는 평가가 있었다. 전문가
들은 한국이 갖고 있는 전문지식을 높게 평가했지만, 한국의 전통과 역사,
교육에 대한 대중 지식수준은 낮았다. 그럼에도 한류콘텐츠를 중심으로 한
한국 문화에 대한 관심은 매우 높은 것을 알 수 있다.

Public Knowledge about South Korea in Europe

	General	Politics	Econ. and Dev.	Tech. and Sci.	Cont. Culture	Trad. and History	Edu.
Know very well	1 (2.9%)	0 (0%)	0	3 (8.8%)	0	0	0
Know relatively well	2 (5.9%)	0 (0%)	10 (29.4%)	9 (26.5%)	8 (23.5%)	0	2 (5.9%)
Know averagely	9 (26.5%)	1 (2.9%)	9 (26.5%)	11 (32.4%)	10 (29.45%)	2 (5.9%)	7 (20.1%)
Know a little bit	21 (61.8%)	21 (61.8%)	14 (41.2%)	10 (29.45%)	14 (41.2%)	16 (47.05%)	16 (47.05%)
Know nothing	1 (2.9%)	12 (35.3%)	1 (2.9%)	1 (2.9%)	2 (5.9%)	16 (47.05%)	9 (26.5%)
No. Experts	34	34	34	34	34	34	34

Note: 19 countries, 2020.

전문가 70.6%는 한국의 문화가 각국에서의 인기를 높게 평가했고, 향후에도 인기가 높을 것이라고 전망해 유럽 내 한국 문화에 대한 관심이 높아지고 있음을 예측했다.

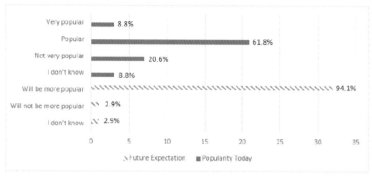

Note: 34 experts, 19 countries, 2020.

구체적으로 영국지역을 살펴보면 다음과 같다. 영국은 한류에 대해 관심이 최근 상승 지역으로 분류할 수 있다. <해외한류실태조사(KOFICE 2023)>에 따르면, 뷰티(28.4% 5위), 패션(28.7% 4위), 음식(33.8%, 4위) 소비증가율이 COVID-19 이전 대비(2020년과 비교)하여 크게 증가했다고 조사됐다. 이는 미주, 아시아 전지역을 포함하여 순증가율 5위 안에 포함되는 수치다. 2022년 외교부 <지구촌 한류현황>에 따르면, 영국 현지 젊은 세대에서 '한국문화가 창의적이고 트렌디하다'는 평가와 함께 관심도와 접근성이 커졌다고 평가했다. 영국 사회의 관심은 170년 역사를 지닌 영국의 대표 박물관 '빅토리아 앤드 알버트(V&A) 박물관에서 열리는 특별전시 '한류! 코리안 웨이브(Hallyu! The Korean Wave)'로 증명된다. 한국 문화체육관광부가 주요 후원자로 참여한 동 전시는 3년 간의 준비기간을 거쳐 2022년 9월 개막되었고 한국 역사를 비롯하여 영화, 드라마, K-Pop과 패션 등의 대중문화를 소개하며 2023년

6월까지 전시한다. 관련하여 100건이 넘는 국내외 언론 기사가 발표되었는데 앞서 언급된 외교부 연구에서처럼 비판적 시각이 존재하기도 하지만 동시에 영국 정부를 비판적으로 바라보는 시선도 존재하며, 한국문화와 사회를 다각도로 조명하고 있다는데 유의미해 보인다.[7] 또한, 영국 국가연구기관인 ESRC(South Korea Social Sciences, Arts & Humanities Connections)가 'Globalizing South Korean Creativity: Exhibiting and Archiving Hallyu, the Korean Wave' (2022~2023) 연구를 지원하는 등 다양한 형태로 한류에 대한 관심이 가시화되고 생각한다.

유럽 현지에서 한류가 실제로 어떻게 수용되고 있는지 어떻게 수용되고 있는지 런던 소재 사립학교(인종 구성비율 백인 90%, 아시아계 7%, 기타 3%)에 다니는 영국 고등학생[8]과 런던 소재대학 한국학 교수(스웨덴인)[9]를 대상으로 인터뷰를 진행했다. 데이터 수의 빈약성으로 신뢰도가 떨어지는 한계를 갖는다. 그럼에도 한류에 대한 잠재성을 찾아볼 수 있다. 영국 현지에서는 영국인들이 갖는 한류 인식이 2017년 정도부터 비교해서 확연히 달라졌다고 평가했다. 현재는 한류의 인기가 소수에게만 집약된 특별한 현상이 아니고 일반적으로 인기를 수용하는 형태로 파악했다. 특히 청소년 학생들에게서는 트위터나 인스타그램과 같은 SNS를 통해서 정보를 공유하고 한류를 접하고 있었으며, 서로의 취향을 공유하면서 한류 공감대를 발전시키고 있었다. 드라마와 영화, 예능의 경우, 넷플릭스를 통해서 접하는 경우가 많았고 한국 영상콘텐츠를 모은 자국내 웹사이트를 이용하기도 했다. K-Pop은 스포티파

---

7   "She was surprised when I mentioned how the current British government seemed intent on starving that success story, undermining the BBC, slashing the budget of the "woke" Britis h Council, shutting down university creative and design courses."(Adams, 2023)

8   Godolphin and Latymer, Hammersmith London 학생, 17세, 15세.

9   SOAS 한국학 교수, 스웨덴인, 영국 22년 거주.

이를 주로 이용하지만 애플뮤직, 위버스도 사용했다. BTS 등장하기 이전, 7~8년 전에는 한류콘텐츠에 대해 30~40% 정도 인식했다면 최근엔 누구나 한류콘텐츠와 K-Pop에 대해서 인지하고 있으며 좋아하는 친구들도 다수라고 한다. K-Pop/드라마/한식 97%, 화장품 60%, 영화와 웹툰 40%, 패션 20%로 정도로 예측했고, BTS 인기가 시작되는 2017년부터 이러한 현상이 시작되었다고 보았다. 웹툰은 몇 년 전 매우 인기를 끌었으나 최근 본인들의 학교 내에서는 관심이 줄어든다고 봤다.

특정 연예인을 좋아해서 팬커뮤니티를 중심으로 활동하는 게 아니라, 자생적으로 학생 개인 활동을 통해 한류콘텐츠를 즐기고 있었다. 예컨대, 한류 아티스트나 작품과 관련해서 자신들이 직접 관련 동영상을 만들고 편집해서 SNS(인스타, 틱톡)에 올리거나 익명의 온라인 공간에서 상호 소통하고 공유하는 경우가 일반적이었다. 아티스트도 방탄소년단이나 블랙핑크를 좋아하는 친구도 많지만 다양한 아티스트들이 인기가 있다고 했고 점심에 한류 문화커뮤니티 활동을 하면 상당히 많은 친구들이 방문한다고 했다. 청소년들 사이에서 한류를 좋아한다고 해서 특이한 문화를 즐긴다고 생각하지 않았고, 한류로 인해 한글을 배우는 친구도 상당수 있다고 답했다. 한글을 배우거나 한국에 갈 계획이 있는 친구들을 특이하게 보지 않고 일반적으로 느끼고 있다고 답했다. 청소년뿐만 아니라 일반 시민들도 한류 콘텐츠를 많이 소비했는데, <오징어 게임>, <기생충>과 같은 작품 이외에도 넷플릭스를 통해 폭넓게 한류콘텐츠를 소비하고 있다고 답했다. 최근 한식이 트렌디한 문화로 자리잡고 있고 대중적인 음식에서부터 고가의 레스토랑도 가고 보편화되는 분위기고, 화장품이나 다른 연관상품은 관심을 두는 것 같지만 한식처럼 쉽게 찾는 것 같지는 않다고 응답했다.

흥미로운 지점은 영국 고등학생 응답에서 웹툰을 좋아하는 친구들이 많다는 점이었는데, 웹툰을 접하고, 웹툰이 드라마/영화화 되면 즐겨보는 형태였다. 스위트홈, 여신강림. 지옥 등이 대표적인 사례였다. 웹툰은 젊은 층에서 선호하는디지털 문화에 기반한 한류콘텐츠로 드라마나 영화, 게임 등 다른 매체로의 전환이 가능하며 트랜스미디어 스토리텔링(transmedia storytelling)의 대표적인 모습을 갖추고 있다. 즉, 디지털 시대에 새로운 문화형태를 만들어 가고 있다는 점에서 주목할만하다. 웹툰은 온라인·모바일로 전환된 대표적인 콘텐츠로 다른 세대에 비해 유독 짧은 호흡의 콘텐츠를 선호하는 MZ세대의 성향을 반영하는데 MZ세대가 모바일 트래픽 발생에 핵심계층이자 향후 구매력이 증가한다는 점에서 성장의 핵심기반이 될 가능성이 높다(한국문화관광연구원, 2021). 이는 앞서 유럽권에서 웹툰 소비가 균형적으로 나타났고, 네이버웹툰이 글로벌 시장을 선점하고 있다는 점에서 성장 가능성이 예측된다. 다만 앞서 인터뷰에서 인기가 많았지만 최근 웹툰에 대한 관심이 낮아졌다고 했듯이, 지속적인 관심을 유인하기 위한 세부 전략이 필요해 보인다.

유럽권에서 한류 접근성의 가장 취약점으로 지적됐던 한국어 자막에 대한 거리감에 대해서도 질문을 했는데, 보통 한국콘텐츠는 넷플릭스와 같은 공식적인 채널이 아닌 경우에도 거의 실시간에 가까울 정도로 자막을 제공하는 시스템이 구축되어 있었는데, 팬덤이라고 지칭할 수 있는 비전문가 자막 제공에 대한 평가도 평균 7점(최하 1점~최상 10점) 이상을 줄 만큼 거부감이 높지 않은 편이라고 했다. 그러나 자막을 본래 선호하지 않는 서구인들에게는 근원적인 한계가 될 수 있으며, 영국의 경우 영어를 사용하고 있어서 독일어, 프랑스어, 네덜란드어 등 여타외국어에는 적합한 답이 되지 않을 수 있다. 또한 한류는 한국학 학생을 유인하는데 기여가 크다고 평가했다. 한국학을 배우는 학생들은 한류를 좋아하고, 한류로부터 시작해 다른 영역으로 관심을 확장하고 심화한다고 응답했다. 한류콘텐츠에는 한국의 역사, 사회, 문화 등 다양한 모습들이 내포되어 있어 한류콘텐츠는 학생들이 한국에 대한 관심을 높이는 데 중요한 역할을 한다고 보았다. 학생들에게 K-Pop은 특히 인기가 많은데, K-Pop을 신선하고 매력의 전체 패키지 같은 존재로 여긴다고 했고, 드라마는 특별한 연령대 없이 대다수의 영국 대중도 접하는 것 같다고 평가했다. 과거 한국학을 공부하러 오는 학생들과 지금의 학생들을 비교한다면, 예전에는 인터넷 서핑을 하다가 우연하게 한류의 매력을 깨닫기 시작했다면, 최근 학생들은 한류 소비가 더 보편화되어 있다고 느낀다고 답했다. 주요 언론에서 한국 대중문화와 한국에 대한 노출이 크고, 한국 관련 전시, 한식이나 화장품 등 일상생활에 관련된 것들도 쉽게 접하는 분위기라고 했다.

종합해 볼 때, 앞서 유럽에서의 한류 수용이 팬 커뮤니티를 중심으로 전개되거나 한류를 좋아하는 현상이 사회에서 특이한 문화수용으로 인식될 수 있다는 연구 결과로 다른 지점을 찾을 수 있으며, 영국에서 한류는 청소년들과 젊은 세대에서 특이한 하위문화로 수용되기 보다는 일상적으로 받아들이는 문화로 진입할 가능성을 예측할 수 있다.

V. 맺음말

한류 제4기에 들어 문재인 정부는 '공정한 문화산업과 착한 한류'라는 기조 아래 지식재산 보호와 공정환경을 조성 강화, 한국어 교육과 문화 기반 확산 등의 간접 지원에 역점을 두었으나, 신(新)한류(K-Culture) 정책을 표방하면서 한류 정책을 체계화하고 세부화했다. 결과적으로 한류를 추진하는 공식적인 부처를 출범시켰고, 한류가 공공외교의 수단으로 활용되거나 한류와 연계된 관련 산업의 강조하는 형태로 구체화됐다. 윤석열 정부에서는 'K-콘텐츠' 정책을 통해 콘텐츠 해외 수출을 산업의 축으로 삼고 이를 지원하는 정책을 펴고 있다. 이러한 일련의 정책들은 국가적 목표 아래 매 단계 산업별

지원이 취해지는 형태로 여전히 국가경쟁력을 중심으로 한 문화상품으로서의 실효성을 높이는 정책으로 보인다. 그러나 한류 현상이 글로벌한 사회현상의 하나로 자리를 잡아가는 작금, 한류 정책 또한 세부적인 수출 방안과 경제적 고려를 넘어서는 패러다임의 전환이 필요해 보인다.

유럽과 영국 사례를 통해 고찰해 볼 때, 콘텐츠를 비롯한 연관산업으로의 추진이 분명 중요하지만 문화상품으로서의 접근성과 실효성에 치중하기보다는 한류가 글로벌 사회현상으로 수용되도록 돕는 정책적 고려가 필요하다. 이를 위해서는 단순히 산업적 측면의 산술적 수치를 뛰어넘는 거시적 시각으로의 전환이 필요하다. 따라서 통찰력 있는 정책안이 병행될 필요가 있으며 유럽권역의 경우, 시민들이 한류가 일상적인 문화로 받아들일 수 있게 다양한 한류콘텐츠가 자생할 수 있도록 생태계를 건전하게 조성하는 것이 중요하다.

유럽지역의 경우, 다른 지역과 비교하여 한류 수용 범위가 낮고 유럽 각국은 문화강국에 대한 자부심을 가지고 있어 타 문화에 배타적 성향을 기본적으로 지니고 있다. 2021년 <해외한류실태조사>에서 한국에 대한 인식을 묻는 질문에 '한국은 호감 가는 국가'에 응답은 64.6%를 보였으나 '한국은 문화강국'에는 51.2%만이 응답한 점이 이를 반증한다. 그러나 심층 인터뷰에서 알 수 있듯이, 젊은 세대를 중심으로 디지털 온라인 공간에서 한류문화를 자연스럽게 받아들이는 경향도 찾아볼 수 있다. 따라서 유럽지역에서 한류가 지속되기 위해서는 한류가 지닌 특성을 잃지 않으면서도 자연스럽게 대중에게 확대될 수 있는 전략이 필요하다. 이러한 관점에서 볼 때, 정부가 경제적 목적성을 지니고 정부 중심의 한류 정책을 진행하는 것은 효과적이지 않을 수 있다. 유럽에서 한류에 대한 부정적 인식으로 '지나치게 자극적이고 선정적인 부분', '지나치게 상업적', '자국의 콘텐츠 보호' 등의 항목들이 이를 뒷받침한다. <한류 패러다임 전환을 위한 신한류 확산 전략 연구보고서>에서 유럽에서 한류 콘텐츠는 서구 콘텐츠에 비해 엔터테인먼트성이 높아 흥미진진한 것이 매력이며 완성도가 높으면서도 자국 문화와 차별화되는 한국 콘텐츠만의 낯선 특징이 있다고 조사된 바 있다(한국콘텐츠진흥원, 2019). 따라서 이러한 한류의 매력이 디지털 환경에서 개별 수용자들에게 발휘되도록 환경을 조성해야 한다. 각국의 특징과 사회문화적인 맥락에 맞추어 한류가 수용되고 확산되므로 해당 국가의 문화적 민감성도 고려되어야 한다.

무엇보다 문화생산자 측면에서 볼 때, 유럽의 상이한 유통환경과 디지털 인프라 환경에 적응하기 위해서는 한류콘텐츠 산업을 확대하는 동력으로서 기획·제작·유통에서의 콘텐츠 특성을 살펴볼 필요가 있다. 양질의 오리지널 콘텐츠를 확보하고 다양한 형태의 연계된 스토리와 미디어로 풀어내는 접근이 필요하다. 이를 위해서 유럽의 시장과 현지 진입한 한류의 흐름과 경향을 IP(intellectual property) 중심으로 풀어낼 필요가 있다. 그러나 한류 콘텐츠가 글로벌하게 수용되는 가장 핵심적인 요소는 '창의적인 양질의 한류 콘텐츠'로 축약될 것이다. 따라서 정부는 건강한 한류 생태계가 조성되도록 노력하여 다양한 수요와 공급이 작동되는 시장이 존재하고 글로벌 자본에 한국 콘텐츠가 소비되어 사라지지 않도록 지속적인 정책적 노력이 부가되어야 한다. 이는 세부적이고 전문적인 영역별 수출판로를 모색하는 것보다 한류의 지속적인 성장을 유인하는 성장동력으로 작동할 것이다.

* 본고는 김새미, 「유럽에서 신한류 확장성 연구」(『한독사회과학논총』 33(1), 2023)와 「한류의 새로운 국면, 정체성과 함의」(『HALLYU NOW』 48, 2022), 「포스트 코로나19 한EU문화협력의 쟁점」(『한국과 국제사회』 6(3), 2022)을 수정·가필한 것이다.

참고문헌

1. 국내 문헌

강준석, 「Disney+, Apple TV+ 진입 등에 따른 글로벌 OTT 시장 경쟁환경 및 사업전략 변화」, 『KISDI(정보통신정책연구원) Premium Report』, 2019, pp.1-57.

고정민·안성아, 「한국 문화콘텐츠 산업 수출의 유형별 포지셔닝 및 전략방향」, 『문화경 제연구』 17(3), 2014, pp.139-159.

김두진, 「한류의 초국적 보편성과 '미디어 제국주의 역전' 테제」, 『아세아연구』 61(1), 2018, pp.7-47.

김새미, 「뉴미디어와 한류콘텐츠 지원정책 연구」, 『국제학 논총』 33, 2021, pp.203-237.

_____, 「한류의 새로운 국면, 정체성과 함의」, 『HALLYU NOW』 48, 2022, pp.22-29.

_____, 「포스트 코로나, 한국과 EU 문화협력의 쟁점」, 『한국과 국제사회』 6, 2022, pp.265-296.

_____, 「유럽에서 신한류(New Korean Wave) 확장성 연구」, 『한·독 사회과학논총』 33(1), 2023, pp.227-256.

김현정, 「문화확산의 관점에서 본 유럽권에서의 K-콘텐츠 현상 연구」, 『한국과 세계』 4(5), 2022, pp.123-148.

남일우, 「문화기사에 대한 미디어 프레임 비교분석과 매체전략: 독일 일간신문과 시사 주간지의 한류뉴스를 사례로」, 『한독사회과학논총』 27(3), 2017, pp.3-36.

문화체육관광부, 『콘텐츠산업통계(2017년 기준)』, 2018.

_____, 「신한류로 전 세계 한류 열기 이어나간다」, 2020.7.16. https://www.mcst.go.kr/kor/s_notice/press/pressView.jsp?pSeq=18151

_____, 「한류콘텐츠의 매력을 전 세계로 확산한다」, 2022.9.15. https://www.korea.kr/news/pressReleaseView.do?newsId=156525736

류은영, 「프랑스 한류의 의미와 글로벌 비전」, 『프랑스학 연구』 73, 2015, pp.293-318.

박창묵·장형준·고찬·김광호, 「글로벌 콘텐츠 유통산업 활성화 요인 중요도 분석」, 『디 지털융복합연구』 12(4), 2014, pp.11-20.

심두보, 「근대성과 혼종성: 방송 포맷산업의 세계화」, 『인문사회』 8(4), 2017, pp.1193-1211.

윤선희, 「케이팝의 유럽적 수용과 문화 확산의 청소년 수용전략」, 『한국언론학보』 57(3), 2013, pp.135-161.

윤성원, 「한-EU 문화협력; 애니메이션 산업을 중심으로」, 『통합유럽연구』 7(2), 2016, pp.35-65.

_____, 「유럽 내 한류에 관한 연구」, 『통합유럽연구』 13(2), 2022, pp.1-25.

윤태진·진달용, 『한류 역사, 이론, 사례』, 한울, 2019.

외교부, 『빅데이터에 기반한 해외 대중의 한국 문화 콘텐츠 선호도 분석 및 공공문화외교 정책에 대한 함의 도출』, 2021.

_____, 『지구촌 한류 현황』, 2022.

이동준, 「한류정책을 위한 패러다임 전환-2020 신한류 정책담론을 중심으로」, 『문화와 융합』 44(3), 2022, pp.725-747.

이수안, 「유럽의 '한류'를 통해 본 문화 혼종화-k-pop 열풍을 중심으로」, 『한독사회과학논총』 22(1), 2012, pp.117-146.

전종근·김승년, 「한류의 경제적 파급효과 연구」, 한국국제교류진흥원 편, 『2018 한류 파급효과연구』, 한국국제교류진흥원, 2018.

진달용, 「한류시대의 소프트파워와 문화외교: 담론분석」, 『공공외교: 이론과 실천』 1(1), 2021, pp.55-75.

_____, 『한류 신화에 관한 10가지 논쟁』, 한울, 2022.

채지영·윤유경, 「프랑스의 K-pop 소비 특성에 관한 연구」, 『예술경영연구』 28, 2013, pp.137-166.

한국국제문화교류진흥원, 『글로벌 한류 트렌드 2019』, 2019.

_____, 『한류백서 2019』, 2020.

_____, 『2020 해외한류실태조사』, 2020.

_____, 『글로벌 한류 트렌드 2022』, 2022.

_____, 『2022 해외한류실태조사』, 2022.

_____, 『한류백서 2021』, 2022.

_____, 『2023 해외한류실태조사』, 2023.

한국문화관광연구원, 『웹툰산업 해외진출 진흥 방안연구』, 2021.

한국콘텐츠진흥원, 『콘텐츠 신흥시장 진출방안 조사 연구』, 2018.

_____, 『2019 해외 콘텐츠시장 분석』, 2019.

_____, 『한류의 패러다임 전환을 위한 신한류 확산 전략 연구』, 2019.

홍석경, 「프랑스의 한국 아이돌 문화 여성팬덤과 성 담론에 대한 연구」, 『한국언론학보』 56(1), 2012, pp.185-208.

_____, 「세계화 과정 속 디지털 문화 현상으로서의 한류」, 『언론정보연구』 50(1), 2013, pp.157-192.

_____, 「프랑스의 한국 드라마 수용」, 『한국프랑스학회 학술발표회』 10, 2014, pp.23-44.

2. 국외 문헌

Adams, Tim, 「K-everything: the rise and rise of Korean Culture」, 『The Guardian』, 4, Sep, 2022. https://www.theguardian.com/world/2022/sep/04/korea-culture-k-pop-music-film-tv-hallyu-v-and-a

Deltell Escolar, Luis and Carla Folgar Arias, 「HALLYU IN SPAIN, AUDIENCE, FANBASES AND NEW WAYS OF CONSUMING AUDIO-VISUAL MEDIA」, 『Atalante-Revista De Estudios Cinematograficos』 29, 2020, pp.39-52

Hong, SK·Dal Yong Jin, 「Transnational Convergence of East Asian Pop Culture」, Ed. Seok-Kyeong Hong, London: Routledge, 2021.

Hubinette, Tobias, 「The reception and consumption of Hallyu in Sweden: Preliminary findings and reflections」, 『Korea observer』 43(3), 2012, pp.503-525.

Jin, Dal Yong, 「Transmedia Storytelling in the Age of Digital Media: East Asia Perspectives」, 『International Journal of Communication』 13, 2019, pp.2085-2093.

Jin, Dal Yong·Kyong Yoon, 「The social mediascape of transnational Korean pop culture: Hallyu 2.0 as Spreadable Media Practice」, 『New Media & Society』 18(7), 2016, pp.1277-1292.

K7 MEDIA, 「Tracking The Giants - The top 100 travelling unscripted formats 2020-2021」, April, 2021. https://k7.media/wp-content/uploads/2021/04/K7-Special-Report-Tracking-the-Giants-2020-2021-1.pdf

Kim, Saemee, 「New perspectives on the Korean wave: Digital media and global fandom」, 『The Routledge Handbook of Europe-Korea Relations』, 2021, pp.66-79.

Lee, Hye-Kyung, 「Making creative industries policy in the real world differing configurations of the culture market state nexus in the UK and South Korea」, 『International Journal of Communication』 26(4), Feb, 2019, pp.544-560.

Nam, Siho, 「The Cultural Political Economy of the Korean Wave in East Asia: Implications for Cultural Globalization Theories」, 『Asian Perspective』 37(2), April -June 2013, pp.209-231.

Ryoo, Woongjae·Dal Yong Jin, 「Cultural politics in the South Korean cultural industries confrontations between state-developmentalism and neoliberalism」, 『International Journal of Communication』 26(1), 2018, pp.31-45.

Seo-Young Cho·Daniela Claus-Kim·Eun-Jeung Lee·Suhon Lee, 「The Rise of South Korea's Soft Power in Europe: A Survey Analysis of Public Diplomacy」, 『Korea Focus Working Paper』 12, 2021.

Stangarone, Troy, 「How Netflix Is Reshaping South Korean Entertainment」, 『The Diplomat』, April, 2019, https://thediplomat.com/2019/04/how-netflix-is-reshaping-south-korean-entertainment/

Yoon, Kyong·Wonjing Min·Dal Yong Jin, 「Consuming the Contra-Flow of K-pop in Spain」, 『Journal of Intercultural Studies』 41(2), 2020, pp.132-147.

저자 소개

진달용(陳達鏞, Jin, Dal-Yong)

캐나다 Simon Fraser University 특훈교수, 커뮤니케이션 전공. 대표 저서로는 『Understanding Korean Webtoon Culture: Transmedia Storytelling, Digital Platforms, and Genres』 (2022), 『한류신화에 관한 10가지 논쟁』(2022), 『Artificial Intelligence in Cultural Production: Critical Perspectives on Digital Platforms』(2021), 『Globalization and Media in the Digital Platform Age』(2019), 『New Korean Wave: transnational cultural power in the age of social media』(2016) 등이 있다.

김경호(金敬鎬, Kim, Kyung-Ho)

일본 메지로대학(目白大学) 외국어학부 한국어학과 교수, 한일대조어학(음운론, 번역학, 표기) 전공. 대표 논저로는 『국가주의를 넘어선 일본과 한국의 공생과 교류(国家主義を超える日韓の共生と交流)』(일본 明石書店, 2016.6), 「한글 표기를 통한 한자어 어휘 교육에 관한 제언」(『International Journal of Korean Applied Linguistics』 3, 2022.2), 「세계지도(지리서)의 외국지명 한자표기에 관한 서지적 고찰」(『아시아문화연구』 45, 가천대학교 아시아문화연구소, 2017.12) 등이 있다.

김학순(金學淳, Kim, Hark-Soon)

충남대학교 일어일문학과 조교수, 일본 고전문학 전공. 대표 논저로는 『세계 SF 콘텐츠, 도래하지 않은 현실로서의 미래』(북마크, 2024.1), 『일본인의 질병 대책과 의료 현장』 (지식공간, 2023.2), 「에도시대 과학기술과 SF적인 상상력—<가라쿠리> 기술의 발전과 로봇의 시작」(『일본어문학』 99, 한국일본어문학회, 2023.12), 「에도문학에 잠입한 닌자—변신하는 닌자와 진화하는 인술」(『일본문화학보』 96, 한국일본문화학회, 2023.2) 등이 있다.

정백수(鄭百秀, Jung, Beak-Soo)

일본 오비린대학(桜美林大学) 리버럴아츠학군 교수, 비교문학전공. 대표 저서로는 『あいだの日韓文学』(桜美林大学出版部, 2023), 『日韓近代文学の交差』(明石書店, 2014), 『ユロニアリズムの超克』(草風館, 2007) 등이 있다.

이하나(李荷娜, Lee, Ha-Na)

대만 중국문화대학교(中國文化大學) 한국어문학과 조교수, 문화콘텐츠학 전공. 대표 논저로는 「공자서사(孔子敍事)로서 공문도통(孔門道統)의 서술 체제와 창작의 의미 고찰」 (『Journal of Korean Culture』 47, 한국어문학국제학술포럼, 2019.11), 「韓國 文廟祭禮의 變化 樣相 考察을 통한 孔子의 位相 研究」(『동아시아고대학』 46, 동아시아고대학회, 2017.6), 「『論語』의 문화콘텐츠 스토리텔링(Storytelling) 양상과 가능성」(『民族文化』 46, 한국고전번역원, 2015.12) 등이 있다.

양영자(梁英子, Yang, Young-Ja)

대만 실천대학교(實踐大學) 국제기업관리학과(國際企業管理學系) 조교수, 중국학 전공. 대표 논저로는 공저 『ASIA CULTURE LAB 1－신과 인간』, 『ASIA CULTURE LAB 2－삶과 문화』(국립아시아문화전당, 2018)와 「대만 한국어 학습자의 학습동기 분석－대만 실천대학교 『기초 한국어』 과목 이수자를 중심으로」(『중국인문과학』 83, 중국인문학회, 2023.4), 「台灣地方節慶活動經濟效益之研究－以 2019 高雄內門宋江陣為例」(『중국인문과학』 74, 중국인문학회, 2020.4) 등이 있다.

조규헌(曺圭憲, Cho, Kyu-Heon)

상명대학교 인문콘텐츠학부 한일문화콘텐츠전공 교수, 일본학 전공. 주요 논문으로는 「탈(脫)한류 하는 일본 속 K컬처: 문화수용에서 문화융합으로」(『아시아리뷰』 13, 서울대학교 아시아연구소, 2023.12), 「뉴미디어 시대의 한일 간 문화융합 프로세스에 관한 일고찰: 소확행과 일본 여행의 접점」(『일본연구』 39, 고려대학교 글로벌일본연구원, 2023.1) 「3, 4차 일본 한류 현상의 특수성 고찰」(『일본문화연구』 77, 동아시아일본학회, 2021.1), 「일본 크리에이티브 산업과 도시문화콘텐츠의 관계성: 도쿄브랜드를 중심으로」 (『외국학연구』 51, 중앙대학교외국학연구소, 2020.1) 등이 있다.

김욱(金旭, Kim, Wook)

서울대학교 일본연구소 학술연구교수, 일본근현대문학 전공. 최근 논저로는 「전시기 조선·대만의 어용 문인단체와 대동아문학자대회」(『일본문화연구』 90, 동아시아일본학회, 2024.4), 「NHK 대하드라마 <료마전(龍馬伝)>과 일본의 사카모토 료마(坂本龍馬) 인식: 시바 료타로 <료마가 간다(竜馬がゆく)>와의 연관성을 중심으로」(『일본연구』 39, 고려대학교 글로벌일본연구, 2023.2), 공저로 「The Ethical Conflicts in Views of a Colony from Japanese Literature in Colonial Korea in the 1920s: Waves of the Peninsula in the Keijo Daily News」(『Forum for world literature studies』 15-5, Knowledge Hub Publishing Company Limited(Hong Kong), 2023.12) 등이 있다.

이가현(李佳呟, Lee, Ka-Hyun)

가천대학교 아시아문화연구소 연구교수, 일본근현대문학 전공. 대표 논저로는 『세계 SF 콘텐츠, 도래하지 않은 현실로서의 미래』(북마크, 2024.1), 「여성과 천황제−미시마 유키오의 「여자는 점령당하지 않는다」와 오에 겐자부로의 『익사』를 중심으로」(『일본학보』 136, 한국일본학회, 2023.8), 「동아시아 SF×BL 서사의 트랜스−휴머니즘적 상상력과 젠더·섹슈얼리티 실험」(『중국소설논총』 67, 한국중국소설학회, 2022.8) 등이 있다.

이석(李碩, Lee, Seok)

인천대학교 일본지역문화학과 조교수, 일본 서브컬처 전공. 대표 논저로는 『시코쿠에서 일본을 읽다』(공저, yeondoo, 2023.5), 「1970년대 전환기의 일본 록 음악에 관한 고찰−록 밴드 핫피엔도와 캐롤에 주목하여」(『일본학』 56호, 동국대학교일본학연구소, 2022. 4), 「1990년대 한국의 『은하영웅전설』 수용에 관한 고찰−1990년대 초반 베스트셀러와의 비교 연구」(『현대소설연구』 87, 한국현대소설학회, 2022.9) 등이 있다.

김새미(金새미, Kim, Sae-Mee)

한국예술종합학교 학술연구교수, 유럽문화정책 전공. 대표 논저로는 「New Perspectives on the Korean Wave」(『The Routledge Handbook of Europe-Korea Relations』, Routledge, 2021.12), 「뉴미디어와 한류콘텐츠 지원정책 연구」(『국제학 논총』, 국제학연구소, 2021.6), 「평화 문제와 문화영역에서의 실천연구: 유럽연합의 '문화 간 대화' 정책을 중심으로」(『문화와 정치』 8(2), 한양대 평화연구소, 2021.6) 등이 있다.

가천대학교 아시아문화연구소
아시아학술연구총서 14
아시아대중문화시리즈 ③

한류의 경계

K-컬처의 혼종성과 확장성

초판 1쇄 인쇄 2024년 6월 20일
초판 1쇄 발행 2024년 6월 30일

기획 가천대학교 아시아문화연구소
지은이 진달용(陳達鏞) 김경호(金敬鎬) 김학순(金學淳) 정백수(鄭百秀) 이하나(李荷娜)
　　　　양영자(梁英子) 조규헌(曺圭憲) 김욱(金旭) 이가현(李佳呟) 이석(李碩) 김새미(金새미)
펴낸이 이대현

편집 이태곤 권분옥 임애정 강윤경
디자인 안혜진 최선주 강보민
마케팅 박태훈 한주영

펴낸곳 도서출판 역락 | **등록** 1999년 4월 19일 제303-2002-000014호
주소 서울시 서초구 동광로46길 6-6 문창빌딩 2층(우06589)
전화 02-3409-2060(편집부), 2058(영업부) | **팩스** 02-3409-2059
전자우편 youkrack@hanmail.net | **홈페이지** www.youkrackbooks.com

ISBN 979-11-6742-848-6 94300
　　　979-89-5556-053-4(세트)

이 저서는 2022년 대한민국 교육부와 한국연구재단의 지원을 받아 수행된 연구임(NRF-2022S1A5C2A04093447)